DE L'EUROPE OTTOMANE AUX NATIONS BALKANIQUES

MEDIEVAL AND EARLY MODERN EUROPE
AND THE WORLD

VOLUME 4

General Editor
Vasileios Syros, The Medici Archive Project

Editorial Board
*Stella Achilleos, University of Cyprus
Ovanes Akopyan, Villa I Tatti – The Harvard Center for Italian
Renaissance Studies, Harvard University
Alessio Assonitis, The Medici Archive Project
Ivana Čapeta Rakić, University of Split
Hui-Hung Chen, National Taiwan University
Emir O. Filipović, University of Sarajevo
Alison Frazier, The University of Texas at Austin
Nadejda Selunskaya, Institute of World History, Russian Academy
of Sciences
Claude Stuczynski, Bar-Ilan University
Angeliki Ziaka, Aristotle University of Thessaloniki*

De l'Europe ottomane aux nations balkaniques : les Lumières en question

From Ottoman Europe to the Balkan Nations:
Questioning the Enlightenment

sous la direction de
CHRYSSANTHI AVLAMI,
FRANCK SALAÜN ET
JEAN-PIERRE SCHANDELER

BREPOLS

British Library Cataloguing in Publication Data
A catalogue record for this book is available from the British Library.

Image de couverture : « Θεόφιλος Καΐρης ὁ πολὺς ὀρφανῶν χάριν κῆπον τόνδ᾽ ἐποιήσατο (…) » : stèle érigée en 1875 à la mémoire de Théophilos Kaïris (1784-1853) qui, malgré l'hostilité et les persécutions de l'Église orthodoxe, n'a pas cessé de diffuser par son enseignement et ses écrits les idées des Lumières. En 1835, Kaïris fonda un établissement scolaire sur son île natale, Andros, destiné à accueillir les orphelins de la Guerre d'indépendance grecque. Il assura la direction et l'enseignement de la physique, des mathématiques, de l'astronomie et de la philosophie jusqu'à son excommunication, en 1839, par le Saint Synode Grec. La stèle se trouve dans le verger qui, à l'époque, était cultivé pour nourrir les élèves de l'école, mais qui a très probablement servi aussi à l'enseignement de l'agriculture. Nous remercions Mme Mari Goulandri pour nous avoir permis d'utiliser l'image pour la couverture du livre.

© 2023, Brepols Publishers n.v., Turnhout, Belgium.

All rights reserved. No part of this publication may be reproduced, stored in a retrieval system, or transmitted, in any form or by any means, electronic, mechanical, photocopying, recording, or otherwise without the prior permission of the publisher.

D/2023/0095/11
ISBN 978-2-503-60095-6
E-ISBN 978-2-503-60096-3
DOI 10.1484/M.MEMEW-EB.5.130192

Printed in the EU on acid-free paper.

Previously published volumes in this series are listed at the back of the book.

Table des matières

Remerciements   9

Globalization and Nationalization of the Enlightenment   11
Franck SALAÜN

Les Lumières dans les Balkans   27
Pour une lecture symptomale
Chryssanthi AVLAMI

I
Les Lumières et le passage de l'Empire aux États

The Enlightenment and the Transition from Empire to States

Cantemir's *Growth and Decay of the Ottoman Empire* and Aspects of its Representations in Early Enlightenment (Montesquieu, Voltaire, Gibbon)   41
Stephanos PESMAZOGLOU

Namık Kemal, Ahmed Riza et Mustafa Kemal   65
Lecteurs des philosophes des Lumières
Pascale PELLERIN

Sisters of Virginie   77
The Commodification of Enlightenment Sensibility in the Balkans and the Ottoman Empire
Étienne E. CHARRIÈRE

« À la manière des peuples éclairés » : vertus, commerce et civilisation dans le *Mémoire sur l'état actuel de la civilisation en Grèce* d'Adamance Coray   91
Chryssanthi AVLAMI

Échos des Lumières dans les manuels scolaires en Grèce (seconde moitié du XIXe – début XXe siècle)   107
Ourania POLYCANDRIOTI

Comment penser le XIXe siècle bulgare ?   115
« Renaissance », « Lumières », « *Tanzimat* » ? Histoire
national(ist)e *vs* histoires croisées (Entangled Histories)
Marie VRINAT-NIKOLOV

Pélasgisme et néo-pélasgisme   125
La quête des origines en Albanie, des Lumières nationales au
postcommunisme
Gilles DE RAPPER

De l'apologie du Moyen Âge au plaidoyer en faveur des Lumières   139
Le parcours intellectuel de Constantin Dimaras et de la genèse du
concept de *Néohellinikos Diaphôtismos*
Nikos SIGALAS

II
Circulations de modèles culturels et politiques : les Lumières en débat

*Circulations of Cultural and Political Models: Enlightenment
in Debate*

**Le cosmopolite et le patriote dans les Lumières grecques du
XIXe siècle**   183
Marilisa MITSOU

La guerre d'indépendance grecque en tant que lutte anticoloniale   193
La pensée radicale de l'abbé Dominique de Pradt
Anne KARAKATSOULI

Μανούσεια (Manouseia)   203
A Debate on the 'Libertinage' of Philosophy and Historical
Research in the Press of the Othonian Period
Elissavet TSAKANIKA

Cosmopolitanism in the Greek Context (18th-19th Centuries)   215
The Impact of the Enlightenment
Sophia MATTHAIOU and Alexandra SFOINI

Les Lumières à travers la biographie ?   227
Notes sur les biographies de Rousseau, de Buffon et de Franklin
en ottoman
Özgür TÜRESAY

Beşir Fuad et Voltaire 237
Une tradition de combat pour la vérité en terre d'islam
Ayşe Yuva

L'enjeu d'une réinterprétation des Lumières grecques 249
Deux lectures, de Dimaras à Kondylis
Servanne Jollivet

The 'Enlightenment Deficit' 261
Genealogy and Transformation of Cultural Explanations for the
Greek 'Backwardness'
Athéna Skoulariki

Postface / Afterword

Jeux de mémoires 275
Les Lumières à l'aune des présents
Jean-Pierre Schandeler

Résumés / Abstracts 281

Les auteurs / The authors 299

Index 307

Remerciements

Les éditeurs scientifiques tiennent à remercier Madame Marie Vrinat-Nikolov pour sa relecture attentive des textes français.

Ils remercient également pour leur aide matérielle : l'Institut de recherche sur la Renaissance, l'âge Classique et les Lumières (IRCL, UMR CNRS-Université Paul-Valéry), la Maison des Sciences de l'Homme-Sud (Montpellier) ; l'École française d'Athènes, le CNRS, l'Institut français de Grèce ; l'Université Panteion (Athènes) ; l'Université Paul-Valéry (Montpellier).

FRANCK SALAÜN

Globalization and Nationalization of the Enlightenment*

Would it be possible today to write a history of the world, or even of a nation (the two not necessarily being mutually exclusive[1]), without using the term 'Enlightenment'? The answer is quite possibly no. Indeed, since the end of the 1940s, and especially since the end of the 1970s, the use of this term and of its equivalents in various languages in the international vocabulary has grown at an exponential rate.

In a famous 1997 article in *The New York Review of Books*, Robert Darnton made the following observation:

> We scholars have added to the confusion, because we have created a huge industry, Enlightenment Studies, with its own associations, journals, monograph series, congresses, and foundations. Like all professionals, we keep expanding our territory. At last count, there were thirty professional societies on six of the seven continents (Antarctica is still resisting), and at our last world congresses we listened to papers on the Russian Enlightenment, the Romanian Enlightenment, the Brazilian Enlightenment, the Josephinian Enlightenment, the Pietistic Enlightenment, the Jewish Enlightenment, the musical Enlightenment, the religious Enlightenment, the radical Enlightenment, the conservative Enlightenment, and the Confucian Enlightenment. The Enlightenment is beginning to be everything, and therefore nothing.[2]

This trend has only intensified since then, but the role of academic societies and historians does not entirely explain it. The growing prominence of the term 'Enlightenment', its equivalents, and the associated meanings may be related both to profound changes on the international scale and to national

---

* This article was kindly translated into English by Semyon Kronrod.
1 On this point, see Sebastian Conrad, *What Is Global History?* (Princeton, Princeton University Press, 2017), Chap. 6.
2 Robert Darnton, 'George Washington's False Teeth', *The New York Review of Books*, 27 March 1997, pp. 34-38 (here p. 34).

De l'Europe ottomane aux nations balkaniques : les Lumières en question / From Ottoman Europe to the Balkan Nations : Questioning the Enlightenment, sous la direction de Chryssanthi Avlami, Franck Salaün et Jean-Pierre Schandeler, Turnhout, 2023 (MEMEW, 4), p. 11-26
© BREPOLS PUBLISHERS   DOI 10.1484/M.MEMEW-EB.5.134214

priorities. The question is therefore no longer simply 'What definition of the Enlightenment should we adopt?' but also 'What should we do with all the definitions already in use?'

Mentioning the 'globalization of the Enlightenment' effectively opens a vast field of inquiry, especially since the two concepts combined in this syntagma are relatively undefined. One might even wonder whether the attractiveness of each of these two concepts is at least in part due to this vagueness. Let's consider the *globalization* of the Enlightenment first and foremost as a *problem*, that is to say, if we look at the etymology of this word, an obstacle, a challenge, a phenomenon to be contemplated.[3] We hope that the study of this process on a global scale will help us better understand the nature of the phenomenon that took place in the eighteenth century and the way in which certain types of representations thereof circulate and are globalized.[4]

Does the Word 'Enlightenment' Have a Referent?

The worldwide success of the term 'Enlightenment' and of its equivalents in various languages is paradoxical. First of all, these terms – *Aufklärung, Lumières, Ilustración, Illuminismo, Luzes, Verlichting, prosvesheniye*, etc. – in the sense in question here are posterior to the phenomenon that they are supposed to designate, and each has a specific meaning related to a specific context. Secondly, the period to which they refer varies, from one historian to another, by several decades or even centuries. Finally, the interpretations of these terms that have been proposed are irreconcilable. In other words, the variety of uses of the term 'Enlightenment' in historiography and elsewhere is so great that the necessity of its continued use comes into question.[5]

Noting that the terms used are derived more or less directly from *Aufklärung*, adapted to the linguistic and cultural context, Jonathan C. Clark concluded that we are faced with a series of approximations and translation errors, and that in the end, the terms used refer to distinct referents, related to specific strategies, which makes their unification impossible.[6] But he confused etymology with

---

3 Πρόβλημα: anything thrown forward or projecting; hindrance, obstacle; task, business; practical or theoretical problem.
4 Franck Salaün, 'Prolégomènes à l'étude de la globalisation des Lumières', in *A Globalização das Luzes: França, Portugal e Brasil, séculos XVIII-XIX*, ed. by Álvaro de Araújo Antunes, Luiz Carlos Villalta, and Marie-Noëlle Ciccia (Niterói, Rio de Janeiro, Editora da Universidade Federal Fluminense, 2022).
5 On this temptation, see Franck Salaün, 'L'objet 'Lumières': problèmes et perspectives', in *Enquête sur la construction des Lumières*, ed. by Franck Salaün and Jean-Pierre Schandeler (Ferney-Voltaire, C18, 2018), pp. 9-23.
6 Jonathan C. D. Clark, 'The Enlightenment: catégories, traductions, et objets sociaux', *Lumières*, n° 17-18 (2011). See the remarkable response by Daniel Fulda ('Les Lumières ont-elles existé? Quelques réflexions de théorie de l'histoire et d'histoire des concepts à l'occasion de la critique par Jonathan C. D. Clark de nos concepts d'époque', *Lumières*, n° 20 (2012), 151-163).

intellectual history and, as shown by the history of the uses of *Aufklärung* and its translations, there was indeed at first – that is to say, in the second half of the eighteenth century, and until the end of the 1940s – a relatively stable semantic core.

More specifically, we should not forget that it was mainly Kant's use of the term that defined the German word, which already existed but was given a new meaning in 1784 with Kant's response to the question 'Was ist Aufklärung?'[7] Kant examined two aspects of the concept. He asked, on the one hand, 'Are we enlightened?', i.e. at the time he was writing, and on the other hand, 'How does the possibility of becoming enlightened fit in with the concept of History?' According to one accepted idea, his would be a strictly German definition, thus legitimizing the distinction made between the German Enlightenment and the French, English, Italian Enlightenments, etc. It would appear, however, that in his response, Kant, who was known to follow current affairs in the sphere of European philosophy, science, and politics – he owned a translation of the *Preliminary Discourse to the Encyclopedia*[8] – took into account the debate on the social role of philosophy and on freedom of thought, philosophical topics that had been in style in Europe and in particular in texts written in French for several decades. The implicit reference in his text to *Man More than a Machine*[9] fulfills several functions: it allows him to allude to materialist theories and to the interest of Frederick II in the philosophical debates of the age – a rumour had for a certain time attributed this text precisely to Frederick II, who was La Mettrie's protector – and to highlight a contradiction: how can one claim to be a man of his time, a philosopher (in the sense of that era), and to subscribe to the ethics of the Republic of Letters while refusing the free expression of ideas in the context of public exercise of reason?

These clues confirm that in the francophone context, the concept preceded the term. Before the progressive adoption of the syntagma 'Les Lumières', with a capital L, starting in the latter years of the eighteenth century, and later, in the twntieth century, of the expression 'siècle des Lumières' (the first occurrence of which in a title, according to Diego Venturino, is attributed to Louis Réau, author of *L'Europe française au Siècle des Lumières*, published in 1938[10]), other terms or syntagmas were used, in particular 'philosophical' or,

---

7   Immanuel Kant, 'Beantwortung der Frage: Was ift Aufklärung?', *Berlinifche Monatsfchrift* 12, December 1784, pp. 481-494. On the history of this cultural transfer, see in particular James Schmidt, 'Inventing the Enlightenment: Anti-Jacobins, British Hegelians, and the *Oxford English Dictionary*', *Journal of the History of Ideas*, 64.3 (2003), 421-443.
8   D'Alembert, *Abhandlung von dem Ursprung, Fortgang und Verbindung der Künste und Wissenschaften. Aus dem franzôsischen des Discours préliminaire der Encyclopédie übersezt* (Zurich, 1761). See Jean Ferrari, *Les Sources françaises de la philosophie de Kant* (Paris, Klincksieck, 1979), p. 308.
9   Kant, 'Beantwortung der Frage', p. 494: 'den Menschen, der nun mehr als Maschine ist'.
10 Diego Venturino, 'L'historiographie révolutionnaire française et les Lumières, de Paul Buchez à Albert Sorel. Suivi d'un appendice sur les usages de l'expression 'siècle des Lumières' (18ᵉ-20ᵉ siècles)', in *Historiographie et usages des Lumières*, ed. by Giuseppe Ricuperati (Berlin, Berlin Verlag Arno Spitz, 2002), pp. 21-83 (here p. 83).

as written by Diderot, 'philosophical century', as well as numerous formulas using the metaphor of light. Let us add that those who at the time contested the superiority or legitimacy of the Encyclopedists and opposed the new philosophy demonstrated, in their own way, that a change was underway. Malesherbes echoed this shortly before the French Revolution. After the king announced the convocation of the Estates General on 2 August 1788, as the former director of the Librairie (he occupied this post from December 1750 to 1763), Malesherbes was invited to write a sort of report on French editorial regulations, which would become the *Mémoire sur la liberté de la presse*. In a note, he thought it necessary to specify:

> I've avoided pronouncing the word *philosophy* because the bitterness of the disputes that have arisen over the last forty years has left this word without a definite meaning. According to some, any grand idea, any new truth is seen as belonging to *philosophy*. According to others, *philosophy* has become a synonym of impiety.[11]

Another piece of supporting evidence comes from Max Horkheimer, an expert on the works of Kant and Hegel. While he was developing, together with Theodor Adorno, the theories exposed in *Dialektik der Aufklärung* (1944-1947), Horkheimer declared in a 1946 note written in English and evocatively entitled 'Reason Against Itself: Some Remarks on Enlightenment':

> The collapse of a large part of the intellectual foundation of our civilization is to a certain extent the result of technical and scientific progress. Yet this progress is itself an outcome of the fight for the principles which are now in jeopardy, for instance, those of the individual and his happiness. Progress has a tendency to destroy the very ideas it is supposed to realize and unfold. Endangered by the process of technical civilization is the ability of independent thinking itself.[12]

The likening of the Enlightenment to a form of positivism left a profound mark on the interpretations of the movement in question. Given certain works by Diderot and Rousseau, Horkheimer rather surprisingly continued by presenting the movement of the philosophers as the perfect illustration of the tendency of reason to self-destruct:

> One specific development in the history of philosophy will exemplify the self-destructive tendency of Reason. The eighteenth century in France has been called the era of Enlightenment. The school of thought to which

---

11 Malesherbes, *Mémoires sur la librairie. Mémoire sur la liberté de la presse* (Paris, Imprimerie Nationale, 1994), p. 291. Translation mine.
12 Max Horkheimer, 'Reason Against Itself: Some Remarks on Enlightenment', in *Nachgelassene Schriften 1931-1949, Gesammelte Schriften*, XII (Frankfurt, Fischer, 1985), typescript from 1946, MHA, fol. 1a, Stadt- und Universitätsbibliothek, J. W. Goethe University, Frankfurt a.M.

this term refers includes some of the greatest names of human history. The movement was not limited to a small elite but had a broad base in the French middle class. However, it was in the philosophical works of the *encyclopédistes* that the idea of enlightenment received its classical formulation.[13]

In short, when seeking to free man from superstition in order to allow him to become the best version of himself, the supporters of the Enlightenment opened the path to the rule of technology and to dehumanization.

These theories, formulated in the context of Nazi brutality, are obviously striking in terms of their radicality.[14] They should be discussed further, especially given their success and the fact that we still find traces thereof today, namely in the postcolonial and decolonial schools of thought, which are in themselves also very interesting but contribute to the distortion of the debate by disseminating a stereotypical representation of the Enlightenment.[15] Such a discussion would, however, force us to digress from the subject at hand. What we can take away from this example is the weight, at the end of the Second World War, of a relatively unified representation of the Enlightenment conceived on two levels: a multi-century process of enlightenment, the consequences of which are subject to debate, and a key moment, the second half of the eighteenth century.[16]

To characterize this key moment and expose how it differs in particular from the practices of the Republic of Letters and from circles such as that of Spinoza, two essential aspects can be highlighted. The first is the desire to form a true international intellectual movement, a collective force, the emergence of which was encouraged by a project on a whole new scale, the *Encyclopédie ou Dictionnaire raisonné des sciences, des arts et des métiers, par une société de gens de lettres*. In a sense, by launching this project, Diderot and D'Alembert 'invented' the Enlightenment.[17] Their decision was performative: by saying that the *Encyclopedia* would be the work of an enlightened century, in a way they gave birth to a new representation in the intellectual sphere, that of a group

---

13 Horkheimer, 'Reason Against Itself', fol. 3-4.
14 On this divergence, see in particular James Schmidt, 'What, if Anything, Does *Dialectic of Enlightenment* Have to Do with "The Enlightenment"?', in *Aufklärungs-Kritik und Aufklärungs-Mythen*, ed. by Sonja Lavaert and Winfried Schröder (Berlin/Munich/Boston, De Gruyter, 2018), pp. 11-28.
15 On this topic, see in particular Daniel Carey and Lynn Festa, *The Postcolonial Enlightenment: Eighteenth-Century Colonialism and Postcolonial Theory* (New York, Oxford University Press, 2009); Salaün, 'L'objet "Lumières"', pp. 19-22; and Antoine Lilti, *L'Héritage des Lumières. Ambivalences de la modernité* (Paris, Seuil/Gallimard, 2019), Chap. 1.
16 On this distinction, see Franck Salaün, 'Temps fort et processus: deux approches des Lumières', *Qu'est-ce que les Lumières? Nouvelles réponses à l'ancienne question*, ed. by Sergey Karp, in *Le Siècle des Lumières*, VI (Moscow: Nauka, 2018), pp. 9-18.
17 Franck Salaün, 'Diderot et D'Alembert ont-ils inventé les Lumières?', *Recherches sur Diderot et sur l'Encyclopédie*, n° 52 (2017), 181-194.

working for the dissemination of knowledge and the freedom of thought. The results exceeded their expectations. This was also an advertisement, in order to guarantee the financial viability of the publication, starting with the revenue generated by the subscriptions. Here again, the operation was a success. The second aspect is the truly activist nature of the movement, which claimed, in particular in the person of Diderot, to produce an effect on society by growing the enlightened public and encouraging the questioning of all sorts of preconceived notions.[18]

The term 'Enlightenment' allows us to designate this intellectual movement, its period of activity, and the process whose existence is evidenced thereby, which is or is not specified by the context in which the term is used. It should be noted that the commercial aspect still exists. Certain historians, sometimes under the influence of their editors, who are conscious of the greater attractiveness of the term, use the word 'Enlightenment' in the title of their works as a synonym of the eighteenth century, or even more vaguely, in order to sell more copies.

When Did the Enlightenment Take Place?

For some, this phenomenon, viewed in a national or international context, corresponds to the decades preceding the French Revolution and thus roughly to the years 1740-1789. The period 1750-1780 would undoubtedly be more suitable since it corresponds to the period of preparation and progressive publication of the *Encyclopedia*, an event commented on throughout Europe. This period also saw the multiplication of European periodicals; significant cultural transfers, in particular between France and Russia; the preparation of the *Histoire des deux Indes* (three editions were printed between 1770 and 1780) on the basis of a vast body of documentation provided in large part by local correspondents; rich exchanges of works and practices in Europe and in the colonies, etc.

For others, the Enlightenment is synonymous with the eighteenth century, which is itself defined differently according to the country and the school of history, resulting in either 1685-1789 if the French Revolution is considered to be a period of major upheavals, or 1685-1815. For France, the period selected is often 1715-1789, from the death of Louis XIV to the Revolution. These are the chronological boundaries adopted by certain historical syntheses and numerous school textbooks, which are based on reigns and regime changes.[19] They vary from one country to another.

---

18 In *'Écrasez l'infâme!'. Philosopher à l'âge des Lumières* (Paris, La fabrique éditions, 2018). Bertrand Binoche defines this criticism of preconceived notions as the defining feature of the Enlightenment.
19 Hegel, in *Leçons sur l'histoire de la philosophie*, situates the *Aufklärung* between 1715 and 1786, and thus between the death of Louis XIV and that of Frederic II. I would like to thank Viriato Soromenho-Marques for drawing my attention to this text.

For yet another group, a distinction needs to be made between '*Early Enlightenment*', '*High Enlightenment*', and '*Late Enlightenment*', which, when added together, extend the period to a century and a half or even two centuries. In this scenario, those who were for a long time considered more as sources, in particular Locke, Bayle, and Spinoza (to which Toland and a few others, including anonymous texts of major importance, should be added), would be assigned the status of veritable founders of the movement, which would therefore begin earlier. With the same reasoning, certain thinkers and certain practices, in particular in Germany and Italy, can thus be associated with the European movement.

The inventors of the ambiguous notion of '*Radical Enlightenment*' also deserve some attention here. In a recent text, Margaret Jacob, whose works on Freemasonry are considered a major milestone,[20] explains that she was led to situate the beginning of the Enlightenment in the last quarter of the seventeenth century in the Netherlands and to adopt the expression '*Radical Enlightenment*' by the following observation: in her view, between 1680 and 1720, there was 'within the republic of letters a set of ideas, attitudes, and texts that were by any standard *as radical as those we associate with the High Enlightenment*'.[21] In her mind, this extension to the seventeenth century does not cast doubt on the existence of the Enlightenment beyond 1720. Jonathan Israel, the other major promoter of this concept, goes much farther and situates the fundamental founding phenomenon between 1650 and 1740.[22] Contrary to Margaret Jacob, he considers the Radical Enlightenment to be the true Enlightenment, and for him, the essence thereof is the ideas of Spinoza. Nevertheless, he uses the term 'Enlightenment' to describe the subsequent periods, which grow longer and longer, making a distinction in his last works between the Radical Enlightenment, the Moderate Enlightenment, and the Democratic Enlightenment.[23] Moreover, he seems to consider that this key moment revealed an inevitable process of democratization, which he denotes by the same term ('Enlightenment'), something that points to his contestable overall interpretation of the meaning of history.

It would appear that the expression 'Radical Enlightenment' has moved away from the initial chronological reference to favour a characterization based on the degree of radicality. The contradictory reasoning that led to this redefinition is, however, controversial. The reasons for this change, which has

---

20 Margaret C. Jacob, *The Radical Enlightenment: Pantheists, Freemasons and Republicans* (London, George Allen & Unwin, 1981).
21 Margaret C. Jacob, 'How Radical was the Enlightenment? What Do we Mean by Radical?', *Diametros*, 40 (2014), 99-114, here p. 99. Italics mine.
22 See in particular Vincenzo Ferrone, 'Afterword', *The Enlightenment: History of an Idea* (Princeton, Princeton University Press, 2015), pp. 155-172; Salaün, 'Temps fort et processus' and Lilti, *L'Héritage des Lumières* Chap. 7.
23 Jonathan Israel, *Democratic Enlightenment: Philosophy, Revolution, and Human Rights, 1750-1790* (Oxford, Oxford University Press, 2011).

significant implications, confirm that the expression 'Radical Enlightenment', subject to debate since the start, presupposes the period of reference, the novelty of which it contests and the distinctive traits of which it borrows, while potentially introducing an anachronistic representation. But what is problematic from the point of view of periodization is not so much the adjective 'radical' but the choice of the term 'Enlightenment' to form the syntagmas 'Radical Enlightenment', 'Moderate Enlightenment', etc. Indeed, the term 'radical' already involves an imprecise characterization. Contrary to the terms 'materialist' and 'monist', for example, which designate specific philosophical ideas, defining a position by its radicality, which is relative and depends on the term of comparison, requires a constant reminder of the theories being used as a reference. Moreover, the same thinker can defend radical ideas in one domain and moderate ideas in another.[24] This is the case of La Mettrie, whose materialist theories scandalized his contemporaries and forced him to live under the protection of Frederick II.[25] Furthermore, it goes without saying that on the political level, radical theories are not necessarily progressive. Nevertheless, it is indeed the term 'Enlightenment', applied to a period different than that which it was supposed to designate and based on which it was formulated, which is the most problematic, and not only because it produces an anachronism. This transposition has the drawback of reducing or even denying the originality of the era of the *Encyclopedia*; the European dimension of the French language; the networks of international exchange; and the role of periodicals, of reading, of the salons, and of various cultural intermediaries: merchants, booksellers, ambassadors, men and women of letters, scholars, artists, actors, etc.

Where Should We Place the Enlightenment Geographically? Should We at All?

The question of location may lead us astray. Indeed, given that numerous historians have insisted on the exceptional vitality of the intellectual exchanges in Paris in the decades preceding the French Revolution, many have thought that this made it a French movement, hence the expression 'French Enlightenment' to distinguish it from those that were to be subsequently highlighted, in particular the *Aufklärung* or German Enlightenment. In reality, starting in the 1750s, the movement was transnational. Of course, the French language was dominant, but the movement's supporters came from several nationalities, and the past or contemporary works that were selected to form a sort of 'library

---

24 On this point, see the objections formulated by Javier Peña in 'Lumières radicales et démocratie: quelques remarques', in *Les Lumières radicales et le politique*, ed. by Maria García-Alonso (Paris, Champion, 2017), pp. 303-319.
25 On this point see in particular Ann Thomson, *Materialism and Society in the Mid-Eighteenth century: La Mettrie's Discours préliminaire* (Genève-Paris, Droz, 1981).

of the Enlightenment' were also of diverse origins. The case of *Dei delitti e delle pene* (1764) is fairly representative of the collective and international nature of the Enlightenment. We will come back to this later. Although the space of the Enlightenment is based on the geographic and political reality of the time, it does not correspond to national boundaries. As mentioned by Vincenzo Ferrone in *The Enlightenment: History of an Idea*, the movement of the Enlightenment took advantage of the international structure formed by the Republic of Letters starting from the sixteenth century. This framework, however, was not preserved as it was, and a new model, forming an integral part of the Enlightenment, took shape, in particular due to the increase in the number of readers and the desire to transform society from within, manifested by the conception and realization of the *Encyclopedia* between 1750 and 1765 (the last volume of plates appeared in 1772).

Something new definitely happened between 1750 and 1780: a benchmark was established – the (idealized) representation of a form of social interaction based on freedom of thought, debate, and the recognition of the equal dignity of human beings. It is true that this representation overlaps with others, in particular that of historical progress, but those involved in the movement did not have a uniform philosophy of history, not even in the form of a doctrine of continuous progress. On the contrary, we can see that in the 1770s, doubts prevailed in the minds of certain thinkers, namely Diderot, and traces thereof can be found in the *Histoire des deux Indes*. The Revolution would ask the question of whether or not the ideas of the Enlightenment should be applied, and if so, which ones and to what extent, which is another story.

The term does therefore have a referent, but not all historians agree on it. It is thus natural to weigh the pros and cons and see if the new ideas in circulation are more robust than the previous ones. In all cases, when looked at differently, from a global perspective, the phenomenon changes appearance. The question of referent thus naturally leads to that of figuring out what has been progressively globalized from this hard-to-define phenomenon.

What is 'Globalized' through the Globalization of the Enlightenment?

Globalization occurs in all fields – business, dominant languages, communication, music, etc. Simply travelling, reading magazines or browsing the Internet suffices to see that the same products, the same advertisements, adapted to the target culture, the same technologies, the same films, and of course the same 'Globish' can be found in various regions of the world. On the one hand, these consumer goods and these means of communication are globalized, and on the other, they realize the globalization. But how does this apply to the Enlightenment? What is globalized in the globalization of the Enlightenment? The history of the representations thereof, including the interpretations, can undoubtedly provide an answer to this question, on the condition, of course, of first demystifying the phenomenon in question.

Indeed, that which is globalized, through more or less developed cultural transfers, is a set of concepts; of books, in the original language or in translation; of priorities; of theoretical models; of practices as well, first and foremost the debating of ideas; of rights, not always effective but presented as universal; and of course of illusions. What circulates through various media is therefore mainly representations that are capable of being adapted or updated according to the context, while preserving a certain degree of generality, including in the denials and caricatures thereof. Thus, in many countries, and potentially throughout the world, the Enlightenment constitutes a fundamental point of reference in debates.

Let's come back to Beccaria. *Dei delitti e delle pene* illustrates well the collective and international aspect of the ideas of the Enlightenment. As demonstrated by specialists, most recently by Pierre Musitelli,[26] whom I follow here, the first Italian version was drafted by Cesare Beccaria, corrected with the author's permission by Pietro Verri, and published anonymously in Livorno in 1764. The editions of 1765 and 1766 included new paragraphs. Today, the Preamble to the 1766 edition is attributed to Pietro Verri. A French translation by André Morellet, which was more of an adaptation but which Beccaria thought to be excellent, appeared in 1765. The work was enthusiastically welcomed by the philosophers and the ideas that it defended were diffused throughout Europe and to America. In the following decades, numerous translations appeared: in English in 1767 (it would be republished many times), in Russian in 1764 (handwritten translation, followed by a print version in 1767), in Swedish in 1770, in Spanish in 1774, in German in 1778, etc. We know that the book was composed in the context of an academic society – the Accademia dei Pugni ('Academy of Fists'), founded in 1761 in Milan. While Beccaria appears to have lost interest in his book after 1766, the enlightened European intelligentsia immediately adopted and promoted it as a work that corresponded to its priorities. In addition, by the eighteenth century, it had an effect on the conceptualization and meting out of justice, and its influence can still be seen today.[27] It is therefore with good reason that it is considered one of the key books of the Enlightenment.

As we have seen, the expression 'the Enlightenment' does not designate a political regime, a country or a given national culture, but a set of priorities and preoccupations. The globalization in question does not presuppose uniform support of or even belonging to the same regime, voluntarily or not, like in the case of colonies with respect to a metropole or countries belonging to a sphere

---

26 Pierre Musitelli, 'Circulation des livres et Lumières: le cas du traité de Beccaria, *Dei delitti e delle pene*', conference given on 18 October 2019 for my class 'Les représentations des Lumières dans le monde', Université Paul-Valéry Montpellier 3.

27 On the importance of this work in legal history, see *Le Moment Beccaria. Naissance du droit pénal moderne (1764-1810)*, ed. by Philippe Audegean and Luigi Delia, Oxford University Studies in The Enlightenment (Oxford, Voltaire Foundation, 2018).

of influence, in particular an economic one. Another type of globalization must be envisioned, something that requires an analysis that takes into account various factors, including the existence of distinct or even contradicting representations. In this sense, the history of the Counter-Enlightenment, studied by Zeev Sternhell,[28] is now part of the history of the Enlightenment. This also applies to the new 'Enlightenments' associated with cultures that historiography did not include in the heart of the movement before. The globalization of the Enlightenment is not the process of enlightenment, of the world becoming enlightened, but the increasing presence of this cultural reference in debates and representations from the eighteenth century to today.

With regard to the circulation of the terms, if we exclude the countless occurrences from the personal development and self-improvement industry, a distinction must be made between the translations or adaptations of a preexisting term, in this case initially *Aufklärung*, and the national specifications like 'Scottish Enlightenment'. This brings up the question of whether or not the Enlightenment should be nationalized.

Is it (Still) Possible to Write a National History without Postulating the Existence of a National Enlightenment?

Since the end of the 1940s, and especially over the last forty years, there has been a surprising growth in the assertion of national Enlightenments, as if the recognition of one's own tradition had become fundamental to the question of identity. But one may wonder about the drawbacks of such reasoning. We will limit ourselves to a very brief presentation of several examples here. A distinction can be made between the cases in which the Enlightenments in question fall within more or less the same period as the reference model, and those which are earlier or later. We will set aside the case of Confucianism, sometimes presented by the Chinese government as an Enlightenment ahead of its time. We should also mention certain exceptions, like Sweden, which according to Tore Frängsmyr was not affected by the Enlightenment,[29] even though historians might not accept this idea much longer.

Let us start with England. After inviting scholars to re-evaluate its place in the Enlightenment in a 1979 article entitled 'The Enlightenment in England',[30] Roy Porter went as far as to present his country as the country of

---

28 On this movement, see Zeev Sternhell, *Les Anti-Lumières. Une tradition du 18ᵉ siècle à la guerre froide* (2006), revised and expanded edition (Paris, Gallimard, 2010).
29 Tore Frängsmyr, 'Was there an Enlightenment in Sweden?', in *Les Relations culturelles et scientifiques entre la France et la Suède au siècle des Lumières* (Paris, np, 1993), and *À la recherche des Lumières. Une perspective suédoise* (1993), translated from the Swedish by Jean-François and Marianne Battail (Bordeaux, Presses Universitaires de Bordeaux, 1999).
30 Roy Porter, 'The Enlightenment in England', in *The Enlightenment in National Context*, ed. by Roy Porter and Mikuláš Teich (Cambridge, Cambridge University Press, 1981), pp. 1-18.

the Enlightenment, the origin of modern civilization, in a 2000 book sold in the United Kingdom as *Enlightenment: Britain and the Creation of the Modern World* and in the United States with the catchier title *The Creation of the Modern World: The Untold Story of the British Enlightenment*.[31]

The case of Scotland is just as striking. As explained by Nicholas Phillipson, the assertion of a 'Scottish Enlightenment' is very recent; based on the use of the expression, it dates to the 1960s.[32] Since then, works on the subject have become more frequent. We no longer talk about the 'Scottish school' or Scottish representatives of the Enlightenment, but the 'Scottish Enlightenment'. As in England, to rise up to the challenge, not unironically, some authors sought to place Scotland at the forefront of the formation of the modern world. This is the case for Arthur Herman with his successful 2001 book entitled *How the Scots Invented the Modern World: The True Story of How Western Europe's Poorest Nation Created Our World & Everything in It*, republished the following year with the title *The Scottish Enlightenment. The Scots' Invention of The Modern World*.[33] Once again, we are faced with this fascination with modernity, which may have only tenuous links to the issues facing the thinkers of the Enlightenment. There is also the editorial tendency to take advantage of the seductive power of the terms 'Enlightenment' and 'modernity'. Henry Steele Commager had commenced the hostilities a little earlier, in 1978, with *The Empire of Reason: How Europe Imagined and America Realized the Enlightenment*.[34]

Although more discreetly, this change can also be observed in the works on intellectual life in Switzerland. Since the middle of the 1990s, and breaking with the description of the spread of the Enlightenment into Switzerland during the eighteenth century and of the reactions of various (especially Protestant) circles, an increasing number of historians have sought to demonstrate the existence of a 'Swiss Enlightenment'.[35] There are numerous examples of this type.

---

31 Roy Porter, *Enlightenment: Britain and the Creation of the Modern World* (London, Penguin Books, 2000); *The Creation of the Modern World: The Untold Story of the British Enlightenment* (New York, W. W. Norton & Co. Ltd., 2000).
32 Nicholas Phillipson, 'Scottish Enlightenment', in *The Oxford Companion to British History*, ed. by John Cannon, Oxford Reference Online, 2009. See also *The Enlightenment in Scotland: National and International Perspectives*, ed. by Jean-François Dunyach and Ann Thomson, Oxford University Studies in the Enlightenment (Oxford, Voltaire Foundation, 2015).
33 Arthur Herman, *How the Scots Invented the Modern World: The True Story of How Western Europe's Poorest Nation Created Our World & Everything in It* (New York, Crown Publishing Group, 2001), *The Scottish Enlightenment. The Scots' Invention of The Modern World* (London, Fourth Estate, London, 2002).
34 Henry Steele Commager, *The Empire of Reason: How Europe Imagined and America Realized the Enlightenment*, London, 1978, cited by Jonathan C. D. Clark, 'The Enlightenment', p. 35.
35 On the case of Switzerland, see in particular Roger Francillon, 'The Enlightenment in Switzerland', *Reconceptualizing Nature, Science and Aesthetics / Contribution à une nouvelle approche des Lumières helvétiques*, ed. by Patrick Coleman, Anne Hofmann, and Simone Zurbruchen (Geneva, Slatkine, 1998), pp. 13-27.

The case of Greece is more complex. Indeed, in 1945,[36] Konstantinos Th. Dimaras proposed singling out a period in the nation's history that he called *Neoellinikos Diaphotismos*[37] ('Neo-Hellenic Enlightenment'). He dated it to around 1800. His reasons were varied, but the main one was undoubtedly to provide a coherent historical schema that reinserted Greece into European modernity while highlighting its ancient heritage. To support his theory, he needed representatives of the movement, and his first choice was Adamantios Koraïs or Adamance Coray (1748-1833), an intellectual born in Smyrna who had lived in the Netherlands and France. A witness to the French Revolution and cultural intermediary between France and Greece, he perfectly illustrates Dimaras's theory that Hellenism was in a way awakened by the French Revolution. The existence of this movement is still subject to debate in Greece, and some consider, on the contrary, that the economic crisis that befell Greece in 2009 can be explained by the fact that Greece never experienced a true national Enlightenment.

The Netherlands follow a different but just as revealing path. Although P. J. Buijnsters had already used the expression 'Dutch Enlightenment' in an article published in French in 1972,[38] it was only at the end of the 1980s that there was an offensive aimed at recognizing its existence. Simon Schama, a specialist in Dutch history, meaningfully noted during a 1979 seminar organized by Roy Porter: 'That there is as yet no major work in any language dealing with the Enlightenment in the Dutch Republic suggests not only how ambitious, but how ambiguous, any such undertaking might be.'[39] It should be noted that he used the expression 'Enlightenment in the Dutch Republic' and not 'Dutch Enlightenment' (*Nederlandse Verlichting*). In 1998, during a seminar on the historiography of the Enlightenment organized in Turin by Giuseppe Ricuperati, Dutch historian Wijnand Mijnhardt, bolstered by the recent works of Margaret Jacob and Jonathan Israel, condemned the underestimation of the role of Dutch culture in the history of the Enlightenment.[40] He had already been pleading the case of the 'Dutch Enlightenment', unjustly forgotten in his

---

36 Pascalis M. Kitromilidis, 'L'étude philosophique des Lumières grecques: l'occasion manquée d'une réflexion critique', *Rue Descartes*, n° 51 (2006/1), 26-29, here p. 26.
37 On the history of this concept, see the remarkable study by Nikos Sigalas, 'De l'apologie du Moyen Âge au plaidoyer en faveur des Lumières: une étude du parcours intellectuel de Konstantinos Dimaras et de la genèse du concept de *Néohellinikos Diaphôtismos*', in the present volume.
38 Piet J. Buijnsters, 'Les Lumières hollandaises', *Oxford Studies on Voltaire and the Eighteenth Century*, 87 (1972), 197-215. See also Hans Bots and Jan de Vet, 'Les Provinces-Unies et les Lumières', *Dix-Huitième Siècle*, 10 (1978), 101-122.
39 Simon Schama, 'The Enlightenment in the Netherlands', in *The Enlightenment in National Context*, ed. by Porter, p. 263.
40 Wijnand W. Mijnhardt, 'The Construction of Silence: Religious and Political Radicalism in Dutch History, 1650-present', in *Historiographie et usages des Lumières*, ed. by Ricuperati, pp. 85-110.

view, for twenty years.[41] In July 2015, in his closing remarks at the congress of the International Society for Eighteenth-Century Studies, symptomatically entitled 'The Swan Song of the Dutch Enlightenment', he triumphantly affirmed, not without emotion and with a certain pride, that the long-awaited day on which the existence of the Dutch Enlightenment in the seventeenth century would be recognized had finally arrived. Jonathan Israel, another specialist in Dutch history before becoming the theorist of the 'Radical Enlightenment', played a decisive role in this recognition; if Spinoza is the central thinker of the Enlightenment, assisted by the circle of the Spinozists, then the Netherlands are the birthplace of the Enlightenment. In return, Israel logically enjoys significant support among the defenders of this theory. The drawback of going back in time by almost a century is that we end up confusing intellectual and cultural realities, all of which are important but very different.

National and even religious Enlightenments have thus multiplied, as evidenced by, among many others, the title of Ulrich L. Lehner's work *The Catholic Enlightenment: The Forgotten History of a Global Movement*.[42] Far from resolving national or religious issues, the globalization of the Enlightenment has exacerbated them. It seems that each nation and each religion is set on demonstrating that it has made a major contribution to modernity, or to a different model of modernity. This is far from a simple rivalry between academic societies of various countries. This is why the question of the nationalization of the Enlightenment leads to another, one of today's burning issues: that of ascertaining whether or not the Enlightenment is a part of colonial thought.

Is the Enlightenment the Ideology of the West?

This tendency to make the Enlightenment into a historical moment, a necessary step, or the necessary fulfillment of modernization in history, is both erroneous and pernicious. The mirror thereof, the tendency to define the Enlightenment as the ideology of the West, also poses a problem, namely because counter-arguments can be turned against those who present them, as former Brazilian President Jair Bolsonaro recently did, accusing those who are worried about the respect of human rights in his country of pushing neocolonial ideas.

One of the effects of the globalization of the representations of the Enlightenment is the introduction of a term of comparison with a variable definition. A certain notion of modernity has ended up instilling the idea of

---

41 Wijnand W. Mijnhardt, 'De Nederlandse Verlichting: een terreinverkenning', *Figuren en Figuraties. Acht opstellen aangeboden aan J. C. Boogman* (Groningen, Wolters-Noordhoff, 1979), pp. 1-25; 'De Nederlandse Verlichting', in *Voor vaderland en vrijheid. De revolutie van de patriotten*, ed. by Frans Grijzenhout (Amsterdam, De Bataafsche Leeuw, 1987), pp. 53-97.
42 Ulrich L. Lehner, *The Catholic Enlightenment: The Forgotten History of a Global Movement* (Oxford, Oxford University Press, 2016).

a historical phase through which every society must pass in order to become fully 'civilized' and 'modern'. This line of thought partly explains the importance of the theme of 'lateness' in various countries, in particular in Iran, if we believe Farad Khosrokhavar and Mohsen Mottaghi,[43] and in Greece, where the economic crisis has reopened the debate.[44] The effects of the theory of 'lateness' are still dramatic throughout the world today.

This philosophy of history, which in the end has little to do with the Enlightenment and displays an uninhibited Eurocentrism, seems to support those who, in the context of postcolonial studies or the decolonial movement, equate the Enlightenment with the ideology of the West. Is this movement, which is depicted as liberating, not the driving force and the instrument and ideology of European domination? This theory may be the one that has gained the most traction in recent years, in particular in the wake of the works of Aníbal Quijano and Enrique Dussel. According to them, modernity starts in 1492, with the arrival of the first colonists in America.[45] Since then, the Eurocentric discourse has suppressed the history of indigenous peoples. According to this theory, the Enlightenment is merely the continuation and acceleration of European domination over the colonized peoples. This deserves a more careful examination, but it is in any case obviously a representation of the Enlightenment that is currently being globalized.

Another revealing example is that of *The Philosophy of the Enlightenment* by Ernst Cassirer. By publishing this impressive synthesis in 1932, Cassirer was not thinking of the colonial exploitation of the Enlightenment that certain powers, first and foremost France, were putting into practice; in his way, he was resisting against ambient nationalism and Nazi ideology. In today's context, an expression such as 'philosophy of the Enlightenment', widely disseminated by his eponymous book, constitutes an epistemological obstacle since it gives credit to the idea of the existence of a consensus among the thinkers of the time, of a shared philosophy. Here again, the editor may have played a role in the choice of the title, since we know that Cassirer had first opted for *History of the ideas of the era of the Enlightenment* (*Ideengeschichte der Aufklärungszeit*). Regardless, unifying European thought of the eighteenth century by identifying a common base, a set of principles, but omitting the disparities has the drawback of providing arguments to the followers of the

---

43 Farad Khosrokhavar and Mohsen Mottaghi, 'Les intellectuels iraniens et les Lumières', conference given on 29 September 2017, MSH-Sud, Montpellier.
44 Chrysanthos Stefanopoulos explained in 2014: 'If someone tried to identify the real causes of the crisis that the country is facing, he should start from very long time ago, from the period of the enlightenment that Greece (due to the Turkish rule) in reality never experienced'. Cited by Athéna Skoulariki in 'The "Enlightenment Deficit": Genealogy and Transformation of Cultural Explanations for the Greek "Backwardness"', in the present volume, p. 000.
45 See in particular Enrique Dussel, *1492. El encubrimiento del otro. Hacia el origen del mito de la modernidad* (Madrid, Nueva Utopía, 1992).

theory that the philosophy of the Enlightenment is the discourse of the colonizers, the discourse that grants legitimacy to colonialism and its history.

Is the Enlightenment an instrument of cultural hegemony? It should be noted that this depends on the way history is written, but also on the use made of this essential reference. About twelve years after the publication of Cassirer's book, around 1944, Theodor Adorno and Max Horkheimer explored, starting from different assumptions, the totalitarian potential of reason, and their work is one of the ones most often used, whether justly or unjustly, to accuse the philosophy of the Enlightenment of having delivered man into the hands of technical dehumanization. Reference to the Enlightenment could, however, also support resistance against cultural hegemony and the multiple forms of abuse of power. For example, the fact that some consider human rights to be a European concept, or even a cultural product, only having a limited validity, as is the case of the Chinese authorities, can be worrisome, and for good reason.

This inquiry should be continued while favouring a 'global' approach to the phenomenon of the Enlightenment as a product of representations from the eighteenth century to today. The 'globalization of the Enlightenment', which is a reality, is not in the same vein as colonization; it is not similar to the globalization of business and of consumer society either. Its main issues are the representation of the past and the comprehension of modernity, and thus of the essential national and transnational references in societal choices. The lesson is paradoxical: the global approach does not invite us to consider the Enlightenment as a unified, worldwide phenomenon, but rather encourages us to distinguish a *key moment* and long-term *processes* in which this moment participates and which it may have accelerated or slowed down, depending on the case in question. In other words, in order to arrive at a satisfactory description of the phenomenon of the Enlightenment and of its many consequences, we would need to write the history of the representations that have been given thereof from the middle of the eighteenth century to today. This could be the mission of a global history of the Enlightenment, which remains to be written collectively.[46]

---

46 This is the goal of the international programme *Enquête sur la globalisation des Lumières* <Global18.org>.

CHRYSSANTHI AVLAMI

Les Lumières dans les Balkans

Pour une lecture symptomale

Il serait sans doute périlleux d'associer le vocable « Lumières » à celui de « Balkans » sans essayer au préalable de poser quelques jalons pour mettre en perspective cet ensemble de lectures, souvent approximatives mais fécondes, de pratiques d'apprentissage, de traductions et d'adaptations traditionnellement reconnues comme des signes indubitables de la présence des Lumières dans tel ou tel état balkanique.

Cette présence se trouve d'emblée liée au long et douloureux démantèlement de ce mode d'organisation de la vie collective que fut l'empire – l'Empire ottoman notamment et, à un moindre degré, l'Empire austro-hongrois. Si Lumières balkaniques il y a, ce sont donc simultanément celles de l'Europe ottomane et celles de l'Europe centrale, du moins, jusqu'au moment de la création des divers États balkaniques qui fut, elle aussi, longue et douloureuse. Cela revient à dire que, pour les peuples balkaniques, l'idée des Lumières est à la fois porteuse du désir d'indépendance et, en même temps, de la volonté d'épouser cette structure, foncièrement étrangère à l'empire, qu'est l'État.

Force est de constater toutefois, qu'à de rares exceptions près[1], l'adoption de l'État comme nouvelle forme d'organisation de la vie collective semble aller de soi. Si donc penser la situation balkanique à la lumière de Montesquieu, de Rousseau ou de Beccaria revient naturellement à discuter la question de la constitution, de la division des pouvoirs, de la représentation, de la légifération, de la justice, etc., il n'en reste pas moins que le problème de l'État en soi fut esquivé ou, si l'on préfère, masqué par les différentes solutions proposées à l'égard de ses composantes.

Propagés notamment par les réseaux marchands de la diaspora, tous ces débats, qui commencent à se diffuser dans la seconde moitié du XVIIIe siècle, s'intensifient davantage pendant la Révolution française et lors de l'arrivée

---

1 Rigas Vélestinlis, *Νέα πολιτική διοίκησις των κατοίκων της Ρούμελης, της Μικράς Ασίας,των Μεσογείων νήσων και της Βλαχομπογδανίας* [Nouvelle administration politique, Vienne, 1797] dans : *Άπαντα τα σωζόμενα* [Œuvres complètes], éd. par Paschalis Kitromilides (Athènes, Fondation du Parlement Grec, 2003), t. 5. Voir également *infra*, pp. 105, 165, 219.

De l'Europe ottomane aux nations balkaniques : les Lumières en question / From Ottoman Europe to the Balkan Nations : Questioning the Enlightenment, sous la direction de Chryssanthi Avlami, Franck Salaün et Jean-Pierre Schandeler, Turnhout, 2023 (MEMEW, 4), p. 27-38
© BREPOLS PUBLISHERS   DOI 10.1484/M.MEMEW-EB.5.134215

des armées françaises dans la région[2]. Or, malgré la diffusion des textes constitutionnels français qui nourrissent les débats dans la péninsule balkanique, en pleine effervescence, la fondation successive des États balkaniques, issue de la reconnaissance des « puissances », ira de pair avec l'installation d'une monarchie absolue[3] – notamment des dynasties d'origine allemande[4].

Faut-il voir là l'emprise des traditions politiques locales, celle des principautés, par exemple, disposant d'une autonomie à géométrie variable vis-à-vis des empires et s'érigeant, plus ou moins naturellement, lors de la création étatique, en royaumes indépendants ? Faut-il plutôt y voir la conséquence inéluctable d'impasses politiques, l'impasse où se trouvèrent, par exemple, les Grecs lorsque la révolution de 1821 vira en guerre civile aboutissant à la désignation d'un gouverneur, lui-même assassiné quatre ans plus tard ? Est-il plus pertinent de mettre l'accent sur l'emprise des élites politiques européennes vivant dans la crainte des révolutions et des gouvernements républicains ? Ou faut-il voir enfin dans l'établissement des monarchies balkaniques une sorte d'assise commune sur laquelle les puissances européennes, en concurrence les unes avec les autres, trouvaient un équilibre ? À tous ces facteurs, qui ont certainement joué un rôle déterminant, il faudrait sans doute ajouter le fait que l'exportation de la structure étatique, depuis l'Europe occidentale, semble générer au XIXe siècle une répétition de son contenu historique originel – à savoir le passage de la monarchie absolue à la monarchie constitutionnelle, puis, éventuellement et bien plus tardivement à la république parlementaire.

De fait, dans cet espace de temps qui s'écoula entre les premières expressions du désir d'indépendance et la reconnaissance effective des divers États de la péninsule balkanique, l'idéologie des identités nationales fut cultivée et diffusée au sein d'une population composée de communautés multiculturelles en raison de leur importante mixité. Cette nationalisation des identités culturelles précéda, et souvent de beaucoup, l'étatisation des nationalismes. Rien d'étonnant dès lors à ce que la fondation étatique ou l'expansion des territoires nationaux aient eu lieu au prix de guerres d'autant plus meurtrières que dans certains pays les frontières restèrent flottantes pendant longtemps[5].

Dans ce contexte suffisamment connu et étudié, comment interpréter la présence des Lumières ? Et qu'en est-il des Lumières au-delà de cette poignée d'hommes qui entreprirent, ici et là, de les diffuser ? Si l'on accepte le terme *lato sensu*, il devient clair que, dans l'horizon d'attente dégagé par le déclin

---

2   Entre 1805 et 1809, suite à la campagne de Dalmatie, la France napoléonienne en annexant l'Istrie, la Croatie, la Dalmatie et Raguse leur donne le nom de *Provinces illyriennes*. Les îles ioniennes sont occupées par les Français de 1797 à 1799 puis, une deuxième fois, de 1807 à 1809 – et Corfou jusqu'en 1814.
3   À l'exception de la Roumanie dirigée par une monarchie parlementaire de 1881 à 1947.
4   Sauf la Serbie qui sera gouvernée par une dynastie autochtone.
5   L'archipel du Dodécanèse, par exemple, a été annexé au royaume de Grèce en 1947. Voir à ce sujet Marc Mazower, *The Balkans: A Short History* (2000) (Londres, Modern Library Chronicles, 2002), pp. 79-110.

économique et militaire de l'Empire ottoman (dont les signes ne font que se multiplier à partir du XVIIIe siècle et jusqu'à son effondrement en 1922-1923), la présence des Lumières vient signifier que l'Europe est désormais reconnue comme centre économique et politique mondial et que son emprise sur le sort de l'Empire et, en particulier, sur l'Europe ottomane pourrait s'avérer décisif. Telle est la toile de fond sur laquelle va se jouer la diffusion des Lumières.

Or, la question de l'influence européenne sur le monde est tout d'abord posée et débattue au sein des Lumières elles-mêmes. Il suffirait d'évoquer ici Montesquieu, dont la conscience cosmopolite est étroitement liée au fait que la mondialisation des échanges commerciaux[6] était en passe de transformer l'histoire de l'Europe en histoire du monde[7]. Le deuxième moment décisif est évidemment 1789, qui fut en même temps à l'origine de la propagation de l'idée de souveraineté nationale, cette dernière impliquant à son tour l'exportation de l'*artefactum* étatique. Et c'est toujours pendant la Révolution que les Lumières vont être pour la première fois historicisées dans un texte décisif pour l'émergence des philosophies de l'histoire du XIXe siècle, à savoir l'*Esquisse d'un Tableau historique des progrès de l'esprit humain*[8], texte rédigé par Condorcet en 1793 et publié, à titre posthume, en 1795. Les Lumières deviennent alors une étape de l'histoire universelle, encore en état d'éclosion ; elles constituent donc à la fois une étape *déjà franchie* (par les nations civilisées) et une étape *à franchir* (pour toutes les autres) au nom du progrès indéfini de l'esprit humain : « Toutes les nations doivent-elles se rapprocher un jour de l'état de civilisation où sont parvenus les peuples les plus éclairés, les plus libres, les plus affranchis des préjugés, tels que les Français et les Anglo-Américains ? », se demande Condorcet dans la dixième époque du *Tableau*, consacrée aux progrès futurs de l'esprit humain[9]. La réponse est catégorique : les Lumières devaient et allaient se réaliser au sein de chaque nation. Les progrès des Lumières s'inscrivent ainsi dans un processus toujours en cours, impliquant des temporalités « nationales » différenciées en fonction de paramètres socio-politiques et culturels que Condorcet prend le soin de décrire en constatant les décalages existant d'une nation ou d'une aire géographique à l'autre. De fait, compenser ces « décalages » devient un enjeu d'identité nationale pour tout peuple souhaitant intégrer l'Europe des

---

6 « L'effet de la découverte de l'Amérique fut de lier à l'Europe l'Asie et l'Afrique. L'Amérique fournit à l'Europe la matière de son commerce avec cette vaste partie de l'Asie que l'on appela les Indes orientales. [...] Enfin la navigation d'Afrique devint nécessaire ; elle fournissait des hommes pour le travail des mines et des terres de l'Amérique. L'Europe est parvenue à un si haut degré de puissance que l'histoire n'a rien à comparer là-dessus », *De l'esprit des lois* (1748), livre XXI, 21, § 19-20.
7 Voir l'analyse de Bertrand Binoche dans *Introduction à De l'esprit des lois de Montesquieu* (Paris, PUF, 1998), p. 91.
8 Voir Condorcet, *Tableau historique des progrès de l'esprit humain. Projets, Esquisse, Fragments et Notes (1772-1794)*, éd. par Jean-Pierre Schandeler et Pierre Crépel (Paris, Institut National des Études démographiques, 2004).
9 Condorcet, « Dixième époque : Des progrès futurs de l'esprit humain », pp. 429-430.

progrès[10]. Une dernière référence qu'il faudrait sans doute évoquer dans ce parcours forcément schématique, est Guizot, l'auteur de la première histoire de ce genre, *Histoire de la civilisation en Europe* (1828) suivie de l'*Histoire de la civilisation en France* (1830). Si Guizot attribue à la mission civilisatrice des tâches bien moins révolutionnaires que Condorcet, il n'en reste pas moins que la rapide propagation de l'idée de civilisation sous la Restauration lui doit beaucoup. Guizot participe de manière décisive à la construction de cette triple croyance du XIXe siècle au Progrès, en l'Histoire et à la Civilisation, pour autant que cette dernière se voit chargée de montrer en quoi l'histoire est le champ de l'expérimentation empirique du Progrès et, inversement, en quoi le Progrès est la loi canonique du devenir historique – et cela, au nom d'un vecteur abstrait (le dit « peuple qui marche »[11] *alias* civilisation) convoqué pour absorber la diversité factuelle *des histoires* pour ne retenir qu'un certain nombre de faits capables d'injecter du sens progressif dans *une Histoire* dont la continuité est sans faille[12].

C'est cette prise de conscience que traduisait déjà, en 1803, Adamance Coray, auquel on attribue le néologisme *politismos* (civilisation en grec moderne), dans son *Mémoire sur l'état actuel de la civilisation dans la Grèce*, en adressant un message à la fois aux Français et aux Grecs. Aux Français, pour les assurer que les Grecs sauraient effectivement faire renaître « les vertus des Miltiade et des Thémistocle » si la promesse française de libérer la Grèce était tenue[13] ; mais aussi,

---

10 Merci à Nikos Sigalas pour la discussion que nous avons eue sur ce point.
11 « Le premier fait qui soit compris dans le mot civilisation est le fait de progrès ; la civilisation réveille aussitôt l'idée d'un peuple qui marche, non pour changer de place, mais pour changer d'état », *Histoire de la civilisation en Europe* (cours prononcé entre avril et juillet 1830), éd. par Pierre Rosanvallon (Paris, Pluriel/Hachette, 1985), p. 62.
12 Puisque c'est grâce à la civilisation (*alias* le « peuple qui marche ») que l'on peut « renouer enfin la chaîne des temps qui ne se laisse jamais rompre tout à fait, quels que soient les coups qu'on lui porte », François Guizot, « Leçon d'ouverture du cours d'histoire » (7 décembre 1820), *Histoire des origines du gouvernement représentatif*, Paris, Didier) t. 1, p. 5. Voir Chryssanthi Avlami, « Civilisation vs *civitas* ? La cité grecque à l'épreuve de la civilisation », *Revue de Synthèse*, 1 (2008), 23-56 (publié également en italien : « Civilisation vs civitas. La città greca alla prova della civilisation », dans *Con gli occhi degli antichi. Filologia e politica nelle stagioni della cultura europea*, éd. par Giovanni Nuzzo (Palermo, Dip. Beni Culturali Sa.Sa.G, 2007), pp. 105-141).
13 Lors de la première occupation française des îles ioniennes qui étaient jusqu'alors sous domination vénitienne, le général Gentili, premier gouverneur de Corfou et des départements français de Grèce annonçait aux Corfiotes : « Je suis venu pour rendre à la Grèce esclave depuis si longtemps, la liberté et l'égalité […] Les vertus des Miltiade et des Thémistocle ressurgiront bientôt et la Grèce sera réintégrée dans la splendeur des temps anciens ». Cité par Stefano Solimano, « Bonaparte et les îles Ioniennes. Francisation juridique en difficulté. Notes pour un approfondissement », *Forum historiae iuris*, Artikel/Rezension vom : <www.forhistiur.de/zitat/1103solimano.htm>, p. 8. Sur cette période voir Dimitri Nikolaidis, *D'une Grèce à l'autre. Représentations des Grecs modernes par la France révolutionnaire* (Paris, Belles Lettres, 1992) ; Gérasimos Moschonas, « L'idéologie politique dans les îles ioniennes pendant la période républicaine (1797-1799) », dans *La Révolution française et l'hellénisme moderne* (Athènes, Centre de Recherches Néohelleniques, Fondation

et surtout, pour faire passer le message que l'enrichissement de bon nombre de communautés grecques de l'Empire, grâce à l'intensification des échanges commerciaux avec l'Europe, leur a permis de s' « éclairer » en formant de la sorte des îlots de « civilisation » au sein d'un empire qui, lui, serait resté figé dans un temps irrémédiablement révolu. Aux Grecs, pour leur signifier, le plus clairement possible, qu'ils avaient tout intérêt à se mettre à l'écoute de l'Europe, à se laisser imprégner par ses Lumières et à les recevoir comme un contre-don, les Européens s'étant eux-mêmes éclairés grâce aux « Lumières » de la Grèce ancienne[14].

L' « état actuel de la civilisation » dans les parties de l'Empire que Coray dénomme « Grèce », témoigne ainsi, en 1803, de la capacité de ses habitants à combiner les vertus antiques avec le capitalisme marchand et les Lumières, autrement dit, de leur adaptabilité à la modernité européenne. Et, c'est justement, au nom de ce processus d'ajustement aux mœurs et aux coutumes européennes que les Grecs pouvaient de plein droit revendiquer leur indépendance, afin d'accéder, en premier lieu, à la modernité étatique[15].

De ce point de vue, l'évocation des Lumières se présente comme un moment inaugural et ce, indépendamment de leur diffusion effective au sein de la population grecque ; car, c'est bien à partir de cette époque-là que le miroitement grec dans le regard européen allait devenir le mode d'être par excellence de la relation entre la Grèce et l'Europe. L'historienne Elli Skopetea a analysé finement dans son livre[16] ce regard en remarquant qu'aux yeux des Grecs, l'Europe pouvait prendre, à tour de rôle, l'allure de l'omnipotence, de l'exemplarité ou enfin, celle d'une Europe observatrice – tantôt « philhellène », tantôt « mishellène » selon la conjoncture[17].

Peu importe, dans ce contexte, si bon nombre de promesses n'ont pas été tenues ; à commencer par celle de la « renaissance » des vertus antiques, peu

---

nationale pour la recherche scientifique, 1989), pp. 123-136 ; Hélène Yannakopoulou, « Français, Républicains et Impériaux aux sept îles ioniennes : quelques aspects de leur présence », dans *La Révolution française et l'hellénisme moderne*, pp. 137-154.

14 Adamantios Korais, Προλεγόμενα τῆς πρώτης ἐκδόσεως [Prolégomènes de la première édition] 1802, dans Vekkariou, Περὶ ἀδικημάτων καὶ ποινῶ [Cesare Beccaria, Dei delitti e delle pene], Προλεγόμενα στοὺς ἀρχαίους Ἕλληνες συγγραφεῖς [Prolégomènes aux auteurs grecs anciens] (Athènes, Fondation culturelle de la Banque nationale de Grèce, 1995), vol. 4, pp. 39-40 et 46-47. Voir aussi du même, « Ἐπιστολὴ ἀπὸ 4.11.1811 » Lettre du 4.11.1811, Ἀλληλογραφία [Correspondance] vol. 3 (Athènes, O.M.E.D., 1979), p. 156.

15 Voir Kostas Kostis, Τα κακομαθημένα παιδιά της Ιστορίας: Η διαμόρφωση του νεοελληνικού κράτους, 18ος-21ος αιώνας [Les enfants gâtés de l'histoire : la formation de l'État grec moderne, xviiie-xxie siècle] (Athènes, Polis, 2013) et Nikos Sigalas, « Royaume de Grèce », dans *Dictionnaire de l'Empire ottoman*, éd. par François Georgeon, Nicolas Vatin et Gilles Veinstein (Paris, Fayard, 2015), pp. 510-513.

16 Elli Skopetea, Το « πρότυπο βασίλειο » και η Μεγάλη Ιδέα. Όψεις του εθνικού προβλήματος στην Ελλάδα (1830-1889) [Le « royaume modèle » et la Grande idée. Aspects de la question nationale en Grèce] (Athènes, Polytypo, 1988), pp. 163-170. Ce livre n'est accessible qu'en grec.

17 Voir à titre indicatif, Sophie Basch, *Le mirage grec. La Grèce moderne devant l'opinion française (1846-1946)* (Paris, Hatier, 1995) ; *Les mishellénismes*, éd. par Gilles Grivaud. Champs helléniques modernes et contemporains, éd. de l'EfA, 2001 (Athènes, Leuven).

compatibles d'ailleurs avec cette même Europe qui, depuis le siècle des Lumières justement, avait puissamment introduit au cœur de la réflexion politique la question économique – ou, pour être plus rigoureuse, ce qu'Aristote désignait par le terme de *chrématistique*. Évidemment, alors que la discussion sur les origines nationales battait son plein dans tout le vieux continent, les Grecs n'auraient pas pu se dispenser d'une instance de légitimation aussi prometteuse et aussi flatteuse que l'Antiquité ; non seulement envers les Européens mais aussi face aux voisins balkaniques et à leurs revendications nationales et territoriales. À la place de ladite « renaissance des vertus antiques », la Grèce ancienne servira ainsi de pièce maîtresse dans l'élaboration difficultueuse d'une identité néo-hellénique et d'une idéologie étatique, tandis que les Grecs allaient vivre pour longtemps dans un présent archaïsant[18], souvent ressenti par les contemporains comme un poids accablant.

Peu importe aussi que bon nombre des centres économiques de l'Empire à forte présence grecque – ces îlots de « civilisation[19] » dont il est question chez Coray – soient restés longtemps en dehors du territoire national grec, ou qu'au moment de leur annexion ils aient dû adapter leur dynamique économique (et leurs spécificités culturelles) aux normes du jeune État grec, concentré et concentrateur (comme tout état se doit de l'être) et reposant sur une capitale, Athènes, dont la population, en 1879, venait juste d'atteindre les 63 374 habitants[20].

Peu importe enfin que, dans le sillage de l'anticléricalisme d'un Voltaire, les quelques critiques adressées à l'Église et à ses représentants se soient rapidement noyées dans un océan de silence. À la place, une étatisation de l'Église orthodoxe grecque (« autocéphale » à partir de 1833) a vu le jour dont l'exemple a été suivi ensuite par d'autres États balkaniques[21]. Le schisme entre les Églises orthodoxes balkaniques et le patriarcat œcuménique d'Istanbul a sans doute contribué à faire disparaître un certain cosmopolitisme d'inspiration religieuse. Évidemment, il serait bien difficile de s'imaginer l'adoption d'une Constitution civile du clergé ou tout autre décret allant dans ce sens, dans une aire géographique où le lien social restait solidement ancré dans le religieux – et il faudrait d'ailleurs se demander ce qu'il en est encore aujourd'hui, en Grèce aussi bien que dans les pays voisins de l'ex-bloc de l'Est où un processus de sécularisation a été mis en place, tant bien que mal, pendant la guerre froide. Dans ce cadre, il n'y a rien d'étonnant à ce que le moindre faux pas, tel l'évocation de la correspondance « blasphématoire » entre le roi Henri VIII d'Angleterre et Luther par le professeur Manoussis à la toute fraîche université d'Athènes, ait fait scandale. Elissavet Tsakanika, dans sa contribution, reconstitue avec brio cette affaire.

---

18   Skopetea, *To « πρότυπο βασίλειο »*, pp. 190-204.
19   Sur le sens du mot au XVIIIe siècle (et chez Coray) voir *Les Équivoques de la civilisation*, éd. par Bertrand Binoche (Seyssel, Champ Vallon, 2005).
20   *Στατιστική της Ελλάδος. Πληθυσμός 1879* [Statistique de la Grèce. Population 1879] (Athènes, Vlastos, 1881).
21   En 1864, pour la Roumanie ; en 1870, pour la Bulgarie ; en 1879, pour la Serbie.

En mentionnant ces quelques exemples, il ne s'agit pas de s'engager dans une polémique sur les déficiences de l'État balkanique, ses résistances face à sa modernisation institutionnelle, le phénomène clientéliste, etc., dont les causes seraient à chercher dans l'anémique propagation des Lumières dans la région. Athena Skoulariki met en relief, dans son texte, le retour de ce genre de raisonnement chez un certain nombre d'écrivains et de publicistes pendant la crise économique et sociopolitique qui a éclaté en 2009.

Cela revient à dire que, plutôt que de s'engager dans ce type de débat et reprendre ou réfuter son argumentaire (qui ne manque pas d'un certain sens critique), mieux vaut l'interroger dans sa répétitivité même, tant il est vrai qu'il revient de manière récurrente depuis le XIXe siècle, en s'inscrivant dans une continuité, scandée au rythme de clivages identitaires. Les divisions Orient/Occident, tradition/modernité, autochtones/hétérochtones, etc., engendrées par le face à face avec l'Europe, ont beau changer de contenu ou d'appellation selon l'époque, il n'en reste pas moins qu'elles restent au fond, elles aussi, toujours les mêmes.

Cela revient à dire également que, plutôt que de prendre les Lumières comme un ensemble homogène et imperméable, mieux vaut chercher concrètement ce qui, à l'intérieur de ce champ commun d'oppositions fertiles qu'est l'« ici » des Lumières françaises, de l'*Aufklärung* ou du *Scottish Enlightenment*, vient, à chaque fois, se heurter sur, ou fusionner avec un « ailleurs », en créant, dans tous les cas, des modalités de penser ou d'agir originales.

En examinant les idées de cosmopolitisme et de patriotisme dans la Grèce du XIXe siècle, Marilisa Mitsou analyse le passage d'un patriotisme nourri des Lumières et de 1789 et allant de pair avec le cosmopolitisme (dont la figure de proue est Rigas Vélestinlis) vers une expression de patriotisme, originairement inspirée de l'*Aufklärung,* qui, dans le contexte du nationalisme ambiant et des aspirations irrédentistes du jeune état grec, transforma l'idée cosmopolite en une référence négative. Cette tendance anti-cosmopolite culmine, d'après l'auteure, dans les années 1870 avec l'arrivée, en Grèce, de plusieurs familles de commerçants riches suite à la Grande Dépression. C'est ainsi que les « *London Greeks* », ces « hétérochtones » par excellence, allaient se voir reprocher « un mode de vie et des positions hostiles à l'esprit national ainsi qu'un manque d'engagement patriotique ». Le cosmopolitisme, sera donc assimilé au XIXe siècle, comme le notent dans leur contribution, Sophia Mathaiou et Alexandra Sfoini, à l'esprit individualiste et ce, par opposition à l'amour de la patrie (*philopatria*) désormais comprise comme « le lieu d'appartenance dans le même État-nation » et non pas simplement comme « un lieu de naissance ».

C'est dire enfin que la représentation des Lumières, loin de correspondre à une image figée dans le temps, fait l'objet de multiples reconstructions[22].

---

22   Voir à ce sujet, *Historiographies et usages des Lumières*, éd. par Giuseppe Ricuperati (Berlin, Berlin Verlag Arno Spitz, 2002) ; *Enquête sur la construction des Lumières*, éd. par Franck Salaün et Jean-Pierre Schandeler (Ferney-Voltaire, Centre International d'Étude du XVIIIe siècle, 2018).

Poser la question de la référence aux Lumières dans les manuels scolaires grecs permet ainsi à Ourania Polycandrioti de constater, tout d'abord, son absence dans les premiers manuels d'histoire rédigés par des Grecs (et non pas traduits en grec) et publiés à partir de la seconde moitié du XIXe siècle. Aussi, pour l'auteur d'une *Histoire générale abrégée* (1862), si les Grecs deviennent, en 1821, un peuple révolutionné, c'est qu'ils se sont éclairés grâce à la valorisation de l'éducation et la fondation d'écoles, grâce à « la partie la plus éclairée du clergé », grâce enfin à des personnalités comme Coray, même s'il sous-estime son biculturalisme et son travail de médiateur entre la France et la Grèce. Il faudra attendre les années 1920 pour que les Lumières (européennes et grecques) soient nommées et mentionnées dans les manuels scolaires, quoique très prudemment, en les associant à une mission exclusivement moralisatrice, à savoir la formation de citoyens décents et d'honnêtes gens.

C'est une véritable archéologie des Lumières grecques (*Néohellinikos Diaphôtismos*) que nous livre Nikos Sigalas en analysant comment celles-ci ont été revues et corrigées par Constantin Dimaras au lendemain de la Seconde Guerre mondiale, sous l'effet d'enjeux intellectuels de l'avant-guerre et, surtout, sous l'effet d'une guerre dont la puissance destructrice amena certains milieux d'intellectuels, américains et anglais notamment, à recontextualiser les bonnes vieilles Lumières pour les remettre en circulation dans le monde occidental à l'époque de la guerre froide. Dans le sillage de ces milieux, Dimaras a procédé pour sa part à la systématisation de cette « variante nationale » des Lumières que fut le *Néohellinikos Diaphôtismos* en laissant se profiler, en arrière-plan, une redéfinition de l'« hellénisme moderne ».

Dans la même perspective, Servanne Jollivet revient sur l'œuvre philosophique de Panayotis Kondylis, auteur d'une œuvre importante, publiée essentiellement en allemand, dont une étude sur les Lumières européennes (*Die Aufklärung im Rahmen des neuzeitlichen Rationalismus*, 1981), ainsi que d'une série d'articles réunis et traduits en grec sous le titre *Les Lumières néo-helléniques. Idées philosophiques* (*O neohellenikos Diaphôtismos. Oi philosophikes idees*, 1988). Kondylis propose une lecture critique des Lumières néohelléniques, puisqu'il s'agit pour lui de pointer leur ambivalence intrinsèque et, ce faisant, de se démarquer de la cohésion et de l'homogénéité qui étaient supposées être les leurs dans le cadre des lectures proposées par Dimaras et ses successeurs.

Nous avons voulu inscrire ce volume dans la perspective de l'histoire croisée[23] afin de de suivre un cheminement critique et réflexif. Les expériences des peuples balkaniques se ressemblent quant à leur rapport historique aux empires, puis à l'Europe et ce, malgré le chassé-croisé imposé par les

---

23 Michael Werner, Bénédicte Zimmermann, « Penser l'histoire croisée : entre empirie et réflexivité », *Annales, Histoire, Sciences Sociales*, 2003/1 (58e année), pp. 7-36, mis en ligne sur Cairn.info le 1er février 2003.

nationalismes, les guerres du XXᵉ siècle et la guerre froide[24]. Rapprocher (et, dans un second temps, différencier) les multiples représentations des Lumières devient possible dès lors que le cadre d'un certain nombre de parallélismes évidents est reconnu et admis. C'est ainsi qu'on apprendra, par exemple, que dans les langues balkaniques, les termes « Lumières », « renaissance », « modernisation », « occidentalisation », « civilisation » ou « progrès » sont souvent interchangeables. Par conséquent, il faut reconnaître leur appartenance à un champ lexical commun. Cependant, la présence ou l'absence d'une référence explicite aux « Lumières » dans les histoires nationales des Balkans, autrement dit leur inclusion ou leur exclusion dans le chapitre « réveil national », courante dans l'historiographie nationale des peuples balkaniques, varie dans le temps en fonction d'enjeux idéologiques imposés, à chaque fois, par la conjoncture[25]. Dans son étude du cas bulgare, Marie Vrinat-Nikolov analyse les raisons pour lesquelles la thématique du « réveil national » l'emporta largement sur les « Lumières ». Les Bulgares, dont l'État fut fondé en 1878 (soit un demi-siècle après la création de la principauté de Serbie et du Royaume grec), durent, dans un premier temps, se démarquer du Patriarcat d'Istanbul et des Phanariotes, ces « oppresseurs spirituels et culturels des Bulgares sous le joug turc[26] » en remplaçant, notamment, l'instruction dispensée en grec par des enseignements dans la langue vernaculaire (ce qui fut également le cas des Serbes[27]), puis confronter leurs aspirations nationales à l'irrédentisme des États voisins – et notamment de l'État grec. Et si, depuis la chute du régime de la « République Populaire » (1946-1989), la question des Lumières est de nouveau sur la table, celle du « réveil national » l'est aussi dans un nouveau tour d'entrelacement conflictuel avec l'historiographie nationale de la Macédoine du Nord[28].

C'est dans un contexte similaire que s'inscrit la « Renaissance nationale albanaise » qui hésite entre trois thèses : celle de l'origine pélasgique, celle

---

24 Voir, à titre indicatif, Dimitris Stamatopoulos, *Byzantium after the Nation. The Problem of Continuity in the Balkan Historiographies* (2009) (Budapest, Central European University Press, 2020) ; Dimitris Stamatopoulos, *European Revolutions and the Ottoman Balkans: Nationalism, Violence and Empire in the Long Nineteenth Century*, Tauris, 2019 ; Dimitris Stamatopoulos, *Balkan Nationalism(s) and the Ottoman Empire*, 3 vols (Istanbul, Isis Press, 2015).
25 Voir à titre d'exemple Alexander Vezenkov et Tchavdar Marinov « The Concept of National Revival in Balkan Historiographies », dans *Entangled Histories of the Balkans. Shared Pasts, Disputed Legacies*, éd. par Roumen Daskalov et Alexander Vezenkov (Leiden, Brill, 2015), vol. 3, pp. 406-462.
26 Voir *infra* Marie Vrinat-Nikolov, p. 118.
27 Voir, par exemple Boris Lazic, « La naissance de la littérature serbe moderne et son orientation européenne : Dositej Obradović et l'Europe des Lumières », dans *La Littérature serbe dans le contexte européen : texte, contexte et intertextualité*, éd. par Milivoj Srebro (Pessac, MSHA, 2013), pp. 13-21.
28 Voir Tchavdar Marinov, *« Nos ancêtres les Thraces ». Usages idéologiques de l'Antiquité dans l'Europe du Sud-Est* (Paris, L'Harmattan, 2016).

de l'origine illyrienne, et celle de l'origine thrace. Suivre le fil de la première, véhiculée initialement par le canal italo-albanais dans les dernières décennies du XIXe siècle, puis écartée par le régime d'Enver Hoxha au profit de la thèse illyrienne, avant de ressurgir dans les années 1990, permet à Gilles de Rapper de problématiser les revirements de la quête albanaise d'origines nationales en prise avec le nationalisme des États voisins.

Les idéologies nationales des États balkaniques ont néanmoins adopté, adapté et communément partagé les idées reçues propagées depuis l'Europe des Lumières sur l'Empire dont il s'agit de dénoncer tour à tour le despotisme, l'immobilisme (par opposition au « Progrès »), la barbarie (par opposition à la « civilisation ») puis, avec le renouveau romantique du christianisme, sa cruauté religieuse. Parmi les innombrables témoignages, retenons celui du diplomate, publiciste et résolument philhellène, Dominique de Pradt, dont le cas est présenté par Anne Karakatsouli : « La civilisation des Grecs n'est point bornée par la rigide immobilité de celle des Turcs : les premiers sont des Européens sujets à la mobilité à laquelle les peuples de l'Occident aiment à se livrer : ce sont des Occidentaux habitant le sol de la Turquie, comme les Turcs sont des Orientaux fixés sur la terre de l'Europe ; par conséquent les Grecs sont susceptibles de suivre tous les progrès que l'Occident fait dans l'ordre social, et de les appliquer à leur usage : leur histoire en est la preuve[29]. » Or, dans la comparaison entre l'Europe ottomane et l'Amérique latine espagnole, qui n'est pas dépourvue d'une certaine excentricité, Pradt rend justice aux « procédés ordinaires de la Turquie » qui sont, certes, d'une « grande dureté, barbares même », mais qui sont loin d'atteindre « les excès auxquels l'Espagne s'est livrée contre la population américaine[30] ». Bref, la France se doit de soutenir la cause de la Révolution grecque de 1821 et, par la même occasion, de faire barrage aux appétits russes et à l'hégémonie navale britannique.

Ce *topos*, revu et corrigé par les nationalismes balkaniques, fait de l'Empire la cause de l'isolement et de divers retards (y compris s'agissant de la diffusion des Lumières) subis par chaque État balkanique pris séparément. Et pourtant, au tout début du XVIIIe siècle, ce sujet de l'Empire, multilingue et profondément cosmopolite, que fut Dimitrius Cantemir, dont le cas est présenté ici par Stéphanos Pesmazoglou, écrivait son histoire ottomane sans céder au manichéisme, en prêtant une attention particulière à l'osmose des cultures orientales et occidentales qui a pu avoir lieu au sein de ce monde. Mieux vaut donc ne pas projeter le nationalisme exacerbé d'un empire agonisant à la veille de sa métamorphose en État national sur la longue durée de l'histoire ottomane.

Les Ottomans seraient-ils donc restés imperméables aux profondes transformations politiques et sociales de l'Europe des XVIIIe et XIXe siècles ? Rien n'est moins sûr. De fait, plusieurs régions balkaniques, avant d'acquérir

---

29 Voir *infra* Anne Karakatsouli, p. 000.
30 Voir *infra* Anne Karakatsouli, p. 000.

leur indépendance nationale ou de se rattacher à un État-nation existant, ont vécu les effets de la charte des *tanzimat*, ainsi que les efforts de réorganisation de la *Porte* entrepris, au nom de la « civilisation » et du « progrès », par les réformateurs ottomans. Enfin, l'adhésion de plusieurs représentants de l'*intelligentsia* ottomane aux idées des Lumières (dont l'étude suscite un intérêt croissant depuis quelque temps) est incontestable[31]. Dans cette perspective, Özgür Türesay recontextualise les travaux des traducteurs ottomans d'œuvres des Lumières, avant de se concentrer sur les biographies de Rousseau, Buffon et Franklin, écrites par Ebüzziya Tevfik et publiées au début du règne autocratique du sultan Abdülhamid II (r. 1876-1909). Türesay souligne, de même que Pascale Pellerin dans sa propre contribution, la profonde ambivalence des intellectuels ottomans, tiraillés qu'ils sont entre la tradition islamique et la culture occidentale souvent peu amène à l'égard de l'Empire et du monde musulman. Ainsi, les Lumières peuvent tour à tour servir d'arme tournée vers l'intérieur – pour critiquer, par exemple, l'élitisme traditionnel de l'élite intellectuelle ottomane à l'égard du peuple – ou vers l'extérieur – pour dénoncer, par exemple, les visées impérialistes des États occidentaux en renvoyant les Lumières vers leurs lieux d'origine. Dans ce contexte, le rôle d'écrivains comme Ahmed Riza ou Namık Kemal a été crucial non seulement pour aborder la question de la diffusion des Lumières dans le monde ottoman mais aussi, et surtout, pour déchiffrer les liens complexes reliant les Lumières à l'émergence des mouvements des Jeunes Ottomans puis des Jeunes Turcs dont le rôle fut primordial dans l'histoire agitée de l'Empire depuis le XIXe siècle et jusqu'à sa dissolution. Or, devenir le disciple de Rousseau, du baron d'Holbach ou de Voltaire, peut ne pas être anodin. Beşir Fuad, tel que nous le présente ici Ayşe Yuva, en savait quelque chose, lui qui fut accusé d'athéisme et de trahison pour avoir publié une *Vie de Voltaire* – qui, en réalité, n'était qu'une adaptation du texte de Condorcet, ce qui passa inaperçu à l'époque. Le cas de Fuad est particulièrement intéressant dans la mesure où, contrairement au Condorcet du *Tableau historique*, il analyse historiquement la diffusion des Lumières non pas au nom d'un vecteur abstrait (l'« esprit humain » condorcétien), mais plutôt en attribuant à la conquête géographique et, par conséquent, à l'hybridation culturelle un rôle déterminant dans le processus de diffusion et

---

31 À titre indicatif, Rudolph Peters, « Reinhard Schulze's Quest for an Islamic Enlightenment », *Die Welt des Islams*, XXX (1990), 160-162 ; Georgeon François, « L'Empire ottoman et l'Europe au XIXe siècle. De la question d'Orient à la question d'Occident », *Confluences Méditerranée*, n° 52 (2005/1), 29-39 ; Vefa Erginbaş, « Enlightenment in the Ottoman Context : İbrahim Müteferrika and his Intellectual Landscape », dans *Historical Aspects of Printing and Publishing in the Languages of the Middle East*, éd. par Geoffrey Roper (Leiden, Brill, 2014), pp. 53-100 ; Harun Küçük, « Natural Philosophy and Politics in the Eighteenth Century: Esad of Ioannina and Greek Aristotelianism at the Ottoman Court », *Journal of Ottoman Studies*, 41 (2013), 125-159 ; Marinos Sariyannis, « The Limits of Going Global: The Case of 'Ottoman Enlightenment(s)' » <https://onlinelibrary.wiley.com/doi/full/10.1111/hic3.12623>.

d'approfondissement des connaissances. Dans ce contexte, Fuad se propose de séparer le bon grain de l'ivraie et de distinguer l'*esprit de conquête* (pour reprendre l'expression de Benjamin Constant) du monothéisme chrétien de l'*esprit de conquête* du monothéisme islamique. Selon lui, à la différence du christianisme, répandu grâce à des « sophismes » et propageant à travers ses stratégies de domination l'ignorance d'est en ouest, l'islam, véritable légataire des lumières grecques, a su les diffuser efficacement grâce aux conquêtes arabes. Quant à la Renaissance et aux Lumières du XVIIIe siècle, elles furent le produit de l'osmose entre « la lumière et l'obscurité », entre « les Musulmans et les Chrétiens dans l'Espagne médiévale[32] ».

Enfin, Etienne E. Charrière enquête sur le destin ottoman d'un vrai bestseller des XVIIIe et XIXe siècles, *Paul et Virginie* (1788) de Bernardin de Saint-Pierre. En retraçant l'histoire de la circulation dans l'empire de cette fiction sentimentale, qui se déroule dans le cadre exotique de la colonie française de l'île Maurice (à l'époque, « Isle de France »), Charrière relève la spécificité et les enjeux de ses versions ottomane, arabe, ladino, arménienne et grecque.

Peut-on continuer à penser les Lumières balkaniques dans un cadre *national* avant même la création de l'État-nation ? Doit-on replacer les Lumières balkaniques dans un contexte transnational ? La réponse à la deuxième question ne peut être qu'affirmative, à condition de mener un travail réflexif et de faire apparaître des problématiques pertinentes permettant de questionner les silences, les bévues, les questions sans réponse et les réponses sans question que contiennent les traces balkaniques des Lumières, une fois réinscrites dans la perspective d'une histoire parallèle qui est la leur.

---

32 Voir p. 000.

I

Les Lumières et le passage de l'Empire aux États

The Enlightenment and the Transition from Empire to States

STEPHANOS PESMAZOGLOU

Cantemir's *Growth and Decay of the Ottoman Empire* and Aspects of its Representations in Early Enlightenment (Montesquieu, Voltaire, Gibbon)*

To Miranda, my mother, and her century-old
insatiable thirst for knowledge

Preliminary Conceptual Remarks

Cantemir's work undermines the usually dominant one-dimensional Western narrative in most surveys of East – West and in most historical narratives on the Ottoman European Southeast. Such exaggerated simplifications have kept the existing ruptures and fissures relatively intact and hidden from general view. The tendency in the Balkans is to appropriate figures of national significance

---

* In my text I use as a shortcut the term 'Ottoman History' instead of *Growth and Decay of the Ottoman Empire*.
I am indebted to the Singer Foundation which allowed me during 1998-1999, as a Visiting Fellow at Princeton University, to begin my close reading of Cantemir's English translation. I am particularly thankful to Professor Dimitri Gondikas as he was the first to bring to my attention Cantemir's work, at the time a new acquisition of Princeton's Firestone Library. Thus, the splendid surroundings of the 'rare section' reading room led me into a twenty-year adventurous relationship with Prince Dimitrius. Waiting up to 2016 for the definitive Latin original edition by the Romanian Academy had as a concomitant side-effect the delay of my grateful acknowledgments. Previous versions of the text were delivered in 2011 at the Onassis Cultural Centre and later on in 2014 at a workshop organised by Miltos Pechlivanos and Nikolaos Pissis in Freie Universität, Berlin, on 'Dimitrie Cantemir: Transferring Knowledge, Shaping Identities' and finally at the Athens Conference organized by Chryssanthi Avlami, Jean-Pierre Schandeler, and Franck Salaün, benefiting thus from the comments made by colleagues in all three encounters. An earlier version gained from the readings by the late Elizabeth Zachariadou; I am also grateful for the always-thoughtful comments of Antony Molho. I must thank for editorial comments John Chapple and the two anonymous readers of the éditions Brepols for certain remarks which lead me to re-examine aspects of my paper.

De l'Europe ottomane aux nations balkaniques : les Lumières en question / From Ottoman Europe to the Balkan Nations : Questioning the Enlightenment, sous la direction de Chryssanthi Avlami, Franck Salaün et Jean-Pierre Schandeler, Turnhout, 2023 (MEMEW, 4), p. 41-63
© BREPOLS PUBLISHERS   DOI 10.1484/M.MEMEW-EB.5.134216

in the Enlightenment and/or the Romantic movement who cannot by any means be considered as ideally fitted in an absolute sense to either the one or the other *ethnic* or later *national community* and apply them narrowly and ethnocentrically to a particularly limited perspective.

Cantemir's *History* and its reception leads us to the concept of 'influence': debits and credits – the concept runs throughout the long process of cultural transmissions at an individual or collective/national level: 'West Wind – East Wind'. Most individual scholars and nearly all nations are concerned with measuring how much, how great, their contribution is or has been in the past. Extreme care has to be taken when reading or writing about 'influence': exchanges, civilizational debts, 'cradles of civilization', real and/or 'invented' connections, intersections, bridges, kinship, lineage, and the origin of contributions. Who is really translating whom and who is teaching whom, i.e. the impact factor and its direction. The general rule is that we usually maximize our own contributions and minimize the contributions made by Others. A question arises constantly: are we able to have a sufficiently balanced evaluation that avoids the extremes of either a nationalistic or a strictly speaking Eurocentric approach? It is important to establish and meticulously measure networks, encounters, and the interactions of differing civilizations in order to keep some balance and not relapse into the arena of cultural clashes. Especially in writing biographies, we need to consider in all details the possible cross-influences at a specific historical time and geographical space if we are not to fall into the trap of seeing our *persona*'s influence everywhere – even more so if identifying with him by adapting his way of thinking into our own. Allow me to clarify the limited scope of this paper. My intention is not and could not be to evaluate the degree of originality in Cantemir's thinking which would require an all-round review of the previews written material on the Ottomans, but to weigh the degree to which his work helps us understand currents of thought in a specific historical period and the directions proposed in explaining causes and effects. Furthermore, it does not intend to lead or include it in a theoretical model.

A few words about Cantemir's *History of the Growth and Decay of the Ottoman Empire* follow below.

Structure

Dimitrius Cantemir's *Ottoman History* is not the first attempt to present a history of the Ottomans, but it seems to be the first systematic attempt. It is placed somewhere after Guillaume Postel's *La République des Turcs* (1560), René de Lusinge's *Histoire de l'origine, progrés et declin de l'Empire des Turcs* (1588) and Sir Paul Rycaut's *The Present State of the Ottoman Empire* (1665) and before Abbé Antoine-François Prévost's *Histoire d'une Grecque moderne* 1740. Cantemir's *Ottoman History* is based on a variety of sources untapped by earlier and later historians: Turkish, Greek (for the period of transition from the Byzantine to the Ottoman Empire), Persian, and Arab sources, but few

Western ones, which Cantemir often criticizes as systematically inaccurate or biased in terms of personal names, toponyms, and dates. Cantemir also drew upon his personal experience and evidence gained through observations and conversations. His history is a treasury of information and viewpoints that reflect the Constantinople of the time which, while it could not exactly be called a melting pot, was a place where cultures and religions coexisted. But, *alas*, the original Greek text of his *History* was lost in a shipwreck on the Black Sea as Cantemir himself informs us, confirmed by his son Antioch and attested 250 years later by Virgil Căndea in the Introduction to the Romanian Academy's[1] edition of Cantemir's collected work. The *Ottoman History* was first written in Greek somewhere in between 1700-1710 and most probably intended for the Sublime Porte with all the appropriate emphasis and style of writing. It was translated from Greek into Latin under his own supervision (1714-1716) and then into Russian (1721), published in English (1734), and from this version into other languages (French in 1743, Italian and German in 1745).

A simple reading of Cantemir's text reveals that it consists of 'two books in a package of one'. In the English translation format[2] the upper two-thirds of each page consists of a disciplined, unadorned, conventional, I would say, Thucydidian *histoire événementielle* of war and peace treaties. The lower one-third of each page consists of footnotes in an (acknowledged by the author himself) Herodotean ethnographic/anthropological, so to speak, approach. This lower part comprises occasionally tantalizing details (hearsay, gossip, false rumours, enchanting narratives) about whose dubious objectivity Cantemir warns us. The structure is crystal clear: two parts of his history (Growth and Decay) are divided into nineteen chapters entitled with the names of sultans, plus four additional chapters bearing the names of regents.[3]

The Schema

Cantemir's schema of the pasts is integrated within a philosophy of history determined by an organic cyclical succession of historical periods and concomitant parallel successions: sultans, grand viziers, and Christian princes, all of whom share a common destiny of growth, consolidation of their power, and decline. His historical cycles are integrated upon a larger canvas of a civilizational theory with initial domination and final decay of every cycle within a shifting planetary flux. Eastern empires and dynasties (China, India, Persia et al.) are succeeded by Middle Eastern empires and kingdoms

---

1 See Virgil Căndea, 'Vie de Cantemir', *Revue des études sud-est européennes*, 23.3 (1985), 297-312 and Pippidi's 1981 doctorial thesis.
2 Necessarily I worked with the English translation of the Russian Latin original since at the time of my 'close reading' (1998) the Latin text existed only in an unreadable handwritten form at the British Library.
3 The discrepancy of chapters to sultans is due to the inclusion of four regents who are not reflected in exclusive chapters.

(Egypt, Abyssinia, Cyprus, Crete leading to Greeks and Macedonians with Alexander the Great at the peak of this second cycle) to end up with Western and North European Empires and Dynasties (Saxons, Goths, Scythians, and mainly Russians).

Continuities and dis-continuities or ruptures – religious, linguistic, ethnic – are envisaged over the very *longue durée*. Within this schema the Ottoman Empire is a congenital malformation (*teratogenesis*). Nonetheless, Cantemir's approach reflects his conflicting simultaneous abhorrence of Ottoman despotism and his sensitivity, if not sentimentality, towards Ottoman culture, especially music, to which he made major contributions. His perception of these two facets of the Ottoman world probably were affected by the specific periods in which he wrote each draft, and even more so the specific recipients i.e. initially the Sultan during his participation in the sultan's court or later on as Privy Counsellor to Tzar Peter the Great.

Thematics

Cantemir's *Ottoman History* contains the following thematic areas of interest: war and peace, i.e recurrent expeditions 'Asiatic–European tidal waves' and Cantemir's philosophical questioning along with the narrative. A gallery of characters can be retrieved: his *Ottoman History* is a mosaic of dignitaries (sultans, patriarchs, *hommes de lettres*) but also laymen. All of them are evaluated according to the author's scale of values: educational level, cultural width and depth, degrees of lawfulness, religiosity regardless of belief (Muslim, Christian, or Jew). Single overarching ethnic or religious characterizations are repeatedly criticized. Traits such as superstitions and prejudices encompassing in a reductionist mode an entire ethnic group or religious community are in their totality rejected. Religions – mainly Christian and Muslim but also Jewish – and their denominations – so called 'heresies' – raise Cantemir's curiosity. Language fascinates him. He mastered or at least managed to grasp eleven languages, among them Moldavian, Ancient and Spoken Greek, Turkish, Persian, Arabic, Latin, Italian, and, later on, Russian. Toponyms, names, and family surnames, etymologies and linguistic cross influences – Greek, Byzantine, Ottoman-Turkish, Arabic, Persian – draw his constant attention.[4] Past historical

---

4 Because of my language inadequacies I could not check the Arab or Persian literature. I therefore, concentrate on the use of Greek and Latin terminology in the English and original Latin versions. Uses of the terms Rum, Romani, Graecus, Hellas, Europa are revealing. As depicted in the English translation Cantemir's use of the term 'Rum' and its derivatives (Rumeli, Romania) one can identify five overlapping or different geographical and/or religious connotations which are very close to those explicitly mentioned in the Latin manuscript by Cantemir. 'Rum' as: the Balkans, Europe as a whole, the Orthodox Christians of the Ottoman Empire, and Christendom as a global entity. In the Latin original the relevant terms appear with even greater frequency. There is also the use of the terms Graecus, Graecia and their derivatives; there is also, albeit scarce, the use of the term 'Hellas'

eras come into his narrative – mainly the Classical Greek but also the Roman and emphatically the Byzantine period (possibly linked with his seemingly repressed aspiration for the regeneration of Byzantium in one form or another under his leadership). In this Byzantine context we need to focus among other factors on the extent to which his history emphasizes the Kantakouzenos family, not so much because of his first wife Cassandra – daughter of Şerban Kantakouzenos – but through her because of the family's Byzantine origins (irrespective of its imagined or real imperial blood descent, which could be a strategic element in Dimitrius's irresistible ascent to power).[5] The importance lies in the romantic idea of the possible restoration of the Byzantine Empire. The idea of the restoration of Byzantium has a long history and is at in the core of Iorga's book *Byzance après Byzance* where he depicts the multiplicity of variations: recurrent Greek idea after the fall of Constantinople in 1453 which will continue up to 1821, date of its final demise, with the creation of a national state. For Iorga, the Romanian historian, post-Byzantine Byzantium is the idea of a unique and unified Byzantine Hellenism (or as a variant Greco-Turkish empire) This imperial prospect differs radically from the national idea of Revolutionary Hellenism, meaning a shift throughout Europe to Liberalism and Greek Antiquity and which was to dominate after the establishment of the Greek nation-state.[6] In our specific context, as the idea of Byzantine restoration was initially conceived of and discussed by Şerban Cantacuzino and later on by his son-in-law Dimitrius Cantemir with the Austrian rulers[7] and still later on with the Tzars of Muscovy John and Peter. In a footnote in

---

and Yunan (from the Ionians). Europe and its derivatives are detected more than 140 times: European Provinces of the Ottomans, mainly as a Geographical entity also as a Civilizational unity but Politically as fragmented Kingdoms.

5 For a well researched inventory of the lineage of his wife's Kantakouzenos family (102 members) ending with the fall of Byzantium (including Mystra and Trabezond) see Donald Nicol, *The Byzantine Family of Kantakouzenos (Cantakouzenus), ca. 1100-1460: A Genealogical and Prosopographical Study*, Dumbarton Oaks Studies, vol. XI, 1968, pp. v-xxii. For Nicol 'the line of succession after the middle of the 15th century is, to say the least, uncertain. The illustrious origins of the family no less than their unbroken line of descent have been the subject of pious fictions and determined romanticism', pp. v, vi. See also Dan Ionescu 'Ideal and Representation: The Ideal of the Restoration of the Byzantine Empire during the Reign of Şerban Cantacuzino (1678-1688)', *Revue des Études Sud-Est Européennes*, XII, 4 (1974), 523-535.

6 Nicolae Iorga, *Byzance après Byzance* (Bucharest, Editura enciclopedică română, 1971): 'the restoration of the ancients', 'empire of the new Romans or Graikon' or 'the reign of the Greeks'; 'the memory of Imperial Byzantium cannot be erased: its symbol, the eagle remains the symbol of the Patriarch'; 'Romanian leaders had a self-image of being the heirs of the Byzantine Empire since the mid-16th century' and 'around them the whole new Greek Aristocracy from the ex-area of the Byzantine Empire …' (pp. 140-149 and n. 104 of the Greek translation by Yannis Carras (Yannis Carras, *Το Βυζάντιο Μετά το Βυζάντιο* [Byzantium after Byzantium] (Gutenberg, 1985).

7 Iorga found handwritten note and letters by Don Juan of Austria to the Maniats calling for a revolt and expressing his dreams for the restoration of the Byzantine Empire – under his Austrian tutelage, of course. The Maniats are, in fact, even demanding the re-opening of

his *Ottoman History*, Cantemir refers to a promise given by the Tzar that 'after Constantinople was taken, he, as being descended from the Imperial family, should be declared Emperor of the Greeks'.[8] Of course, the prince's Byzantine ideal could clash with the Russian direct contention for Constantinople in the name of Byzantium.[9] Chrysanthos Notaras, Patriarch of Jerusalem,[10] maintaining a lengthy correspondence with Cantemir, fostered similar ideas before him. Even earlier Patriarch Kyrillos Loukaris was looking and thinking in the same direction. Another central theme in the book is Constantinople/ Istanbul across historical eras but mainly its topography during Cantemir's time. His emphasis is additionally depicted within a map drawn by him showing military installations and Orthodox sites useful to the Tzar in an eventual seizure, but revealing also his nostalgia for 'the City of cities' where he lived half of his life.

Scope and Mode of Thinking

Cantemir's purpose in writing his History was to use his detailed documentation to show that the Ottoman Empire underwent a protracted and definitive decline during his lifetime. He did not view the Ottomans on a Manichaeistic black and white canvas. The osmosis of ethnicities (particularly Greek and Turkish), cultures, religions (especially Christian and Islamic), the osmosis of civilizations East and West, is at the centre of his mode of thinking. Subjectivism in the criteria used because of balance of power considerations outranks the quest for relative truth and relative objectivity. No absolute ethnically defined cultural phenomenon is envisaged. Although clearly dismissive of Ottoman despotic tyranny, Cantemir is culturally and educationally a model of succinct and insightful hybridity in his presentation of complex cultural pasts and present.

---

the lyceums and academies in Lacedaimonia. Jean Alexandre Buchon, *Nouvelles Recherches Historiques sur la Principauté de Morée et ses hautes baronnies*, II, Paris, 1850, p. 344 as reported in Iorga's *Byzance après Byzance*, in the Greek Translation, 1985, p. 43 and footnote 104.

8   Dimitrius Cantemir, *The History … Ott, Emp.*, p. 319, n. 72. The quotation is reproduced in Ionescu, 'Ideal and Representation', pp. 525-526.

9   This is especially clear after the time of Basil Ivanovich, whose Greek mother, Sophia, was the daughter of Thomas Palaeologus of the Dynasty whose brother was Constantine the last emperor. See Ionescu, 'Ideal and Representation', p. 526.

10 Cantemir possibly had premature early discussions about prospects for southeast Europe with Pierre Tolstoy (1645-1729), the Russian Ambassador in Constantinople (1701-1710), ancestor of the novelist Leo Tolstoy (1828-1910). According to Penelope Stathis, seeing the dangers of losing the Holy Sepulchre to the Catholics even earlier there were on-going discussions with the Tzar and his representatives and Chrysanthos Notaras, Patriarch of Jerusalem. Frightened by possible repercussions, Notaras made a U-turn away from the Russians – to come back much later only through the Russian Church Synods. Penelope Stathis, *Χρύσανθος Νοταράς, Πατριάρχης Ιεροσολύμων. Πρόδρομος του Νεοελληνικού Διαφωτισμού* [Chrysanthos Notaras, Patriarch of Jerusalem: Forerunner of Neohellenic Enlightenment] (Σύνδεσμος των εν Αθήναις Μεγαλοσχολιτών, 1999) [Athens, Association of Megalosholites in Athens], p. 162.

Elements of the Phanariot Context in Cantemir's Ottoman History

Cantemir's intellectual influences as reflected in his *Ottoman History* have as their main sources Constantinople and Iași with their higher educational establishments and academies. The century between the 1630s and the 1730s is a period with numerous Eastern Orthodox scholars in the European Ottoman dominions mainly in the major cities – Constantinople, Smyrna, Bucharest, and Iasi participating in the renovation of the mode of thinking. Initiating this period are two major primates and scholarly figures: Kyrillos Loukaris (1572-1638) five times Ecoumenical Patriarch during the period 1620-1638 and even before him his mentor Meletios Pigas (1550-1601), Patriarch of Alexandria. They promoted profound educational and cultural policies. Within this mindset they initiated scholarships for brilliant Greek Orthodox youngsters to study in European Universities with the additional purpose of drawing upon Anglican and Calvinist-Protestant philosophical/theological argumentation and re-organizing Greek Orthodox education to counter Jesuit missionaries and Catholic propaganda (more from the Vatican than the Venetians). There seems to be a series of great Greek Orthodox scholars starting with Gennadeios Scholarios, the first Ecoumenical Patriarch after the fall of Constantinople in 1453, who supported the historical compromise between the Orthodox Church and Ottoman power. All this line of patriarchs believed with varying intensity that Ottoman despotism was a lesser evil than the major evil of Latinocracy and Catholicism associated with the danger of eradicating main traits of Greek Orthodox identity.[11] Greek Orthodox Church autonomy was guaranteed by the Ottomans and threatened by the Catholics.[12] But, more specifically, Cantemir's lifetime is delineated in the short period between the signing of the Carlowitz treaty in 1699 and the Russo-Ottoman Pruth River campaign in 1710-1711.[13] Cantemir's milieu is clearly demarcated by social and cultural elites, mainly scholars. When young, he was

---

11 See Gunnar Hering's ground-breaking study of Kyrillos Loukaris, *Οικουμενικό Πατριαρχείο και Ευρωπαϊκή Πολιτική 1620-1638* (Athens, National Bank of Greece Cultural Foundation, 1992, based on his doctoral thesis, *Ökumenisches Patriarchat und europäische Politik. 1620-1638* (Steiner, Wiesbaden 1968)), pp. 59-60.

12 For the specific indications, see studies by Elizabeth Zachariadou, Michalis Sakellariou, and others as surveyed in Stefanos Pesmazoglou, 'Turkey and Europe, Reflections and Refractions: Towards a Contrapuntal Approach', *South European Society & Politics*, 2.1 (Summer 1997), 138-159; Stefanos Pesmazoglou, 'Η μυθολογική θεμελίωση του νεοελληνικού κράτους' [The Mythological Foundation of the Modern Greek State] in the volume *Μύθοι και ιδεολογήματα στη σύγχρονη Ελλάδα* [Myths and Ideological Obsessions in Modern Greece] (Athens, Etaireia Spoudon Scholis Moraiti, 2007), pp. 19-41, Hering *Οικουμενικό Πατριαρχείο*, pp. 388-390.

13 The battle followed as a consequence of Sweden's defeat by the Russian Empire in the Battle of Poltava in 1709 and the escape of Charles XII, King of Sweden, to the court of the Ottoman Sultan Ahmed III, where he stayed until 1715.

instructed by Greek teachers at home, most of whom had studied in European universities (mainly Italian, primarily Padua). Later, he re-created the same educational and cultural environment for his children. As Căndea pointed out, his educational-cultural context is first and foremost the educational establishment of 'The Great School of the Nation' ('Η Μεγάλη του Γένους Σχολή'[14]) and the academies of the Danubian Principalities founded, according to Camariano-Cioranu, with support from the Kantakouzenos and Cantemir families. During his twenty-five-year stay – i.e. half his lifetime – essentially as a hostage in Constantinople/Istanbul, held as a guarantee for his brother's rule in Moldavia, he was under the spell of the city which functioned itself as a school blurring the Byzantine, post-Byzantine, and Ottoman traditions. It was a central crossroad of East and West: peoples, religions, languages, cultures. Cantemir is more than welcome everywhere: Christian Orthodox prelates and Phanariots, European ambassadors as well as in the immediate entourage of the Ottoman sultan. This continuous apprenticeship/schooling in cultural diversity is choreographed with astonishing details in his *Ottoman History*.

It seems that Cantemir came into contact with Western culture and currents of thought without ever visiting any Western European capital other than through his own voracious readings and through intellectual intermediaries – mainly Greek scholars – who had studied in leading European universities; a whole host of Greek names can be found *passim* throughout Cantemir's *Ottoman History*.[15]

I will highlight only some of those scholars mentioned in Cantemir's text. His formative years, spent in major schools of the Ottoman and Greek Orthodox East as well as with great teachers/mentors, left an imprint on his writings. From his *Ottoman History* we can extract the network of his relations, the intellectual climate in Phanar, and the Great School of the Nation. Cantemir guides us on whom to seek for 'inputs'. Most of his eminent teachers were Phanariots who had studied at famous European universities:

Dositheos II (1641-1707) Patriarch of Jerusalem (1699-1707), in his Protestant inspired anti-Catholic pamphlets had an indefatigable propensity to support educational and cultural criteria in his evaluation of all ethnic groups that claimed Byzantine civilization. Chrysanthos Notaras, Patriarch of Jerusalem (1707-1731), who had studied at Padua University, was Dositheos's renowned nephew.[16] The patriarchs Notaras, Dositheos, and, earlier, Kyrillos Loukaris, are connected by the emphasis they all put on education, book acquisitions, printing houses, and student scholarships for studies in the European universities with Neo-Aristotelian tendencies. All of them believed that the

---

14 In Turkish, *Fener Rum Erkek Lisesi*.
15 See the Appendix with a relevant extract from Cantemir's text. See also Ariadna Camariano-Cioran, *Les Académies Princières de Jassy et de Bucarest et leurs professeurs* (Salonika, Institute for Balkan Studies, 1973), p. 628.
16 A thoroughly documented study of Notaras's life and work is Stathis, *Χρύσανθος Νοταράς*.

blond Russian race will save the Greek Orthodox flock from the tyrannical (Ottoman) Satan.[17] All of them had the opinion, although to varying extents, that renewal of the Eastern Orthodox Church, a common front against Catholic Latinocracy, and a rapprochement with Western reformation movements as prerequisites. Cantemir's immediate intellectual *entourage* can be conceived within this climate dominating the Phanar and the Principalities. Among those who gained the scholarship for Greek Orthodox youngsters was Anastasios Michail Nafsios, who had studied Classical Greek in Cambridge[18] and at the School of Oriental Studies in the University of Halle-Wittenberg (1680).

Another major figure in Cantemir's education to whom he often refers in his *Ottoman History* is Es'ad Efendi (or Esad of Ioannina or Sa'di Efendi),[19] his tutor for the Turkish language and Ottoman literature. Efendi was a scholar with an in-depth Greek and European education, with Demokritos and Aristotle central thinkers of reference in his work. Es'ad had studied in Padua and translated Aristotle into Turkish. According to Harun Küçük's study, with his translation into Turkish of Johannes Cottunius' *Ioannis Kottounios: Ho Ek Veroias Sophos* Es'ad Efendi desired 'to unite Muslim and Greek learning in the translation of Cottunius's *Commentarii* and thus integrating Neo-Hellenic Aristotelianism of the early eighteenth century as influencing and being part of a broader Ottoman intellectual movement'.[20] The author informs us that 'Es'ad's European acquaintances wrote about him variously as 'a follower of Aristotle', 'soaked in Democritean philosophy … the most erudite man in the Ottoman Empire' and a cosmopolitan socialite. Parallely, Salim, a sultan's court intellectual and a contemporary of Es'ad spoke of him as a pious and well-educated Muslim scholar with an exemplary career and an

---

17 Stathis, *Χρύσανθος Νοταράς*, pp. 159-162.
18 There is a genealogy of Greek Orthodox scholars studying at Western Universities, especially those with Greek Colleges, mainly in Rome, Padua, and Trieste but also Greek Orthodox Colleges at Cambridge and Oxford in addition to some students at Trinity College, Cambridge and Balliol College, Oxford beginning with Christopher Angell's passage from both Universities (around 1616-1618) and allowing for a bilingual publication in Greek and Latin in 1668 at Oxford (*Enchiridium De Statu Hodiernorum Graecorum*). Alexandros Helladios and Nafsios were among them: see Konstantinos Garitsis, *Ο Χριστόφορος Άγγελος και τα έργα του. Πόνησις, Εγκώμιον, Εγχειρίδιον και Αποστασία*, [Enchiridium De Statu Hodiernorum Graecorum 1676 (Handbook on The State of Affairs of Today's Greeks) Johann Gross 2008]; Athanassios Karathanassis, *Greek Scholars in Vlachia (1670-1714)* (Salonika, Kyriakidi Bros), pp. 148-150, Konstantinos Sathas, *Βιογραφίαι των εν τοις γράμμασι διαλαμψάντων Ελλήνων... 1453-1821* [Biographies of the Brilliant Greeks in Literature... 1453-1821], published by Andreas Koromilas and Sons, 1868, pp. 383-384 (Reproduced by Anemi Digital, pp. 389-390).
19 See Penelope Stathis, 'Ο 'σοφώτατος Εσάτ Εφέντης' φίλος και αλληλογράφος του Χρύσανθου Νοταρά' [The Wise Es'ad Efendi, Friend and Correspondent of Chrysanthos Notaras], *Ο Ερανιστής*, 18 (1986), 57-84.
20 Harun Küçük, 'Natural Philosophy and Politics in the Eighteenth Century: Esad of Ioannina and Greek Aristotelianism at the Ottoman Court', *The Journal of Ottoman Studies* (2013), 125-158, here pp. 144 and 152.

extraordinary command of Arabic who frequented Greek circles.[21] Es'ad Efendi was a Greek-speaking member of the *ulemā* and also a close correspondent of Chrisanthos Notaras'. Es'ad was equally interested in Oriental Mediterranean thinkers such as Averroès and Avicenne.[22] He maintained a dense network of correspondents writing in Greek, with Phanariots e.g. the Mavrokordatos family (Ion and Nikolaos), Chrysanthos Notaras et al.[23] The Mavrokordatos intellectual and political dynasty has certainly been of great importance and influence, with studies in various Italian universities repeatedly acknowledged with esteem in Cantemir's *Ottoman History*.[24]

Foremost among his teachers during the middle of the period under consideration is Jeremias Cacavelas,[25] a monk of Cretan origin, a staunch critic of Muslim and Catholic preachings, considered by many the *par excellence* mentor of Cantemir.[26] Cacavelas was a theologian, translator, and teacher with brilliant studies in philosophy, theology, and medicine at the universities of Leipzig, Vienna, and Oxford.[27] It was a century after Gutenberg's invention and the application of printing. Cacavelas translates into Modern

---

21   Küçük, 'Natural Philosophy and Politics', p. 151.
22   All the relevant information on Es'ad Efendi is drawn from Küçük, 'Natural Philosophy and Politics' and Emile Legrand, *Epistolaire Grec* (Paris, Maisonneuve et Ch. Leclerc, p. 150) as reproduced in the article by Ion Matei, 'Le maître de langue Turque de Dimitrie Cantemir: Es 'Ad Efendi', *Revue des études sud-est européennes*, x, n. 2 (1973), 284-285.
23   See Matei, 'Le maître de langue Turque de Dimitrie Cantemir'.
24   Alexandros Mavrocordatos, the grandfather of the dynasty, studied medical sciences and philosophy at Padua and Bologna, administered the negotiations on the part of the Ottoman Empire in Carlowitz (1699); his son Nicolas Mavrocordatos, writer and translator, competent more or less in seven languages, Dragoman at the Porte, Prince of Moldo-Vlachie, was Cantemir's contemporary with a long correspondence between them recently published in Bucharest; Nicolas's son Constantine Mavrocordatos 1711-1769 became also Prince of Moldovlachia and his grandson Alexandros (1791-1865) participated in the Greek Revolution initially at the Danubian Principalitiew and later as minister in the first Greek governments.
25   Cacavelas could be a pseudonym arising from the Greek 'Κακό Βέλος' meaning bad/dangerous arrow against Catholic propaganda on most theological issues. According to Camariano Cioran, however, the name can be found amongst Italian surnames. Ariadna Camariano Cioran, 'Jérémie Cacavela et ses relations avec les Pincipautés Roumaines', *Revue des Études Sud-Est Européennes*, III.1-2 (1965), 165-190.
26   The term 'mentor' is used by Carathanasis, Camariano Cioran, and Jacques Bouchard, 'Dimitrie Cantemir 1673-1723', paper in Bucharest, November 2011, p. 3 (mimeo).
27   Vienna is mentioned by Iorga along with Leipzig but not Oxford (*Byzance après Byzance*, p. 222). Probably Cacavelas took advantage of more general educational arrangements made a few decades earlier in the seventeenth century by Kyrillos Loukaris with the intention of theologically broadening minds into Protestantism and Anglicanism and sharpening the arguments against Catholicism. In this specific context we do know that at Oxford Kyrillos Loukaris was communicating with Archbishop George Abbot at Balliol College, a centre of Theology and Philosophy with an interest in Eastern Orthodox religion, with Greek scholars training in thinking and argumentation. See John Penrose Barron, *From Samos to Soho: The Unorthodox Life of Joseph Georgirenes, a Greek Archbishop* (Oxford, Peter Lang, 2017), pp. 56-57.

Greek – very much with the idioms of the period[28] – a book on the Ottoman siege of Vienna written by an anonymous Italian, published 250 years later by Cambridge University Press, with a prologue 'on the utterly treacherous and godless Mussulmans ... "and elsewhere" no longer suffering that most harsh and diabolic tyranny which the Hagarenes (Αγαρηνοί) in their inhumanity showed ...' i.e. endorsing the pamphlet's rejection of 'the Ottoman yoke'.[29] He also translates books from Greek to Romanian and French preaching against Catholicism.[30] An opening to Anglican and Protestant scholarship will influence both teacher and student. According to Stefan Lemny we do not know the exact dates of Cacavelas' association with Dimitrius, but we do know that he taught him Latin grammar, rhetoric, logic, physics, and music (including composition). Echoes of his teachings have been detected in Cantemir's various works. All the above threads link Cantemir with the Neo-Aristotelian Paduan tradition of Patriarch Kyrillos Loukaris[31] and the philosopher Théophile Corydalévs.[32] On the basis of the scholars briefly mentioned above we get an idea of Cantemir's rich Phanariot hinterland.

---

28 Some examples of the exquisite demotic glossary used with the grammar untouched: λουφές, λαγούμι, σοκάκι, τόπι, τυφλαμάρα, χοντρένω, φουρνέλο, φουρτούνα, συντροφιάζω, τίποτες, μανίκι, μπουλούκι, παραμικρός, προβατοπέτσι, εντροπή, γλυτόνω, ανεπρόκοπος, ανταμόνω, αυτί, αραδιάζω, άσφαλτα, αρσανάς, απαλαίνω, αποκοτιά, άνκαλα (Loufes=Money gained by immoral means, lagoumi= Underground tunnel, sokaki= alleyway, topi=small ball, tyflamara= blindness, chondrenno=grow fatter, phournelo= furnace, phourtouna=storm, syndrofiazo=keeping company, tipotes=nothing, maniki=sleeve, boulouki=scrum, paramikros=slightest, provatopetsi=sheepskin, entropi=shame, glitono=get away with, aneprokopos=unworthy, seamless, inadequate person, antamono=meet, afti=ear, aradiazo=to array or to list, asphalta=infallibly, arsanas=dockyard repairing or constructing ships, apaleno=getting soft, ease up, apokotia=recklessness, audacity, ankala=please).

29 '...μην υποφέροντας πλέον την σκληροτάτην, και διαβολικήν τυραννοίαν οπού κατά των ευσεβών τόσους χρόνους έδειξεν η απαν[θρωπ]ία των αγαρηνών ... από τους καταπάντα απίστους και αθέους Μουσουλμάνους...' see Jeremias Cacavelas *The Siege of Vienna by the Ottomans* (not forebearing the harshest and diabolic tyranny against all the pious for centuries during which it displayed the inhumanity the atheist Muslims...). It was written in 1683, the year the siege of Vienna ended, and translated from the Italian by Cambridge University Press in 1925. The book was edited with an introduction by Frederick Henry Marshall.

30 Books like *Livre de l'Amour*, *L'Enseignement sacré* as mentioned by Stefan Lemny, *Les Cantemir. L'Aventure Européenne d'une Famille Princière au XIIIᵉ siècle* (Paris, Éditions Complexe, 2009), pp. 48-49.

31 The in-depth study by Gunnar Hering of Patriarch Kyrillos Οικουμενικό Πατριαρχείο και Ευρωπαϊκή πολιτική 1620-1638 [Ecumenical Patriarchate and European Politics 1620-1638] (translated from the German by Demosthenis Kourtovik, National Bank of Greece Cultural Foundation, 1992) is of primary importance and fundamental to understanding the period. Of relevance also is the analysis by Markos Renieris Κύριλλος Λούκαρις, ο Οικουμενικός Πατριάρχης [Kyrillos Loukaris the Ecoumenical Patriarch] (Athens, D. Ath. Mavrommati, 1859) in which one can get the image of the intense conflict in Europe and the beginnings of an institutional link in-between the Phanar and leading European universities.

32 Théophile Corydalévs (1570-1645) born in Athens, with his (Neo) Aristotelian writings and teachings was considered the major Greek philosopher in the post-Byzantine Ottoman period. His name coined post-Byzantine sub-periods in the history of philosophy that

The Greek Reception of Cantemir's *Ottoman History* (Late Eighteenth–Early Twenty-First Century)

The Greek reception of Cantemir's *Otttoman History* can be simply encapsulated in nothing more than a few exclamation marks. In the late eighteenth century Katartzis refers to 'our renowned Dimitrius Cantemir'. In the early nineteenth century (1820) the Greek Journal *Logios Ermis* informs us that 'Dimitrius Cantemir's remarkable History of the Ottomans is expected to be published in Leipzig translated from the German to Greek'.[33] In the middle and late nineteenth century the scholar K. Sathas uses extended quotations in four of his chapters from the French edition *Histoire de l'Empire Ottoman* to depict the barbarism not only of the Ottoman Turks but of the Venetians especially in the island of Chios.[34] Emmanuel Gedeon and Scarlatos Vyzantios during the mid-nineteenth (1850-1870) refer to Cantemir's *Otttoman History* at least a dozen times each for data and names. Athanasios Komninos Ypsilanti in the relevant sub-chapter of his post-Byzantine history *Τα μετά την Ἅλωσιν (1453-1789)*, composed in the late eighteenth century, describes the Ottomano – Russo – Moldavian imbroglio before and after the Pruth defeat and the central role of Dimitrius Cantemir.[35] In the twentieth century during the inter-war period some Greek encyclopedias contain entries on Cantemir

---

were classified a century later with the beginnings of the Greek enlightenment ('Pre-Corydallist', 'Corydallist', and 'Post-Corydallist' up to the Enlightenment). Recently a paper at a workshop studied aspects of Cantemir's Philosophy and its Aristotelian language on the cyclical nature of empires where he considers the Ottoman empire as a deviation, an 'abortive entity', a *mostrum horrendum*. See the knowledgeably insightful essay by Nikolas Pissis, 'Dimitrie Cantemir, in the Monarchia Borealis and the Petrine Instauration', Freie Universität Berlin, 2015, mainly pp. 6-10. A century later during the Enlightenment, Corydalévs" teachings themselves were characterized as scholastic ('Corydallismos'). For additional literature see the extensive studies by Cléobule Tsourkas. *Les débuts de l'enseignement philosophique et de la libre pensée dans les Balkans : La vie et l'œuvre de Théophile Corydalée (1563-1646)* (Thessaloniki: Institute for Balkan Studies, 1967) and Harun Küçük, 'Philosophy and Politics in the Eighteenth Century: Esad of Ioannina and Greek Aristotelianism at the Ottoman Court', *The Journal of Ottoman Studies*, XLI (2013), 125-158. Küçük will refer to 'an Ottoman Greek culture of erudition' and write that 'modern Greek Aristotelianism became a species of Ottoman Aristotelianism' (p. 150). It seems to me that not only might the Neo-Hellenic Enlightenment of the early eighteenth century be part of a broader Ottoman intellectual movement as Küçük suggests but that the Ottoman intellectual movement was also part of a long-standing Neo-Hellenic Enlightenment.

33 No such Greek translation has yet been discovered. See Era Vranoussi, 'Echos de l'œuvre de Cantemir dans les milieux Grecs', Review of the *Association Internationale d'Études du Sud – Est Européen*, Bucharest, 1974.

34 Konstantinos Sathas, *Tourkokratoumeni Hellas* (Athens, Karavias publications, 1869).

35 Athanasios Komninos Ypsilanti, *Εκκλησιαστικών και Πολιτικών των εις δώδεκα: ήτοι Τα μετά την Ἅλωσιν (1453-1789)* [On Ecclesiastical and Political Events, i.e., The Events after the Conquest (1453-1789)] (Constantinople, I. A. Vretou publications, 1870, reprint Athens 1972), vols 8, 9, 10, pp. 276-283. Johann Strauss will evaluate Ypsilanti's chronicle as 'the Peak of Phanariot historiography... His account of Ottoman affairs until 1710 follows almost

(*Lexikon Eleftheroudaki* 1929, *Megali Elliniki Engyklopaideia Pyrsou*, 1930, perhaps based on European models,[36] but, in the post-war period other Encyclopedias drop him (e.g. *Engyklopaideia Nea Domi*, 1996). Apostolos Vakalopoulos, a history professor at the University of Thessaloniki, writes in a student journal in 1971 'the life and work of [Dimitrius Cantemir] this Great [Romanian] Filhellene ... must one day be studied by us'.[37] Walter Puchner, Professor of Theatre Studies will use the expression 'our famous Cantemir'. In 2011 Spyros Asdrachas, a contemporary leading historian and scholar, incidentally but tellingly mentions 'he [Cantemir] who taught us how not to think with the language of the ruler'. Paschalis Kitromilides's Harvard doctoral thesis *Greek Enlightenment* and its translation in Greek do not include any reference to Cantemir although the name does appear *en passant* in the revised 2013 English publication.

Eighteenth–Nineteenth-Century Aspects of the European Reception of the *Ottoman History*

Cantemir's *Ottoman History* set the canon that dominated European thinking about the Ottoman East for 150 years up to the publication of the ten-volume seminal work by the Austrian scholar Josef von Hammer-Purgstall published between 1827and 1835.[38] A major network of eminent Europeans referred to and/or endorsed Cantemir's work. Cantemir, after being initially what we refer to today as confidential advisor to Sultan Ahmed III, was appointed Prince of Moldavia and later, after his defection to the Russian camp became a member of Tzar Peter's Privy Council. In Russia, as a distinguished refugee along with his Moldavian state dignitaries, Cantemir was granted farmland by the Tzar which was named after him, Dimitrievka. In all periods of his lifetime his entourage constantly included statesmen, scholars, and military commanders. After his death his readers and adherents continued to consist of elites: the English aristocracy, first and foremost Queen Caroline and the subscribers who supported the publication of his *Ottoman History* in English: a careful look at the names of subscribers shows a milieu of princes, lords, dukes, judges, generals, bishops, professors and masters at Oxford and

---

slavishly Demetrius Cantemir's *History*, including misunderstandings and mistakes', see 'The Rise of Non-Muslim Historiography in the eighteenth century', *OM*, n. XVIII (LXXIX), 18 (79) no. 1 (1999), 217-232.

36 See for example the entry 'Démètre Cantemir' in *La grande Encyclopédie. Inventaire Raisonné des Sciences, des Lettres et des Arts*. Par une société de Savants et des gens de Lettres, Vol. 9, pubs. H. Lamirault (Paris, Rue de Rennes, 1890), pp. 109-111.
37 In the Salonika student journal *Foititis*, 1971.
38 Josef von Hammer–Purgstall (1774-1856), *Geschichte des osmanischen Reiches* (Munich, Bayerische Staatsbibliothek 1827-1835) [Histoire de l'Empire ottoman, depuis son origine jusqu'à nos jours, traduit de l'allemand par J.-J. Hellert (Paris, Bellizard, 1835-1843)], 18 vols.

Cambridge colleges, plus ambassadors. Within the world of letters we can single out the following five major thinkers and historians I have investigated mainly on the basis of the rich crop of papers in Romanian journals, especially those by Virgil Cândea, member of the Romanian Academy and editor of Cantemir's collected work.[39]

The first cohort of European scholars during the eighteenth century includes Johann Joachim Winckelmann (1717-1768), the ground-breaking German art historian who combined his passion for classical art with romantic elements of nostalgia for 'noble simplicity'. With his detailed and insightful study, *The History of Art in Antiquity* (1764) Winckelmann presented the first systematic scholarly narrative of all antique art plus a theoretical aesthetic contribution on beauty starting with the Orient and reaching its climax in Greek antiquity. His subject matter, art, does not and cannot draw from Cantemir's work. But his explicit enthusiasm for Cantemir's *Ottoman History* was clearly expressed in his correspondence with Edward Gibbon (1768) as published in Johannes Irmscher's extended citations.[40] Winckelmann was mistaken in speculating about some sequences of related ideas and attributing them to Cantemir.[41]

A second scholar was the great Orientalist and *homme de lettres* Sir William Jones (1746-1794), a poet, linguist, and polyglot, a radical political thinker famous as a scholar of ancient India and translator of its literature. His particular contribution lies in his now-classic proposition of the existence of a relationship between classical Greek and Latin to Gothic and Celtic languages, as well as to Persian, having all been derived from Sanskrit. Jones coined the concept of an 'Indo-European language' within a common linguistic matrix. He observed that Cantemir was the first who demonstrated the kinship of the Indo-European tongues.[42] Jones is considered as a unique presence among critiques of the Oriental academic discourse —prominently Said's.[43]

---

39 Virgil Cândea, 'La diffusion de l'œuvre de Dimitrie Cantemir', *RESEE*, 10 (1972), no. 2, 357-359.
40 Johannes Irmscher, 'Winckelmann und Byzanz', *Revue des études sud-est européennes*, IX, 1971, no. 3, p. 436, note 23. I am grateful to Miranda Pesmazoglou, my mother, for translating the relevant letters from German.
41 In his major work, Winckelmann saw civilization as a living organism (growth, maturity, decline) very much within a schema conditioned by weather conditions. But this was not exclusively Cantemir's concept as it was at the time a common approach. See Johann Joachim Winckelmann, *Geschichte der Kunst des Altertums*, 1764; In Greek Ιστορία της Αρχαίας Τέχνης (Athens, Gutenberg, 2010), mainly pp. 133-273.
42 Sir William Jones's preface to 'A Prefatory Discourse to an Essay on the History of the Turks', Appendix B in *The Works of Sir William Jones with the Life of the Author*, by Lord Teignmouth (London, John Stockdale and John Walker, 1807), pp. 455-493, especially pages 462-465. The essay on Turkey appears in the Appendix and represents less than 5 per cent of the volume. Nevertheless, as the authoritative view on 'the Orient', it influenced modes of thinking.
43 I have counted more than fifteen references to Jones in Edward Said's *Orientalism* (London, Penguin books, 1978). As I consider Said one of the most insightful critical readers of the relevant literature in recent decades I examined how he described Jones's appreciation of Cantemir, in what Said coined as 'Orientalism'. Said analyses the effect Jones had upon the way the West viewed the Orient.

There is no people in Europe, which has raised the terror, and excited the curiosity of the Christian world more than the *Turks*; nor any, I believe, whose true genius and manners we have so imperfect a notion.

Within this mindset Jones treats Cantemir's survey of Ottoman History:

The History of the Turks by the prince Cantemir, far surpasses, in authority and method, every work on the same subject in any European dialect ... As he was eminently skilled in the *Arabic, Persian,* and *Turkish* languages, he was enabled to draw his knowledge of their affairs from the fountain-head ... As to his piece considered as a literary performance, it contains all the qualities which *Tully* lays down as necessary to constitute a perfect history: nothing is asserted in it that has the appearance of falsehood; nor any essential thing omitted that has the least color of truth; there is no reason to suspect the writer either of partiality or disaffection; the order of time is accurately preserved, and the description of remarkable places frequently inserted; the author gives his judgment, openly, on the counsels of kings and generals; he relates the circumstances of every memorable act; and shews [shows] both the causes and consequences of every important event: with regard to the persons, he describes the lives and characters not only of the sultans, but of all the eminent men who bore a considerable share in the great transactions of the nation: and he dresses the whole piece in an easy, natural, and flowing style, without affecting any merit, but that of clearness; except where, for the sake of variety, he drops a few flowery expressions in the Oriental manner. To which may be added (a qualification that *Cicero* seems to have omitted in the passage just referred to) that he has made his work extremely agreeable, and has infused into it that exquisite charm ('Φίλτρον και ἴυγγα', as the *Greeks* called it), so necessary in all finished compositions, which makes the reader leave it unwillingly, and return to it with eagerness. It is almost needless to say, after this just encomium, that Cantemir's *history* renders the compilations of *Knolles* and *Rycaut* entirely useless; though both of those works are well written, and the former even elegantly for the age in which the author lived.

And elsewhere ... 'The excellent Prince Cantemir who incorporated in his History the works of Turkish writers'.[44]

---

44 Jones, 'A Prefatory Discourse', pp. 914 and p. 932. Jones converses with Cantemir as follows: 'I have not yet been fortunate enough to meet with the valuable work of *Ali Efendi* containing the history of the lives of *Mohammed II, Bayazid II, Selim,* and *Soliman,* of which Prince *Cantemir* gives so high an encomium'; '"This book", (says he) which is extremely scarce, contains every quality of an "excellent history"; a noble simplicity of style, a warm love of truth, and an abhorrence of flattery. I am indebted to this author, (continues the Prince) for many striking passages in my own piece'.

Hugh Trevor-Roper, the prominent British historian, after critically examining earlier historians of the Ottoman Empire, considered Cantemir's contribution as crucial. But he disagreed with most English and Romanian historians who argued that Cantemir's history was instantly recognized in England because it was sanctioned by royal patronage, including the long list of eminent subscribers and the distinguished translator Tindall. According to Trevor-Roper, the book did not excite immediate interest in the 1730s but this was not because it lacked great intrinsic value.[45] Instead, Trevor-Roper attributed it to the intellectual climate in England at the time: 'It was an age of Skepticism, of elegant vulgarization, of complacent cosmopolitanism, not of intellectual receptivity or vigorous thought'.[46]

The third major thinker is Montesquieu, who propounded the relativist approach that individuals and mainly social groupings were not the same everywhere irrespective of time and place. Therefore, one has to study the specific needs and actual conditions of the everyday life of people, emphasizing such factors as soil, climate, as well as the specificities of both religious and political institutions. At first, the intellectual climate in Paris was just as indifferent as that in London for an Oriental narrative, changing only after the publication in 1748 of Montesquieu's *De l'Esprit des Lois*. We may say, cautiously, that Montesquieu could have been influenced in his overall schema of the *Considérations sur les Causes de la grandeur des Romains et de leur Décadence* on Cantemir's *Growth and Decay of the Ottoman Empire* to which he devotes a plethora of references. I say 'cautiously' since at the time it was a common literary practice ('Growth and Decay') and although Cantemir's influence was questioned also by Căndea, Cantemir's editor, I believe that this contention contains a grain of truth despite reactions from present day Enlightenment scholars who cannot accept any influence whatsoever from 'the Orient'.

The fourth key *homme de Lettres* to be influenced by Cantemir was Voltaire. Voltaire's interests were moving away from the history of 'great men' towards that of people's morals, habits, institutions, an approach which has been described as history being nothing more than 'philosophy teaching by examples'. Within this climate three of Voltaire's *œuvres*[47] explicitly refer to Cantemir's Ottoman History: *Essai sur les moeurs et l'esprit des nations* (1756),[48]

---

45 For an evaluation of Jones's contribution see Hugh Trevor-Roper, 'Dimitrie Cantemir's Ottoman History and its Reception in England', *Revue Roumaine d'Histoire*, XXIV. 1-2 (1985), 54-70, here p. 66. He tells us that the book 'lay unsold and unread because the mid-18th century was not an era of profound or sensitive scholarship [in Europe], especially in England'. He would add that 'we may agree with David Hume that all polite letters had sunk beneath a welter of "barbarism and faction"'. But it would arouse interest fifty years later when the second edition of Cantemir's book was published.
46 Trevor-Roper, 'Dimitrie Cantemir's Ottoman History', p. 63.
47 I would, tentatively and indirectly, also include a fourth: Voltaire's *Candide ou l'optimisme* (but only a close reader of the novel could approve or deny this inclusion).
48 I am examining this text in connection with another project.

the play *Mahomet* (a tragedy 1741) and *Histoire de Charles XII Roi de Suède* (1731).[49] In *Mahomet*, as correctly noted by Isaiah Berlin, Voltaire presented a superstitious and fanatical monster which he denounced as crushing freedom, reason, toleration, justice, truth, and civilization. Therefore, he is the enemy. Above all, the play is an allegory about the Catholic Church.[50] Voltaire did not take a linear view of great leaders, states, and events. He viewed them critically, stressing their positive traits as examples for others and their negative, violent, and 'barbaric' customs as examples to be repulsed. He was enthusiastic about the cultural and educational policies of Frederick the Great in Prussia. He was even more enthusiastic about Tzar Peter 'the Great', the legislator and unique monarch who travelled in Europe to learn more and more,[51] to discover the arts, sciences, and educational systems and transplant them into Russia. Voltaire considered both Peter the Great and Charles XII[52] in the same light for having transformed their empires in depth. In this vein, on the one hand Voltaire admired Cantemir who 'réunissait les talents des anciens Grecs, la science des lettres et celle des armes' (brought together the talents of ancient Greeks, the science of letters and the science of the weapons), adding emphatically that he owed all his luck to the Ottoman Porte. Voltaire continues by criticizing Cantemir:

> Immediately after being appointed Prince [of Moldavia] he betrayed the Turkish Emperor (*il trahit*) his benefactor (*bienfaiteur*) in favor of the Tzar, hoping for the best. He was flattered that the victor [the Tzar] over Charles XII will triumphantly defeat the [Ottoman Army]. [Cantemir] was depending upon all the Greeks [meaning the Eastern Orthodox] siding with him; in this direction of defection he was encouraged by the Greek Patriarchs [Moldavians and Vlachs], who treasured (*aimaient*) the Turkish domination which is never fatal except for the dominant elites but affects gently/amically (*de la douceur*) the tributary peoples; they were

---

49 Voltaire, *Histoire de Charles XII Roi de Suède*, with a brief Introduction and annotation by Émile Louis Jean Legrand (Paris: Bibliothèque Larousse, 1913 [First published 1731]), mainly Chapters V and VI, pp. 125-173. I am indebted to the late Elisabeth Zachariadou, the eminent Turkologist colleague, for bringing this to my attention. The book is based on Voltaire's research and direct discussions with close associates of King Charles XII during his lifelong war expeditions, with strategic models of reference Alexander's chimera of reaching Asia as well as Julius Caesar's and Hannibal's illusions of grandeur. It is a lesson in history writing for his times because, as he states, he wants to present exactly what he knows and not what he has been told by hearsay (p. 180). The book consists of insightful analyses of battles, strategies, intrigues, peace treaties, and short *en passant* philosophical meditations. Voltaire condemns all 'friends' and 'foes' for despotic rule or absolute monarchy, tyranny, papal rule, Catholicism, and slavery while sanctifying freedom, liberty, justice, and democratic rule.
50 Isaiah Berlin, *The Roots of Romanticism* (London, Chatto & Windus, 1999), pp. 10-11.
51 In the year 1717 the Tzar travels to Holland and Paris. He refuses Cantemir's request to travel with him out of fear that he will desert him.
52 Voltaire, *Histoire de Charles XII Roi de Suède*, pp. 82-83, 117, 143, 144, 214-215, 376.

suspicious and fearful (*ils redoutaient*) of the Christians and especially the Moscovites who always treated them inhumanly.

Distrustfulness, according to Voltaire, was the reason why Russia lost the battle at the river Pruth. It is within this mentality that he treated the Turks and Islam. It is not a straightforward rebuttal of what he considered 'rapacious and tyrannical Ottoman despotism'. His approach seems contradictory, but we can read it as complementary: On the one hand in the 'État de la Grèce sous le joug des Turcs' (1756) of his *Essai sur les mœurs et l'esprit des nations* (Chapter 93) he will position himself: 'I will always be inimical [hate, elsewhere] and aggressive against those who have devastated, impoverished and brutalized the whole of Greece. You cannot honestly ask me to sympathize with the destroyers of the fatherland of Homer, Sophocles and Demosthenes'. On the other hand, in the same essay and in *Histoire de Charles XII*, Voltaire admires the Turks for their generosity and the sultan for his indulgence towards his enemies. In a somewhat similar vein, Voltaire often used Turkish tolerance as a model. Where do Voltaire's uses of Cantemir lead us? Cantemir is influential in both poles of Voltaire's complex overview which simultaneously expresses hatred of the Turks and rehabilitation of 'the Infidels'. The rehabilitation at the time, I would dare say, comes mainly into the questioning of if not repulsion for the Catholic dogmatic mode of thinking towards other Christian dogmas and even more so against its Manichaeistic anti-Islamic crusades. The answer comes from Cantemir, an avowed Christian Orthodox prince, with his tolerant way of understanding the despotic Muslim Ottoman order: castigating the aggressive military and spy-riddled empire and at the same time praising Ottoman cultural creativity.

The fifth key scholar under Cantemir's spell is Gibbon, recognized as one of the greatest historians both as an indefatigable accumulator of archives and as a stylist in his narrative. Gibbon seems to have been mainly (if not solely) influenced in relation to how to view the transition period from the Byzantine to the Ottoman Empire. This is clear in chapter LXVIII of the sixth volume of his treatise *History of the Decline and Fall of the Roman Empire*[53] – i.e. the chapter on the siege and conquest of Constantinople. On my count Gibbon cited Cantemir seventeen times, but I consider it more important that Gibbon conversed as an equal with the prince within the

---

53 Edward Gibbon, *History of the Decline and Fall of the Roman Empire* (London, 1788) vol. VI, footnote 41 cites Cantemir's *The Growth and Decay of the Ottoman Empire* (web, Project Gutenberg, <http://oll.libertyfund.org/title/1403>). In the very same year (1788) there is another, unexpected use of Cantemir in the British House of Commons and the daily press. During the impeachment process induced by Edmund Burke against Warren Hastings, Governor of India, he reads extracts from Cantemir's History ('the distinguished author and foremost authority Cantemir for his knowledge of the Orient') as a historical proof of Muslim tolerance: Burke uses Cantemir as a central weapon to persuade Parliament that 'Mahomet's Law' was just as rigorous as Hindu Law against British Cultural self-sufficiency in its inability to understand the Orient. See Lemny, *Les Cantemir*, pp. 316-317.

main corpus and the annotation of his historical text.[54] Gibbon's interest lay mainly in supporting the position that a partial invasion of Constantinople and a partial surrender was chosen according to Islamic law due to different stands taken by the population (i.e. as insisted by Mehmed the Conqueror). Gibbon's enthusiasm was such that we can speculate even that the title itself of his seminal *Decline and Fall of the Roman Empire* was partially influenced by Cantemir's *Growth and Decay of the Ottoman Empire* and not only because of the analogous titles but also because its opening passages replicate Cantemir's Persian distich with the spider's web at the Paleologue Palace of Vlachernai. Of course, in such complex issues linked with on-going controversies on the exact nature of the transition from Byzantine to Ottoman Rule and, more specifically, of the siege and fall of Constantinople[55] Cantemir provided novel insights based on Greek and Ottoman sources, that destabilized Western dead certainties.[56]

---

54 Some of the extracts are reproduced in the abridged one-volume Penguin edition edited by Dero A. Saunders (Kingsport Press, 1984), chapter XVI, sub-chapters 2-4, pp. 649-691.
55 For a review see Cristina Bîrsan, *Dimitrie Cantemir and the Islamic World*, trans. by Scott Tinney (Istanbul, Isis Press, 2004), pp. 52-54.
56 I was perplexed to find in Byron's *Don Juan* (Cantos V and VI) as well as other major poets the use of Cantemir as the symbol of English (and European) Romanticism. All I can say at this point, after having read Bernard Blackstone's *Survey on Byron* (UK, Longman, 1975) and, more recently, Roderick Beaton's *Byron's War* ('war with words' and 'war with deeds') that Cantemir's presence remains for me an enigma (Cambridge, Cambridge University Press, 2013). In Byron's 'Turkish Tales' 'The lonely Spider's thin gray pall/Waves slowly widening o'er the wall' and in the Byronic Cantos directly resound Cantemir's Persian diptych with the spider in the opening of his *Ottoman History*. I have the feeling that Byron's use of Cantemir's name in the Cantos is in the same liberal Romantic vein in which Byron and Shelley think and act. On both Shelley and Byron see also Jennifer Wallace, *Shelley and Greece: Rethinking Romantic Hellenism* (London, Macmillan, 1997), and her essay '"We are all Greeks": National identity and the Greek War of Independence', *Byron Journal*, 23 (1995), 36-34. Wallace aptly states the continual need 'to separate West from East, Greek from Turk ... the doubt, insecurity, astonishment, replicates the difficulty experienced by the philhellene in representing Greece unambiguously and unproblematically' (pp. 46-47). Victor Hugo's negative references to Cantemir ('l'enthousiasme' avec lequel l' 'historiographe turc' a dépeint 'la barbarie mahométane' (The enthusiasm with which the Turkish historiographer has depicted the muslim barbarity in his Preface of *The Legend of centuries 1859-1883*), preface in *La Légende des siècles 1859-1883*). In this same extract Stefan Lemny adds from Hugo's poem 'L'âne' explicit references to Cantemir: 'ô honte! on trouvera toujours, grand ou petit, / Un homme pour verser ces pleurs de crocodile; / Ce sera Cantemir, si ce n'est Chalcocondyles ... ce sera Bossuet ...' (What a Shame: we can always find a grown up or a youngster / A Human Being who will pour his crocodile tears; / it will be Cantemir if it is not Chalcocondyles ... it will be Bossuet), Lemny, *Les Cantemir*, p. 318. It is in this context that Hugo integrates Cantemir's positivity of cultural Ottomanism at the same time omitting Cantemir's rejection of Ottoman despotism (preface and 'La Vision d'où est sorti ce livre' – a real poetic manifesto – in *La Légende des siècles* (Paris, Nelson Editions, three volumes, 1859-1883).

Inconclusive Concluding Remarks: Cantemir's Place in the European *Republic of Letters*: Some Tesserae for an Interpretation

My particular *aporía* is the following: not one of the central figures of the Greek Enlightenment and more recently Greek researchers of the period, who have contributed decisively in the history of modern ideas, all of them well-read in Montesquieu, Gibbon, and Voltaire, has noticed that the name of one and only one member of the Rum Orthodox millet, living under Ottoman rule, was mentioned by the Western European thinkers of the Enlightenment noted above.[57] I do not know how to explain the lack of interest in Cantemir in Greece or Turkey for the past three centuries.[58] A possible key to understanding could be in the following directions: a first observation to be made is that Cantemir could be seen with all his insider's information (part or member of the privy council for both Ottoman sultans and later on of Christian emperors (Peter of Russia)) as an early, unique, and critical orientalist in the history of the European-Ottoman nexus of cultural exchanges. Winckelman, Jones, Montesquieu, Voltaire, and Gibbon are vivid examples of early European Enlightenment thinkers most of whom do not merely cite Cantemir as a reference in their footnotes but converse with him as equals in dozens of extracts in the main corpus of their works. A second point on Cantemir's *Ottoman History* is that it is a central testimony whose impact has not been underlined, thus facilitating refractions which prevent mutual understanding between the Balkan Byzantine/Ottoman East and through it with the European West. Assumptions of unique Westernness or unique Easternness cannot withstand the mode of thinking reflected in Cantemir's work and through it in a much wider Ottoman–Christian Orthodox Phanariot, and (to a smaller extent) Muslim web of scholars. The third, equally important, point is that the shallowness of narrowly competing retrospective ethnocentric/nationalistic accounts of the Balkan Ottoman past distorts much more intricate historical relations as a result of the usual short sighted nationalist mentality, for Cantemir

---

57 I do not include Diderot and D'Alembert, although their *Encyclopédie ou Dictionnaire Raisonné* functioned in an Aristotelian mode as the codification of all knowledge in all fields. It explicitly mentions two names as sources for their article (lemma) on 'Turkey': the English historian Sir Paul Ricaut for the early period of the Ottoman Empire and Cantemir for the more recent period of the Empire. The article contains information about geography, history, climate, the structure of politics, administration; an idea of the hierarchies (political and religious), the economy (trade, commodities, handicraft, and agricultural industries), customs of everyday life, eating, socio-religious establishments for the old and poor, etc. *Encyclopédie ou Dictionnaire Raisonné des Sciences, des Arts et des Métiers*, Tome 16, 1778-1779, pp. 755-759 (Berlin, Verlag Pubs, 1967).

58 It was translated into Turkish 250 years after its English translation: *Osmanlı İmparatorluğunun Yükseliş ve Çöküş Tarihi* trans. by Özdemir Çobanoğlu, Kültür Bakanlığı (the first publication was from the Turkish Ministry of Culture, Ankara in 1979 (in two volumes); It was republished by the daily *Cumhuriyet*, İstanbul 1998. I am indebted for this information to Savvas Tsilenis, an urban historian of Istanbul.

is thought not to belong to or has not been wholly appropriated by them as he has been retrospectively appropriated by another nation, Romania. With recent identity terminology, Cantemir certainly was a Moldavian/Romanian in terms of political, administrative, and historical identity, an Ottoman subject culturally imbued in Islamic music and oriental Persian-Arabic-Ottoman poetry, an Orthodox Christian in faith, a Greek in education and culture[59] and later on in life even a Russian. All these are elements of his identity in varying degrees during his lifetime. I would dare say that his *patría* was where his books and manuscripts were. In this sense I consider the emphasis placed for decades on Cantemir in Romanian academic journals as essential in understanding his work. In the history of ideas and collective mentalities, ethnic or national power is employed by competing nationalistic ideologies and exerted upon how the past, or rather, the pasts (plural) to use the academic terminology of the last three decades, in what is considered as 're-constructed', 'imagined', or 'invented' pasts. Political, economic and class games are at stake, but there are also power games at the discursive level. Influences or conflicting narratives are emphasized or undervalued if not concealed according to the power ranking of those individuals, ethnic, or national collectivities which convey the discourse. Cantemir's *Ottoman History* and his work more generally are indisputable signs that phenomena in the history of ideas are much more complex than prejudiced one-sided ethnocentric or Eurocentric accounts would have us believe.

Cantemir stands convincingly at the epicentre of the European 'Republic of Letters'. He was recognized first for his 'struggle against Oriental tyranny',[60] then was elected to the Prussian Academy of Sciences in Berlin for his contribution to oriental languages, poetry, music, and disciplined historical studies. I would add his open-ended receptivity:

> Knowledge of everything there was to know was his ruling passion ... He had mastered in different degrees Latin, Romanian (Slavonian), Greek, Arabic, Turkish, Slavic, partly Persian. He functioned as a linguist, anthropologist, philologist, diplomat, musical theorist and musician, with artistic and architectural sensibilities, theologian and Philosopher, an encyclopedist and above all as a historian embracing as much as he could from Past and Present with a prodigious intellectual activity open to the variety of the human condition.

This is not me speaking directly of Cantemir but indirectly paraphrasing Paul Hazard's writing on Leibniz.[61] Beautifully and rightfully, Cantemir has been

---

59 According to Dan Bădărău's study on Cantemir's Philosophy 'Cantemir was a great admirer of Greek culture declaring its superiority to Latin culture...'. Dan Bădărău, *Filozofia lui Dimitrie Cantemir* (Bucarest, 1964), p. 195 as referred to in Camariano-Cioran, *Les Académies Princières*, p. 7, footnote 35.
60 Virgil Cândea, 'Dimitrie Cantemir 1673-1723', in *Editura Enciclopedica Romana* (Bucharest, 1973), p. 25.
61 Paul Hazard, *The European Mind 1680-1715* (Cleveland, Meridian Books, 1967), ch. V, pp. 217-220. The exact French text in his book entitled *La Crise de la conscience européenne*

engraved somewhere between Leibniz and Newton on the Sainte Geneviève wall inscription opposite the Pantheon in Paris.[62] But for all those who doubt the possibility even if exceptional of the European Orient to influence the European Occident Cantemir offers a panorama of all those well studied Ottomans (mainly Christian but also Muslim) whose presence in his way of thinking and writing is acknowledged in his *History* presenting a whole gallery of men of letters and relativizing his own personal contribution. Thus, as a testament of a whole world unknown in the West it is reproduced in the Appendix of this paper.

Appendix

Extract from Cantemir's O.H.

(Based on the translation by Tindall of the first 1734 English edition through which it was translated into French, German and Italian)

PHENAR (Finer): 'Not far from [the Patriarchal seat] is an Academy built for the instruction of Youth, by one Manolakis, a Greek, who had nothing ignoble in him but his blood. In this Academy are taught Philosophy in all its branches and the other Sciences in the old uncorrupted Greek. In my time there flourish'd here Prelates and Doctors of great Piety and Learning, namely Johannes Cariophyllus an excellent Divine and Philosopher, later on the celebrated Preacher of the Cathedral Church; Balasius Scaevophylax, Antonius and Spandonius, Peripatetic Philosophers; Jacomius an accurate Grammarian, from whom, during my Residence at Constantinople, I learned the Elements of Philosophy; Sebastius, sufficiently known by his controversial Writings against the Latins, and his Ecclesiastical

---

1680-1715 (Paris, Boivin et Cie, 1935), is as follows: 'Leibniz: Dans son âme multiple, quel appétit de savoir! C'est sa première passion. Il a envie de tout connaître, jusqu'aux limites extrêmes ... Chaque livre, chaque homme au hasard rencontré, étaient pour lui une provocation à connaître;... prêtant l'oreille aux appels incessants de toutes les pensées humaines;... conseiller des princes; il était, comme on l'a dit, 'mathématicien, physicien, psychologue, logicien, metaphysician ... historiographe pour embrasser le plus possible du passé, du présent ..., juriste, philologue, diplomate, théologien, moraliste'; et dans cette activité prodigieuse, ... ce qui lui plaisait par-dessus toutes choses, c'était la variété...' (Leibnitz: Within his multiple mind what an appetite for knowledge! It was his foremost passion. Envy to know everything up to the most extreme limits... Each book, each person he met haphazardly were for him a provocation for further knowledge;... to give ear at all incessant appeals of all human thoughts; advisor of princes; he was as someone described him, mathematician physicist, psychologist, logician, metaphysician, historian in order to embrace as much as possible of the past and present... jurist, philologist, theologian, moralist". And, in all this prodigious intellectual activity... what most delighted him was the variety of it all...) see Ch. V, *Leibniz et la faillite de l'union des églises* (Paris, Le livre de Poche, collection références, 1994), pp. 155-157.

62 Sainte Geneviève was built after the 1848 uprisings. The 810 scholars engraved on the library's external walls form a chronological and encyclopedic inventory.

Calendar; Dionysius Hieromonachus and Alexander Mavrocordatos, celebrated by the Learned World on many accounts, Professor of Philosophy, Divinity and Physics, later Interpreter to the Ottoman Court. He wrote besides a Tract on the Circulation of the Blood, printed several times in Italy, a large History from the Foundation of the World to our Times, also letters and other innumerable little Works which I now hear are published in Moldavia by the care of his son Nicholas Mavrocordatos, a man well vers'd in the Oriental and Occidental Learning. For we are not to imagine, with the generality of Christians, that Greece is so far sunk in Barbarism, as [if] not in these latter Ages to have produc'd Men little inferior to the most learned of her ancient Sages. To say nothing of Times more remote from us, even our Days have seen three Patriarchs of eminent Reputation for Learning, one of Constantinople and two of Jerusalem. He of Constantinople was Callinicus, a very eloquent Orator [...]. Those of Jerusalem were, Dositheus and his Kinsman and Successor Chrysanthus, yet, as I hear, alive. From the first, besides other Monuments of his Learning, we have three printed Volumes of Controversial Writings against the Latins. Besides these, there flourish'd at Constantinople, Meletius Archbishop first of Arta, and afterwards of Athens, a man skilled in all Parts of Learning, but chiefly studious of the Helmontian Principles (or rather those of Thales) which he also explain'd to me for the space of eight months; Elias Miniati Hieromonachus, a most acute Philosopher and eminent for his Knowledge of both dogmatic and scholastic Divinity, afterwards Bishop of Messene in Peloponnesus; Marcus Larissaeus an excellent Grammarian; Metrophanes Hierodiaconus, chiefly studious of Poetry and a happy Imitator of the Ancients; Licinius born at Monemvasia or Malvasia, Philosopher and Physician, and both ways eminent. He was chief Physician of our Court. His Skill and Experience in the Medical Art, procured him both Esteem and Authority amongs the Turks. He afterwards left Constantinople and his own Country was honoured with the Title of a Count by the Republic of Venice. About a year later he was taken in Monemvasia by the Turks, and as I am inform'd, publicly hanged in Constantinople for a Litterary Commerce which he had before held with the Venetians. Constantine Son of Ducas, Prince of Moldavia, superior to most in the Ancient Greek, and in Philosophy, a Scholar of Spandonius; Andronicus of the noble Race of the Rhangavi, justly praised for his Knowledge of the Greek Tongue in its purity, and for his reading the Fathers. To these I might justly add Jeremias Cacavela, a Cretan by birth, Hieromonachus, and Preacher of the Great Church at Constantinople, from whom I drew the first Precepts of Philosophy; as likewise Anastasius Nausis, a Macedonian, a Man whose eminent Knowledge in Greek render'd him sufficiently known both in England and Germany'.

PASCALE PELLERIN

Namık Kemal, Ahmed Riza et Mustafa Kemal

Lecteurs des philosophes des Lumières

Pour comprendre les différents usages faits des auteurs des Lumières par les intellectuels turcs, du milieu du XIXe siècle jusqu'aux années 1920, il faut tenir compte des processus complexes qui ont abouti, concomitamment, à la construction de la nation turque et à la disparition de l'Empire ottoman[1]. En 1839, pour faire face au déclin de l'Empire ottoman, les sultans décident une sécularisation de la société. Pour cela, Abdülmecid Ier, dans le sillage de son prédécesseur Mahmud II, fait proclamer la charte des *Tanzimat*, et, en 1856, un second texte affirme l'égalité entre tous les citoyens de l'Empire. Des chercheurs ont souligné avec raison l'influence des écrivains français et de la culture française sur l'évolution de l'Empire ottoman[2]. Or cette influence est problématique, car elle coïncide avec l'affaiblissement de l'Empire avant sa disparition. S'il est vrai que les Turcs doivent aux Français l'introduction de la presse dans leur pays, le rôle du modèle français a néanmoins été remis en cause par des courants intellectuels et politiques – les Jeunes Ottomans, mouvement formé autour de Namık Kemal, puis les Jeunes Turcs, dont Ahmed Riza est la principale figure – s'inspirant certes des écrivains des Lumières, en particulier de Montesquieu et de Rousseau, mais qui ne voulaient pas rompre avec l'Islam. *A contrario*, les nationalistes turcs, qui se rassemblent autour de Mustafa Kemal et proclament la république turque en 1923, souhaitent rompre avec la culture islamique. Chez eux aussi, les références aux écrivains des Lumières sont constantes.

Namık Kemal, qui refuse les conceptions laïques de Voltaire, se réfère essentiellement à Montesquieu et défend l'idée d'une patrie ottomane et

---

1 Lire sur cette question l'ouvrage de Carter Vaughn Findley, *Turkey, Islam, Nationalism and Modernity: A History, 1789-2007* (New Haven, Yale University Press, 2010).
2 Voir notamment Şerif Mardin, *The Genesis of Young Ottoman Thought* (Syracuse, Syracuse University Press, 1962 ; repr. 2000) ; Bernard Lewis, *Islam et laïcité. La naissance de la Turquie moderne* (Paris, Fayard, 1988) ; Juliette Grange, « Rousseau, la philosophie française et les nationalités au XIXe siècle : Grèce, Italie, Turquie », dans *Rousseau et la Méditerranée, la réception de Jean-Jacques Rousseau dans les pays méditerranéens*, Actes du colloque international à l'université de Nice-Sophia Antipolis réunis par Jacques Domenech (Paris, Honoré Champion, 2016).

musulmane. Pour sa part, Ahmed Riza, qui a lu Diderot, d'Holbach, Montesquieu, Rousseau et Voltaire, évoque très souvent les opinions de ces derniers à l'égard des Turcs et de l'Islam, mais les extraits qu'il cite ne poursuivent qu'un but : défendre l'Empire ottoman contre les impérialismes occidentaux. Par la suite, l'établissement d'une république turque, conséquence de la dislocation de l'Empire ottoman, modifie considérablement les conditions de réception des écrivains des Lumières, et Mustafa Kemal n'hésite pas à se référer explicitement à Rousseau. Prises globalement, les lectures des écrivains des Lumières de 1839 à 1923 semblent donc ambivalentes. Si les élites et les administrateurs, formés à l'occidentale, admirent la culture française, les visées impérialistes des États occidentaux poussent les intellectuels à affirmer une identité turco-musulmane rejetant en partie la civilisation occidentale. Ils sélectionnent chez les écrivains des Lumières des éléments susceptibles d'étayer une critique des mœurs occidentales. Pour Ahmed Riza, le comportement impérialiste de l'État français, le mépris à l'égard du peuple turc et de la civilisation musulmane correspondent à une déviation par rapport à la voie tracée par les Lumières, dont certains promoteurs avaient au contraire dénoncé la colonisation et les politiques de conquête. Admirateur du baron d'Holbach, il reprend à son compte ses attaques contre la chrétienté pour mieux valoriser la religion musulmane. Par ailleurs, l'occupation du territoire turc, après 1918, par les armées grecques, italiennes, françaises et britanniques, va constituer un véritable traumatisme pour les intellectuels turcs et un tournant majeur dont l'effet sera de renforcer l'identité turque. Dès lors, Mustafa Kemal pourra exalter l'idée nationale au détriment de la religion.

L'histoire mouvementée de l'Empire ottoman, des *Tanzimat* jusqu'à la proclamation de la république en 1923, en passant par la révolution de 1908[3], explique en partie l'évolution du regard des Turcs sur l'Occident. Comment transforme-t-elle leur vision des écrivains des Lumières ? L'étude des positionnements de Namık Kemal, d'Ahmed Riza et de Mustafa Kemal, trois intellectuels et hommes politiques, permet d'esquisser une première réponse.

Afin de saisir la complexité de l'évolution de l'Empire ottoman jusqu'à sa disparition, il faut rappeler que cet empire s'étendait sur trois continents : l'Afrique, l'Asie et l'Europe. Après la conquête de la Bulgarie, de la Serbie, de la Hongrie au XIVe siècle, de Constantinople au milieu du XVe siècle, sous le sultanat de Soliman le magnifique, l'Empire s'empare de l'Arabie, du Yémen, de l'Irak puis de l'Égypte. Son influence s'étend jusqu'au territoire algérien dont les dirigeants demandent l'appui du pouvoir ottoman. Durant le règne de Soliman, le développement des arts, des sciences et des lettres est à son apogée. Soliman harmonise également la loi religieuse musulmane, la *charia*. La grandeur de l'Empire ottoman va hanter les Jeunes Ottomans puis les

---

3 Voir Erdal Kaynar, « Le constitutionnalisme au Moyen-Orient. Des Tanzimat à la Révolution jeune-turque de 1908 », *Politika*, 2017, en ligne <https://www.politika.io/fr/article/constitutionnalisme-au-moyenorient>.

Jeunes Turcs qui vont tenter d'expliquer le déclin de l'Empire et trouver des solutions aux conséquences négatives de son démantèlement.

On considère généralement que l'affaiblissement de l'empire, à partir du début du XVIIIe siècle, correspond à l'occidentalisation et à la francisation des élites ottomanes. Cette occidentalisation s'est surtout effectuée sous l'influence d'Ibrahim Paşa, le grand vizir du sultan Ahmed III. C'est durant son vizirat que sont élaborées, selon les conseils du français Rochefort, les premières propositions en vue de modifier l'organisation de l'armée ottomane. Un émissaire est alors envoyé en France pour étudier les méthodes de gouvernement et d'éducation[4], la première imprimerie ottomane est installée en 1726, et des relations cordiales s'établissent entre les élites turques et la cour de Versailles. On a même nommé l'époque du sultanat d'Ahmed III, « l'ère des tulipes », parce que cette fleur, découverte en Europe, était devenue l'objet d'un véritable engouement à Istanbul. Malgré les précautions prises pour masquer cette occidentalisation, celle-ci provoque une grande résistance de la part des Turcs, au point qu'un soulèvement des janissaires aboutit à l'abdication d'Ahmed III et à l'exécution de son vizir Ibrahim Paşa. Les vizirs et les élites bureaucratiques, accusés à la fois de corruption et d'occidentalisation, seront souvent les cibles des Jeunes Ottomans. Les réformes s'accentuent avec le sultan Sélim III, puis avec Mahmud II qui abolit le corps des janissaires en 1826. Enfin, Abdülmecid Ier fait proclamer, en 1839, l'ordonnance connue sous le nom de *Tanzimat*, que l'on peut traduire par « nouvel ordre ». Ce texte, aussi nommé « charte de Gülhane », garantit notamment la sécurité et le respect du droit de propriété à tous les sujets de l'Empire. Elle est complétée par celle de 1856, qui reconnaît l'égalité et la liberté religieuse aux hommes et aux femmes, et proscrit les discriminations. Si certains étrangers, comme Auguste Comte, s'enthousiasment pour cette réforme, les intellectuels ottomans sont plus réticents. Le mouvement des Jeunes Ottomans considère en effet que la charte accorde trop de prérogatives aux États occidentaux, tout en s'affranchissant des principes de la *charia*, la loi islamique.

Si l'occidentalisation et l'influence de la Révolution française ont pris une part importante dans la mise en place des réformes[5], Şerif Mardin, dans son ouvrage *The Genesis of Young Ottoman*, paru en 1962, fait pourtant remarquer qu'aucune traduction des écrivains européens n'a été entreprise durant la première moitié du dix-neuvième siècle et, qu'en revanche, un nombre important de textes islamiques ont été traduits en turc. Cela explique en partie la complexité de l'idéologie des Jeunes Ottomans, lesquels militent, pour la plupart d'entre eux, en faveur d'une synthèse entre la philosophie occidentale et la tradition islamique. C'est particulièrement net chez Namık Kemal, qui fait partie des six membres de l'alliance patriotique fondée à l'été 1865.

---

4 Voir Mardin, *The Genesis of Young Ottoman Thought*, p. 137.
5 Voir à ce sujet, *The Young Revolution and the Ottoman Empire the Aftermath of 1908*, éd. par Noémi Lévy-Aksu et François Georgeon (New York, I. B. Tauris, 2020).

Kemal est né en 1840, d'une mère d'origine albanaise et d'un père astronome, issu d'une dynastie de dignitaires ottomans. Comme tous les membres des Jeunes Ottomans, Namık Kemal a d'abord été employé au Bureau des traductions. C'est ainsi qu'il a établi ses premiers contacts avec le monde occidental. Il est l'auteur de six pièces de théâtre, de trois nouvelles, de courtes biographies, ainsi que du premier tome d'un projet de douze volumes sur l'histoire ottomane. Mais, comme le précise Şerif Mardin, le cœur de sa théorie politique, et donc aussi de ses appréciations sur les philosophes des Lumières, est à chercher dans ses articles parus dans les journaux *Ibret* (« la leçon » ou « l'exemple ») et *Hürriyet* (« liberté »). Il dirige également le journal *Tasvir-i-Efkâr* (« Exposé des idées ») après l'exil de Şinasi, son ancien directeur. De plus, il fait paraître des traductions de Montesquieu dans un autre périodique, *Mir'at*, qui appartient à Refik Bey.

En 1867, il prend la route de l'exil avec Abdul Hamid Ziyaeddin, alias Ziya Paşa, et s'installe à Paris, où il arrive le 31 mai. Le 10 août de la même année, lors d'une rencontre chez Fasil Paşa, une nouvelle organisation naît : la société des nouveaux ou des Jeunes Ottomans. Les Jeunes Ottomans relancent la parution du journal *Muhbir* (« L'Information »), précédemment dirigé par Ali Suavi, membre de l'Alliance patriotique, le mouvement qui est à l'origine de celui des Jeunes Ottomans. En 1871, Namık Kemal rentre à Istanbul. Après l'amnistie qui leur est accordée par le nouveau grand vizir, Mahmud Nedim, les Jeunes Ottomans créent un autre journal : *Ibret*, déjà mentionné. Devenu Président du Conseil d'État, Namık Kemal repart en exil en 1873, avant d'être emprisonné, en 1877, avec l'arrivée au pouvoir du sultan Abdülhamid II qui suspend l'Assemblée. Par la suite, Kemal n'occupe plus que des postes subalternes dans les îles de l'Empire jusqu'à sa mort en décembre 1888.

Pour bien mesurer la place des écrivains des Lumières chez Kemal, il faut comprendre son immersion dans le courant libéral occidental et son attachement à la grandeur du passé ottoman et à l'Islam. De fait, l'idée d'une renaissance islamique a eu des répercussions parmi les Jeunes Ottomans qui voulaient libérer l'Empire ottoman de la tutelle occidentale. Le concept de « panislamisme », qu'ils ont inventé, est un appel à l'union des peuples musulmans. Selon eux, il faut, d'une part, arrêter le déclin de l'Empire ottoman, et, d'autre part, contrebalancer le pouvoir des bureaucrates de la Porte.

C'est dans les journaux et dans sa correspondance que l'on peut trouver ses appréciations, souvent contradictoires, sur les écrivains des Lumières. Dans une lettre à Galib, poète à la fois traditionnel et mystique et l'un de ses mentors, Kemal explique que les positions de Voltaire sur l'Islam proviennent des mauvaises sources qu'il a utilisées[6]. À ses yeux, un bon gouvernement doit accomplir les vœux de la *charia*. Lorsqu'il essaie de penser les origines du gouvernement dans l'un de ses articles les plus importants de *Hürriyet*, paru le 20 juillet 1868, il affirme que l'homme est naturellement enclin à nuire à ses

---

6 Mardin, *The Genesis of Young Ottoman Thought*, p. 289.

semblables, que la liberté des hommes ne peut être maintenue qu'en société, et, les citoyens ne pouvant s'occuper des affaires du gouvernement, que la nomination d'un imam est une nécessité. Voulant échapper à l'influence de Rousseau, il laisse entendre que la première étape dans la constitution d'une société est l'établissement de la *charia*. D'autres textes de Kemal montrent qu'il n'est pas convaincu par cette identification de la loi naturelle à la *charia*, cependant il ne conteste jamais la prédominance de la loi islamique. De même, bien que très attaché à la notion de liberté, il ne justifie pas le droit à la révolte et critique radicalement la conception de la volonté générale. Selon lui, les êtres humains n'ont pas la possibilité de se guider eux-mêmes. Pourtant dans un numéro d'*Hürriyet* du 29 septembre 1868, il défend l'idée que le peuple doit avoir la possibilité de participer à un gouvernement représentatif et développe une théorie de l'harmonie universelle qui fait la synthèse entre les idées des juristes islamiques et celles de Montesquieu[7], le philosophe des Lumières pour lequel il a le plus d'admiration. Sa traduction des *Considérations sur les causes de la grandeur des Romains et de leur décadence* lui permet aussi de s'interroger sur la décadence de l'Empire ottoman, et de formuler un jugement très sévère à l'égard de la sécularisation qui a commencé avec les *Tanzimat*[8]. Très critique envers l'athéisme et le matérialisme, il est à la recherche d'une synthèse entre les idées des Lumières et les préceptes de l'islam.

Le mouvement des Jeunes Turcs rompt avec la tradition islamique qui était celle des Jeunes Ottomans. Cependant Ahmed Riza a été influencé par Namik et fait partie de l'école militaire d'Istanbul. Ses membres réclament le rétablissement de la constitution de 1876 supprimée par le sultan Abdülhamid II en 1878. À partir de 1875, l'Empire ottoman traverse une profonde crise économique[9]. La banqueroute ne lui permet plus de rembourser ses emprunts. L'année 1881 voit la création de la Dette publique ottomane placée sous la tutelle des Européens[10] qui contrôlent en partie les revenus du pays. La naissance du mouvement des Jeunes Turcs constitue une réaction à cette mainmise des puissances européennes sur l'économie ottomane, mais ce mouvement s'est aussi construit à travers une catégorie sociale ayant intégré la modernisation sur l'exemple de l'Europe[11]. Les Jeunes Turcs sont hantés par le progrès et la notion de civilisation. Certains membres comme Ahmed Riza sont exilés à Paris où a lieu le premier Congrès de l'association en 1902. Ahmed Riza a passé d'ailleurs la moitié de sa vie en France. Comme le fait remarquer Erdal

---

7 Mardin, *The Genesis of Young Ottoman Thought*, p. 306.
8 Mardin, *The Genesis of Young Ottoman Thought*, p. 315.
9 Sur cette question, voir Zafer Toprak, *Türkiye'de Milli İktisat (1908-1918)* (Ankara, Yurt Yayinlari, 1982).
10 Thierry Zarcone, *La Turquie, de l'empire ottoman à la République d'Atatürk* (Paris, Gallimard, coll. « Découvertes », 2005), p. 32.
11 Voir Erdal Kaynar « Les Jeunes Turcs et l'Occident : histoire d'une déception programmée », dans « *L'ivresse de la liberté* ». *La révolution de 1908 dans l'Empire ottoman*, éd. par François Georgeon (Paris, Peeters, 2012), pp. 27-64, p. 30.

Kaynar, « le parcours de la majorité des Jeunes Turcs est marqué par le fait que l'éducation ottomane musulmane classique y est totalement inexistante »[12]. Ils appartiennent à l'élite pro-occidentale qu'ils considéraient comme universaliste. Mais plusieurs tendances coexistent au sein de ce mouvement, l'une occidentaliste, une deuxième islamique et une troisième dont fait partie Ahmed Riza[13], plus nationaliste et autoritaire, qui voulait défendre l'intégrité territoriale de l'Empire contre les pertes des différents territoires. Né à Istanbul en 1859 d'un père député et d'une mère originaire d'Europe centrale, Riza a fait ses études au lycée de Galatasaray[14] avant de partir étudier l'agriculture en France. À Paris, il subit l'influence d'un disciple d'Auguste Comte, le philosophe Pierre Lafitte. Les positivistes, très critiques envers le christianisme, exprimaient une certaine estime pour la religion musulmane[15]. En 1895, Riza commence la publication d'un bi-mensuel, *Mesveret*[16]. Sa devise deviendra « Ordre et Progrès ». Le journal, publié en France, fut diffusé clandestinement à Istanbul. Dès 1896, l'édition turque destinée à circuler dans l'Empire est interdite par le gouvernement français sous la pression du sultan. Riza reçut alors le soutien d'une majeure partie de la presse française et d'hommes politiques très influents comme Alexandre Millerand qui fut l'avocat du journal lors du procès qui lui fut intenté[17]. Il put rester en France, mais l'édition turque du journal s'arrêta en 1898. De profondes divergences apparurent rapidement au sein du mouvement des Jeunes Turcs, notamment à propos de l'éventualité d'une intervention des puissances européennes contre le sultan, ou encore sur la question arménienne. Les membres du Comité Union et Progrès s'opposèrent, en effet, à toute intervention des puissances européennes pour garantir l'application des réformes dans l'empire visant à protéger surtout les populations arméniennes. Parallèlement, la politique de répression des puissances occidentales en Chine constitua un choc pour les Jeunes Turcs qui perdirent leur confiance dans la justice européenne[18]. Le

---

12 Kaynar, « Les Jeunes Turcs et l'Occident », p. 33.
13 Sur Ahmed Riza, voir Arzu Etensel, « Occidentalisme versus orientalisme : l'Europe à l'image des intellectuels ottomans à la fin du XIXe et au début du XXe siècle » (<lire.ish-lyon.cnrs.fr/IMG/pdf/arzu_etensel_ildem.pdf?1203/>) ; et la thèse fondamentale d'Erdal Kaynar, *Ahmed Riza (1858-1930) : Histoire d'un vieux Jeune Turc*, sous la direction de François Georgeon, Paris, École des hautes études en sciences sociales (Lille, Atelier national de reproduction des thèses, 2014).
14 François Georgeon, « La formation des élites à la fin de l'Empire ottoman : le cas de Galatasaray », dans *Revue du monde musulman et de la Méditerranée*, publications de l'université de Provence, volume 72 (1994), pp. 15-25.
15 Kaynar, « Le constitutionnalisme au Moyen-Orient », p. 35.
16 Bernard Lewis, *Islam et laïcité, La Naissance de la Turquie moderne* (Paris, Fayard, 1988), p. 176.
17 Voir *Procès contre le Mechveret et la Jeune Turquie* (Paris, Librairie Marescq aîné, 1897). Voir aussi Stefano Taglia, *Intellectuals and Reform in the Ottoman Empire, The Young Turcs on the Challenges of Modernity* (New York, Routledge, 2015), pp. 52-79.
18 Kaynar, « Le constitutionnalisme au Moyen-Orient », p. 43.

ton changea dans *Mechveret*, ce qui explique en grande partie le contenu de l'ouvrage de Riza publié en 1907 par le Comité ottoman d'Union et de Progrès, *La Crise de l'orient, ses causes et ses remèdes*[19]. Cet ouvrage cherche à réhabiliter le comportement des Turcs face aux accusations des puissances occidentales. Sans appartenir au courant islamique, Riza prend la défense de la civilisation musulmane : « L'Islamisme n'est pas seulement une religion dans le sens vulgaire du mot ; il est en même temps un code civil et moral[20]. » L'auteur loue le passé du peuple ottoman en reprochant aux puissances occidentales de n'avoir pas compris l'âme turque.

Pour dénoncer la tyrannie du sultan Abdülhamid et la situation économique désastreuse que traverse alors le pays, Riza n'hésite pas à se référer à l'auteur de *L'Esprit des lois* : « Les terres, comme le fait remarquer Montesquieu, rendent moins en raison de leur fertilité que de la liberté de leurs habitants[21]. » Riza critique la dilapidation des deniers publics, les dépenses de l'État causées par l'amortissement de la dette publique et présente son ouvrage en plusieurs chapitres consacrés au khalifat, au panislamisme, à la guerre sainte, à l'intolérance, à la polygamie, etc. Tout en faisant appel aux écrivains des Lumières pour critiquer la position de l'Occident et rehausser l'image de l'Empire ottoman, il défend le panislamisme.

C'est à propos du chapitre sur la tolérance que Riza, après avoir fait référence à l'un de ses articles, intitulé « Tolérance musulmane », dont une partie a été publiée dans la *Revue occidentale* du 1er novembre 1896[22], cite le nom de Voltaire[23] et le *Traité sur la tolérance*, sans préciser la référence du passage en question : « Le Grand Turc gouverne en paix vingt peuples de différentes religions ; deux cent mille Grecs vivent en sécurité dans Constantinople. […] Les annales turques ne font mention d'aucune révolte excitée par aucune de ces religions. » Riza invoque Voltaire pour défendre la tolérance musulmane à l'égard des autres peuples et minimise sans les nier tout à fait les atrocités commises à l'égard des Arméniens tout en rappelant que la Turquie n'a pas connu de Saint-Barthélemy. Le chapitre sur l'inégalité commence par une citation du *Poème sur la loi naturelle* de Voltaire :

> La loi, dans tout État, doit être universelle
> Les mortels, quels qu'ils soient, sont égaux devant elle[24].

---

19 Sur le Comité Union et Progrès, voir les études de Feroz Ahmad, *The Young Turks : the Committee of Union Progress in Turkish Politics, 1908-1914* (Oxford, Clarendon Press, 1969) et Tarik Zafer Tunaya, *Türkiye'de Siyasal Partiler* (Istanbul, İletişim Yayınları, 2007).
20 Ahmed Riza, *La crise de l'orient, ses causes et ses remèdes* (Paris, comité ottoman d'Union et de Progrès, 1907), p. 5.
21 Riza, *La crise de l'orient*, p. 10. Le passage cité se trouve dans *De l'esprit des lois*, Livre XVIII, chap. 3.
22 Riza, *La crise de l'orient*, p. 45.
23 Riza, *La crise de l'orient*, p. 44.
24 Riza, *La crise de l'orient*, p. 55.

Là encore, Riza se réclame de Voltaire pour démontrer que l'islam n'est pas une religion inégalitaire[25] et cite deux vers de l'acte II de la pièce *Mahomet* – « Ce n'est point la naissance, / C'est la seule vertu qui fait la différence » – pour prouver que Voltaire est en parfait accord avec le prophète qui ne préconisait qu'une seule aristocratie, celle du talent. L'islamisme pour Riza exige un traitement particulièrement doux à l'égard des chrétiens soumis. Il rejoint Claude-Charles de Peyssonnel[26] lorsqu'il critique Volney dans son *Examen du livre intitulé Considérations sur la guerre actuelle des Turcs par M. de Volney*, paru en 1788. Peyssonnel reprochait à Volney ses critiques envers les empereurs turcs, qui viennent, selon lui, d'un manque de connaissances.

Dans le chapitre sur le harem et la polygamie, Riza renvoie la femme à son rôle de mère et d'épouse, bien qu'il témoigne de la bienveillance envers les philosophes des Lumières qui ont œuvré à l'émancipation domestique et politique des femmes. Il mentionne Diderot, Condorcet, d'Holbach et Sieyès tout en critiquant la monogamie qui entraîne les hommes au péché.

Après le démantèlement de l'Empire ottoman, Ahmed Riza publie, en 1922, en français, un deuxième ouvrage: *La Faillite morale de la politique occidentale en Orient*[27]. Entretemps a eu lieu la Révolution du 24 juillet 1908, le rétablissement de la constitution de 1876 et les élections de décembre 1908 qui voient la victoire du Comité Union et Progrès. Ahmed Riza devient président de l'Assemblée. Cette révolution provoqua des soulèvements réactionnaires des islamistes. Les unionistes prirent le pouvoir aux dépens des libéraux et installèrent une dictature à partir de 1913. L'Empire ottoman s'effondrait dans les Balkans. Ahmed Riza, qui n'a plus à l'époque de responsabilité politique, va dénoncer le massacre de masse des populations arméniennes tout en le replaçant dans un contexte de conflits multiples. Ses positions sont parfois difficiles à saisir. Mais il ne fait pas de doute qu'il défend l'identité turque tout en soutenant les idées libérales françaises. Après 1918, la Turquie est occupée par les puissances sorties victorieuses du premier conflit mondial. La rédaction de l'essai de Riza s'est faite dans ce contexte désastreux pour la Turquie qui suscite chez lui une profonde rancœur. Il dénonce « la haine séculaire de l'Europe contre le monde musulman[28] ».

Son ouvrage rend pourtant hommage aux écrivains des Lumières mais dénonce la politique barbare de l'Occident[29] à l'égard du peuple turc qui

---

25 Riza, *La crise de l'orient*, p. 59.
26 Claude-Charles Peyssonnel (1727-1790), diplomate et écrivain.
27 Ahmed Riza, *La faillite morale de la politique occidentale en Orient*, 2ᵉ édition (Tunis, Éditions Bouslama, 1922). Sur cet ouvrage, voir l'article d'Erdal Kaynar, « Les Jeunes Turcs et l'Occident ».
28 Riza, *La faillite morale*, p. 31.
29 Sur cet ouvrage, voir l'article d'Erdal Kaynar, « Les Jeunes Turcs et l'Occident ». Riza, *La faillite morale*, p. 14.

prolonge la pratique des Croisades. Les dirigeants occidentaux sont indignes de leurs penseurs qu'ils trahissent continuellement :

> Comme beaucoup de mes compatriotes, j'ai étudié avidement les œuvres du dix-huitième siècle et je me souviens encore du plaisir que j'éprouvais à la lecture de la *Morale universelle*, du baron d'Holbach. Plus tard, le positivisme développa ma croyance et mes sentiments. Si j'élève avec véhémence ma protestation contre les actes de certains de ses gouvernants, c'est parce que je les trouve indignes des pays honorés par Descartes, Bacon, Leibnitz, Hume, Diderot, Kant, Montesquieu, Condorcet, Bichat, Newton, Auguste Comte et tant d'autres.[30]

Quand il aborde la préparation de la Croisade, il cite l'article de l'*Encyclopédie*, écrit par Diderot, pour soutenir ses propos sur l'avidité des moines, l'intérêt des papes, etc. Si Ahmed Riza cite à plusieurs reprises Diderot pour condamner le colonialisme[31], s'il rappelle l'interdiction de l'*Émile* et la persécution de Rousseau, le philosophe qu'il admire le plus est sans aucun doute Condorcet. D'où sa colère contre le Tribunal révolutionnaire qui a condamné à mort le philosophe :

> Il faut vraiment être dépourvu de sentiment patriotique et humanitaire pour approuver la mort du grand Condorcet qui s'est fait, lui, toute sa vie, le défenseur des opprimés, l'apôtre de la liberté, le fondateur des principes de 1789, par conséquent, le préparateur de la grande Révolution. Quoiqu'étranger, j'ai une très grande vénération pour cet homme admirable qui mit tout son savoir au service de l'humanité et s'est consacré au salut de sa patrie.[32]

On ne doit pas s'étonner qu'un disciple d'Auguste Comte soit un grand admirateur de Condorcet. Ahmed Riza garde foi dans le progrès, la science et la concorde entre les peuples, et il appelle les Turcs à servir leur patrie, sans nourrir de haine envers les étrangers.

Après le démantèlement de l'Empire ottoman et de son armée, l'occupation de plusieurs territoires par les armées alliées, britanniques et françaises, des foyers d'agitation nationale surgirent en Anatolie. Mustafa Kemal, héros de guerre, est envoyé pour rétablir l'ordre. Né en 1881 à Salonique, capitale cosmopolite de la partie européenne de l'Empire ottoman, dans une famille peu religieuse du côté de son père, il fit de brillantes études militaires et fut influencé par le libéralisme des Jeunes Ottomans. Membre du Comité Union et Progrès, il lit le journal d'Ahmed Riza, *Mesveret*. S'il connaît les écrivains

---

30 Sur cet ouvrage, voir l'article d'Erdal Kaynar, « Les Jeunes Turcs et l'Occident ». Riza, *La faillite morale*, p. 15.
31 Riza cite notamment le texte de Diderot, *Sur les cruautés exercées par les Espagnols en Amérique*, *Œuvres complètes*, éd. par Assézat-Tourneux, tome VI (Paris, Garnier Frères, 1875), p. 452.
32 Riza, *La faillite morale*, p. 196.

des Lumières, il a peu voyagé en Europe mais a toujours manifesté un intérêt profond pour l'Occident et la modernité. Il a compris l'échec de l'ottomanisme, c'est-à-dire la possibilité d'une condition de citoyen ottoman au-delà des appartenances ethniques ou religieuses. Avec le surgissement de révoltes en Bosnie-Herzégovine, en Bulgarie et en Macédoine, Empire et nationalisme étaient devenus inconciliables. Ayant grandi dans une ville cosmopolite et occidentalisée, Kemal a été témoin de l'enrichissement des Européens au détriment du peuple musulman. Il a lutté autant qu'il a pu contre l'ingérence économique occidentale tout en étant francophile et francophone.

Quelles furent les influences réelles des écrivains des Lumières sur Mustafa Kemal ? À vrai dire les ouvrages critiques à ce sujet apportent des réponses divergentes. Il est certain que Kemal a lu Rousseau puisqu'il a annoté un exemplaire du *Contrat social*[33] qui se trouvait dans sa bibliothèque personnelle. Et le 1er décembre, devant les députés de l'Assemblée nationale réunis à Ankara, il invoqua Rousseau : « Lisez Jean-Jacques, le *Contrat social*, du début à la fin. Moi, je l'ai fait[34]. » Il se réclame aussi de la Révolution française pour justifier une réforme en profondeur de l'État turc dans un discours prononcé le 14 juillet 1922 à l'ambassade de France : « Quoique la grande Révolution française, dont nous lisons les pages sanglantes avec admiration et enthousiasme, ait jailli au cœur de la nation française, ses résultats n'en furent pas moins d'une portée universelle[35]. »

La révolution nationaliste entreprise par Kemal à partir de 1919 fut fortement influencée par la Révolution française. Lorsque le Parlement élu à la fin de 1919 fut dissous par le sultan, Kemal et ses partisans adoptèrent une constitution provisoire en 1921. Kemal acquit l'image du défenseur de la nation contre les forces d'occupation étrangère et la guerre se mena essentiellement contre les Grecs. La République fut proclamée en octobre 1923 et le califat aboli en mars 1924. Il semble que la lecture par Kemal des écrivains des Lumières constitue essentiellement un outil pour justifier sa politique de parti unique, sa volonté, non de rupture avec l'islam, mais d'exercer un contrôle sur la religion avec la création d'une présidence des Affaires religieuses en 1924[36]. Kemal est un pragmatique qui fait feu de tout bois. L'État turc, comme nous le signale Şükrü Hanioğlu dans son ouvrage sur Kemal, a subventionné « des publications antireligieuses comme le *Bon sens* du baron d'Holbach[37] ». Hanioğlu nous signale par ailleurs que Kemal confondait dans ses discours Montesquieu

---

33 Voir à ce propos Grange, « Rousseau, la philosophie française et les nationalités au XIXe siècle », p. 104.
34 Sur les positions de Kemal envers Rousseau, voir Niyazi Oktem, « La philosophie de la Révolution française et le kémalisme », dans *De la Révolution française à la Turquie d'Atatürk*, éd. par Jean-Louis Bacqué (Institut français d'études anatoliennes d'Istanbul, Éditions ISIS, 1990), pp. 205-214.
35 Voir Zarcone, *La Turquie*, p. 132.
36 Zarcone, *La Turquie*, p. 69.
37 Şükrü Hanioğlu, *Atatürk* (Paris, Fayard, 2016), p. 144 [édition originale, Princeton University Press, 2011].

et Rousseau lorsqu'il abordait la question de la séparation des pouvoirs[38]. Il a retenu de Rousseau que la souveraineté est inaliénable en se désignant lui-même comme le représentant de la volonté générale, ce qui ne s'accorde guère avec la complexité de la pensée politique du philosophe. Néanmoins, Kemal a su moderniser la société turque, écarter l'islam de la sphère privée sans l'éliminer et surtout développer une culture nationaliste qui ne reconnaît pas les minorités ethniques.

Malgré ses positions républicaines, Mustafa Kemal semble moins bien connaître les philosophes des Lumières que Namık Kemal et Ahmed Riza. Comme le second, il en fait une lecture utilitariste. Par contre, Namık Kemal est un véritable philosophe qui s'interroge sur l'origine des sociétés et sur les conditions de possibilité d'une organisation politique respectueuse des libertés. Il tente d'établir une synthèse entre l'Islam et la philosophie des Lumières. Ces trois exemples fondamentaux confirment que la désintégration de l'Empire ottoman et la mainmise des puissances occidentales ont transformé les usages militants des Lumières : elles sont devenues progressivement un outil pour critiquer les politiques européennes à l'égard des Turcs.

---

38 Hanioğlu, *Atatürk*, p. 110.

ÉTIENNE E. CHARRIÈRE

Sisters of Virginie

The Commodification of Enlightenment Sensibility in the Balkans and the Ottoman Empire

Originally published as an appendix to the third volume of Jacques-Henri Bernardin de Saint-Pierre's *Études de la nature* (1788), *Paul et Virginie* constituted the first foray of its author into the genre of sentimental fiction. Set in the luxuriant landscapes of Mauritius, the novel tells the tragic love story of Paul and Virginie, the children of two French widows living with their respective slaves in an isolated corner of the island. Raised together away from civilization, the two young protagonists are separated when Virginie is forcefully taken back to France by distant relatives. The novel ends with the death of both lovers, the loss of Virginie in the wreck of the ship that brings her back from Europe being shortly followed by Paul's own passing. For all the naïveté of its subject matter, the novel's Rousseauist celebration of uncorrupted life in nature ensured its enduring popularity through the Romantic age and beyond, as evidenced by a multitude of translations, adaptations, and reprints throughout the nineteenth century. In addition to Flaubert's *Madame Bovary* – as well as to his short story 'Un cœur simple',[1] *Paul et Virginie* functioned as a more or less evident intertext for works as diverse as Jane Austen's *Northanger Abbey* (1803),[2] George Sand's *Indiana* (1832),[3] Emily Brontë's *Wuthering Heights* (1845),[4] Lamartine's *Graziella* (1849),[5] as well as

---

1 Ross Chambers, 'Simplicité de coeur et duplicité textuelle. Étude d'*Un Coeur simple*', *Modern Language Notes*, 96.4 (May 1980), 771-791 (p. 780).
2 April Alliston, 'Transnational Sympathies, Imaginary Communities', in *The Literary Channel: The Inter-National Invention of the Novel*, ed. by Margaret Cohen and Carolyn Dever (Princeton, Princeton University Press, 2002), pp. 133-148.
3 Pratima Prasad, *Colonialism, Race, and the French Romantic Imagination* (New York, Routledge, 2009), p. 56.
4 Alliston, 'Transnational Sympathies', p. 137.
5 Jillian Heydt-Stevenson, '"Amber does not shed so sweet a perfume as the veriest trifles touched by those we love": Engaging with Community through Things in Bernardin de St. Pierre's Paul et Virginie', in *Engaged Romanticism: Romanticism as Praxis*, ed. by Mark Lussier and Bruce Matsunaga (Newcastle, Cambridge Scholars Publishing, 2008), pp. 22-40.

various works by Balzac[6] and, in the twentieth and twenty-first centuries, by novelists J. M. G. Le Clézio (*Le Chercheur d'Or*, 1985)[7] and Amitav Ghosh (*Sea of Poppies*, 2008) and Natasha Soobramanien (*Génie and Paul*, 2012), or experimental Turkish poet Lale Müldür (*Buhurumeryem*, 1993). In addition, as pointed out by April Alliston in her study of the cross-Channel reception of Bernardin de Saint-Pierre's novel, the work very rapidly acquired an important transnational fame, and its diffusion was particularly wide in Great Britain, where it circulated both as a text and the source of a mechanically reproducible imagery attesting to its early transformation into a commodity.[8] In England alone, *Paul et Virginie* had, by the beginning of the nineteenth century, been translated at least three times.[9]

Unsurprisingly for a work with such a broad international circulation in the late eighteenth century and throughout the nineteenth century, Bernardin de Saint-Pierre's *Paul et Virginie* was translated – sometimes more than once – into at least five of the literary languages of the Ottoman Empire (Ottoman-Turkish, Arabic, Greek, Armenian, and Judeo-Spanish) – or at least *read* in five of them since, for instance, all of the Greek and Armenian translations of the novel were published outside of the Empire itself, although evidence shows that these editions circulated widely among Greeks and Armenains living within the boundaries of the Empire.

---

6 Carolyn Vellenga Berman, *Creole Crossings: Domestic Fiction and the Reform of Colonial Slavery* (Ithaca, Cornell University Press, 2006), p. 89.
7 Srilata Ravi, *Rainbow Colors: Literary Ethnotopographies of Mauritius* (Lanham, Lexington Books, 2007), p. 127.
8 'The readership of [Bernardin de Saint-Pierre's] novel crossed the Channel [...] leading to at least as many literary responses, not to mention mass sales of buttons, buckles, and lampshades bearing images from the novel, in Britain as in France' (Alliston, 'Transnational Sympathies', p. 137).
9 At least two of these translations were the work of women. The first English translation, published less than a year after the original French novel, changed the name of the female protagonist: Bernardin de Saint-Pierre, *Paul and Mary, an Indian Story* (London, J. Dodsley, 1789). See Barbara Pauk, 'Promoting Feminism and an International Community of Letters: Helen Maria Williams' 'Paul and Virginia'', in *Literature as Translation/Translation as Literature*, ed. by Christopher Conti and James Gourley (Newcastle, Cambridge Scholars Publishing, 2014), p. 105. The title page indicates Daniel Malthus – the father of economist Thomas Malthus and a friend of Rousseau and Hume – as the translator, although the real translator was actually Jane Dalton, a cousin of Daniel Malthus. See Alison Bashford and Joyce Chaplin, *The New Worlds of Thomas Robert Malthus: Rereading the 'Principle of Population'* (Princeton, Princeton University Press, 2016), p. 149. A second anonymous translation kept a similar title but significantly abridged the novel: Bernardin de Saint-Pierre, *The Shipwreck, or Paul and Mary, an Indian Tale* (London, W. Lane, 1789). A third version by Helen Maria Williams, herself a renowned novelist and poet, was published in 1795: Bernardin de Saint-Pierre, *Paul and Virginia* ([London], publisher unknown, 1795). See Laura Kirkley, 'Translating Rousseauism: Transformations of Bernardin de Saint-Pierre's *Paul et Virginie* in the works of Helen Maria Williams and Maria Edgeworth', in *Readers, Writers, Salonnières: Female Networks in Europe, 1700-1900*, ed. by Hillary Brown and Gillian Dow (New York, Peter Lang, 2011), pp. 93-118.

The publication history of Bernardin de Saint-Pierre's novel in Ottoman-Turkish is a relatively complicated one: a first, drastically shortened, version of the text penned by Emin Siddik[10] was published in 1873, followed by at least two other translations until the end of the nineteenth century, one by Ahmed Atâ, whose serialization seems to have been interrupted after only a few installments, and another one by Osman Senai[11] in 1894, which appears to have been a victim of censorship laws during the reign of Sultan Abdülhamid II. Predating the first Ottoman-Turkish translation by only one year, the first Arabic edition of Bernardin de Saint Pierre's novel was published in Cairo in 1872[12] and does not appear to have been followed by any other translation until the end of the Ottoman Empire. In the Armenian case, the first known translation of the novel was published by the Mekhitarists fathers in Venice in 1860.[13] In the Greek case, the first published translation[14] appeared in Paris in the early years of the Greek War of Independence and was printed on the press of the Didot family, whose connections with the French Philhellenes were particularly strong.[15] The translation by Nikoalos Pikkolos was lauded for its quality and greatly impressed the Greek intellectuals living in Paris, in particular the poet Andreas Kalvos.[16] Finally, the novel

---

10 Bernardin de Saint Pierre, *Pol ve Virjini Tercümesi*, trans. by Emin Siddik (Istanbul, pubisher unknown, 1873).
11 Bernardin de Saint Pierre, *Pol ve Virjini*, trans. by Osman Senai (Istanbul, A. Asaduryan Şirket-i Mürettibiye Matbaası, 1894; repr. 1903).
12 Bernardin de Saint Pierre, *Al-Amānī wa al-Minnah fī hadith Qabūl wa Wirdjinnah*, trans. by Muhammad Uthman Jalal (Cairo, publisher unknown, 1871).
13 Bernardin de Saint Pierre, *Pol ev Virjini*, trans. by Kevork and Yetvart Hürmüz (Venice, Printing press of the Mekhitarist Order, 1860).
14 An earlier translation, today lost, appears to have circulated in manuscript form in the Danubian Principalities at the turn of the nineteenth century. See Mario Ruffini, 'Le prime traduzioni in neogreco da Bernardin de Saint-Pierre', *Annuario dell'anno scolastico cinquantenario 1958-1959* (Bra, Instituto tecnico-commerciale E. Guala, 1958), pp. 111-126.
15 Bernardin de Saint-Pierre, *Ηθικά Διηγήματα Τέσσερα* [Four Moral Tales], trans. by Nikolaos Pikkolos (Paris, Didot, 1823). Along with *Paul et Virginie*, this edition also included three other short texts by Bernardin de Saint-Pierre: *La chaumière indienne*, *Le café de Surate*, and *Voyage en Silésie*. This version was the most succesful of the different Greek translations of the novel during the nineteenth century and was reprinted at least three times in Paris (1824, 1841, 1860) and once in Athens (1836). Some of these reprints (notably Paris 1824 and Athens 1836) split the collection in two volumes, the first consisting in *Paul et Virginie*, the second in the three lesser known works, retitled *Three Moral Tales*.
16 See Mario Vitti, 'Τα κατά Παύλον και Βιργινίαν και ο ενθουσιασμός του Κάλβου'[Paul et Virginie and Kalvos' Enthusiam], *Ο Ερανιστής*, 11 (1974), 57-66.
    Interestingly, the title chosen by the Greek translator (*Τα κατά Παύλον και Βιργινίαν*, where the definite article in the neuter plural followed by the preposition κατά and the accusative case can be rendered as 'the narrative involving Paul and Virginie') hellenized the original title by mirroring the format of the Greek titles given to prose narratives of the second and third centuries CE, for example the works of Achilles Tatius (Τὰ κατὰ Λευκίππην καὶ Κλειτοφῶντα, *The Adventures of Leucippe and Clitophon*) or Xenophon of Ephesus (Τὰ κατὰ Ἄνδειαν καὶ Ἀβρακόμην, *The Tale of Anthia and Habrocomes*, also known in English as *The Ephesian Tale*). This element attests to the attempts of certain Greek intellectuals of the

was translated twice into Judeo-Spanish (Ladino), in the early twentieth century, in 1901[17] and 1905.[18]

In the pages that follow, I analyse what I call the 'commodification' of Bernardin de Saint Pierre's novel in the literatures of the late Ottoman Empire, focusing on the second of the Ladino versions of *Paul et Virginie*, which I read alongside an Armenian novel – a text seemingly unrelated to Bernardin de Saint-Pierre's work but which, I argue, conceals, in a rather curious way, a subtle, yet powerful reference to *Paul et Virginie*'s plot.

The Picture in the Box: Armenak Haykuni's *Eliza* (1861)

In the short span of his lifetime, Armenak Haykuni (pen name of Armenak Chizmejean, 1835-1866) managed to produce a body of work that left a mark on both drama and prose in Western Armenian literature. A journalist and a publisher, Haykuni founded the short-lived periodical *Musayk Maseats* (*Muses of Masis*), the first Armenian publication entirely devoted to theatre, as well as the the periodical *Tsaghik* (*Flower*), in the early 1860s. In parallel, he contributed to the political, educational, and scholarly debates of his time in a series of publications that promoted rational and scientific thought and were marked by a strong anti-clericalism.[19] Published in 1861 in Izmir, *Eliza, or A Recent Event That Took Place During the Eastern War*[20] was Haykuni's only novel and constituted, at the time of its publication, the second attempt at original novel writing in Western Armenian.

Set against the backdrop of the Crimean War, *Eliza* follows the troubled love story between the narrator – a young Armenian from Istanbul hired as a translator by the British army and stationed in the seaside city of Varna, in

---

early nineteenth century – and in particular of Adamantios Koraïs, a close friend of the Didot family – to establish a relation of continuity between the Hellenic prose fiction of late Antiquity and the modern novel, be it foreign or Greek.

17 Bernardin de Saint-Pierre, *Pol y Virjini*, trans. by Sara Siman-Tob (Istanbul, publishedr unknown, 1901). See Amelia Barquin, *Edición y estudio de doce novelas aljamiadas sefaredíes de principios del siglo XX* (Vizcaya, Servicio Editorial de la Universidad del Pais Basco, 1995), p. 375, note 2.

18 Bernardin de Saint Pierre, *Pablo y Virginia*, trans. by Alexandre Ben-Guiat (Jerusalem, Estamparia Shelomoh Yisra'el Sherezli, 1905).
In addition to translations, it worth noting that Bernardin de Saint Pierre's novel was also alluded to in original novels published in various of the literary idioms of the Empire, notably in scenes where characters in these novels were depicted reading the story of Paul and Virginie, as in Samipaşazade Seza's *Sergüzeşt* [*Adventure*] (1888), Theodoros Thalassinos' Αι περιπέτειαι μιας οικογένειας [Adventures of a Family] (1895), or Hüseyin Rahmi Gürpınar's *Sevda Peşinde* [In Pursuit of Love] (1912).

19 On Haykuni, see Kevork Bardakjian, *A Reference Guide to Modern Armenian Literature 1500-1920* (Detroit, Wayne State University, 2000), pp. 366-367.

20 Armenak Haykuni, *Eliza, or A Recent Event that Took Place During the Eastern War* (Izmir, Dedeyan, 1861).

present-day Bulgaria – and a young Italian girl of aristocratic birth, the titular Eliza. The first few chapters of the work document the nascent love of the two protagonists who must face at once the consequences of a dark secret in Eliza's mother's past, and the narrator's own precarious position as the Crimean War unfolds. In these scenes, every element, in terms of either setting or tone, or in terms of the characters' demeanour and dialogues, is reminiscent of the Western European sentimental novel of the eighteenth and early nineteenth century.

In a chapter simply entitled 'Սէր' ('Love'), Eliza and the narrator come close to confessing their love for one another when they are interrupted by the entrance of Lélie, the young heroine's mother. As the two characters struggle to hide their emotion from the newcomer, the narration suddenly turns to the decor of the scene, which had, until then, been only barely alluded to, the text being entirely focused on the characters' interior turmoil:

> Eliza had stood up and was playing with the fringe of the tablecloth; her eyes were fixated on a little box on which Paul was painted, throwing himself in the furious waves after Virginie…[21]

Immediately after this short parenthetical notation, the conversation between the narrator, Eliza, and Lélie resumes and no other mention of Bernardin de Saint-Pierre's novel is made in the rest of the work.

At first glance, this very brief reference to *Paul et Virginie* in Haykuni's *Eliza* appears to be little more than a somewhat insignificant detail in the novel. At best, the picture painted on the box – which evokes the tragic and untimely death of two archetypal lovers and appears to exert a particular fascination on Eliza – can be read as a form of foreshadowing of the fate that awaits Haykuni's heroine herself. I argue, however, that there is more here than meets the eye, and that the painted box needs to be opened to a deeper interpretation, in order to unpack its exact function within the novel as a whole.

There was, in fact, nothing particularly surprising in finding a visual reference to *Paul et Virginie* on a decorative object described in a mid-nineteenth-century novel. Indeed, the particularly broad circulation of Bernardin de Saint-Pierre's work immediately after its original French publication in 1788 and throughout the following century was accompanied by the production, on a continent-wide scale, of a plethora of visual and material representations based on iconic episodes of the novel. More than any other modern fictional work before it, the story of Paul and Virginie rapidly escaped the realm of exclusive textuality and became integrated into the visual and, perhaps even more so, into the material culture of its time.[22] The most famous episodes of

---

21 'Էլիզա կանգնած՝ սեղանին ծածկոցին ծոպերովը կը խաղար եւ իր աչքերը տնկած էր փոքրիկ տուփի մը վրայ որոյ վրայ նկարուած էր Պօղոսին Վիրգինիայի համար կատաղի ալեաց մէջ ինքզինքը նետելը …' (Haykuni, *Eliza*, pp. 15-16).

22 An online database, developed as a digital companion to an exhibition entitled 'Paul et Virginie: Du roman à l'image' (Musée Léon Dierx, Saint Denis de la Réunion, May 17– October 5, 2014) and maintained by the Iconothèque Historique de l'Océan Indien (IHOI),

the novel's rather naïve plot not only inspired paintings and sculptures, but also adorned commodities such as clocks,[23] decorative plates, and a myriad of other items, even finding their way onto publicity materials that advertised products entirely unrelated to the novel's subject matter or setting.

In this dense network of exchanges between a text and the visual and material culture it inspired, the novel's illustrations – as well as, more broadly, printed images – seem to have played the part of an intermediary, and to have facilitated the wide circulation of an iconography derived from the themes and motifs of *Paul et Virginie*. From the late eighteenth century to the early twentieth century, the innumerable editions of Bernardin de Saint-Pierre's novel in French or in translation were accompanied by an equally large number of illustrations, most series being frequently reused from one edition to the other, while new ones were created for the most prestigious printings.[24] As shown by both material and literary evidence, many of these illustrations were extracted from the context of their original mediatic use – where they served to complement the text of the novel – and, once transformed into commodities, became invested with new, primarily decorative purposes. These pictures could either take the form of chromolithographs based on original illustrations created for a particular edition of the novel and sometimes accompanied by a short summary of the story, or simply consist of reprints of book illustrations, sold separately and often framed.[25]

The fact that, in the reception of Bernardin de Saint-Pierre's novel, the various illustrations rapidly became as popular as the text of the novel itself has been corroborated by recent scholarship. In her analysis of a famous reference to *Paul et Virginie* in Flaubert's *Madame Bovary*, Françoise Gaillard has for instance highlighted that the second part of the reference ('she had dreamed […] of the sweet friendship of a good little brother who goes off to fetch red fruit for you from great trees taller than church steeples…') did not actually originate in any passage of the text of *Paul et Virginie*. Instead, what Flaubert was evoking there was a lithograph that he knew from an edition of Bernardin de Saint-Pierre's novel in his possession.[26] In other words, what Emma read as child was a visual work more than it was a literary one, and *Paul et Virginie* existed, as a cultural product, at the intersection of words and

---

collects a particularly large number of items, including illustrations, paintings, lithographs, photographs, and other documents related to *Paul et Virginie* <www.ihoi.org/app/photopro.sk/ihoi_expo/publi?docid=97337&lang=fra> [accessed June 2016].

23 See Catherine Labio, 'Reading by the Gold and Black Clock; Or, the Recasting of Bernardin de Saint-Pierre's *Paul et Virginie*', *Eighteenth-Century Fiction*, 16.4 (July 2004), 671-694.

24 The IHOI digital database includes the complete illustration sets for five of the earliest French editions of the novel (1789, 1791, 1794, 1795, 1806).

25 See Elisabeth Leprêtre, Elisabeth Audoin, and Dominique Rouet, *Paul & Virginie: un exotisme enchanteur. Musées historiques de la ville du Havre, 30 novembre 2013-2018 mai 2014* (Paris, Nicolas Chaudun, 2014).

26 Françoise Gaillard, '"Elle avait lu *Paul et Virginie*" ou les moments parfaits d'Emma', *Flaubert*, 12 (2014), online <https://journals.openedition.org/flaubert/2361> [accessed 9/1/2019].

images. Incidentally, the same trend is a play in the material culture inspired by the novel: as Catherine Labio has shown in the case of a monumental early nineteenth-century mantel clock representing the two protagonists of Bernardin de Saint-Pierre's work, the iconographic tradition based on *Paul et Virginie* often diverged substantially from the plot of the novel.[27]

The exact same feature is at play in the reference to *Paul et Virginie* in Haykuni's *Eliza*. The box described by the Armenian novelist is quite likely of his own invention, or at least cannot be matched with any existing object. However, regardless of its actual existence, the image painted on it and described in *Eliza* deserves particular attention. Although the overall scene it represents – Virginie's death in the wreck of the *Saint-Géran*, the ship bringing her back from France – constituted by far the most famous episode in the novel and was included, in the form of an illustration, in virtually every edition of the text from its original publication to the end of the nineteenth century, the precise moment within the scene in question – Paul's attempt to rescue his lover – was very rarely the focus of visual and material representations inspired by the work. More often, representations of the tragic event with which the novel ends tended to place an emphasis on the female character and showed Virginie alone on the sinking ship a few instants before her demise, or her dead body washed ashore after the tempest – either before its discovery by Paul and their two slaves (primarily in French and British academic painting of the second half of the nineteenth century), or surrounded by mourners.

The focus on Paul rather than on Virginie in the image that adorns Eliza's box is thus relatively unusual but, more importantly, it presents certain discrepancies with respect to Bernardin de Saint-Pierre's narrative. While, in Haykuni's novel, Paul is represented 'throwing himself' (ինքզինքը նետելը) in the sea to try to rescue Virginie, the character's approach in the novel is in fact slightly more cautious – as is also the case in one of the very rare cases of an illustration of the shipwreck scene where Paul is placed at the forefront:

> Paul rushed towards the sea, when, seizing him by the arm, I exclaimed, 'Would you perish?' – 'Let me go to save her', cried he, 'or die!' Seeing that despair deprived him of reason, Domingo and I, in order to preserve him, fastened a long cord round his waist, and seized hold of each end. Paul then precipitated himself towards the ship, now swimming, and now walking upon the breakers.[28]

---

27 Labio, 'Reading by the Gold and Black Clock', p. 674.
28 Bernardin de Saint-Pierre, *Paul and Virginia* (New York, Edward Walker, 1841), p. 83.
'Paul allait s'élancer à la mer, lorsque je le saisis par le bras: 'Mon fils, lui dis-je, voulez-vous périr? – Que j'aille à son secours, s'écria-t-il, ou que je meure'! Comme le désespoir lui ôtait la raison, pour prévenir sa perte, Domingue et moi lui attachâmes à la ceinture une longue corde dont nous saisîmes l'une des extrémités. Paul alors s'avança vers le Saint-Géran, tantôt nageant, tantôt marchant sur les récifs' (Bernardin de Saint-Pierre, *Paul et Virginie* (Paris, Gallimard, 1984), p. 223).

By not including the rope that, in the novel, is fastened as a safety measure around Paul's waist and which, in fact, does save his life, by removing any mention of the presence of other characters in the scene (the narrator, the slave Domingo), Haykuni added to the pathos of an already very melodramatic scene and subtly diverged from the plot of the novel.

Thus, the process of progressive autonomization of the visual representations of *Paul et Virginie* with respect to the text that inspired them was fully at play in *Eliza* and, for all its brevity, the mention of the painted box in the heroine's boudoir reflected this trend in a relatively sophisticated way that a cursory reading would fail to reveal. When he described the image painted on the box, Haykuni in fact inserted, in his Armenian novel, the short ekphrasis of a picture – in all likelihood imaginary – which was itself based on an episode borrowed from another novel, whose plot it subtly transformed. The hidden complexity of the passage is further evidenced by a more discreet allusion to another short scene in *Paul et Virginie*, one that comes immediately after the shipwreck episode. In this passage, the narrator walks to the shore, accompanied by one of the slaves, and discovers the dead body of Virgnie, described as follows:

> One of her hands was placed upon her clothes: and the other, which she held on her heart, was fast closed, and so stiffened, that it was with difficulty that I took from its grasp a small box. How great was my emotion when I saw that it contained the picture of Paul, which she had promised him never to part with while she lived.[29]

Read together with the corresponding passage in *Eliza*, this short description reveals the great sophistication of the *mise en scène* staged by Haykuni who, through the reference to a material object present in both the French and the Armenian text, made the two works subtly mirror one another. In the Armenian novel, Eliza looks at an image on a box, representing the tragic death of Virginie, heroine of a French novel, as well as Paul's attempt to rescue her; in parallel, the object that captures Eliza's attention echoes a similar object – another box containing a picture of Paul – that her now dead double keeps in her embrace beyond death.

In the light of the complex dialogue between Bernardin de Saint-Pierre's and Haykuni's respective novels, I argue that, in *Eliza*, the 'image on the box' can be interpreted as playing a part akin to that of the 'figure in the carpet' in Henry James' homonymous short story: that of a seemingly unimportant detail which, in fact, carries, if correctly identified, the potential to uncover

---

29 Bernardin de Saint-Pierre, *Paul and Virginia*, p. 85.
'Une de ses mains était sur ses habits, et l'autre, qu'elle appuyait sur son cœur, était fortement fermée et roidie. J'en dégageai avec peine une petite boîte: mais quelle fut ma surprise lorsque je vis que c'était le portrait de Paul, qu'elle lui avait promis de ne jamais abandonner tant qu'elle vivrait!' (Bernardin de Saint-Pierre, *Paul et Virginie*, p. 226).

the overall architecture of the work that contains it, and functions, perhaps, as the repository of its essential meaning, voluntarily hidden from sight by the author. There exists, however, an important difference between James' carpet and Haykuni's box: unlike the former, the latter is a tridimensional object, one that can be opened or closed, and that possesses therefore both an inside and an outside. I suggest that what is hidden in the painted box is Haykuni's debt to the sentimental fiction of the late Enlightenment; and that what is represented *on* the box is the author's attempt at attenuating, through commodification, the importance of that very same genre for his own writerly practice.

In terms of tone, language, and subject matter, Haykuni's *Eliza* can be described, in particular in the first few chapters that focus on the two young lovers' erotic awakening, as a direct transposition of the defining characteristics of the sentimental novel as it became codified in Western Europe during the long eighteenth century and of which *Paul et Virginie* constitutes a particularly archetypal example. Like the two titular characters of Bernardin de Saint-Pierre's novel, the two protagonists in Haykuni's work experience the emergence of adolescent love as a process mobilizing the entire body – and, in particular, its complexion, its temperature, and its respiration – and as a series of symptoms in which one lover can discern, as in a mirror, the other lover's parallel affliction and thus become conscious of the mutual character of the sentiments involved. Alternatively growing pale or blushing, growing cold and warm, sighing, fainting, and crying, the narrator and Eliza find in the Black Sea landscapes outside of Varna a natural decor whose constant transfomations echo their own interior turmoil – much in the way that the exotic landscape of Mauritius reflects, in Bernadin de Saint-Pierre's work, the emotions experienced by Paul and Virginie.

In this context, the presence in the Armenian text of a reference to a celebrated French novel, in the form of a picture on a small decorative object, allowed the author to signal the influence of Enlightenment-era sentimental fiction upon his own work as a novelist. At the same time, however, because the mention of *Paul et Virginie* was only made in passing and in an entirely parenthetical notation, the image of the box, along with what the object metaphorically implies in terms of closure and concealment, served to keep this influence at bay – and even perhaps to partially disguise it. In *Eliza*, a novel set on the easternmost fringe of Europe, the repertoire and the textual tradition of eighteenth-century Western sentimentality – as well as its most prominent vehicle, the novel – was symbolically reduced to a small trinket, both contained and movable. By referencing *Paul et Virginie* through the intermediary of an object rather than through direct textual quotations or by borrowing entire episodes from its plot, Haykuni seemed to indicate that, in his practice as a novelist, he was as much indebted to the visual and material ramifications of Western European novel culture than he was to its textual core. In that regard, a work like *Eliza* is indicative of the particular moment in the nineteenth century when the novel started to gradually lose its originally

From Book to Chapbook: Alexandre Ben-Guiat's *Pablo y Virginia* (1905)

Published in book form in Jerusalem, *Pablo y Virjinia* was the second Ladino rendering of Bernardin de Saint-Pierre's novel. A short summary rather than a complete translation, the work had been originally serialized in *El Meseret*, a Ladino-language newspaper of Izmir, of which Alexandre Ben-Guiat (c. 1862-1924) was the director from 1901 until the end of its publication in 1922.[30] Bekhor Ben-Guiat, who later adopted Alexandre as his first name, was one of the key figures of Jewish journalism in Izmir at the turn of the twentieth century.[31] He collaborated – with articles and translations – to a variety of Ladino and French-language Sefaradi publications in the city (*La Verdad, La Buena Esperansa, El Telegrafo, Les Annales*, the last title being directed by his wife Graziella), as well as to a few newspapers in Thessaloniki (*La Epoka, Le Journal de Salonique*) or Cairo (*La Luz*, published by his brother).[32] However, Ben-Guiat's most important journalistic endeavour was *El Meseret*, a journal which he did not found but that, under his directorship, turned into the most widely read Jewish newspaper in Izmir in the 1910s.[33]

Primarily a cultural and literary publication, *El Meseret* published, between 1901 and the beginning of the First World War, a rather large number of summaries of famous novels of the Western canon – including Bernardin de Saint-Pierre's *Paul et Virginie* – which were probably all penned by Ben-Guiat himself. As was the case for all of these summaries of Western novels published in *El Meseret*, Ben-Guiat's *Pablo y Virjinia* drastically condensed the plot of the original French material and, in the chapbook edition, the text only numbered twenty-one pages. A comparison of the beginning of Bernardin de Saint-Pierre's novel with the opening paragraph of the Ladino version gives an idea of the extent of the cuts performed by the Sefaradi 'translator'. In the French text, the narrative begins with a description of the landscape of Mauritius where an unnamed narrator – presumably a French traveller to the island – notices the ruins of two old huts:

> On the eastern coast of the mountain which rises above Port-Louis, in the Mauritius,

---

30 See Barquin, *Edición y estudio de doce novelas*, p. 47.
31 On Ben-Guiat's life and activities see, among others, Barquin, *Edición y estudio de doce novelas*, pp. 45-59, and Olga Borovaya, *Modern Ladino Culture: Press, Belles Lettres, and Theater in the Late Ottoman Empire* (Bloomington, Indiana University Press, 2012), p. 142.
32 Borovaya, *Modern Ladino Culture*, p. 142.
33 Borovaya, *Modern Ladino Culture*, p. 52.

upon a piece of land bearing the marks of former cultivation, are seen the ruins of two small cottages[34]

Curious about the nature of these ruins, the narrator asks a native to explain their origins to him and learns that they were formerly inhabited by the mothers of Paul and Virginie and their respective slaves:

> 'Father, can you tell me to whom those cottages once belonged?'
> 'My son', replied the old man, 'those heaps of rubbish, and that untilled land were, twenty years ago, the property of two families, who then found happiness in this solitude. Their history is affecting: but what European, pursuing his way to the Indies, will pause one moment, to interest himself in the fate of a few obscure individuals? What European can picture happiness to his imagination amidst poverty and neglect? The curiosity of mankind is only attracted by the history of the great; and yet from that knowledge little use can be derived'.
> 'Father', I rejoined, 'from your manner and your observations, I perceive that you have acquired much experience of human life. If you have leisure, relate to me, I beseech you, the history of the ancient inhabitants of this desert'.[35]

In the Ladino version, the text not only ceases to be a first-person account and replaces the French traveller of the original with an omniscient narrator; not only does it merge the discovery of the ruins and the meeting with the native man, two distinct scenes in Bernardin de Saint-Pierre's work; it also reveals both the names and the ultimate fate of the two heroes in the very first paragraph, whereas, in the French novel, the two young lovers are only introduced to the reader after a full account of the circumstances that have brought their mothers to Mauritius, and their tragic death is never explicitly mentioned or even foreshadowed until the very end of the story:

> En Porto Luige, civdad enfrente de la Mar de la Indias aparteniendo agora a los ingleses y un tiempo antes a los francezes, ven a la entrada del porto dos chicas alturas: son las tumbas de Pablo y de Virginia. Un viajador que se tuvo rendido en aqueas partes raconta a este sujeto la vida y la muerte

---

34 Bernardin de Saint Pierre, *Paul and Virginia*, p. 5. 'Sur le côté oriental de la montagne qui s'éleve derriere le Port-Louis de l'Isle-de-France, on voit, dans un terrain jadis cultivé, les ruines de deux petites cabanes' (Bernardin de Saint Pierre, *Paul et Virginie*, p. 7).

35 'Mon pere, lui dis-je, pourriez-vous m'apprendre à qui ont appartenu ces deux cabanes?'. Il me répondit: 'Mon fils, ces masures et ce terrain inculte étoient habités, il y a environ vingt ans, par deux familles qui y avoient trouvé le bonheur. Leur histoire est touchante: mais dans cette isle, située sur la route des Indes, quel Européen peut s'intéresser au sort de quelques particuliers obscurs? qui voudroit même y vivre heureux, mais pauvre et ignoré? Les hommes ne veulent connoître que l'histoire des grands et des rois, qui ne sert à personne'. – 'Mon pere, repris-je, il est aisé de juger à votre air et à votre discours que vous avez acquis une grande expérience. Si vous en avez le temps, racontez-moi, je vous prie, ce que vous savez des anciens habitants de ce désert' Bernardin de Saint Pierre, *Paul and Virginia*, pp. 6-7.

de estos dos jovenes amorosos, fato que un viejo del lugar que los vido nacer y morir se lo tuvo contado.[36]

In her detailed analysis of the process of reduction of the original French material at play in Ben-Guiat's *Pablo y Virjinia*, Amelia Barquin has emphasized the type of features within Bernardin de Saint-Pierre's novel that were removed in the Ladino version.[37] Overall, the cuts primarily affected passages in the original falling into three main categories. First, the lengthy descriptions of the natural landscapes of Mauritius that featured so prominently in *Paul and Virginie* disappeared entirely in *Pablo y Virjinia*. As a result, the trope so characteristic of the Western European sentimental novel – which was, as we saw, also present to a limited extent in Haykuni's *Eliza* and which consisted in establishing a dense networks of analogies between the lovers' emotional state and the appearance of their natural surroundings – could not operate any more, an element that resulted in a profound alteration of the ways in which human sentiments and emotions were represented in the Ladino work.

Second, the switch from first-person to third-person narration – and, as a consequence, the disappearance of the narrator who, in Bernardin de Saint-Pierre's work, was the primary exponent of the novel's (pseudo-)Rousseauist discourse on nature and culture – led to the complete silencing, in the Ladino version, of the French novel's philosophical – and even political – underpinnings, notably the theme of slavery, often alluded to in *Paul et Virginie*. Lastly, and perhaps most importantly, *Pablo y Virjinia* is a text almost entirely devoid of dialogues. In removing this specific type of passage present in the original French work, Ben-Guiat not only further reduced the philosophical message of the novel, often expressed through dialogues, in the fashion of eighteenth-century prose: he also deprived Bernardin de Saint-Pierre's work of an element which had turned it into one of the most iconic Western works of fiction of the late-eighteenth century, the elaborate lexicon of proto-romantic sentimentality that it had helped create.

What, then, was left of *Paul et Virginie* in *Pablo y Virjinia*? Ben-Guiat subjected Bernardin de Saint-Pierre's text to a real process of cannibalization and most of the Ladino version focused in fact on one single episode in the plot – incidentally the same that was represented on the box in *Eliza*: the wreck of the *Saint-Géran* and the tragic death of Virginie. Thus, the original French sentimental novel was reduced to an anecdote – or, more precisely, to a frightful tale of shipwreck, by and large similar to the ones that readers

---

36 Bernardin de Saint Pierre, *Pablo y Virginia*, p. 3.
'In Port-Louis – a city which faces the Sea of the Indies and, having been a French possession in the past, belongs now to the English – one can see, by the entrance of the port, two small mounds: those are the tombs of Paul and Virginie. With respect to those tombs, a traveler who had ventured there tells the story of the life and death of the two young lovers, as it was told to him by a old man of the vicinity who saw them being born and die'.
37 Barquin, *Edición y estudio de doce novelas*, pp. 377-387.

could find, in the form of news reports, in the press of a port city like Izmir. In other words, the sentimentality of the late eighteenth century gave way to the anxieties of the early twentieth century.

An attention to the context of publication of Ben-Guiat's take on Bernardin de Saint-Pierre's *Paul et Virginie* is, I believe, crucial in that it allows us to frame the process of commodification of a Western European novel in the late Ottoman Empire both as a reformating – from book to serialized novel – and as a repurposing of the original French text, through its inscription into a new textual and editorial environment. Although it almost immediately acquired a complete autonomy as a novel and rapidly eclipsed the rest of its author's literary output, *Paul et Virginie* had been, from its very first edition as an appendix to its Bernardin de Saint-Pierre's *Études de la nature*, a text adjacent to other texts. In its original context of publication, the text was a fictional narrative inserted into a work that combined the discourses of philosophy and natural sciences. As a serial in *El Meseret*, *Pablo y Virjinia* coexisted with other short fictional texts. These included the summaries[38] of other novels of the Western European canon (Prévost's *Manon Lescaut*,[39] or Swift's *Gulliver's Travels*[40]) but also included, in much greater numbers, texts whose Western source is much more difficult to identify, to the point that it is possible to wonder whether, instead of being translations *stricto sensu*, they were not, in fact, amplifications of anecdotes that Ben-Guiat had found in the popular Western press of the time. These brief narratives belonged to a decidedly popular repertoire, quite similar in terms of tone and themes to early twentieth-century 'penny dreadfuls', or to the Grand-Guignol genre of popular theater which flourished in France at the same time. Their plots were often located in exotic locales outside of both the Ottoman Empire and Western Europe, and invariably involved horrific crimes, natural disasters, or supernatural events: a ship sailing from England to Norway is caught in a storm of prodigious violence and drifts across the Atlantic to the mouth of the Amazon river at the price of unbearable suffering for its unfortunate passengers (*Perdidos en Mar*, 1902); a young girl from Missouri turns to a life of crime in the Wild West (*La brigante*, 1912); a mad doctor from Caracas finds a way to reattach the head of a famous bandit to its body after its execution by decapitation (*El Muerto ke esta bivo*, 1906); a colonel of the Cossacks and

---

38 The terms used by Ben-Guiat to describe his work varied from edition to edition: thus, for instance, his version of Lamartine's *Graziella* (Izmir, 1913) bore the mention 'summarized by Alexandre Ben-Guiat' (*rezumido por*), while an adaptation of an unidentified English novel titled *En las tenievlas de la noche* in Ladino was described on the cover page as 'imitated by Alexandre Ben-Guiat'. For both works see relevant entries in Aron Rodrigue, *Guide to Ladino Materials in the Harvard College Library* (Cambridge, MA, Harvard University Library, 1992).
39 Alexandre Ben-Guiat, *Manon Lesko. Romanso muy ezmuviente* (Jerusalem, Estamparia Shelomoh Yisra'el Sherezli, 1905).
40 Alexandre Ben-Guiat, *Los dos viajes de Guliver: ande los Lilipusyanos y ande los Djigantes* (Jerusalem, Estamparia Shelomoh Yisra'el Sherezli, 1912).

his soldiers are subjected to horrible torture at the hands of fierce Chechen rebels in the Caucasus (*Cascambo*, 1906).

Consequently, there was absolutely nothing strange in the fact that the episode in Bernardin de Saint-Pierre's to which Ben-Guiat devoted almost a third of his brief *Pablo y Virjinia* was the shipwreck scene, which lent itself particularly easily to the exploitative treatment that his readers probably expected both in *El Meseret* and in the Jerusalem chapbook series. Unsurprisingly, in his effort to recast *Paul et Virginie* as the horrific story of a shipwreck, Ben-Guiat conserved, in his radical shortening of Bernardin de Saint-Pierre's text which left out so much of the original material, the most gruesome details of the scene, such as Paul bleeding profusively through his mouth and ears after attempting and failing to rescue his lover.

While in the case of Haykuni's *Eliza*, Bernardin de Saint Pierre's *Paul et Virginie* was turned into a commodity, in Alexandre Ben-Guiat's *Pablo y Virjinia*, the process of commodification and appropriation implied stripping the work of most of its philosophical implications in order to make it pliable enough to fit the purposes with which it became invested in its Ladino version, and to allow it to enter in a dialogue with other fictional texts that belonged to registers far removed from that of the original text.

CHRYSSANTHI AVLAMI

« À la manière des peuples éclairés » : vertus, commerce et civilisation dans le *Mémoire sur l'état actuel de la civilisation en Grèce* d'Adamance Coray

Des guerres du commerce ?
Quel mot contre nature !
Le commerce alimente, la guerre détruit
Abbé Raynal[1]

Le temps a marché
et l'immobilité proverbiale du vieil Orient
commence à s'émouvoir
au contre-coup de la civilisation.
Gérard de Nerval[2]

À la recherche des vertus perdues : « Doux commerce » ou guerres du commerce ?

Vouloir régénérer les Grecs modernes par l'intermédiaire d'une « révolution morale » (« ηθική μεταβολή »[3]) qui consiste, d'une part, à emprunter le schème (et le chemin) de la civilisation et, de l'autre, à se miroiter dans les eaux des vertus antiques, ne va pas sans susciter un certain nombre de difficultés peut-être insurmontables.

---

1 *Tableau de l'Europe, pour servir de Supplément à l'Histoire philosophique et politique des Etablissements et du commerce européens dans les deux Indes* (Maastricht, 1774), p. 89.
2 *Voyage en Orient* (1856) (Paris, Garnier-Flammarion, 1980), t. 2, p. 521.
3 Voir Coray, *Mémoire sur l'état actuel de la civilisation dans la Grèce* (lu à la Société des Observateurs de l'homme, le 16 Nivôse, an XI, Paris 1803, p. 15, p. 52 et p. 54. Sur Coray voir à titre indicatif Constantin Th. Dimaras, *Coray et son époque* (Athènes, Zaharopoulos, 1952) ; *Adamantios Koraïs and the European Enlightenment*, éd. par Paschalis M. Kitromilides (Oxford, Voltaire Foundation, 2010).

De l'Europe ottomane aux nations balkaniques : les Lumières en question / From Ottoman Europe to the Balkan Nations : Questioning the Enlightenment, sous la direction de Chryssanthi Avlami, Franck Salaün et Jean-Pierre Schandeler, Turnhout, 2023 (MEMEW, 4), p. 91-106
© BREPOLS PUBLISHERS   DOI 10.1484/M.MEMEW-EB.5.134219

En 1803, lorsque Coray présente son *Mémoire* devant la *Société des Observateurs de l'homme* à Paris, la dite « révolution morale » semble déjà bien engagée chez les Grecs : alors que, jusqu'au « milieu du siècle passé [XVIIIe] », la Grèce était une « nation pauvre », couverte de « ténèbres épaisses », gémissant « sous le joug le plus affreux » et éprouvant « tous les funestes effets d'un long asservissement », quelques « événements remarquables », lui permirent de s'enrichir et, par conséquence, d'ouvrir grand les yeux aux « rayons des lumières », qui « pénétrèrent en Grèce »[4].

En portant son diagnostic sur l'état de la Grèce, Coray commence ainsi par confirmer préalablement une règle dont la valeur est déclarée universelle, à savoir que l' « agrandissement de la sphère de l'intelligence » dépend de la satisfaction des moyens de subsistance voire de la production de richesses : « Telle a été dans tous les temps et tous les lieux la marche de l'esprit humain ; telle je l'ai observée chez les Grecs »[5]. Et c'est sans doute pourquoi en lisant le *Mémoire* on apprend de manière détaillée comment de nombreux commerçants grecs se sont enrichis, accédant même, pour certains, au titre de « millionnaire[6] ». L'effet de ces richesses sur la régénération de la nation a été salutaire, et ce, même si, en passant, Coray, se permet d'esquisser en filigrane son autoportrait qui fût précisément celui d'un *déserteur du commerce* :

> C'est ainsi que le commerce, en répandant l'aisance parmi la nation, a arraché à l'oisiveté une foule de jeunes Grecs et les a disséminés dans diverses contrées de l'Europe, en même temps qu'il a fourni au reste de la jeunesse nationale plus de moyens de s'instruire, par la multiplication de collèges. L'émulation qui devait nécessairement naître de ce nouvel état de choses a déterminé une partie de cette jeunesse à venir, après avoir fait ses classes dans les collèges nationaux, compléter ses études en Europe ; et l'on en a vu même plusieurs de ceux qui avaient été destinés à parcourir la carrière du commerce, déserter les comptoirs pour se réfugier dans quelque université[7].

C'est dans ce contexte que Coray va essayer de problématiser la question de la civilisation et de la transférer voire la « transfuser » aux Grecs[8]. Car, s'il reprend le mot, c'est pour reprendre aussi, coûte que coûte, la chose qui va avec, à commencer, par le *topos* du commerce, cette toile de fond à partir de laquelle allait émerger la *civilisation* dans la seconde moitié du XVIIIe siècle. De ce point de vue, insister sur les exploits des commerçants grecs ne relève pas tant de la volonté d'analyser un fait d'ordre économique, à

---

4 Coray, *Mémoire*, p. 10, pp. 17, 58-59.
5 Coray, *Mémoire*, pp. 16-17.
6 Coray, *Mémoire*.
7 Coray, *Mémoire*, pp. 19-20.
8 Selon son idée de la « metakenôsis ». Voir Alexandros Papaderos, *Metakenosis: Griechenlands kulturelle Herausforderung durch die Aufklärung in der Sicht des Korais und des Oikonomos* (Meisenheim am Glan, Verlag Anton Hain, 1970).

l'instar d'un Félix Beaujour[9], mais plutôt du désir de témoigner de l'adhésion effective des Grecs à la cause de l'Europe civilisée ; d'une certaine Europe, en tout cas, celle qui, prenant acte de la puissance mondiale de ses activités commerciales (ce phénomène que Montesquieu qualifiait d'historiquement incomparable[10]), allait investir la notion de commerce d'un certain nombre de qualités, historiquement insoupçonnables : le commerce serait un polisseur des « mœurs barbares », un remède aux passions destructrices de l'homme, un gage de la paix des nations, le garant d'une politique de la modération, une source de richesse et de luxe et, partant, du développement des lettres, des arts et des sciences[11].

Quelle est donc la bonne nouvelle qu'apporte Coray à ses auditeurs en ce jeudi 16 Nivôse de l'an XI ? Qu'en cultivant ardemment le commerce, les Grecs bénéficient d'ores et déjà de ses effets civilisateurs. L'« état actuel » de la civilisation chez les Grecs correspond donc à un état d'effervescence marchande qui engendre un état d'excitation morale et intellectuelle ; décrire le passage d'un état à l'autre permet à Coray de mettre en relief cette figure emblématique qu'est celle du commerçant au XVIIIe siècle ; car il ne s'agit pas seulement de dire que les commerçants grecs cherchent naturellement à se « perfectionner » c'est-à-dire à « s'éclairer » à la suite de leurs réussites économiques ; il s'agit aussi de recourir au sens élargi qu'avait encore le mot commerce à l'époque et faire valoir l'idée que négocier, marchander, spéculer, trafiquer c'est-à-dire fréquenter les « peuples éclairés » de l'Europe, revient à s'imprégner spontanément de leurs mœurs, de leurs savoir-faire, de leurs connaissances[12] ; grâce à cette relation de proximité, les commerçants grecs parviennent à se donner « une teinture d'érudition et de belles-lettres », ils apprennent à faire « à la manière de »[13], pour reprendre les formules qu'utilise Coray, non sans une certaine ambiguïté. Ce va-et-vient incessant, ce flux export-import fait que les matières premières agricoles (le coton, la laine, le blé ou l'huile) à destination de l'Europe sont échangées non seulement contre des produits manufacturés ou des denrées coloniales mais aussi, et surtout, contre des Lumières :

> Depuis quelques années les Grecs ont ajouté à leur commerce ordinaire celui des sciences. De toute l'Europe, et particulièrement de la France, ils exportent des livres et des lumières, comme ils exportent des draps, des

---

9   Felix Beaujour, *Tableau du commerce de la Grèce, formé d'après une année moyenne, depuis 1787 jusqu'en 1797* (Paris, Renouard, 1800, 2 vol.).
10 *De l'esprit des lois* (1748), XXI, 21 § 19-20.
11 A titre indicatif, Montesquieu, *De l'esprit des lois* (1748), XXI, 6, § 2 ou XX, 1 et 2 ; Jean-François Melon, *Essai politique sur le commerce* (Amsterdam, 1734), pp. 96-97, pp. 106-107 ; David Hume, « De la liberté civile » (1758), « De la naissance et du progrès des arts et des sciences » (1742), « Du commerce » (1754), « Du raffinement dans les arts » (1752/1760), « De la populosité des nations antiques » (1752) in *Essais* (Paris, PUF, 2001).
12 Le commerce désignant l'échange intellectuel ou affectif autant que matériel : « l'histoire du commerce est celle de la communication entre les peuples », Montesquieu, E.L. XXI, 5.
13 Voir Coray, *Mémoire*, pp. 14, 23-24, 32, 40-41, 17-18.

métaux ouvragés et d'autres productions de l'industrie européenne. La seule chose qui les empêche encore de donner à cette nouvelle branche du commerce toute l'extension dont elle est susceptible, c'est un certain ménagement pour le gouvernement ; ménagement dicté par la prudence et justifié par la manière dont ce gouvernement traite les lumières[14].

Les effets civilisateurs du commerce se font donc sentir sur l'ensemble de la population grecque et ce, malgré la présumée défiance des Ottomans au sujet des Lumières. C'est pourquoi Coray soutiendra également que les commerçants grecs, ces « nouveaux riches »[15], en « améliorant leur sort » ne manquent pas d'améliorer « celui de toute la Grèce »[16] ; transformés en mécènes, ils financent l'ouverture d'établissements d'instruction et multiplient les éditions dans le but de régénérer l'ensemble de la nation[17]. Dans le même but, il fournit à son public une liste des traductions d'ouvrages scientifiques, philosophiques et littéraires européens ou des traités écrits par des auteurs grecs « à la manière des peuples éclairés de l'Europe » ; toutes ces productions constituent dans leur ensemble les « symptômes les plus caractéristiques de la fermentation des esprits en Grèce »[18]. En un mot, « l'amour de l'instruction » serait répandu avec tous « les symptômes d'une contagion »[19], y compris parmi les membres du clergé qui ont « senti que la vraie piété est la piété éclairée, et que les lumières, loin d'être ennemies de la véritable religion, la rendent plus solide et plus insinuante dans le cœur des hommes[20] ».

Force est toutefois de constater que ces descriptions de l'état de la civilisation en Grèce contrastent avec les remarques publiées à la même époque par l'auteur anonyme de la *Nomarchie grecque* (Ελληνική Νομαρχία). Le clergé ? Ses membres sont corrompus, voraces, ignorants, superstitieux et,

---

14 Coray, *Mémoire*, p. 62. Et : « Maintenant il est tout aussi facile de transporter les lumières d'un pays à l'autre que de de transporter leurs productions et leurs denrées respectives », p. 61.
15 Coray, *Mémoire*, pp. 17-18.
16 Coray, *Mémoire*, pp. 40-41.
17 « On trouve des riches, comme j'ai déjà dit et j'aime à le redire encore, qui savent faire de leurs richesses un emploi plus honorable et plus digne d'un homme qui pense. On les voit doter des collèges, encourager les talents, secourir de leur bourse et honorer de leur amitié, je dirai presque de leur respect, la jeunesse dont les facultés pécuniaires n'égalent point l'ardeur de s'instruire qui la dévore », Coray, *Mémoire*, pp. 57-58. Voir aussi, Coray, *Mémoire*, p. 34 et Adamantios Korais, Προλεγόμενα (1802) à Βεκκαρίου, Περὶ ἀδικημάτων καὶ ποινῶν, Προλεγόμενα στοὺς ἀρχαίους Ἕλληνες συγγραφεῖς [Prolégomènes de 1802 à Cesare Beccaria, Des délits et des peines in : Prolégomènes aux auteurs grecs anciens], vol. 4 (Athènes, National Bank of Greece Cultural Foundation, 1995), pp. 40-41.
18 Coray, *Mémoire*, pp. 13-14 et 54-57. Pour appuyer son argument, Coray liste les traductions de Fénélon, Rollin, Montesquieu, Voltaire, Condillac, Barthélémy en grec. Voir également les lettres qu'il adresse à Alexandre Vasileiou du 23/2/1803 et à Ioannis Mavrokordatos et Dimitrios Vachatoris du 27/11/1803 dans A. Korais, Ἀλληλογραφία, τόμος Β΄ [Correspondance, vol. 2] (1799-1809) (Athènes, Estia, 1966), pp. 68-71 ; pp. 102-111.
19 Coray, *Mémoire*, p. 41.
20 Coray, *Mémoire*, pp. 41-42.

qui plus est, des apologistes de la tyrannie[21]. Il est clair que, dans la perspective de l'Anonyme, la raison est bien loin d'avoir franchi la porte du sanctuaire orthodoxe pour balayer les préjugés et les vices de ses membres.

Les commerçants ? « Oh, quel sentiment d'hilarité ou plutôt de tristesse ne provoquent-t-ils pas lorsqu'ils se retrouvent entre eux pour discuter du commerce ? L'un implore l'arrivée d'une famine, un autre attend avec impatience et gaîté le déclenchement d'une guerre, un troisième le naufrage d'un navire et quelqu'un d'autre encore s'attend à une autre espèce de calamité. Ils s'exposent davantage à la risée lorsqu'ils discutent des affaires politiques et invoquent les témoignages des journaux ; nombre d'entre eux prennent les noms des fleuves pour des noms de villes, alors que d'autres croient dur comme fer tout ce qui est écrit dans la presse[22]. »

Cet extrait est intéressant pour au moins deux raisons ; d'abord, parce que l'on se retrouve d'emblée bien loin de cet âge d'or de l'espace public que décrivait Jürgen Habermas[23] en se penchant sur le XVIIIe siècle : l'espace public de l'Anonyme, plutôt que d'être habité par des sujets rationnels discutant du bien commun, se trouve, au contraire, empli du cynisme intéressé de ceux qui cherchent à s'enrichir ou du faux savoir propagé dans des journaux qui s'adressent à un public soit ignorant soit bien naïf – puisqu'il prend leurs informations pour argent comptant[24] ; ensuite, la *Nomarchie grecque* est intéressante parce qu'elle remet en cause un élément constitutif du *topos* du commerce, à savoir, l'idée que le commerce, contrairement à la guerre, instaure entre les nations une communication dont la fonction est pacificatrice[25]. Tout cela n'a rien d'étonnant si l'on pense qu'il s'agit d'un texte aux accents rousseauistes qui dénonce l'accumulation des richesses, l'esprit de commerce et, en passant, la traite des Noirs mise en place par la « rage inassouvie des fiers Britanniques » et de leurs partenaires[26].

Or, la question devient nettement plus compliquée lorsqu'on se la pose par rapport à Coray : embrasse-t-il pour sa part, la cause du « doux commerce[27] », pour reprendre l'expression ironique que Marx allait lancer une

---

21 Voir Anonymou tou Ellinos [Anonyme le Grec], Ἑλληνικὴ Νομαρχία ἤτοι Λόγος περί ελευθερίας [Nomarchie hellénique ou Discours sur la Liberté] (1806), éd. par G. Valetas (Athènes, Pigi, 1949), pp. 163-183.
22 Anonymou tou Ellinos [Anonyme le Grec], Ἑλληνικὴ Νομαρχία ἤτοι Λόγος περί ελευθερίας, p. 188.
23 *Archéologie de la publicité comme dimension constitutive de la société bourgeoise* (Paris, Payot, 1988²).
24 À ce sujet voir Bertrand Binoche, *Religion privée, opinion publique* (Paris, Vrin 2012).
25 Montesquieu : « L'effet naturel du commerce est de porter à la paix. Deux nations qui négocient ensemble se rendent réciproquement dépendantes : si l'une a intérêt d'acheter, l'autre a intérêt de vendre ; et toutes les unions sont fondées sur les besoins mutuels », *De l'esprit des lois* (1748), livre XX, chapitre 2.
26 Anonymou tou Ellinos [Anonyme le Grec], Ἑλληνικὴ Νομαρχία ἤτοι Λόγος περί ελευθερίας, p. 158.
27 « C'est presque une règle générale, que partout où il y a des mœurs douces, il y a du commerce, et que partout où il y a du commerce, il y a des mœurs douces », *De l'esprit des lois* (1748), livre XX, 1. Sur la discussion autour du « modèle normatif du doux commerce »

cinquantaine d'années plus tard[28] ? Rien n'est moins sûr. Car il y a plusieurs choses qui dérangent profondément Coray dans cette affaire. Primo, le fait que l'argumentation développée autour de l'opposition commerce *vs* guerre (telle qu'on la trouve par exemple chez Montesquieu ou chez Hume) renvoie immanquablement au couple, désormais antithétique, Modernité/commerce *vs* Antiquité/guerre : valoriser le commerce pacificateur des Modernes ne va pas sans critiquer l'esprit guerrier dominant globalement le monde gréco-romain ; valoriser l'expansion du commerce européen ne vas pas sans souligner *a contrario* les déficiences des activités commerciales des Anciens ; cette discussion des Lumières sur le commerce impliquait au XVIIIe siècle de s'interroger, par exemple, sur les causes politiques qui sont à l'origine des carences du commerce athénien ou de fustiger son absence totale à Sparte, ou encore de s'inquiéter en constatant que Carthage – cette cité qui fait figure d'exception dans le triste paysage du commerce antique –, succomba, malgré sa puissance économique, à cette machine de guerre que fut Rome[29].

Deuxième chose qui dérange Coray dans ce débat : le remodelage, voire la liquidation au nom du capitalisme marchand de toute une gamme de vertus transmises depuis l'Antiquité, dont, par exemple, la fameuse frugalité ou l'austérité des Anciens. Enfin, *last but not least* : Coray sait, lui aussi, que le commerce n'est pas si doux qu'il en a l'air et qu'une *guerre du commerce* ou un *commerce de guerre* sont, sinon naturels, du moins bel et bien existants. C'est pourquoi dans la préface de sa traduction du Traité hippocratique *Des Airs, des eaux et des lieux*, publiée en 1800, il n'hésitait pas à dénoncer l'absence de clairvoyance ou l'hypocrisie qui caractérisent tous ceux qui ferment les yeux sur les atrocités commises par les Modernes au nom de ce commerce prétendument pacificateur :

> Il existe aujourd'hui peu de nations commerçantes qu'on ne puisse malheureusement accuser de tout ce que Cicéron reprochait aux Carthaginois [leur caractère frauduleux et mensonger]. Strabon observe que les Scythes [...] étaient de son temps tellement pervertis, pour avoir embrassé le commerce maritime, qu'ils pillaient, assassinaient les étrangers, quoique par ailleurs ils parussent policés. Quelqu'un s'imagina peut-être que le commerce n'a pas, à beaucoup près, produit les mêmes effets chez les peuples modernes : mais qu'il songe à l'effusion du sang qui a accompagné la découverte de l'Amérique, et au trafic infâme des nègres, que la culture de cette partie du monde a nécessité ; qu'il songe à l'oppression que plusieurs nations

---

et du livre d'Albert Hirschman, *Les passions et les intérêts*, (Paris, PUF, 1980) voir Catherine Larrère, « Montesquieu et le 'doux commerce' : un paradigme du libéralisme », *Cahiers d'histoire. Revue d'histoire critique*, 123 (2014), 21-38.

28 Marx, *Le Capital* (1867), I, 8, 31.
29 Sur la critique de l'Antiquité au nom du commerce voir Chryssanthi Avlami, « Libertà liberale contro libertà antica. Francia e Inghilterra, 1752-1856 », dans *I Greci. Storia, Cultura, Arte, Società*, éd. par Salvatore Settis, t. III (Turin, Einaudi, 2002), pp. 1311-1350.

européennes exercent encore aujourd'hui sur les malheureux indigènes de leurs possessions en Asie et en Afrique ; qu'il songe enfin que ce n'est qu'aux avantages du commerce du Levant que les nations policées de l'Europe sacrifient sans pitié comme sans remords la liberté de la Grèce ; qu'il ose après cela décider, si l'on est aujourd'hui plus humain que ne l'étaient autrefois les Scythes[30].

Or, ce genre de réflexions morales adressées aux lecteurs des éditions d'auteurs anciens, auxquelles Coray a consacré toute sa vie, brillent par leur absence dans le *Mémoire* ; sans doute parce qu'il s'agit d'une œuvre de circonstance ; ou, si l'on préfère, parce que les « circonstances extraordinaires » (cette formule utilisée à plusieurs reprises dans le *Mémoire*) c'est-à-dire les circonstances qui ont amené les Grecs à se civiliser, nous placent d'emblée dans une ambiance particulièrement guerrière. Quelles sont donc ces circonstances ? Il s'agit d'abord pour Coray de revisiter la seconde moitié du XVIIIe siècle et de faire de la sixième guerre russo-turque (1768-1774) l'élément déclencheur du processus de la civilisation chez les Grecs : la victoire d'un despotisme éclairé sur un despotisme obscurantiste n'a pas seulement fini « par dissiper tout le prestige qui entourait la puissance ottomane » mais a surtout ouvert « de nouveaux canaux au commerce du Levant », en mettant, sous le nez de la Porte, la marine marchande de l'Empire entre des mains grecques[31]. D'où, cet essor, sans précédent du négoce grec que je viens de décrire.

Il s'agit, dans un deuxième temps, de décrire les circonstances dans lesquelles Coray entreprend la rédaction du *Mémoire* lui-même, alors que les guerres de la Révolution virant vers l'expansionnisme impérial vont être de fait inextricablement liées à des guerres du commerce et des commerces de guerre ; on en est plus précisément au moment où la campagne d'Égypte faisant suite à la campagne d'Italie, donnait aux Grecs l'espoir de revoir les troupes françaises débarquer dans leurs régions[32] ; Coray rappelle alors à son

---

30 *Traité d'Hippocrate des Airs, des eaux et des lieux, traduction nouvelle* (Imprimerie de Baudelot et Eberhart, Paris an IX, 2 vols) repris dans : Adamantios Koraïs, Προλεγόμενα στους Αρχαίους Έλληνες Συγγραφείς [Prolégomènes aux auteurs grecs anciens] (Athènes, Fondation culturelle de la Banque nationale de Grèce, 1995), t. 4, pp. 542-544. Coray constate quand même les effets bénéfiques du commerce sur les régimes despotiques.

31 « La marine actuelle des îles n'appartient qu'à des Grecs [...]. Certes si le gouvernement eût pu prévoir que les Grecs parviendraient un jour à posséder une marine marchande, composée de plusieurs centaines de vaisseaux, armés la plupart en course, il l'aurait étouffée dans son berceau [...]. L'ignorance des Turcs pour la marine est aussi profonde que si le centre de son gouvernement était placé au milieu de l'Asie [...] En favorisant le commerce des Grecs, et en multipliant les moyens pécuniaires, cette marine a concouru puissamment à multiplier les moyens d'instruction », Coray, *Memoire*, pp. 24-25. Voir aussi p. 59 et sqq.

32 « Un pressentiment confus des esprits et des suites que cette révolution aurait pu produire relativement au sort de la Grèce, éveilla tout à coup dans leurs esprits, déjà préparés par un peu plus d'instruction, des idées, qui sans la prise de l'Egypte par les Français auraient parus romanesques [...] Dès ce moment la vanité nationale fit place à la contenance d'un peuple qui se prépare à devenir nation. L'enthousiasme de n'être gouverné que par des lois fut si

public que, pendant la Révolution française, les commerçants et les capitaines grecs n'ont pas cessé d'aider les Français éprouvés par l'effondrement de leur commerce. Et, si « en débitant leurs cargaisons » les Grecs ont fait des « profits considérables », il n'en reste pas moins que « le profit le plus essentiel [...] a été le plus ou moins d'instruction qu'ils ont acquise » ainsi que la prise de conscience que « la grandeur de la Nation française n'était que l'effet des Lumières[33]. »

Bref, dans ces circonstances « extraordinaires », faire du commerce de guerre, c'est, comme on dit, de bonne guerre, à condition d'avoir comme ultime finalité l'indépendance de la nation grâce aux Lumières et la civilisation[34].

Les apories d'un transfert : de la civilisation au *Politismos*

En ce jeudi 16 Nivôse de l'an XI, Coray apporte donc à son auditoire une deuxième bonne nouvelle : que dans cette vaste mosaïque de peuples composant l'Empire ottoman – ce grand symbole du « despotisme asiatique[35] » –, les

---

général qu'on ne parlait plus que des Français. Partout se formaient des sociétés secrètes de nouvellistes, qui recueillaient avec soin et répandaient à dessein les bonnes nouvelles qui venaient de la France », Coray, *Memoire*, pp. 43-44.

33 « L'état déplorable où le commerce français fut réduit à cette époque, et la disette qu'éprouvait alors la brave armée d'Italie, et même le zèle de servir les Français, amenèrent un grand nombre de négociants et de capitaines grecs, en France. Ils y ont débité leurs cargaisons avec des profits considérables ; mais le profit le plus essentiel qu'ils ont rapporté chez eux, a été le plus ou moins d'instruction qu'ils ont acquise.[...] Tous, témoins de la grandeur de la nation [française], et convaincus que cette grandeur n'était que l'effet des lumières, retournèrent dans leurs foyers moins ignorants qu'ils n'étaient avant que de les quitter », ibid, pp. 53-54. Dans sa lettre du 26 octobre 1795 Coray écrit à Bernard Keun : « C'est une disette factice, une famine au milieu de l'abondance, occasionnée en partie par le discrédit des assignats et en partie une cupidité scandaleuse des marchands », Adamantios Korais, *Αλληλογραφία (1774-1798)* [Correspondance] t. 1 (Athènes, Estia, 1964), p. 413.

34 « Les événements arrivés en France ont imprimé à la révolution morale de la Grèce une marche plus régulière, et un caractère de vitalité, [...] si prononcé que les Grecs ne peuvent plus reculer dans la nouvelle carrière qu'ils se sont ouverte », *Mémoire*, p. 54.

35 Voir à titre indicatif : Alain Grosrichard, *Structure du sérail. La fiction du despotisme asiatique dans l'Occident classique* (Paris, Seuil, 1979) ; Patricia Springborg, *Western Republicanism and the Oriental Prince* (Cambridge, Polity Press, 1992) ; *Rêver d'Orient, connaître l'Orient. Visions de l'Orient dans l'art et la littérature britanniques*, éd. par Isabelle Gadoin et Marie-Élise Palmier-Chatelain (Lyon, ENS Éditions, coll. « Signes », 2009) ; Ann Thomson, « Le monde arabe dans la Universal History, ou de l'usage du monde arabe par les Lumières », *Le monde anglophone et le Moyen-Orient*, (Paris, Éditions du Temps, 2000), pp. 151-166 ; Ann Thomson, « L'Europe des Lumières et le monde musulman : une altérité ambiguë », dans *Le problème de l'altérité dans la culture européenne aux XVIIIe et XIXe siècles. Anthropologie, politique et religion*, éd. par Guido Abbattista et Rolando Minuti (Naples, Bibliopolis, 2006), pp. 259-280 ; Rhoads Murphey, « Bigots or Informed Observers ? A Periodization of Pre-colonial English and European Writing on the Middle-East », *Journal of the American Oriental Society*, n° 110, vol. II (1990), 291-303.

Grecs (et, selon toute apparence, uniquement les Grecs), se sont activement engagés dans le processus civilisateur. Ceci reviendrait également à dire que la société grecque (c'est-à-dire les populations grecques de l'Empire) est sur le point de devenir *civile*[36]. Or, si Coray décrit effectivement la chose, (c'est-à-dire, l'émergence d'une société civile qui a beau être toute récente, ses origines exceptionnelles lui garantissent un avenir radieux) il n'utilise pourtant jamais le terme – qui reste toujours difficile à traduire en grec moderne.

Pour mieux cerner la question, il faudrait rappeler, tout d'abord, que les histoires de la société civile (ce nouveau genre de récit qui émerge dans la seconde moitié du XVIIIe siècle[37]) se donnent comme objet de décrire le cheminement graduel qu'est censée parcourir toute société, une fois sortie de sa barbarie originelle jusqu'à l'état policé qui se caractérise par l'essor du commerce, les richesses, voire le luxe, l'adoucissement des mœurs et la politesse, et, par conséquent, l'éclosion des arts et des lettres[38]. C'est ainsi par exemple que William Robertson dans *The Progress of Society in Europe*, remarquait que le développement du commerce depuis le XIIe siècle n'a pas seulement contribué à policer progressivement les mœurs barbares des Européens ; en opérant comme le plus fort des liens sociaux, le commerce a également contribué à unir les hommes autour du « désir de suppléer à leurs mutuels besoins ». D'où l'apaisement des animosités qui séparaient jadis les nations européennes ainsi que la création à l'intérieur de leurs états d'une classe de citoyens « unis par l'intérêt de préserver la tranquillité publique[39] ». L'émergence de la société civile vient légitimer, à travers ce genre de récits, son autonomie en tant que sphère privée d'essence économique par rapport à l'État

Coray entend donc inscrire le cas grec dans la perspective du schème civilisateur et c'est sans doute pourquoi il tient aussi à signifier préliminairement ce que le *Mémoire* n'est pas : « Si, en me bornant à l'état de barbarie ou de civilisation de l'homme, je ne parle point de son état sauvage, c'est que rarement

---

36 Sur la manière dont la « société civile » s'articule à la « civilisation » voir le texte classique de Jean Starobinski, « Le mot civilisation » (1983), dans *Le remède dans le mal. Critique et légitimation de l'artifice à l'âge des Lumières* (Paris, Gallimard, 1989).

37 Sur l'émergence de la « société civile » voir Claude Gautier, *L'invention de la société civile. Lectures anglo-écossaises* (Paris, PUF, 1993). Sur les réinterprétations de la cité antique à la lumière des histoires de la société civile voir Chryssanthi Avlami, « Civilisation vs *civitas* ? La cité grecque à l'épreuve de la civilisation », dans *Civilisations. Retour sur les mots et les idées*, éd. par Chryssanthi Avlami et Olivier Remaud, numéro thématique de la *Revue de Synthèse*, 1, 2008, pp. 23-56.

38 Il s'agit donc de décrire comment « l'espèce humaine s'élève graduellement de la barbarie à la civilisation », Adam Ferguson, *Essai sur l'histoire de la société civile* [1767] (Paris, PUF, 1992), p. 107. Voir aussi William Robertson, *The Progress of Society in Europe. A Historical Outline from the Subversion of the Roman Empire to the Beginning of the Sixteenth Century* [1769], éd. par Felix Gilbert (Chicago, UCP, 1972), p. 67. Voir aussi John Millar, *Observations sur les commencements de la société* [1771] (Amsterdam, 1773) ; Adam Smith, « De la marche différente et des progrès de l'opulence chez différentes nations », *La richesse des nations* [1776] (Paris, Flammarion, 1991), t. 1, pp. 469-514.

39 Voir Robertson, *The Progress of Society in Europe*, p. 67.

l'œil du philosophe européen a pénétré jusque dans ces régions lointaines où la raison humaine est encore au berceau, pour observer l'enfance morale de ses semblables ; c'est surtout parce que je me propose dans ce *Mémoire* de communiquer à la Société des observateurs de l'homme, non l'histoire de l'homme en général, mais des observations que j'ai faites sur l'état actuel de ma nation[40] ». Il s'agit ici d'un lieu commun que l'on retrouve dans les histoires de la société civile, à savoir la critique, explicite ou implicite, des théories contractualistes, dénoncées comme un produit de l'imagination, voire comme une fiction qui n'est plus de « saison[41] ». Et, en effet, si le schème de la civilisation diffère essentiellement du schème du contrat, c'est à la fois parce l'historicité induite par le processus civilisateur n'a rien à voir avec *l'immédiateté du* passage d'un état naturel à un état civil mais aussi, parce que là où, dans les histoires de la société civile le lien social se tisse autour des différents modes de production (revus et corrigés à la lumière du dernier arrivé, le commerce), dans les théories contractualistes, au contraire ce lien est d'essence politique ; et cela vaut davantage pour le *Contrat social* de Rousseau qui met l'animalité politique dans une situation de latence dans l'état naturel pour lui réserver davantage d'importance dans l'état politique. En un mot, l'homme de la civilisation est un « échangeur de biens » alors que l'homme du contrat est un « échangeur de droits[42] ». En 1825, le théoricien du libéralisme français, Benjamin Constant, résumera toute la question en soulignant l'importance de la jouissance comme une composante essentielle de la civilisation : « Peu nous importe que le mot civilisation vienne du mot *civitas* ; ce qui est certain, c'est que son acception a changé en route. La civilisation n'est plus uniquement ce qui rend les hommes plus propres à la société, mais ce qui procure aux membres de la société plus de jouissances[43]. »

---

40 Coray, *Mémoire*, p. 2.
41 Voir Jeremy Bentham, « Fragment sur le gouvernement » (1776), *Manuel de sophismes politiques*, Jean-Pierre Cléro (tr. et intr.) (Paris, Bruylant, L. G. D. J., 1996), pp. 123-124. Pour les critiques de Rousseau en France, en Ecosse et en Allemagne de la seconde moitié du XVIIIe siècle voir Bertrand Binoche, *Les trois sources des philosophies de l'histoire (1764-1798)* (Paris, PUF, 1994).
42 Le commerce devient alors un lien social ancestral. Mirabeau exprime clairement cette idée qu'Adam Smith allait analyser en profondeur une dizaine d'années plus tard dans *La Richesse des nations*. Mirabeau : « Quelle est l'ancienneté du Commerce ? Aussitôt qu'il y a eu deux hommes, il y eut entr'eux un commerce réciproque de service et d'utilité, et jamais il n'y eut de société sans commerce. D'homme à homme il créa les familles ; de famille à famille il forma les sociétés ; de sociétés à sociétés il réunit les Empires ; d'empires à empires il rapproche le monde entier », *L'ami des hommes ou Traité de la population* (1756), t. II, 1764, p. 6. À ce sujet voir Bertrand Binoche, « Echange, contrat et civilisation ou comment la société devient civile », dans *Civilisations. Retour sur les mots et les idées*, éd. par Avlami et Remaud, et *Les équivoques de la civilisation*, éd. par Bertrand Binoche (Champ Vallon, Ceyzérieu, 2005).
43 Benjamin Constant, « L'industrie et la morale considérées dans leur rapport avec la liberté » (1825), dans *Benjamin Constant publiciste (1825-1830)*, éd. par Ephraim Harpaz (Paris-Genève, Champion-Slatkine, 1987), p. 91.

C'est à partir de ce contexte que nous devrions essayer de comprendre la gêne éprouvée par Coray lorsqu'il cherche à traduire le mot « civilisation » en grec moderne. Il en fait part, dans une lettre de 1804 adressée à Alexandros Vasileiou : « Nous ne disposons pas encore de mot représentatif pour la *civilisation*; Strabon la désigne toujours par le terme ἡμέρωσις [hêmerôsis : apprivoisement, adoucissement, apaisement[44]] parce que c'est cela vraiment la civilisation. Mais qui supportera le mot chez nous ? Non seulement pour des raisons d'amour propre national mais aussi parce que ce n'est pas toujours vrai [45].» Il s'oriente alors vers des équivalences étymologiques grecques des racines latines de la civilisation mais c'est pour découvrir que le mot *politismos* (πολιτισμός) est déjà pris par Diogène Laërce ; ce dernier introduisit le néologisme pour désigner la participation à la vie politique[46]. Coray écrit à son ami : « Le mot apparaît une seule fois, uniquement chez Diogène Laërce, c'est-à-dire chez un auteur qui n'est pas de premier rang [...] et qui, à mon avis, l'a mal baptisé ainsi [47].» Ce n'est pas donc sans un certain embarras que Coray optera finalement pour le *politismos*.

Il faudra se rappeler en deuxième lieu que si, au XIXe siècle de Guizot, l'idée de civilisation allait fusionner avec le processus d'un Progrès homogène, irréversible et universel, au XVIIIe siècle, au contraire, le processus civilisateur s'applique sur une multitude d'expériences historiques, pour autant qu'il permette d'observer dans l'espace et dans le temps où en sont (et où en furent) dans leur cheminement vers l'état policé, les divers peuples de l'Antiquité ou de la Modernité y compris les sauvages. Le processus civilisateur devient ainsi une sorte de marqueur qui permet de repérer le degré de civilisation atteint à chaque fois, mais aussi de comparer une expérience historique à une autre, grâce à des transpositions spatiales et temporelles. C'est ainsi que l'on pourra, par exemple, rapprocher la grossièreté des « anciens habitants de la Germanie » à celle des Grecs anciens dans les « temps héroïques ». Et c'est encore ainsi que l'on pourra rapprocher, comme le fait Coray, la « léthargie dans laquelle s'est plongée la Grèce » durant les quatre siècles de domination ottomane à la

---

44 Voir à ce sujet, Darbo- Peschanski Catherine, « Civiliser en Grèce ancienne : adoucir la nature et naturaliser la force », dans *Civilisations. Retour sur les mots et les idées*, éd. par Avlami et Remaud, pp. 9-21.
45 « Του civilisation λέξιν παραστατικήν δεν ἔχομεν ακόμη. Ο Στράβων την ονομάζει σχεδόν πάντοτε Ἡμέρωσιν, επειδή τούτο αληθώς είναι η *Civilisation*. Αλλά τις θέλει υποφέρει το ημέρωσις περί ημών ; Οχι μόνον δια την εθνικήν φιλαυτίαν, αλλά και διότι μητ'είναι κατά πάντα αληθές », Lettre du 23/5/1804 à Αλέξανδρος Βασιλείου, dans Adamantios Korais, *Ἀλληλογραφία* [Correspondance] t. 2, p. 153.
46 Adamantios Korais, *Ἀλληλογραφία*, p. 154. Diogène Laërce décrivait l'attitude d'Arcésilas, fondateur de l'Académie moyenne qui « passait tout son temps dans l'Académie, en se tenant loin de la vie politique » (« Τὸ πᾶν δὴ διέτριβεν ἐν τῇ Ἀκαδημείᾳ, τόν πολιτισμὸν ἐκτοπίζων », Diogène Laërce IV, 39 *Sur Arcésilas*).
47 Adamantios Korais, *Ἀλληλογραφία*, pp. 154-155.

« léthargie dans laquelle s'est plongée l'Europe au Moyen-Âge »[48]. Il y aurait ainsi un avant et un après le déclenchement du processus civilisateur, signifiés respectivement par un vocabulaire qui oppose la léthargie, l'immobilité, la torpeur, ou la stagnation (de l'« intervalle » ottoman) au mouvement, à la marche, à la vitalité, à la fermentation, au perfectionnement ou aux progrès du processus civilisateur. Or, cette opposition s'applique évidemment aussi dans la synchronie : alors que l'« immobilité proverbiale » de l'Empire ottoman se fait toujours sentir en plein milieu du XVIIIe siècle, les Grecs, eux, sont en train de mettre en marche la civilisation (commerce, richesses, etc) et, en même temps, ils sont en train de faire l'expérience d'une régénération, d'une palingénésie, bref ils sont en train de vivre leur Renaissance manquée. Et, c'est peut-être pour cette raison que Coray n'a pas vraiment envie d'admettre qu'Adam Smith n'est pas Machiavel, pas plus qu'il n'est Montaigne.

C'est toujours dans cette même perspective que Coray énumère les causes qui « favorisent » ou « détruisent » la « civilisation des hommes ». On y compte : la distance (petite ou grande), qui sépare un peuple des nations déjà civilisées ; l'influence exercée par le climat et, *last but not least*, la question de savoir si un peuple « marche pour la première fois vers la civilisation » ou « s'il en retrouve le chemin après qu'il en a été pendant longtemps égaré[49] ». Ce que Montesquieu appelait la « nature des choses » se trouve ici réinterprété et adapté par Coray aux besoins de sa problématique sur la civilisation grecque. On l'aura donc compris : les Grecs appartenant, sans l'ombre d'un doute, à la catégorie des peuples qui retrouvent « [leur] chemin vers la civilisation », la Grèce ancienne sera introduite dans le *Mémoire* d'une part comme une sorte d'accélérateur des progrès que les Grecs modernes sont déjà en train

---

48 « La dernière de ces révolutions [la chute de l'Empire byzantin] qui date de près de quatre siècles, l'a plongée dans un état de léthargie, semblable à celui où se trouvait plongée toute l'Europe avant la Renaissance des Lettres […] On ne me demandera pas point quelles ont été, pendant ce malheureux intervalle, les idées morales et religieuses des Grecs. L'ignorance, fille de la tyrannie, ne va jamais sans la superstition et la superstition amène insensiblement la dépravation des mœurs. Dans une société qui n'est point gouvernée par des lois sages et justes, en vain cherche-t-on la vertu », Coray, *Mémoire*, p. 4.

49 « Si l'on observe avec fruit l'état d'une nation, c'est principalement à l'époque où cette nation dégénère des vertus de ses ancêtres, comme aussi à l'époque où elle se régénère. Dans ces deux cas, l'observateur se trouve placé à un point de vue qui peut lui fournir des leçons utiles à l'humanité, en offrant à ses yeux l'enchaînement des causes qui détruisent, ou qui favorisent la civilisation des hommes. Ces causes doivent être plus ou moins nombreuses, plus ou moins efficaces. Selon que le peuple chez lequel une pareille révolution s'opère, est plus ou moins éloigné d'autres nations civilisées ; plus ou moins favorisé par le climat, plus ou moins avancé dans la civilisation qu'il va perdre, ou reculé dans l'état de barbarie dont il s'efforce de sortir. Les mêmes moyens n'agissent point avec une égale force chez un peuple qui marche pour la première fois vers la civilisation, et chez un peuple qui en retrouve le chemin, après qu'il en a été pendant longtemps égaré. Les pas du premier sont plus timides ; il ne s'avance qu'en tâtonnant ; Les progrès du second, s'il lui reste des monuments de son ancienne civilisation, et que les causes extérieures ne viennent point entraver sa marche, doivent être plus rapides », *Mémoire*, p. 1.

d'effectuer en matière de civilisation et, d'autre part, comme une instance de différenciation qui permet de distinguer le cas du peuple grec de tous les autres cas et de reconnaître la Grèce moderne dans sa singularité.

Or, en procédant de la sorte, Coray va injecter dans l'historicité induite par le processus civilisateur l'intemporalité des *exemples* anciens et des parallélismes (Grecs) Anciens/(Grecs) Modernes ; en d'autres termes, il va faire appel à l'histoire exemplaire, c'est-à-dire à un mode d'articulation du couple passé/présent qui était aussi celui du contractualisme rousseauiste et de ses « avatars » terroristes[50] qui inspiraient tant d'horreur à Coray en 1793[51].

Il le fait quitte à arriver à une composition originale où l'opulence, le luxe et les richesses acquises grâce au commerce coexistent harmonieusement et paradoxalement avec la frugalité, le civisme et toutes sortes de vertus antiques.

Une Grèce plurielle

Dans cette Grèce plurielle on trouve donc tout d'abord le parallélisme établi entre les anciens Spartiates et les Souliotes qui sont « gouvernés démocratiquement » et qui savent préserver la liberté grâce au « mépris de la mort[52] ». En se posant comme « philosophe-législateur et moraliste » qui observe les mœurs des peuples auxquels « la civilisation n'a pas encore ôté cette rouille qui distingue les hommes de la nature », Coray décrit les mœurs des Souliotes comme étant d'une « simplicité héroïque qui précède ordinairement la civilisation des mœurs ». Doit-on le regretter ? Pas vraiment ; car ce qui représente le degré zéro de la civilisation, à savoir les temps héroïques de jadis, auxquels font penser les Souliotes, est réinvesti positivement dans le présent. En

---

50 Voir à ce sujet Chryssanthi Avlami, « From *Historia Magistra Vitae* to History as Empirical Experimentation of Progress », *Multiple Antiquities–Multiple Modernities : Ancient Histories in Nineteenth-Century European Cultures*, éd. par Ottó Gecser, Gábor Klaniczay et Michael Werner (Frankfurt – Chicago, Campus Verlag – University of Chicago Press, 2011), pp. 135-162.
51 A. Korais, *Αλληλογραφία*, t. 1, 1774-1798. Voir à ce sujet Paschalis Kitromilidès, « 'Témoin oculaire de choses terribles' : Adamantions Koraïs, observateur de la Révolution française », *Dix-huitième siècle*, 39 (2007), 269-283.
52 « Ces braves sont gouvernés démocratiquement [...] ; ils vivent avec toute la simplicité des temps héroïques et égalent en valeur les anciens Spartiates [...] on aurait, dis-je de la peine à croire à l'existence de tels hommes ; et cependant ils existent », Coray, *Mémoire*, pp. 47-48. Cet extrait rappelle inévitablement une apostrophe de Rousseau : « Quand on lit l'histoire ancienne, on se croit transporté dans un autre univers et parmi d'autres êtres. Qu'ont de commun les François, les Anglois, les Russes avec les Romains et les Grecs ? Rien presque que la figure. Les fortes âmes de ceux-ci paroissent aux autres des exagérations de l'histoire [...]. Ils existèrent pourtant, et c'étoient des hommes comme nous : qu'est-ce qui nous empêche d'être des hommes comme eux ? Nos préjugés, nôtre basse philosophie, et les passions du petit intérêt, concentrées avec l'égoïsme dans tous les cœurs par des institutions ineptes que le génie ne dicta jamais », Rousseau, *Œuvres complètes* (Paris, Gallimard, 1964), t. 3, p. 956.

empruntant délibérément un ton rousseauiste, Coray va constater que si « leur état est grossier sans contredit » ce qui serait néanmoins déplorable serait de remplacer cet état « par cette fausseté qu'on décore du nom de politesse[53] ».

On y trouve aussi le cas des Hydriotes, qui supportent avec beaucoup de facilité les « extrêmes », puisqu'ils associent la frugalité que leur impose la vie sur leurs vaisseaux avec le luxe et les commodités qu'ils introduisent volontairement dès qu'ils mettent les pieds sur terre[54].

Un dernier exemple : le parallèle entre les anciens habitants de l'île de Chios et ses habitants modernes qui, en réunissant la sagesse aux richesses, prouvent que le déclenchement de la civilisation en Grèce moderne comme dans la Grèce ancienne est à situer en Ionie[55].

Ce qui me paraît important de noter ici, c'est que paradoxalement Coray ne met pas en avant un argument de compensation[56], tel qu'on le trouve notamment dans le discours des Lumières Écossaises et qui consisterait à contrebalancer la perte des vertus de jadis par le bonheur des particuliers, la douceur des mœurs, la civilité et le raffinement, c'est-à-dire tous ces éléments censés contribuer à la création d'une nouvelle forme de félicité publique et de puissance étatique – telle était par exemple l'argumentation de Ferguson – lorsqu'il s'agissait de réfléchir la soumission de l'Écosse et de ses highlanders (l'équivalent des Souliotes ou des Maniàtès) à Londres.

Si Coray ne procède pas de la sorte c'est peut-être parce qu'il pensait qu'en matière de civilisation, tout comme en matière linguistique, il existe une μέση οδός (une voie médiane) celle du « parfait négociant » qui, à l'instar des personnages de Marivaux, aurait pour livre de chevet les *Vies de Plutarque* (de préférence dans l'édition de Coray, précédée d'extraits de Montaigne et de Rousseau). Mais c'est aussi sans doute pourquoi Coray après la rédaction du *Mémoire* retournera à ses occupations d'avant[57], c'est-à-dire à sa *Bibliothèque*

---

53   Coray, *Mémoire*, pp. 40-41 et p. 50.
54   « Les Hydriotes sont accoutumés à une vie extrêmement frugale [...] Ils vivent sur leurs vaisseaux à peu près comme des hermites [...] C'est dans les ports ou lorsqu'ils sont de retour chez eux, que les Hydriotes vivent à leur aise [...] Chacun, d'après son goût, imite alors ou s'efforce d'imiter la manière de vivre des nations qu'il vient de visiter. Le luxe commence à s'y introduire ; et tant qu'il sera alimenté par le commerce sans l'épuiser, il augmentera de plus en plus leur civilisation et leurs lumières. Cette facilité de supporter les extrêmes [...] est commune à presque tous les insulaires de l'Archipel », Coray, *Mémoire*, pp. 31-32.
55   « Thucydide observe qu'ils (les habitants de Chios) passaient pour les plus riches de tous les Grecs, et qu'après les Lacédémoniens ils furent les seuls qui eussent uni la sagesse à la bonne fortune, en sorte que plus leur République devenait florissante plus ils avaient le bon esprit d'employer tous les moyens de la conserver dans cet état » et « La renaissance des lettres dans la Grèce moderne semblerait affecter la même marche qu'avait prise à leur naissance, en commençant par l'Ionie et en se propageant successivement dans le reste de la Grèce », Coray, *Mémoire*, p. 38.
56   Binoche, *Les trois sources des philosophies de l'histoire*, pp. 125-127 et 190-192.
57   À la place d'une rhétorique de la compensation on y trouve chez Coray des arguments sur les effets contradictoires du commerce ; ainsi par exemple on peut lire que les effets de la « nouvelle économie politique ont tellement modifié l'influence du climat en Europe, que

grecque; là où il s'agissait de maintenir un dialogue vivant entre les auteurs anciens et les auteurs modernes ou de proposer des leçons et des réflexions souvent peu amènes à l'égard de la Modernité marchande.

Conclusion : Quelle indépendance pour les Grecs ?

Entre 1797 et 1806, trois projets grecs envisageant (dans un futur plus ou moins proche) la libération de la domination ottomane sont élaborés : le premier, celui de Rhigas se fonde sur l'opposition opprimés (l'ensemble des populations chrétiennes, musulmanes, juives, etc ; de l'Empire)-oppresseur (la Sublime Porte) ; dans sa *Nouvelle Administration Politique,* Rhigas prévoit la création d'une République placée sous l'égide du peuple grec, organisée à l'instar de la Constitution française de 1793 et reposant sur la fraternité des peuples balkaniques[58], la liberté des cultes et le respect des langues. Ce projet d'un réalisme utopique qui aurait épargné les peuples balkaniques de leurs nationalismes exacerbés ainsi que des guerres et des conflits qui les ont accompagnés ne nous laisse pas savoir cependant si cette nouvelle organisation de la vie collective correspondrait à un État plurinational, à l'invention d'un empire démocratique (un empire sans empereur ?) ou à une fédération (mais le mot semble absent du vocabulaire de Rhigas).

Le deuxième projet, celui de Coray, repose, comme on l'a vu, sur l'opposition civilisation-barbarie et implique l'organisation d'un État national reposant sur l'avènement d'une société civile au sein de laquelle l'*agora* (comme lieu du politique) fusionnera harmonieusement avec l'*agora* (comme lieu du marché économique).

Contrairement aux deux premiers projets qui appellent de leurs vœux une intervention européenne, le troisième, celui d'un Anonyme désillusionné, en 1807, se construit sur le *ni-ni* de *Ni Dieu, ni maître*. Constatant l'affaiblissement de l'Empire[59], ainsi que la primauté démographique des populations chrétiennes dans les Balkans, l'Anonyme soutient qu'aucun despote étranger ne souhaiterait éliminer le despote ottoman que pour rendre la liberté aux Grecs. Ce ne sera pas donc pour changer de despote que les Grecs devraient se soulever[60] ; le patriotisme, la frugalité, la bravoure, la droiture, bref toutes

---

presque tous les peuples qui habitent cette partie du monde, semblent ne composer qu'une même nation. Mais d'un autre côté on ne peut pas dissimuler que ces mêmes progrès de civilisation n'aient frappé le physique de l'homme d'une débilité au moins relative », *Traité d'Hippocrate des Airs, des eaux et des lieux*, pp. 562-563.

58 Voir Rigas, « Les droits de l'homme » *Nouvelle administration politique* dans : *Œuvres révolutionnaires* (Athènes, Société scientifique des études sur Phères-Velestino-Rigas 2002).

59 « Το οθωμανικόν κράτος την σήμερον βρίσκεται εις τα ολοίσθια του θανάτου… » [De nos jours l'état ottoman est moribond…], Anonymou tou Ellinos [Anonyme le Grec], *Ελληνική Νομαρχία ήτοι Λόγος περί ελευθερίας*, pp. 205-206.

60 « Ποιός στοχαστικός άνθρωπος ημπορεί να πιστεύσει, ότι όποιος απο τους αλλογενείς δυνάστας ήθελε κατατροπώσει τον οθωμανών, ήθελε μας αφήσει ελευθέρους ; Ω απάτη επιζήμιος ! Μην είσθε αδελφοί μου τόσο ευκολόπιστοι » [« Quel homme raisonnable peut croire que celui

les vertus héritées des anciens Grecs (et notamment des Spartiates) suffiront à faire l'affaire des autochtones au sein d'un État national agricole et vertueux modelé à la manière des cités antiques.

Des trois projets, le celui de Coray s'adaptera le mieux à la conjoncture post-révolutionnaire, celle du philhellénisme ambiant de l'opposition libérale à la Restauration, celle de la diffusion aussi de l'idée d'État-nation et de la civilisation.

N'empêche que Coray, qui suivait le déroulement des événements grecs depuis Paris, avait entre temps perdu son optimisme de jadis : peut-être parce qu'à ses yeux la révolution grecque a finalement éclaté trop tôt[61] ; ou, parce qu'elle a vite fait de se transformer en guerre civile ; ou parce que l'intervention des puissances européennes afin de sauver la révolution a été couronnée par l'arrivée d'un gouverneur dont les méthodes politiques étaient loin d'inspirer confiance à Coray ; ou parce que les représentants du clergé se sont avérés moins éclairés qu'il le pensait. Et c'est peut-être pour tout cela ou pour bien d'autres choses encore que Coray n'hésita pas à qualifier le *Mémoire* de « babillage d'enfant[62] » et continua à mesurer la distance qui nous sépare d'une « civilisation parfaite » c'est-à-dire d'une civilisation qui est, avant toute autre chose, à ses yeux, une civilisation morale[63].

---

qui, parmi les dynastes étrangers, cherche à vaincre les Ottomans, souhaite nous laisser libres ? (…) Ne soyez pas si crédules, mes frères »], Anonymou tou Ellinos [Anonyme le Grec], *Ελληνική Νομαρχία ήτοι Λόγος περί ελευθερίας* [Nomarchie hellénique ou Discours sur la Liberté], p. 198.

61 Voir *Αδαμαντίου Κοραή Βίος, συγγραφείς παρά του ιδίου* [Vie d'Adamance Coray, écrit par lui-même], εκ του τυπογραφείου Νικήτα Πάσσαρη, Αθήνησι 1870 [Athènes, Imprimerie Nikitas Passaris, 1870], p. 22.

62 Voir l'introduction de Georges Valetas à : *Κοραή, Αυτοβιογραφία, Απαντα τα πρωτότυπα έργα* [Autobiographie de Coray. Œuvres originales complètes], τ. Α1, p. 134 et Vasilios Karageorgos, *Ο Αδαμάντιος Κοραής και η Ευρώπη* [Adamance Coray et l'Europe] (Athènes, 1984) p. 18. Les deux auteurs ne donnent pas néanmoins la référence exacte et pour ma part je n'ai pas pu retrouver l'endroit où Coray qualifie ces deux textes de « μωρολογήματα ».

63 *Προλεγόμενα στους Αρχαίους συγγραφείς*, t. 4, pp. 274-275.

OURANIA POLYCANDRIOTI

Échos des Lumières dans les manuels scolaires en Grèce (seconde moitié du XIXe – début XXe siècle)

Le terme grec « Διαφωτισμός/Diafotismos » [Lumières] fut apparemment introduit dans la langue grecque au milieu du XIXe siècle, en 1862, dans un texte de Dimitrios Vernardakis[1]. Stéphanos Koumanoudis, en 1900, dans son recensement des néologismes grecs, attribue le terme à Anastasios Diomidis Kyriakos, dans un texte de 1887[2], d'après le terme allemand « *Aufklärung* ». Dans tous les cas, le terme fait allusion aux Lumières européennes, puisque les Lumières néohelléniques ne furent qu'une conception historiographique bien plus tardive, dans une large mesure due à C. Th. Dimaras. C'est dans ce cadre qu'on tâchera de repérer les traces des diverses manifestations des Lumières dans les manuels scolaires de la deuxième moitié du XIXe et du début du XXe siècle. Étant donné le rôle essentiel que les textes scolaires jouent dans la société, il s'agit essentiellement d'étudier la manière dont les Lumières sont introduites et enseignées dans l'enseignement primaire et secondaire de l'époque.

Les lectures destinées à la jeunesse reflètent dans une large mesure les idées et les idéologies courantes, tandis que les manuels scolaires en particulier, dont le rôle est essentiellement de préparer les futurs citoyens, reflètent le discours officiel de l'État et de l'idéologie dominante. Repérer les traces des Lumières dans ce genre de textes – en cette époque post-révolutionnaire, pendant laquelle le nouvel État est en train de se former, voire de se transformer en État moderne – est une manière de réfléchir sur les modes de réception de ce phénomène culturel et social majeur et multidimensionnel, un phénomène qui fut aussi philosophique et politique, ainsi que subversif et révolutionnaire.

---

1 Constantin Th. Dimaras, *Νεοελληνικός Διαφωτισμός* [Lumières néohelléniques], « Νεοελληνικά μελετήματα », 2 (Athènes, Ermis, 1977), p. 1 et note p. 463.
2 Stéphanos Ath. Koumanoudis, *Συναγωγή νέων λέξεων: υπό των λογίων πλασθεισών από της αλώσεως μέχρι των καθ' ημάς χρόνων* [Recensement des néologismes grecs, élaborés par des érudits depuis la prise de Constantinople jusqu'à notre époque] [Athènes, 1900], réédition Ermis, préface Constantin Th. Dimaras, Athènes 1980.

De l'Europe ottomane aux nations balkaniques : les Lumières en question / From Ottoman Europe to the Balkan Nations: Questioning the Enlightenment, sous la direction de Chryssanthi Avlami, Franck Salaün et Jean-Pierre Schandeler, Turnhout, 2023 (MEMEW, 4), p. 107-114
© BREPOLS PUBLISHERS   DOI 10.1484/M.MEMEW-EB.5.134220

Rechercher les traces des Lumières dans les textes didactiques officiels de l'État consiste aussi à examiner les éventuelles traces d'une version plus spécifiquement néohellénique des Lumières.

Vers le milieu du siècle, les manuels scolaires d'histoire et de lecture utilisés dans les écoles sont plutôt des compilations effectuées selon les instructions données par le ministère de l'Éducation et approuvées par les concours officiels de l'État. Ces compilations, ces collections de textes destinées à la jeunesse écolière, ne puissent pas leur matériel uniquement dans des textes grecs originaux mais s'avèrent être des traductions ou des adaptations assez libres des manuels scolaires et des éditions pour la jeunesse étrangère[3]. Ainsi, souvent, les textes enseignés à l'école proviennent d'un contexte historique et culturel autre que celui des jeunes élèves, un contexte géographiquement lointain. Dès lors, le choix de textes et les adaptations nécessaires des originaux au contexte grec témoignent des modes de réceptivité de la société grecque, de ses besoins et de ses priorités, de ses tendances culturelles, idéologiques et politiques.

Le matériel sur lequel on s'est fondé n'est pas exhaustif mais assez représentatif. La recherche effectuée dans les manuels scolaires a suivi les axes suivants : (i) repérage des références aux Lumières européennes en tant que phénomène historique, culturel et politique ; (ii) repérage des références aux personnages emblématiques des Lumières, non Grecs, par exemple Voltaire, Rousseau et d'autres philosophes ; (iii) repérage des références à des personnages des Lumières néohelléniques et notamment à Adamance Coray ; (iv) repérage des indications implicites concernant les principes et les concepts des Lumières, et leurs échos. La recherche a été fondée essentiellement sur la collection numérique de l'Institut de la Politique d'Éducation, qui réunit sur son site plusieurs éditions scolaires, provenant de diverses institutions académiques et pédagogiques.

En ce qui concerne les deux premiers volets de la recherche, les résultats numériques ne sont pas très riches : comme attendu, le terme « Διαφωτισμός/

---

3   Voir à ce sujet Christina Koulouri, *Ιστορία και Γεωγραφία στα ελληνικά σχολεία (1834-1914). Γνωστικό αντικείμενο και ιδεολογικές προεκτάσεις. Ανθολόγιο κειμένων Βιβλιογραφία σχολικών εγχειριδίων* [Histoire et Géographie dans les écoles grecques. [...] Anthologie de textes. Bibliographie des manuels scolaires], Archives Historiques pour la Jeunesse Grecque / Secrétariat Général de la Nouvelle Génération – 18, Athènes 1988, en particulier pp. 24-26 ; Stessi Athini, *Όψεις της νεοελληνικής αφηγηματικής πεζογραφίας, 1700-1830* [Aspects de la littérature grecque moderne en prose, 1700-1830], en particulier le chap. « Littérature pour les enfants et les jeunes »] (Athènes, Institut de Recherches néohelléniques, 2010), pp. 185-211. Voir aussi Ourania Polycandrioti, « Ιστορική μνήμη από μετάφραση », dans *Γραφές της μνήμης. Σύγκριση – Αναπαράσταση – Θεωρία*, Εισαγωγή – Επιμέλεια Ζ. Ι. Σιαφλέκης [« Mémoire historique traduite », dans *Écritures de la mémoire. Comparaison – Représentation – Théorie*, sous la direction de Z. I. Siaflékis (Athènes, Société Grecque de Littérature Générale et Comparée, éd. Gutenberg, 2011), pp. 73-87 ; voir aussi « Lectures pour enfants. Productions originales et traductions au xixe siècle en Grèce », *The Historical Review*, 12 (2015), 101-124.

Diafotismos » [« Lumières »], pour les années entre 1850 et 1899, n'a donné aucun résultat, sauf une référence à l'*Histoire Générale Abrégée* de Dimitrios Pantazis, auteur de manuels scolaires et éditeur du périodique *Magasin des enfants* qui fait évidemment écho à celui édité par Jeanne-Marie Leprince de Beaumont[4]. Son *Histoire générale abrégée*, publiée en 1862[5], traite de l'histoire européenne et grecque depuis l'Antiquité jusqu'en 1815 (congrès de Vienne). Bien que le texte en question traite aussi du développement de la culture à la veille de la révolution grecque, et bien que tous les centres d'éducation et les noms des érudits les plus importants des Lumières néohelléniques y soient mentionnés, le terme de « Diafotismos » n'y est nullement utilisé, ni en rapport avec les Lumières européennes ni en rapport, bien évidemment, avec le phénomène culturel défini ultérieurement comme « Lumières néohelléniques ». Selon le texte, l'acheminement de la société grecque vers la révolution de 1821 est assuré grâce à l'Église, à la partie la plus éclairée du clergé et à la répulsion naturelle que les Turcs éprouvent apparemment pour les lettres et le travail[6]. De cela proviendraient, toujours selon le texte, la valorisation de l'éducation et la fondation des écoles à Chios, à Smyrne, à Ioannina et ailleurs. Selon Dimitrios Pantazis, c'est Adamance Coray, ce grand savant provenant de Chios, qui a contribué de manière décisive à l'éducation et à la formation de la nation.

Si donc les Lumières sont bien mentionnées sans être nommées, ni définies comme un mouvement plus ou moins concret et reconnu comme tel, c'est au début du XXe siècle, vers 1923-1924, que l'on rencontre pour la première fois dans un manuel scolaire le terme « Diafotismos ». Dans le livre de Ch. Théodoridis [Χ. Θεοδωρίδης] et Anastassios Lazarou [Αναστάσιος Λαζάρου], intitulé *Histoire grecque et européenne des temps modernes pour la 4e classe du gymnase*[7], publié en 1923 (1ère édition), les Lumières sont présentées dans le cadre de la Révolution française. Un cadre qui lui sera désormais consacré et lui sera associé de manière stéréotypée : « Les écrivains politiques et sociaux appelés philosophes et économistes, ont essayé d'éclairer le peuple en dénonçant l'injustice et l'irrationalité du régime. C'est pourquoi cette ère fut appelée 'siècle des Lumières' [αιώνας του Διαφωτισμού][8]. » Les

---

4 Sur le périodique Παιδική Αποθήκη [Magasin des enfants] et Dimitrios Pantazis, voir Kyriakos Délopoulos, *Η « Παιδική Αποθήκη » και ο Δημήτριος Πανταζής* [Le 'Magasin des enfants' et Dimitrios Pantazis] (Athènes, Kastaniotis, 1995), pp. 27-35.
5 Dimitrios Pantazis, *Σύνοψις γενικής ιστορίας, εκτενεστέραν την ελληνικήν περιέχουσαν. Προς χρήσιν των μαθητών των ελληνικών σχολείων* [Histoire générale abrégée, contenant l'histoire grecque intégrale. À l'usage des écoliers grecs] (Athènes, Imprimerie I. Angelopoulos, 1862).
6 Dimitrios Pantazis, [Histoire générale abrégée], chap. « Προπαρασκευή της σωτηρίας του ελληνικού έθνους » [Préparation pour la délivrance de la nation grecque], pp. 176-198.
7 Ch[aralambos] Théodoridis et Anastassios Lazarou, *Ιστορία ελληνική και ευρωπαϊκή των νέων χρόνων διά την Δ΄ τάξιν των Γυμνασίων και τας αντιστοίχους των λοιπών σχολείων της Μέσης εκπαιδεύσεως* [Histoire grecque et européenne des temps modernes pour la 4e classe du gymnase…] (Athènes, Ioannis N. Sideris, 1923 (1ère édition)).
8 Théodoridis et Anastassios Lazarou, *Ιστορία ελληνική*, p. 156.

allusions à la Révolution française y sont évidemment fondées sur la valeur d'égalité, ainsi que sur la notion de raison humaine. Selon le texte, les origines de la pensée des philosophes se trouvent en Angleterre, en particulier dans l'œuvre de John Locke qui enseignait que l'homme est libre et possède des droits naturels à la vie et à la propriété. Les hommes, par un contrat, cèdent à l'État le pouvoir de gouverner afin que celui-ci puisse protéger leurs intérêts. La théorie du contrat social donne droit à la révolte dans le cas où l'État n'arrive pas à protéger de manière efficace les droits des hommes. La notion de tolérance s'identifie à la liberté de la foi ainsi qu'à l'obligation de l'Eglise de la protéger. Ces traits caractéristiques des Lumières vont se répéter sans changements d'une édition à l'autre.

Cependant, l'abondance des références aux Lumières françaises est aussi due aux manuels didactiques de français langue étrangère, aux « chrestomathies », dont le but n'était pas seulement l'apprentissage de la langue, mais aussi l'apprentissage des bons usages en vue de la formation de citoyens moraux[9]. Les chrestomathies, composées d'habitude d'extraits provenant d'œuvres majeures des philosophes, des passages habilement détachés de leur contexte français, traduits en grec, mis au service de l'enseignement des bons usages et propageant la langue et la culture françaises au sein de la société post-révolutionnaire. L'argumentaire justifiant l'efficacité pédagogique de l'extrait (au lieu de l'enseignement des textes dans leur intégralité) est exposé dans la préface de la chrestomathie publiée par Georges Zadès [Γεώργιος Ζαδές], qui se fonde sur Charles Rollin[10].

Des allusions particulières sont faites aux personnages emblématiques des Lumières européennes, voire françaises, à Voltaire et à Montesquieu, ainsi qu'à d'autres philosophes : Diderot, D'Alembert, Rousseau, etc. Au niveau des chiffres, la recherche effectuée sur les noms de personnes présente

---

9 Voir à ce sujet la thèse de doctorat de Κονδυλία Χοϊδά [Kondylia Hoïda], *Το μάθημα των γαλλικών στα ελληνικά σχολεία της Μέσης Εκπαίδευσης του ελεύθερου κράτους και του Έξω Ελληνισμού κατά τον 19ο αιώνα. Σκοπός, περιεχόμενο, οργάνωση, βιβλία* [L'enseignement du français dans les écoles grecques du secondaire, dans l'état libre et la diaspora pendant le XIXe siècle]. Thèse de doctorat, Thessalonique, 2003.

10 « Or, des extraits faits avec soin, qui pourraient avoir quelquefois une longueur raisonnable, seraient également propres pour ces deux vues (de former les élèves à la pureté du langage, et de leur donner de bons principes), et n'auraient point les inconvénients qui sont inévitables quand on explique tout de suite des livres qui certainement n'ont point été faits pour apprendre une langue à des jeunes gens, etc. Avant de lire les auteurs, ils doivent apprendre à les lire et à les étudier. ([Charles Rollin], *Traité des Études*, tome 1) », cité dans Γαλλική χρηστομάθεια, ήτοι σειρά γαλλικών μαθημάτων εκ των δοκιμωτέρων Γάλλων συγγραφέων, του ΙΖ΄, ΙΗ΄ και ΙΘ΄ αιώνος προς χρήσιν των Ελληνικών Σχολείων και Γυμνασίων. Υπό Γεωργίου Ζαδέ, Καθηγητού της Γαλλικής. Αθήνησι, Εκ του τυπογραφείου Θρασύβ. Παπαλεξανδρή, 1878 [Chrestomathie française. Série de cours français fondés sur les auteurs français les plus notoires du XVIIe, XVIIIe et XIXe siècle … à l'usage des écoles et gymnases grecs d'après le programme officiel du ministère de l'Éducation], par Georgios Zadès, professeur de français. 2e édition revue (Athènes, Imprimerie Thrasyvoulos Papalexandri, 1878], pp. iii-iv) (indiqué γ΄-δ΄ dans l'original).

des résultats légèrement plus élevés, ce qui est dû, entre autres, à l'approche historiographique prépondérante de l'époque, qui est surtout prosopographique, centrée sur des portraits de certains hommes illustres. C'est une méthode essentiellement didactique qui vise la mise en valeur des qualités exceptionnelles des individus. En effet, les biographies abondent dans les textes pédagogiques et les manuels scolaires du XIXe siècle, ainsi que dans les revues pour la jeunesse et la famille, telle la revue Διάπλασις των παίδων [La formation des enfants], Εστία [Foyer], etc.

Cependant, dans ce contexte historiographique et didactique, les références aux philosophes visent à l'enseignement de la morale pour la formation de citoyens décents et honnêtes et par conséquent les références en question se limitent à des sentences morales et didactiques : des phrases détachées de leur contexte, facilement mémorisées, des dictons sages et moraux pour les jeunes et pour toute la famille. La présence de Voltaire dans les manuels scolaires de la deuxième moitié du XIXe siècle est surtout liée à l'enseignement de bons usages. Des maximes voltairiennes affleurent dans les manuels, à côté des citations provenant de Montesquieu ainsi que d'un grand nombre d'autres personnages d'importance inégale et variée : ainsi on peut trouver des textes traduits en grec de Madame de Genlis, de Louis-Antoine-François de Marchangy, du comte de Buffon, de Rufflers, A.-G.-C. Janit-Prosper, Hoffmann, du marquis de Vauvenargues, d'Edme-Martin Bourdois de Champfort et d'autres. La pensée radicale des philosophes se trouve ainsi réduite à des principes d'éducation morale qui sont répandus partout en Europe, grâce aux éditions didactiques pour la jeunesse, afin de préparer correctement le futur citoyen. « Il ne dépend pas de nous de n'être pas pauvres, mais il dépend toujours de nous de faire respecter notre pauvreté » est une des maximes les plus connues de Voltaire, qui se trouve traduite et publiée par Eleni Gousiou et incluse dans Le Livre des jeunes personnes [Βιβλίον της νεολαίας] de Charles Nodier, en 1865[11] : « Δεν εξαρτάται παρ' ημών να μη ήμεθα πτωχοί· εξαρτάται όμως πάντοτε από ημάς να εφελκύωμεν το σέβας προς την πτωχείαν μας ».

Si donc, dans les manuels scolaires, les Lumières sont liées d'un côté à l'histoire européenne et notamment à la Révolution française et, de l'autre, au développement de la culture et de la morale dans la société, l'acheminement vers la révolution grecque se fonde sur l'héroïsme et l'amour pour la liberté, sur l'ingéniosité du peuple grec et les privilèges qui lui étaient accordés par la Sublime Porte. L'évolution vers la liberté s'est aussi fondée sur l'esprit maritime et commerçant du peuple grec qui a fait naître l'amour pour le savoir. Toute la schématisation nécessaire à l'explication simple et didactique des motifs et des trajectoires suivis vers la résurrection nationale contre les Turcs est donc

---

11 Βιβλίον της νεολαίας περιέχον παντοίας ιστορίας, διηγήματα, γνωμικά και αξιώματα εκ διαφόρων Γάλλων συγγραφέων ερανισθέντα υπό Καρόλου Νοντιέ [Le livre des jeunes personnes contenant des histoires variées, des courts récits, des proverbes et maximes provenant de divers auteurs français, compilés par Charles Nodier] (Athènes, Imprimerie P. V. Moraïtini, 1865).

mise en place. C'est à ce titre d'ailleurs qu'Adamance Coray est mentionné. À ses côtés figurent aussi les noms d'autres érudits qui ont travaillé pour l'éducation du peuple : le « prédicateur éloquent » Ilias Maniatis, l'érudit Eugène Voulgaris, Nicéphore Théotokis, Lambros Photiadis, Dorothéos Proïos, Athanasios Parios, Veniamin Lesvios, Grégoire Constantas, Néophyte Doukas, Constantin Coumas, Constantin Œconomos, Théoklitos Farmakidis[12]. Dans ce genre de compilation de textes de la fin du XIXe siècle, toujours selon le programme détaillé établi par le ministère de l'Éducation, à côté d'extraits manifestant le patriotisme romantique fervent ou d'autres extraits tirés des mémoires des combattants pour l'indépendance, on trouve des textes de Coray et de Rhigas Feraios. À titre d'exemple, on pourrait noter que la présentation d'Adamance Coray constitue la dernière d'une série de prosopographies dans le manuel de lectures pour la 2e classe du gymnase, compilé par Georgios Tsagris, publié en 1894 et intitulé *Vies des hommes illustres de Rome, de Byzance et de la nation grecque asservie*[13]. Ce livre, contenant une série de portraits d'hommes illustres, se termine par les figures emblématiques de la conscience ethnique, de la préparation à la Révolution et de la notion de liberté, celles de Rhigas Feraios et de Coray. Le portrait biographique de Coray puise dans son autobiographie et met l'accent sur la nécessité absolue de l'éducation pour le développement intellectuel et moral de la jeunesse en vue de la formation de futurs citoyens moraux[14]. Le texte original de l'autobiographie de Coray est incorporé dans plusieurs manuels scolaires de lecture, tel le manuel de l'écrivain très connu Georgios Drosinis et de l'éditeur Georgios Kasdonis, publié en 1889[15], ainsi que celui de Dionysios Kolokotsas, publié en 1898[16].

Dans tous les cas, l'appel au développement culturel et intellectuel, la quête du savoir, font cultiver chez le peuple grec l'esprit patriotique, la conscience nationale et l'élan vers la liberté politique plus qu'ils ne révèlent un mouvement social radical, ou un phénomène culturel, dont la spécificité et la cohérence ne furent d'ailleurs reconnues et définies en tant que Lumières néohelléniques qu'ultérieurement. Dans les textes de l'époque, il est d'ailleurs toujours mentionné que le mouvement des « Lumières » tire son nom de la volonté des

---

12 Georgios Tsagris, *Ιστορία ελληνική από της Αλώσεως της Κωνσταντινουπόλεως υπό των Τούρκων μέχρι των καθ' ημάς χρόνων* [Histoire grecque depuis la prise de Constantinople par les Turcs jusqu'aux temps modernes] (Athènes, Imprimerie 'Nomikis', 1899), p. 102.

13 Georgios Tsagris, *Βίοι επιφανών ανδρών της Ρώμης, του Βυζαντίου και του δουλεύσαντος ελληνικού έθνους, προς χρήσιν των μαθητών της Β΄ τάξεως του ελληνικού σχολείου* [Vies des hommes illustres de Rome, de Byzance et de la nation grecque asservie] (Athènes, 1894).

14 Tsagris, *Vies des hommes illustres*, p. 125.

15 Georgios Drosinis et Georgios Kasdonis, *Νεοελληνικά αναγνώσματα προς χρήσιν των ελληνικών σχολείων* [Lectures grecques modernes à l'usage des écoles grecques] (Athènes, Anestis Konstantinidis, 1889), pp. 80-98.

16 Dionysios Kolokotsas, *Νεοελληνικά αναγνώσματα προς χρήσιν των ελληνικών σχολείων διά τους μαθητάς της Α΄ τάξεως* [Lectures grecques modernes à l'usage des écoles grecques pour les élèves de la 1ère classe] (Athènes, Ioannis Sideris, 1898), pp. 122-140.

philosophes européens du XVIIIe siècle de combattre les ténèbres de l'ignorance par la diffusion du savoir. Telle est l'image des Lumières européennes transmise de manière stéréotypée dans les manuels scolaires de la Grèce du XIXe siècle, en tant que mouvement dont le contenu demeure toujours lié à la quête du savoir et au développement de la culture et dépourvu de ses traits radicaux, philosophiques et politiques, de son idéologie révolutionnaire et socialement subversive. Telle est donc l'image des Lumières européennes transmise dans le système d'éducation primaire et secondaire d'une Grèce encore largement plongée dans l'ignorance et l'analphabétisme, une image stéréotypée d'une tendance de la société et des individus éclairés et exemplaires vers le savoir et le développement culturel.

C'est pourquoi on a souvent constaté que les Lumières ont échoué à fonctionner dans la société grecque de l'époque de manière vraiment massive, radicale et révolutionnaire, elles n'ont vraiment pas été capables de s'infiltrer au sein de la base sociale et n'ont pas pu fonctionner en tant que point de départ vers une nouvelle tradition politique libérale. Ainsi, les efforts de Coray et d'autres érudits n'ont pas pu ou n'ont pas su transformer cette idéologie libérale et républicaine en une tradition politique solide et dominante[17].

En effet, la recherche effectuée dans les manuels scolaires a clairement démontré la pertinence de ces constatations. Les textes scolaires propagent une idéologie qui, tout en faisant clairement écho aux Lumières européennes, se distancie de la pensée des philosophes au profit d'une variante beaucoup plus adaptée aux réalités de la société grecque de l'époque : le libéralisme républicain se trouve au centre des préoccupations majeures, sans pourtant que les agents sociaux impliqués aient toujours conscience du rôle qu'ils assumaient à son service. Les Lumières, telles qu'elles survivent pendant la deuxième moitié du XXe siècle, dans les milieux de l'éducation scolaire et de la jeunesse, sont dans une large mesure portées par une nouvelle couche d'érudits et de pédagogues voués à l'éducation et à la formation de la nation et de la jeunesse en particulier. Ces érudits, ayant effectué leurs études en Europe, ont travaillé pour la modernisation de la société surtout à travers son développement culturel, pour le bouleversement de nombreuses conceptions traditionnelles, mais de manière modérée, sans ruptures radicales. Leur caractéristique principale fut leur forte conviction, stable et permanente, que la culture du peuple est d'une importance majeure pour l'amélioration de la société, pour la gloire de la nation hellénique, qu'elle est garante de sa survivance à la postérité face aux dangers qui la menacent. N'oublions pas que la Grèce vient de sortir d'un asservissement et d'une guerre, et que le mot « palingénésie » était de tout premier ordre pendant cette période. La formation des Grecs, leur avènement aux rang des peuples européens, pouvait

---

17 Voir Paschalis M. Kitromilidès, Νεοελληνικός Διαφωτισμός. Οι πολιτικές και κοινωνικές ιδέες [Lumières néohelléniques. Les idées politiques et sociales] (Athènes, Fondation culturelle de la Banque nationale de Grèce, 1996), pp. 505-506.

ainsi se fonder sur la diffusion large de la culture, sur l'enseignement d'une morale (et non pas encore d'une politique) d'égalité sociale, sur le respect de la tradition et sur l'ouverture vers la culture européenne.

Ce désir profond de vouloir et de pouvoir éduquer la nation grecque, même les couches les plus défavorisées, aussi audacieux qu'il puisse sembler au premier abord, était pourtant honnête et dans une large mesure réalisable. L'esprit qui présidait à l'édition des livres pour la jeunesse grecque depuis la fin du XVIIIe siècle, tout en valorisant les bénéfices du savoir, touchait le concept de la raison humaine tout en mettant l'accent sur les principes moraux, dans un cadre de libéralisme social et politique[18]. Les aspects principaux du discours pédagogique et moral, politique et ethnique, exprimés dans les manuels scolaires s'adressant à la jeunesse, font écho aux idées et à l'action d'Adamance Coray et se placent dans la lignée d'une longue tradition ininterrompue pendant tout le XIXe siècle grec, qui adopte les principes des Lumières européennes et les place au service de l'identité nationale et culturelle.

---

18 Voir Kitromilidès, *Νεοελληνικός Διαφωτισμός*, pp. 498-514.

MARIE VRINAT-NIKOLOV

Comment penser le XIXᵉ siècle bulgare?

« Renaissance », « Lumières », « Tanzimat » ?
Histoire national(ist)e vs histoires croisées (Entangled Histories)

Dans un ouvrage qui fait référence sur le réveil national bulgare, l'historien Roumen Daskalov se montre très réservé quant à l'existence même de Lumières bulgares :

> Характерното тъкмо за българския случай широко местно движение за образование на роден език и в светски дух само по себе си не може да се определи като Просвещение (въпреки етимологическата връзка на « просвета » с « Просвещение ») […] Това прави понятието « Българско просвещение » ако не невъзможно, то слабо съдържателно[1].

> [On ne saurait nommer *Lumières* le large mouvement local de diffusion de l'instruction en langue vernaculaire et dans un esprit séculier, caractéristique du cas bulgare (et, ce, malgré le lien étymologique en bulgare des mots *просвета*, instruction, et *Просвещение*, Lumières). […] Ce qui fait que, si la notion de « Lumières bulgares » n'est pas impossible, elle est porteuse d'un contenu faible].

En revanche, rien de plus évident, à première vue, que le « réveil national », en bulgare *Възраждане*, littéralement « Renaissance », qui s'est imposé dans l'historiographie bulgare dès la fin du XIXᵉ siècle pour désigner l'époque idéalisée où se met en place la « fabrique bulgare » d'identité nationale en période précisément pré-nationale, avant la *libération* en 1878 des territoires bulgarophones qui faisaient partie de l'Empire ottoman depuis 1396. Identité qui repose sur l'équation : un peuple au passé glorieux, « renaissant » après cinq siècles de « léthargie » due à un double « joug », politique « turc » et culturel « grec » ; une langue ; une littérature en (re)construction en grande partie par « l'épreuve de l'étranger » (la traduction de textes russes et occidentaux) ; une religion : l'orthodoxie.

---

1 Roumen Daskalov, *Как се мисли българското възраждане. 10 години по-късно* [Comment le réveil national se pense-t-il. Dix ans plus tard] (Sofia, Prosveta, 2002, rééd. 2013), pp. 54-55.

De l'Europe ottomane aux nations balkaniques : les Lumières en question / From Ottoman Europe to the Balkan Nations : Questioning the Enlightenment, sous la direction de Chryssanthi Avlami, Franck Salaün et Jean-Pierre Schandeler, Turnhout, 2023 (MEMEW, 4), p. 115-123
© BREPOLS PUBLISHERS   DOI 10.1484/M.MEMEW-EB.5.134221

Consolidé par l'historiographie communiste qui voyait dans le réveil national bulgare la « transition (*преход*) historique entre, d'une part, le féodalisme médiéval et, de l'autre, un mode de société et d'économie bourgeois[2] », un condensé des idées et courants européens de la Renaissance aux Lumières par un mouvement de « développement accéléré[3] », ce terme de *Възраждане* est mis en question par certains historiens depuis le début du XXIe siècle[4]. C'est, cependant, toujours une « époque », et la plus importante, dans l'historiographie générale et littéraire.

Faudrait-il plutôt parler d'époque des Lumières, comme invitait à le faire Ilia Konev[5], ou des *Tanzimat*, comme le montre de manière convaincante Aleksander Vezenkov[6] ? La question est importante : peut-on continuer à penser cette époque dans un cadre « national » avant la création de l'État-nation rêvé ? Doit-on la replacer dans un contexte transnational et ottoman ? Quels sont les enjeux et significations de ces deux approches ?

Mais auparavant, un préalable : les territoires « bulgares » qui font partie de l'Empire ottoman, au sein de la communauté des chrétiens orthodoxes placés sous l'autorité du patriarche de Constantinople, participent à l'Europe des Lumières, au XIXe siècle, par le développement d'une instruction laïque et moderne dispensée d'abord en grec, puis dans la langue vernaculaire à partir des années 1830, d'une presse périodique, de livres imprimés et diffusés en bulgare moderne, de sociétés savantes. Des clercs, relayés par des enseignants puis par une bourgeoisie constituée de commerçants, d'artisans, de fabricants participent à ce mouvement ainsi qu'à la mise en cause de la théocratie, de l'obscurantisme dans lequel l'Église orthodoxe maintient les fidèles, prônant

---

2 Nikolaï Guentchev, *Българското възраждане* [Le réveil national bulgare] (Sofia, ИВ, 2005), p. 11.

3 Gueorgui Gatchev, *Ускорено развитие на културата* [Le développement accéléré de la culture] trad. Donka Dantcheva (Sofia, Zahary Stoyanov 1979, rééd. 2003).

4 Daskalov, *Как се мисли българското възраждане* ; Albena Hranova, *Историография и литература* [Historiographie et littérature] (Sofia, Prosveta, 2011, II) ; Nikolaï Aretov, « Възрожденската литература като 'въобразен текст' или парадоксите на една дефиниция » [La littérature du réveil national en tant que « texte imaginé ». Les paradoxes d'une définition], dans *Въображените текстове на българското възраждане* [Les textes imaginés du réveil national bulgare] (Sofia, Boyan Penev, 2005), pp. 17-31.

5 Iliya Konev, *Българското възраждне и Просвещението* [Le réveil national bulgare et les Lumières] (Sofia, BAN, 1983), I.

6 Aleksander Vezenkov, « Очевидно само на пръв поглед : българското възраждане като отделна епоха » [Évident à première vue uniquement : le réveil national bulgare en tant qu'époque à part entière], dans *Балканският XIX век. Други прочити* [Le XIXe siècle balkanique. Autres lectures], éd. par Diana Michkova (Sofia, Riva, 2006), pp. 82-127 ; Aleksander Vezenkov et Tchavdar Marinov, « Концепцията за национално Възраждане в балканските историографии » [La conception du réveil national dans les historiographies balkaniques], dans *Преплетените истории на балканите* (Sofia, NBU, 2015), pp. 420-478. Traduction en bulgare de *Entangled Histories of the Balkans*, vol. 3, Shared Pasts, Disputed Legacies, Rumen Daskalov et Aleksander Vezenkov (éd.) (Leiden, Brill, 2015), pp. 406-462.

une approche fondée sur la raison, l'instruction, un changement de modèle politique et partageant la foi dans le progrès[7].

Les Lumières : occidentales, grecques, serbes, roumaines, donc « problématiques » ?

Un constat s'impose : les Lumières n'existent pas en tant qu'époque de l'histoire bulgare, aussi bien dans l'historiographie générale que dans les manuels d'histoire ou dans les histoires littéraires. Ainsi, la récente *Histoire des Bulgares* en huit tomes (2004), particulièrement nationaliste, qui vise un large public, consacre 365 pages au réveil national, dont un quart de page à « l'influence de l'Europe[8] ». De même, dans la dernière histoire littéraire en date, celle de Svetlozar Igov (1996), le chapitre sur le réveil national est le plus important de tous (109 pages). Il est divisé en deux sous-parties, dont la première est intitulée justement Lumières : « *Просвещение* (milieu XVIIIe siècle – milieu des années 1840) ». Or, il n'est fait aucune référence aux Lumières dans le chapeau introductif et le terme semble utilisé plutôt dans son sens de « mouvement pour l'instruction » ancré dans le contexte du réveil national[9]. Enfin, dans un manuel d'histoire récent (2012[10]) destiné aux élèves de 11e (classe de 1ère dans le système éducatif français), le réveil national (début du XVIIIe siècle – 1878) est défini comme la « transition entre le Moyen Âge et les temps modernes », les Lumières n'étant évoquées qu'en une seule phrase. Elles apparaissent, en revanche, dès que l'on traite de l'Europe, et même des Balkans, mais s'arrêtent à la Grèce, à la Serbie et aux Principautés danubiennes.

Cette absence peut s'expliquer si l'on cherche des écrits littéraires, philosophiques ou politiques qui s'apparentent aux Lumières occidentales, sur des

---

7 On peut citer entre autres Sofroni Vratchanski, Neofit Bozveli, Peter Beron, Konstantin Fotinov, Ivan Bogorov, Vassil Aprilov, Ivan Dobrovski. Voir Nadia Danova, *Константин Георгиев Фотинов в културното и идейно-политическото развитие на Балканите през XIX век* [Konstantin Fotinov dans le développement des idées et de l'économie des Balkans au XIXe siècle] (Sofia, BAN, 1994) ; Nadia Danova, *Иван Добровски в перспективата на българския XIX век* [Ivan Dobrovski dans la perspective du XIXe siècle bulgare] (Sofia, Valentin Trayanov, 2008) ; Nadia Danova, « Идеите на Просвещението и модернизацията на манталитетите » [Les idées des Lumières et la modernisation des mentalités], dans *Модерността вчера и днес* [La modernité hier et aujourd'hui] (Sofia, Kralitsa Mab. 2003), pp. 10-23.
8 *История на българите, Къносредновековие и възраждане* [Histoire des Bulgares, Moyen Âge tardif et réveil national], Centre d'études pour la stratégie nationale bulgare, sous la rédaction de Gueorgui Markov (Sofia, Troud, 2004), II, p. 361.
9 Svetlozar Igov, *Кратка история на българската литература* [Brève histoire de la littérature bulgare] (Sofia, Prosveta, 1996).
10 *История и цивилизация за 11 клас* [Histoire et civilisation pour le 11e classe] (Sofia : Prosveta, 2012).

territoires en grande partie ruraux dont la population, selon le recensement de 1881, donc postérieur à la période qui nous intéresse, ne comptait que 3,3% de lettrés (5% d'hommes et 1,5% de femmes[11]).

Mais on peut aussi penser que les Lumières sont « problématiques » pour les Bulgares à deux titres. Selon un schéma de pensée répandu depuis la première moitié du XIXe siècle jusqu'à présent, c'est l'Empire ottoman, arriéré, qui serait responsable de l'isolement dans lequel les territoires bulgares auraient été maintenus par rapport à l'Europe pendant cinq siècles. Comme ces territoires étaient géographiquement plus éloignés de l'Europe centrale et occidentale et plus proches de la capitale ottomane, ils n'auraient pas été touchés par les Lumières, à la différence des Grecs, des Serbes et des Roumains qui se sont libérés dès le début du XIXe siècle.

Ce qui pose problème également, c'est le fait que les idées des Lumières, qui devaient contribuer à l'émergence du fait national et à l'aspiration à l'indépendance, parviennent, dans un premier temps, à une petite élite de clercs puis d'instituteurs bulgares formés en grec, dans les écoles grecques de l'Empire ottoman en l'absence d'écoles bulgares (Académie de Kydonies, lycées d'Andros, d'Athènes, de Chios, de Bucarest, école de *Kuruçeşme* à Istanbul et autres). C'est d'abord par le grec qu'ils lisent les philosophes français :

> Тези училища допринасят за погърчването и поевропейчването на многоетничния православен културен елит из целия балкански полуостров [...] и по този начин и към заличаването на етническите различия и за надетническо сплотяване на ромейската общност, вече не само в духа на православието, но и на Просвещението[12].

> [Ces écoles contribuent à l'hellénisation et à l'européanisation de l'élite culturelle orthodoxe multiethnique dans toute la péninsule balkanique [...] et ainsi à l'effacement des différences ethniques et à un ralliement supra-ethnique de la communauté roméique, désormais non seulement dans l'esprit de l'orthodoxie, mais aussi des Lumières.]

Or la perspective national(ist)e fait des Grecs, notamment du Patriarcat de Constantinople et des « Phanariotes », les oppresseurs spirituels et culturels des Bulgares sous le « joug turc ». Elle a bien du mal à admettre que, jusqu'aux années 1830, le grec est simplement la langue de prestige social et culturel de la population urbaine sur les territoires bulgares, et non une langue imposée ; qu'on ne saurait parler de conscience nationale à cette époque ; et que le

---

11 Aleksander Vezenkov et Tchavdar Marinov, « Концепцията за национално Възраждане в балканските историографии » [La conception du Réveil national dans les historiographies balkaniques], p. 433.

12 Raymond Detrez, *Не търсят гърци, а ромеи да бъдат, Православната културна общност в Османската империя. XV-XIX в.* [Ils ne cherchent pas à être grecs, mais romains. La communauté de culture orthodoxe dans l'Empire ottoman] (Sofia, Kralitsa Mab, 2015), p. 151.

Patriarcat de Constantinople, héritier de Byzance, se veut œcuménique et non spécifiquement grec. Jusqu'au milieu du XIXᵉ siècle, le conflit entre les Slaves et le Patriarcat est social et politique et non « ethnique[13] ». Ce n'est qu'à partir des années 1840 que les relations entre Grecs et Bulgares deviennent tendues avec la montée des deux nationalismes et l'idée d'un lieu génétique, partagé par une communauté ethnique, qui exclut les autres orthodoxes. Le Patriarcat de Constantinople n'est alors plus celui des Bulgares : ils le considèrent comme grec et veulent leur propre Église. Le lien entre Lumières, Église et religion est d'ailleurs complexe dans les Balkans : pensée critique et pensée du religieux s'articulent, aussi bien chez les musulmans que chez les chrétiens (par exemple à l'Académie d'Athos, fin XVIIIᵉ siècle, animée par Evguenios Voulgaris). La Révolution française marquera le divorce entre clercs et Lumières.

Les autres médiateurs des Lumières (le Serbe Dositej Obradović, les foyers d'immigration dans les principautés danubiennes et en Russie, les universités françaises et autrichiennes) semblent mieux s'inscrire dans le récit national.

Les *Tanzimat* : turcs, donc « arriérés » et inefficaces ?

Dans un article consacré à l'Empire ottoman et à l'Europe au XIXᵉ siècle, François Georgeon souligne :

> Au-delà de l'objectif de transformation de l'État central, les réformateurs ottomans visaient un autre but : faire que l'Empire rejoigne la « civilisation ». Inventée au milieu du XVIIIᵉ siècle à l'époque des Lumières [...], l'idée de civilisation a été adoptée très vite par les élites ottomanes[14].

Ce n'est pas la vision bulgare de l'Empire ottoman, qui reprend encore à son compte l'image de « l'homme malade de l'Europe », selon la célèbre formule du tsar Nicolas Iᵉʳ (1853)[15], en perpétuel déclin, incapable de se réformer. L'historiographie traditionnelle sous-estime la portée des réformes (*Tanzimat*) entreprises par les Sultans. Tout ce qui est turc ou ottoman est forcément vieux et dépassé, tout ce qui est lié au réveil national bulgare est nouveau et moderne. C'est ce que constate Alexander Vezenkov qui déplore le manque d'intérêt de l'historiographie bulgare pour « les processus qui font manifestement partie du développement ottoman (changements dans la législation, centralisation, modernisation de l'administration centrale et

---

13 L'ouvrage que Raymond Detrez a consacré aux Bulgares dans la « communauté roméique » est très éclairant : Raymond Detrez, *Не търсят гърци, а ромеи да бъдат, Православната културна общност в Османската империя. XV-XIXв.* [Ils ne cherchent pas à être grecs, mais romains. La communauté de culture orthodoxe dans l'Empire ottoman].
14 François Georgeon, « L'Empire ottoman et l'Europe au XIXᵉ siècle. De la question d'Orient à la question d'Occident », *Confluences Méditerranée*, n° 52 (2005.1), 29-39. DOI : 10.3917/come.052.0029.
15 Georgeon, « L'Empire ottoman et l'Europe au XIXᵉ siècle », p. 29.

locale) et qui ne peuvent être présentés comme participant de la renaissance bulgare[16] ». Si l'on peut comprendre qu'à l'époque de la « fabrique » de l'identité nationale, ses acteurs aient voulu se démarquer de tout ce qui touchait, de près ou de loin, à l'Empire ottoman, on peut regretter qu'il soit encore difficile, un siècle et demi plus tard, de proposer une autre approche sans susciter de violentes réactions[17].

Or le développement socio-économique et culturel des territoires bulgares ottomans doit beaucoup aux *Tanzimat*. Le sentiment d'entrer dans une nouvelle ère, moderne, est partagé par les sujets de l'Empire :

> La plupart des communautés ethniques et confessionnelles de l'empire ont leurs journaux. Ceux-ci, en des langues diverses, professent la même foi dans le progrès et se réclament des mêmes idéaux de justice et de fraternité[18].

Sans oublier l'admiration pour les Lumières françaises et leur diffusion parmi les élites turques ottomanes : Münif Paşa, né dans une famille d'Oulémas, publie en 1859 un recueil de dialogues traduits de Fénelon, Fontenelle, Voltaire, et fonde en 1862 la Société ottomane des sciences et son journal, *Mecmua-i Fünûn*. İbrahim Şinasi, qui a fait des études supérieures à Paris, propage les idées nouvelles dans les journaux qu'il dirige. La pensée politique de Ziya Paşa tient ensemble des idées des Lumières (notamment de Rousseau) et l'Islam. Namık Kemal professe, entre autres, que « le droit et le but de l'homme ne sont pas seulement de vivre, mais de vivre libre ». Pour lui, musulman, la liberté est un don de Dieu, mais il plaide pour la séparation des pouvoirs et l'instauration d'un régime constitutionnel[19]. L'adhésion aux idées des Lumières est, comme le montre François Georgeon cité plus haut, une adhésion à l'idée même de « civilisation » imputée à l'Europe occidentale.

L'historien Vefa Erginbaş, qui souhaite contribuer à l'idée de « Lumières multiples », développe l'idée selon laquelle :

> the seeds of Enlightenment thought circulated in the eighteenth-century Ottoman Empire and were propounded by members of the intelligentsia, such as İbrahim Müteferrika, who hoped to disseminate these ideas to a wider readership. The ideas defended by Müteferrika were scientism, seeking the causes of events and rational solutions to problems which were not specified in religious law, a positive attitude toward change and renewal, and the dissemination of knowledge, especially humanistic

---

16 Vezenkov, « Очевидно само на пръв поглед », p. 85.
17 Par exemple le scandale autour d'un manuel d'histoire de 2014 accusé de diffuser des « mensonges monstrueux » et des « âneries », parce qu'on y reconnaît, entre autres, que les chrétiens avaient le droit de parler et d'écrire dans leur langue, de pratiquer librement leur religion, d'édifier des écoles, etc.
18 *Histoire de l'Empire ottoman*, éd. par Robert Mantran (Paris, Fayard, 1989), p. 465.
19 *Histoire de l'Empire ottoman*, éd. par Mantran, pp. 466-469.

and scientific knowledge, through printing. These ideas made İbrahim Müteferrika a man of the Enlightenment in the Ottoman context.

> [les germes des Lumières ont circulé dans l'Empire ottoman du XVIIIe siècle et ont été portés par des membres de l'intelligentsia, tel que İbrahim Müteferrika qui espérait diffuser ces idées auprès d'un large lectorat. Les idées défendues par Müteferrika étaient le scientisme, qui cherche les causes des événements et des solutions rationnelles à des problèmes non identifiés par le droit religieux, une attitude positive à l'égard du changement et du renouveau, la diffusion des connaissances, en particulier le savoir sur l'homme et le savoir scientifique, par le biais de l'imprimerie. Ces idées ont fait d'Ibrahim Müteferrika un homme des Lumières dans le contexte ottoman[20].]

Le Réveil (възраждане) : national et extensible. Histoire national(ist)e *vs* histoires croisées (Entangled histories / преплетени истории)

La métaphore qui sous-tend le terme de *възраждане*, renaissance, est bien connue : après cinq siècles de domination ottomane et de « léthargie identitaire », le peuple bulgare renaît enfin à sa véritable identité, il renoue avec son glorieux passé. Cette image d'éveil après un long sommeil, qui devait connaître une fortune durable, remonte à l'appel lancé en 1762 par le moine d'Athos, Païssi de Hilendar, au début de son *Histoire slavo-bulgare* (1762) :

> Внимавайте, вие, читатели и слушатели, роде български, които обичате и имате при сърце своя род и българско отечество и желаете да разберете и знаете известното за своя български род и за вашите бащи, деди и царе, патриарси и светии, как изпърво са живеели и прекарвали. [...] О, неразумни и юроде ! Защо се срамуваш да се наречеш българин и не четеш, и не говориш на своя език ? Или българите не са имали царство и държава ? [...] Ти, българино, не се мами, знай своя род и език и се учи на своя език ![21]

> [Prêtez attention, lecteurs et auditeurs, peuple bulgare, vous qui aimez votre peuple et votre patrie bulgare et qui vous souciez d'eux, qui voulez comprendre et connaître ce que l'on sait sur votre lignage bulgare, la vie de vos pères, aïeux et rois, de vos patriarches et de vos saints. [...] Oh, insensé et faible d'esprit ! Pourquoi as-tu honte de

---

20 Vefa Erginbaş, « Enlightenment in the Ottoman Context : İbrahim Müteferrika and his Intellectual Landscape », dans *Historical Aspects of Printing and Publishing in Languages of the Middle East*, éd. par Geoffrey Roper (Leiden, Brill, 2013), p. 95.
21 Païssiy Hilendarski, *Славяно-българска история*, adapté en bulgare moderne par Peter Dinekov (Sofia, Balgarski pissatel, 1980), pp. 19, 20 et 21.

te nommer « bulgare », pourquoi ne parles-tu pas et ne lis-tu pas dans ta propre langue ? Les Bulgares n'ont-ils pas eu de royaume et d'État ? […] Toi, Bulgare, ne te laisse pas duper, connais ton peuple et ta langue, et instruis-toi dans ta langue !]

L'œuvre du moine de Hilendar, recopiée maintes fois et diffusée sur des territoires qui ne connaissaient pas encore l'imprimerie[22], jette les fondements d'une identité nationale dans la triade origine génétique–langue–patrie, en opposant les Bulgares, Slaves et orthodoxes, à la fois à l'oppresseur ottoman et musulman et aux Phanariotes (Grecs). C'est elle que l'historiographie bulgare prend traditionnellement comme point de départ du réveil national, suivant en cela un article de Marin Drinov (1871)[23]. On ne saurait pour autant négliger le grand retentissement qu'eurent sur les hommes de lettres de la première moitié du XIXe siècle – notamment Vassil Aprilov et son « tournant culturel » de la Grèce vers la Russie – les travaux du Ruthène Youri Veneline, qui confortaient les Bulgares dans leur slavité orthodoxe. Il est intéressant de noter que son premier traducteur remplace le mot *зараждане*, « émergence », par *възраждане*, « renaissance »[24].

Le réveil national est, aujourd'hui encore, non seulement une époque, mais aussi une « discipline » à part entière, avec ses chercheurs[25], alors que les XVIe et XVIIe siècles sont réservés aux « ottomanistes ». Une époque dont les bornes temporelles sont loin de faire l'unanimité et, ce, dès le XIXe siècle : si la thèse de Marin Drinov prédomine toujours, Vassil Aprilov, Gueorgui Rakovski, Petko Slaveïkov, Liouben Karavelov, acteurs du réveil national, le faisaient remonter tantôt à 1762, tantôt aux réformes de l'Empire ottoman, tantôt à 1848, tantôt à la création de l'Exarchat bulgare en 1871[26].

Le réveil national, qui a l'avantage d'être « bien bulgare » comme son nom l'indique, permet également de mettre entre parenthèses la période ottomane et de renouer le lien avec la représentation que l'on a de l'État médiéval, d'assurer ainsi une continuité de la nation en revendiquant le fameux « droit de propriété » sur un territoire acquis dans un passé lointain, évoqué par Patrick Geary[27].

---

22 On considère que le premier livre imprimé en bulgare moderne est le *Kiriakodromon siretch Nedelnik*, de Sofroni de Vratsa (1806).
23 Marin Drinov, « Отец Паисий, неговото време, неговата история и учениците му » [Le Père Païssi, son époque, son histoire et ses disciples], *Периодическо списание на БКД* [Revue périodique de la Société littéraire bulgare] 1, 1871, n° 4, p. 3.
24 Daskalov, *Как се мисли българското възраждане.*, p. 11.
25 Aleksander Vezenkov et Tchavdar Marinov, « Концепцията за национално Възраждане в балканските историографии », p. 435. Comme les deux auteurs le font remarquer très justement, les contemporains ne parlaient pas en ces termes, mais ils disaient « sous les Turcs » ou « avant la Libération ».
26 Daskalov, *Как се мисли българското възраждане*, p. 14 ; Hranova, *Историография и литература*, pp. 38-46.
27 Patrick J. Geary, *Quand les nations refont l'histoire. L'invention des origines médiévales de l'Europe* (Paris, Flammarion, 2004, rééd. 2006).

Cette vision essentialiste et primordialiste de la nation qui règne dans l'historiographie « officielle » est déconstruite depuis le début du XXIe siècle et la traduction, en 1999, de *Nations and Nationalism* d'Ernst Gellner (1983)[28]. Plusieurs travaux qui se situent dans le sillage de l'histoire culturelle, l'histoire croisée, l'histoire globale, donnent à voir une autre vision de l'histoire (littéraire) bulgare, des Balkans et de l'Empire ottoman, qui, si elle est loin d'être acceptée en Bulgarie même, commence à acquérir une visibilité internationale grâce aux publications rédigées en anglais, dont les quatre volumes des *Entangled Histories of the Balkans*[29], parus entre 2013 et 2017.

Des Lumières bulgares ? On le voit, c'est un sujet complexe qui révèle des paradoxes apparents qui n'en sont que du fait de la « nationalisation » de phénomènes qui ne l'étaient pas. Il montre aussi l'aporie dans laquelle tombe l'historiographie lorsqu'elle se restreint au cadre de l'État-nation, alors qu'il serait plus fécond de dresser une cartographie des Lumières dans le monde sur le long terme, de la manière dont elles ont agi, de leurs transformations, déclinaisons, de leur métissage[30] pourrait-on dire, dans la dynamique des contacts entre cultures différentes.

Je rejoindrais volontiers Vefa Erginbaş :

> I find the multiple Enlightenments idea useful because it allows us to incorporate diverse cultures into a global framework. If we can display how different countries and cultures developed similar ideas around the same time, the supposed dichotomy between the West and the rest becomes less meaningful. The Ottoman Empire, the villain and sick man of Europe, was no different from the rest of Europe in the eighteenth century[31].

> [Je trouve utile l'idée de Lumières multiples parce qu'elle nous permet d'intégrer différentes cultures dans un cadre global. Si nous pouvons montrer comment différents pays et cultures ont développé des idées similaires environ à la même époque, la prétendue dichotomie entre l'Occident et le reste du monde perd de son sens. L'Empire ottoman, le méchant et l'homme malade de l'Europe, n'était pas différent du reste de l'Europe au XVIIIe siècle.]

---

28 *Нации и национализъм*. trad. Ivelina Vatova et Albena Znepolska (Sofia, Панорама, 1999).
29 Sous la direction de Rumen Daskalov, Diana Mishkova, Alexander Vezenkov et Tchavdar Marinov (Leiden, Brill).
30 Au sens d'Alexis Nouss et de François Laplantine, dans *Métissages* (Paris, Pauvert, 2001).
31 Erginbaş, « Enlightenment in the Ottoman Context », pp. 55-56.

GILLES DE RAPPER

Pélasgisme et néo-pélasgisme

La quête des origines en Albanie, des Lumières nationales au postcommunisme

Il est possible que la notion de Lumières occupe une place marginale dans l'historiographie albanaise. Cela peut être vu comme l'expression du développement de l'histoire comme discipline en Albanie, développement marqué par les conditions de production du savoir pendant la période communiste (1944-1991), même si l'institutionnalisation de la discipline débute avant 1944. À cette époque de conception « marxiste-léniniste » de l'histoire, en effet, la pensée des Lumières est présentée comme une pensée bourgeoise, c'est-à-dire comme un mouvement idéologique porté par la bourgeoisie et qui n'est rien d'autre, en d'autres termes, que « la victoire de l'ordre capitaliste ». C'est ainsi qu'elle est définie par l'article « Lumières » du *Dictionnaire encyclopédique albanais* de 1985[1]. Une deuxième raison du caractère marginal de la notion de Lumières est qu'elle est reconnue comme un phénomène d'importation tardive en Albanie. Le même dictionnaire précise en effet que ce n'est que dans la seconde moitié du XIXe siècle que les Lumières se diffusent dans les territoires albanais, alors sous domination ottomane ; elles sont, en quelque sorte, un phénomène étranger. Le mot qui les désigne trahit cette origine : *iluminizëm* est emprunté à l'italien *Illuminismo*. Cet emprunt s'explique si l'on pense que c'est par l'intermédiaire des Italo-Albanais que les idées des Lumières ont été introduites en Albanie.

Pourtant, les représentants de ce qui, dans l'historiographie albanaise, est appelé la « Renaissance nationale albanaise » (*Rilindja kombëtare shqiptare*) et qui précède la déclaration d'indépendance de 1912, sont aussi des représentants des Lumières : leurs efforts tendaient vers le développement de l'éducation et du savoir « comme condition de la civilisation et du progrès social ». Mais les Lumières recevaient chez eux un « contenu patriotique », pour reprendre les termes du même dictionnaire.

Dans son *Histoire de la littérature albanaise*, rédigée au Kosovo au début des années 1980, Rexhep Qosja rapporte de même que si la pensée des Lumières était

---

[1] *Fjalor enciklopedik shqiptar*, éd. par Aleks Buda [Dictionnaire encyclopédique albanais] (Tiranë, Akademia e Shkencave e RPS të Shqipërisë, 1985), p. 397.

effectivement connue dans l'espace albanais, elle y a rapidement pris une coloration nationale et s'est fondue, dès les années 1830, dans le mouvement romantique qui constitue, selon lui, la véritable idéologie nationale albanaise[2]. En d'autres termes, les Lumières ne sont qu'un élément parmi d'autres de ce qui fonde le projet national et l'idéologie qui le soutient. Elles tendent donc, dans l'historiographie du XXe siècle, à disparaître derrière la notion de Renaissance nationale.

Il semble assuré dans tous les cas que les communautés italo-albanaises d'Italie du Sud jouèrent un rôle dans l'introduction des idées des Lumières dans le monde albanais et qu'elles furent aussi un creuset de la littérature nationale. Dans ce chapitre, nous tenterons de suivre, du XIXe siècle jusqu'à aujourd'hui, une des idées apparues dans ce contexte. Il s'agit de la conception de l'origine et de l'histoire des Albanais et plus précisément de leur identification aux Pélasges, définis comme une population préhellénique ayant occupé les Balkans (et, selon les auteurs, la Méditerranée orientale ou l'ensemble de la Méditerranée). La nécessité d'écrire l'histoire de la nation dans la langue nationale et d'identifier des ancêtres nationaux est inscrite dans le projet de ce que Rexhep Qosja appelle « les Lumières nationales » (*iluminizmi kombëtar*), c'est-à-dire la traduction locale des nouveaux savoirs sur « l'homme, la vie, l'histoire et le rôle de la culture dans la vie sociale des Albanais », qui prend forme chez les auteurs italo-albanais à partir des années 1830[3]. Les Lumières nationales s'appuient sur les conceptions modernes de l'histoire et de la société pour accroître la conscience nationale des Albanais[4]. Par ailleurs, la recherche des ancêtres, de préférence prestigieux, fait partie de la panoplie des mouvements nationaux, comme l'a bien montré Anne-Marie Thiesse[5]. Le « pélasgisme » des auteurs italo-albanais puis albanais du XIXe siècle s'inscrit bien dans ce modèle[6]. Au-delà de cette référence à la création d'une identité nationale albanaise, l'examen du pélasgisme permet aussi de montrer comment un thème apparu dans le cadre des « Lumières nationales » survit alors même que d'autres lumières semblent le rejeter dans l'obscurité. Largement diffusées jusqu'à la Seconde Guerre mondiale, les idées pélasgistes connaissent en effet un déclin après 1945 lorsque les savants albanais (historiens, linguistes, archéologues, ethnologues) formés au marxisme en critiquent le caractère non scientifique et leur substituent le modèle de l'origine illyrienne des Albanais qu'ils appuient sur des méthodes scientifiques de leur temps. Pourtant, les

---

2 Rexhep Qosja, *Historia e letërsisë shqipe. Romantizmi* [Histoire de la littérature albanaise. Le romantisme] (Tiranë, Toena, 2000), vol. 1, p. 47.
3 Qosja, *Historia e letërsisë shqipe*, vol. 1, p. 51.
4 Qosja, *Historia e letërsisë shqipe*, vol. 1, p. 52.
5 Anne-Marie Thiesse, *La création des identités nationales. Europe XVIIIe-XIXe siècle* (Paris, Éditions du Seuil, 2001).
6 Nous proposons le néologisme « pélasgisme » pour désigner l'ensemble des idées qui affirment la réalité historique des Pélasges et du lien entre Pélasges et Albanais. Il ne s'agit pas d'un mouvement reconnu ni unifié. Les auteurs contemporains ont tendance à se définir en tant que « pélasgologues » (*pellazgologë*).

idées pélasgistes font leur retour dans les années 1990, sous des formes que l'on serait tenté de qualifier d'obscurantistes ou d'illuminées, dans tous les cas en opposition au discours porté par l'Académie des sciences qui se pose comme le seul discours rationnel. L'objectif de ce chapitre sera d'esquisser une histoire de la transformation des idées pélasgistes qui permette d'éclairer les raisons et les enjeux de leur revitalisation actuelle.

On assiste en effet en Albanie, depuis la seconde moitié des années 1990, à la popularisation de théories élaborées au XIXe siècle qui font des Albanais contemporains les descendants directs des Pélasges. Ce phénomène s'observe dans la multiplication des publications concernant l'origine pélasgique des Albanais ainsi que dans la réception de ces publications. Celles-ci appartiennent à plusieurs catégories. La première est constituée d'ouvrages écrits par des auteurs albanais et défendant la thèse de l'origine pélasgique des Albanais. Ils sont en majorité publiés à compte d'auteur, parfois aussi chez des éditeurs établis. On en recense une quarantaine depuis 1994. La deuxième catégorie comprend des traductions d'ouvrages sur les Pélasges écrits par des auteurs étrangers, parfois d'origine albanaise. La plupart d'entre eux ont été écrits depuis les années 1960, mais des ouvrages plus anciens sont aussi traduits. Ils sont au nombre d'une vingtaine, depuis 1998. La troisième catégorie est constituée d'articles de presse, écrits par les mêmes auteurs ou par des commentateurs. Ils se comptent par dizaines, depuis 1996. Enfin, une dernière catégorie comprend des ouvrages et des articles qui critiquent les thèses pélasgistes, soit pour défendre la version illyrienne « officielle », soit pour critiquer plus généralement tout discours sur l'origine ; ils sont, dans les deux cas, moins nombreux que les ouvrages et articles pélasgistes. Il faut ajouter à ce corpus écrit les émissions télévisées qui se font le relais des thèses pélasgistes et les nombreux sites internet et forums de discussions dédiés à la question des Pélasges qui se nourrissent des publications appartenant aux quatre catégories. Enfin, nous avons recueilli de nombreux témoignages de la réception des thèses pélasgistes dans la population au cours d'entretiens en divers endroits du pays, en particulier dans le sud, à la frontière avec la Grèce. Ces évocations des Pélasges sont le plus souvent spontanées, sans rapport avec le thème principal des entretiens, mais apparaissent pour ainsi dire automatiquement lorsqu'il est question des relations entre Albanais et Grecs, de la frontière ou de la migration. C'est la récurrence des références à des ouvrages qui ne semblaient pas *a priori* dignes d'intérêt au cours d'entretiens et de conversations diverses, témoignant de la large réception des thèses pélasgistes dans la population, qui nous a amené à nous intéresser à cette littérature et à ses relations avec la situation frontalière prévalant depuis la chute de la dictature en 1991.

Le pélasgisme du XIXe siècle

Les origines du pélasgisme albanais remontent au moins au XVIIIe siècle. Elles posent la question du lien entre cette forme moderne et les formes anciennes du pélasgisme : depuis l'Antiquité en effet, comme l'ont montré Dominique Briquel pour l'Italie et Christiane Sourvinou-Inwood pour la Grèce[7], la figure du Pélasge a été utilisée par diverses communautés pour revendiquer un caractère autochtone ou un lien avec la Grèce des origines. Si cette généalogie a été peu étudiée, l'histoire des idées pélasgistes au XIXe siècle est mieux connue[8]. Un aperçu historique permet de montrer d'une part à quel point les ouvrages pélasgistes actuels s'inscrivent, souvent implicitement, dans une longue histoire et ne font que reprendre des arguments et des exemples en usage depuis le XIXe siècle, et d'autre part que la question de l'origine pélasgique des Albanais est indissolublement liée à celle de leur « frontière » avec les Grecs, dans la préhistoire et l'Antiquité, mais surtout dans la période contemporaine. Le développement des idées pélasgistes est étroitement corrélé à l'affirmation concurrente des nationalismes grec et albanais[9].

La première mention des Pélasges comme ancêtres des Albanais semble être due à Conrad Malte-Brun dans sa *Géographie universelle*, commencée en 1810. Celui-ci s'appuie sur un essai publié en 1807 par un Italo-Albanais, Angelo Masci (1758-1821), sur « l'origine, les mœurs et l'état actuel de la nation albanaise », dans lequel l'ancienneté et l'autochtonie des Albanais étaient avancées sans être encore reliées aux Pélasges. La suggestion de Malte-Brun est reprise dans les années 1830 et 1840 par d'autres Italo-Albanais, Giuseppe Crispi (1781-1859), Girolamo De Rada (1814-1903) et Vincenzo Dorsa (1823-1885) notamment. À cette époque des « nations romantiques[10] » et, plus particulièrement, de construction de la nation italienne, les Italo-Albanais cherchent, par l'évocation de leurs origines, à se distinguer des Italo-Grecs avec lesquels ils sont généralement confondus en raison de leur commune confession grecque orthodoxe ; la théorie pélasgique servait cet objectif[11].

---

7 Dominique Briquel, *Les Pélasges en Italie. Recherches sur l'histoire de la légende* (Rome, École française de Rome, 1984) ; Christiane Sourvinou-Inwood, « Herodotus (and others) on Pelasgians : Some Perceptions of Ethnicity », dans *Herodotus and his World*, éd. par Peter Derow et Robert Parker (Oxford, Oxford University Press, 2003), pp. 103-144.

8 Cette histoire est en grande partie retracée, pour le XIXe siècle, par Nikos Sigalas, *La question des origines chez les intellectuels grecs de la deuxième moitié du XIXe siècle*, mémoire de D.E.A. (Paris, EHESS, 1999). Voir aussi Nathalie Clayer, *Aux origines du nationalisme albanais. La naissance d'une nation majoritairement musulmane en Europe* (Paris, Karthala, 2007) pour le rôle des théories pélasgiques dans le mouvement national albanais et Jup Kastrati, *Historia e albanologjisë* [Histoire de l'albanologie] (Tiranë, Argeta LMG, 2000) pour des monographies portant sur des auteurs ayant écrit sur les Pélasges, jusqu'en 1854.

9 Sur la dimension frontalière du néo-pélasgisme, voir Gilles de Rapper, « Pelasgic Encounters in the Greek-Albanian Borderland. Border Dynamics and Reversion to Ancient Past in Southern Albania », *Anthropological Journal of European Cultures*, 18.1 (2009), 50-68, et Gilles de Rapper, « La frontière ré-enchantée. Imaginaire national et pratiques de la frontière entre l'Albanie et la Grèce », dans *Faire frontière(s). Raisons politiques et usages symboliques* éd. par Carine Chavarochette et al. (Paris, Karthala, 2015), pp. 139-152.

10 Jean Plumyène, *Les nations romantiques. Histoire du nationalisme, le XIXe siècle* (Paris, Fayard, 1979).

11 Clayer, *Aux origines du nationalisme albanais*, p. 173.

Ces premières tentatives pour donner aux Albanais modernes des ancêtres prestigieux et non grecs reçoivent un soutien scientifique avec la publication des *Études albanaises* de Georg von Hahn en 1854[12]. Pour ce dernier, Illyriens, Épirotes et Macédoniens appartiennent à une même souche, celle des Pélasges, dont les Albanais sont les plus authentiques descendants, distincte des Grecs issus, quant à eux, d'un mélange racial. Les *Études albanaises* de Hahn sont considérées comme le début de l'albanologie scientifique et comme ayant exercé une influence déterminante sur cette discipline dans l'espace germanophone mais aussi en Albanie et ailleurs. Son influence directe sur le pélasgisme actuel semble cependant relativement limitée, ce qui peut s'expliquer par l'absence de traduction albanaise complète et accessible jusqu'en 2007.

La quête des origines des Italo-Albanais est généralement vue comme une des sources du nationalisme albanais de la seconde moitié du XIXe siècle. Le thème de l'origine pélasgique des Albanais est en effet repris par les écrivains du mouvement national jusqu'au milieu du XXe siècle. Il permet tout à la fois d'affirmer l'autochtonie et l'antériorité des Albanais dans les Balkans et de donner à la nation albanaise la plupart de ses mythes fondateurs : homogénéité raciale et culturelle, résistance aux envahisseurs et indifférence religieuse[13]. Il faut cependant prendre garde que la même théorie peut servir des usages différents selon les contextes. Faire des Albanais les descendants des Pélasges ne suffit pas ; il faut encore éclaircir la relation de ces derniers avec les Grecs anciens, car de cette relation dépend celle des Albanais et des Grecs modernes. Tout au long du XIXe siècle, le débat sur l'origine pélasgique des Albanais est inséparable du débat sur ce qui les distingue ou les rapproche des Grecs. Très schématiquement, deux options sont possibles : soit Albanais et Grecs sont apparentés aux Pélasges, d'une manière qui les distingue tout en en faisant des « cousins » ; soit les Albanais seuls sont les descendants des Pélasges et les Grecs ont une autre origine. La première version semble avoir dominé au cours du XIXe siècle, notamment chez les intellectuels albanais orthodoxes[14], tandis que la seconde semble avoir la faveur des auteurs contemporains.

Dans tous les cas, la théorie pélasgique est une façon de parler de la frontière entre les Albanais et les Grecs, soit en insistant sur cette frontière dans le passé le plus lointain, au temps des origines (ce qui permet de revendiquer une altérité dans le présent), soit en minimisant la frontière actuelle – sensible dans la langue, la religion ou le destin politique – au profit des origines communes.

---

12 Johann Georg von Hahn, *Albanesische Studien* (Jena, Friedrich Mauke), 1854.
13 Sur les « mythes » modernes de la nation albanaise, voir Noel Malcolm, « Myths of Albanian National Identity. Some Key Elements, as Expressed in the Works of Albanian Writers in America in the Early Twentieth Century », dans *Albanian Identities. Myth and History*, éd. par Stephanie Schwandner-Sievers et Bernd Jurgen Fischer (London, Hurst, 2002), pp. 70-87.
14 Sur ce point, voir Sigalas *La question des origines* et Leonidas Embirikos, *Histoire de la langue albanaise en Grèce de la création de l'Etat hellénique jusqu'à nos jours* (Paris, Diplôme de l'EHESS, 2002).

Le succès actuel du pélasgisme doit être replacé dans cette histoire de plus d'un siècle, lorsque les Pélasges font leur apparition dans le discours savant sur la préhistoire des Balkans. Les arguments répétés aujourd'hui sont les mêmes qu'alors ; malgré l'insistance sur les « révélations » et les « découvertes », le pélasgisme actuel ne représente aucune avancée significative de la recherche, en partie parce que ses auteurs n'ont pas été formés aux méthodes scientifiques, en partie aussi parce que l'objectif poursuivi par les auteurs actuels ne semble pas être la remise en question du noyau primordial de la théorie (les Albanais sont les descendants directs des Pélasges qui sont à l'origine de toutes les civilisations antiques), mais plutôt sa reproduction et sa confirmation par la production d'exemples du même type (étymologies, citations d'auteurs antiques). La « nouveauté » tient au fait que le succès des thèses pélasgistes a fluctué au cours de l'histoire et que la période actuelle fait suite à une phase de déclin. Le pélasgisme peut ainsi se présenter comme la révélation ou la défense d'une vérité qui a longtemps été occultée.

Des Pélasges aux Illyriens

Les théories au sujet des Pélasges partagent en effet les savants et les intellectuels ; elles révèlent des fractures politiques et idéologiques. À l'époque de l'apparition de la théorie pélasgique en Italie, les Albanais ont déjà reçu d'autres ancêtres, les Illyriens, et certains auteurs préfèrent s'en tenir à cette version, tandis que d'autres soutiennent les Pélasges[15]. L'hypothèse thrace s'affirme aussi au cours du XIXe siècle ; elle en viendra, au cours du siècle suivant, à confronter savants albanais, qui lui sont opposés, et savants étrangers, comme si la frontière entre théories scientifiques reproduisait les frontières politiques du pays. Ce qui semble important pour expliquer le succès des thèses pélasgistes depuis les années 1990, c'est qu'il fait suite à une période de déclin pendant la période communiste : les théories pélasgiques actuelles semblent marquer une rupture avec le passé communiste ; leurs auteurs s'opposent explicitement à la version illyrienne de l'origine albanaise telle qu'elle se met en place pendant la période communiste et se démarquent des chercheurs institutionnels qui défendent encore cette version[16]. À y regarder de plus près, la rupture semble pourtant avant tout rhétorique : si le pélasgisme refait surface dans les années 1990, avant même qu'apparaissent les traductions ou rééditions d'ouvrages du XIXe siècle, on peut penser que c'est parce qu'il a

---

15 Kastrati, *Historia e albanologjisë*, p. 583.
16 Voir notamment les premières pages du livre de Mexhit Kokalari (Mexhit Kokalari, *Epiri, kryeqendra e qytetërimit antik në Evropë* [L'Épire, épicentre de la civilisation antique en Europe] (Tiranë, Koha, 2001), pp. 5-9) dans lesquelles l'auteur s'attaque à l'orientation pro-grecque des études albanaises sur l'Antiquité ; il fait de l'étude des origines une question nationale, un élément de la « stratégie de salut national de nos territoires », alors même que les terres albanaises sont menacées par les pays voisins (Serbie et Grèce).

survécu à l'imposition des idées sur l'origine illyrienne des Albanais et qu'il a subsisté, durant la période communiste, des relais transmettant les idées du pélasgisme classique.

L'illyrisme, en tant que paradigme officiel qui fait des Albanais les descendants des Illyriens de l'Antiquité, s'affirme principalement à la fin des années 1960, dans le contexte plus général de rupture de l'Albanie avec l'Union soviétique (1961) et de sa sortie subséquente du Pacte de Varsovie (1968). C'est le début d'une phase d'isolement de l'Albanie qui s'accentue encore à la fin des années 1970 avec la rupture avec la Chine (1978) et à laquelle correspondent, dans les études sur l'histoire ancienne des Albanais, les thèmes de l'autochtonie (les Albanais occupent les territoires de leurs ancêtres illyriens), de l'altérité (les Illyriens ne sont ni slaves, ni grecs) et de la résistance aux agressions étrangères[17]. Il existe cependant une continuité avec le pélasgisme des premiers temps : comme les Pélasges, les Illyriens servent à distinguer les Albanais des Grecs et à montrer que les premiers n'ont rien à envier aux seconds. Comme le pélasgisme, l'illyrisme peut être vu comme une réaction au « panhellénisme permanent[18] » qui donne une origine grecque à toute trace de civilisation dans les Balkans. Que les Illyriens ont pour fonction d'établir une ligne de démarcation entre Albanais et Grecs modernes est bien visible dans les vives discussions entre chercheurs des deux pays sur l'appartenance illyrienne ou grecque des Épirotes de l'Antiquité[19] : s'ils sont illyriens, la frontière entre l'Albanie et la Grèce est repoussée vers le sud et les revendications albanaises sur la Tchamerie (Thesprotie) reçoivent une justification historique ; s'ils sont grecs, la frontière se déplace vers le nord et ce sont les revendications grecques sur l'Épire du Nord qui reçoivent un soutien.

Les années 1970 et 1980 voient donc se mettre en place un paradigme illyrien dans lequel les Pélasges n'ont guère de place. Il faut noter que ce paradigme illyrien (qui continue des thèses illyriennes existant depuis la première moitié du XIXe siècle) ne s'oppose pas seulement ni principalement au paradigme pélasgique. Il se construit d'abord en opposition à une autre hypothèse sur l'origine des Albanais, l'hypothèse thrace, qui avait reçu des arguments linguistiques sérieux grâce à Gustav Weigand dans les années 1920[20]. Jusque dans les années 1970, les savants albanais ont pour mission

---

17 Pierre Cabanes rappelle que la glorification du passé le plus ancien est contemporaine de la mise en place du culte de Skënderbe, le héros de la lutte contre les Ottomans au XVe siècle, à partir des célébrations du 500e anniversaire de sa mort, en 1968 (Pierre Cabanes, « Archéologie et identité nationale en Albanie au XXe siècle », *Dialogues d'histoire ancienne*, 30.1 (2004), 115-122, ici p. 118).
18 Cabanes, « Archéologie et identité nationale », p. 118.
19 Pierre Cabanes, *Les Illyriens de Bardylis à Genthios, IVe-IIe siècles avant J.-C.* (Paris, SEDES, 1988), pp. 20-33.
20 L'hypothèse de l'origine thrace apparaît aussi dès le XIXe siècle. Voir Shaban Demiraj, *Prejardhja e shqiptarëve nën dritën e dëshmive të Gjuhës shqipe* [L'origine des Albanais à la lumière des témoignages de la langue albanaise] (Tiranë, Shkenca, 1999), p. 75 et suivantes pour une présentation des principaux auteurs soutenant la thèse thrace.

de combattre la thèse thrace en lui opposant un modèle illyrien s'appuyant sur des arguments linguistiques et archéologiques. Le 1er congrès des études illyriennes, en 1972, sanctionne la fin de l'alternative[21] : seule la version illyrienne est désormais possible ; défendre une autre thèse relève pour ainsi dire de la trahison. Le modèle illyrien s'identifie en effet aux intérêts de la nation et nourrit son mythe d'origine : en faisant des Albanais les descendants des Illyriens, il établit une continuité de peuplement sur le territoire actuel de l'Albanie, dans ses frontières de 1913 ; l'hypothèse thrace, au contraire, qui voit dans les Albanais modernes le résultat d'une migration depuis le centre des Balkans à la fin de l'Antiquité, fragilise le lien entre la nation albanaise et son territoire actuel. Il faut pourtant noter que la thèse thrace présente d'autres avantages : elle remonte plus haut dans le temps (les Thraces, contrairement aux Illyriens, sont déjà présents dans l'épopée homérique) et permet d'établir un lien avec les Pélasges (attesté dans les sources grecques, ce qui n'est pas le cas du lien entre Pélasges et Illyriens). Entre ancienneté et territorialité, c'est la seconde qui est mise en avant dans le paradigme illyrien des années 1960. De ce débat, mené notamment entre linguistes formés aux mêmes méthodes de la linguistique comparée, les Pélasges sont exclus parce qu'insuffisamment documentés. Comparées aux étymologies désormais perçues comme fantaisistes des pélasgistes, les discussions entre partisans de l'illyrisme et du thracisme paraissent extrêmement techniques et sont de fait réservées aux professionnels. De même, malgré l'isolement intellectuel des chercheurs albanais coupés du monde extérieur, l'archéologie mise au service de l'illyrisme déploie des méthodes et des modes d'analyse qui sont moins accessibles aux amateurs et se prêtent difficilement à la défense du paradigme pélasgiste[22].

Dans ce contexte, les thèses pélasgistes du XIXe siècle sont écartées en bloc comme étant non scientifiques, même si leur utilité dans le contexte du mouvement national est reconnue. Elles font figure d'étape préscientifique du discours sur les origines nationales, étape dépassée avec le développement des recherches sur les Illyriens. Rappelons qu'à la même époque, la position des autorités à l'égard de la religion et de toute forme de « superstition » se durcit : la construction de la société socialiste doit se faire sur des bases rationnelles et scientifiques et dans la « lumière du Parti » (*drita e Partisë*). Dans son adresse à la première Conférence des études ethnographiques de juin 1976, l'historien Aleks Buda[23] rappelait ainsi la contribution des auteurs

---

21 *Kuvendi I i studimeve ilire* [Premier congrès des études illyriennes] (Tiranë, Akademia e shkencave e RPSH, 1974).
22 Jusqu'à la rupture de 1961, des archéologues soviétiques fouillent en Albanie et forment, sur les chantiers albanais et dans les universités russes, une nouvelle génération d'archéologues albanais.
23 L'ethnographie à cette époque n'était pas reconnue comme discipline autonome, mais comme une technique au service des historiens (voir Armanda Hysa, « Ethnography in Communist Albania : Nationalist Discourse and Relations with History »,

nationalistes du XIXe siècle (en particulier italo-albanais) : la théorie pélasgique a permis de faire connaître les Albanais en tant que nation ayant un droit à l'autodétermination ; elle a permis de leur reconnaître « une culture détachée des influences culturelles récentes et étrangères – celles de la culture orientale, grecque ou slave[24] ». Par l'affirmation des frontières, c'est l'unité et l'unicité de la nation albanaise qui sont ainsi affirmées : « Dès ce moment, l'idée de l'antiquité, de l'autochtonie et de la continuité de la culture albanaise forme un élément fondamental de l'idéologie culturelle du peuple albanais[25]. » Ce premier moment, ajoute l'historien, a permis de collecter des faits linguistiques, historiques et ethnographiques qui contribuent à une meilleure connaissance de la culture albanaise, mais les progrès de la « science moderne » l'ont plongé avec raison dans l'oubli. Seuls les travaux de cette époque portant sur le folklore et la littérature populaire méritent aujourd'hui de retenir l'attention ; la théorie pélasgique peut rester dans l'oubli.

Le retour des Pélasges

Pourtant, les Pélasges n'ont pas entièrement disparu. En 1964 paraît un livre intitulé *Les Albanais et le problème pélasgique*[26]. Son auteur, Spiro Konda, a présenté ses idées lors de la première Conférence des études albanologiques, en 1962, où elles ont reçu un accueil réservé[27]. La trajectoire de l'auteur et la nature de son travail sont révélateurs d'un certain nombre de caractéristiques du pélasgisme ancien et actuel. Né en 1862, à Korçë, aujourd'hui dans le sud-est de l'Albanie, Spiro Konda est chrétien orthodoxe, comme la plupart des promoteurs du pélasgisme au XIXe siècle dans les milieux albanais. Il raconte que c'est au cours de ses études au lycée de Missolonghi, en Grèce, et plus particulièrement à la lecture de l'Iliade et de l'Odyssée, qu'il s'est rendu compte que sa connaissance de l'albanais lui permettait de comprendre de nombreux mots du grec ancien. C'est une expérience de traversée de la frontière[28], ou plutôt un déplacement dans ce qui peut être vu comme une « frontière épaisse » entre Albanais et

---

Historicni Seminar, 8 (2010), 103-125). Le fait qu'un historien donne le ton d'un congrès ethnographique est une illustration de cette subordination.

24 Aleks Buda, « Etnografia shqiptare dhe disa probleme të saj », dans *Konferenca kombëtare e studimeve etnografike* [L'ethnographie albanaise et quelques-uns de ses problèmes / Conférence nationale des études ethnographiques] (Tiranë, Akademia e shkencave e RPSSH, 1977), pp. 15-35, ici p. 22.

25 Buda, « Etnografia shqiptare », p. 22.

26 Spiro Konda, *Shqiptarët dhe problemi pellasgjik* [Les Albanais et le problème pélasgique] (Tiranë, Shtypshkronja Mihal Duri, 1964).

27 Apostol Bitraku, « Spiro Konda dhe prejardhja pellazgjike e shqiptarëve » [Spiro Konda et l'origine pélasgique des Albanais], *Ndryshe*, 22 août 2008.

28 À cette époque, la frontière internationale est celle qui sépare l'Empire ottoman de la Grèce dans ses frontières de 1832. Une frontière entre l'Albanie et la Grèce n'apparaît qu'en 1913, lors de la création de l'Albanie et de l'annexion de l'Épire et de la Macédoine par la Grèce.

Grecs[29], qui déclenche ici l'intérêt pour ce qu'il y a d'albanais dans le grec ancien, élément identifié aux Pélasges. Spiro Konda se dirige ensuite vers des études de philologie à l'Université d'Athènes qu'il termine en 1897. Il rentre alors à Korçë où il enseigne au lycée grec jusqu'en 1922, puis dans un lycée albanais jusqu'à sa retraite en 1933[30]. Pour Spiro Konda, les Albanais sont les descendants des Pélasges, une population indo-européenne (il utilise plutôt le terme « japhétique[31] ») originaire de l'Inde et établie en Méditerranée et en Asie. Leur antériorité par rapport aux Grecs est prouvée par l'existence de nombreux toponymes en Grèce ancienne et moderne qui ont une signification en albanais et pas en grec. Les noms de dieux grecs et beaucoup d'anthroponymes grecs s'expliquent aussi par l'albanais. Dans ce modèle, le lien entre Pélasges et Grecs est culturel : les premiers ont transmis leur civilisation aux seconds, tandis qu'il est aussi génétique entre Pélasges et Albanais. Les Étrusques – auxquels une partie du livre est consacrée – sont les Pélasges d'Italie, ils sont donc apparentés aux Albanais et leur langue se lit grâce à l'albanais.

À la même conférence de 1962, un auteur français, Zacharie Mayani, est invité à présenter sa découverte, publiée en France l'année précédente[32] : l'étrusque est compréhensible grâce à l'albanais ; les deux langues sont étroitement apparentées et dérivent d'un substrat qui n'est pas encore clairement identifié aux Pélasges mais le sera dans l'ouvrage suivant du même auteur, quelques années plus tard[33]. Konda et Mayani ne connaissaient pas leurs travaux respectifs, qui convergent largement, en particulier autour du lien entre étrusque et albanais, jusqu'à la conférence de 1962 et, même après,

---

29 L'expression « frontière épaisse » fait référence à un continuum dans lequel les chrétiens orthodoxes albanophones occuperaient une position médiane, les deux pôles étant occupés par les musulmans albanophones d'un côté et par les chrétiens orthodoxes hellénophones de l'autre.
30 Ces données biographiques sont tirées de Spiro Konda, « Albanët (Shqiptarët) dhe problemi pellazgjik » [Les Albanais et le problème pélasgique], *Buletin i universitetit shtetëror të Tiranës. Seria Shkencat shoqerore*, XVI.3 (1962), 181-192 et d'un article écrit en 1933 par un ancien élève de Konda, Gjergji Bubani, et republié par le journal *Tirana Observer* le 13 avril 2007. Spiro Konda a fait l'objet d'une réhabilitation dans le journal *Ndryshe* du 22 août 2008 (voir note 27). Shaban Demiraj mentionne une réédition du livre de 1964 à Prishtinë en 1997 (Shaban Demiraj, *Epiri, pellazgët, etruskët dhe shqiptarët* [L'Épire, les Pélasges, les Étrusques et les Albanais] (Tiranë, Infbotues, 2008, p. 19). Une nouvelle réédition a été publiée à Tirana en 2011, sans aucun appareil critique ni introduction replaçant l'ouvrage dans son contexte (Spiro Konda, *Shqiptarët dhe problemi pellasgjik* [Les Albanais et le problème pélasgique] (Tiranë, UEGEN, 2011).
31 Konda, *Shqiptarët dhe problemi pellasgjik*, p. 26. De Japhet, un des trois fils de Noé (avec Sem et Cham). La linguistique identifiait au XIXe siècle les locuteurs des langues qui seront plus tard connues sous le nom d'indo-européennes aux descendants de Japhet. Cette terminologie, utilisée en 1964 alors qu'elle était tombée en désuétude (notamment du fait des connotations racistes qu'elle avait prises à l'époque de l'Allemagne nazie) témoigne des années de formation de l'auteur, au tournant du XXe siècle.
32 Zacharie Mayani, *Les Étrusques commencent à parler* (Paris, Arthaud, 1961).
33 Zacharie Mayani, *La fin du mystère étrusque* (Paris, Maloine, 1970).

semblent s'ignorer. Dans son deuxième livre sur les Étrusques, Mayani se réfère à la communication de Konda à la conférence de 1962, mais sans faire figurer son ouvrage de 1964 dans sa bibliographie.

Un autre fait les rapproche et peut expliquer qu'ils ne sont pas tombés dans l'oubli alors que le pélasgisme était en déclin dans la science officielle : les deux auteurs semblent avoir reçu le soutien personnel d'Enver Hoxha. Le deuxième ouvrage de Mayani est rapidement traduit en albanais et publié sur recommandation directe d'Enver Hoxha[34]. Celui-ci semble en effet avoir préféré les hypothèses étrusques et pélasgiques à l'illyrisme qu'il imposait par ailleurs aux chercheurs albanais. Alors que la réception des thèses de Spiro Konda est mitigée dans le milieu académique, on peut faire l'hypothèse que le soutien d'Enver Hoxha aux recherches sur les Étrusques et sur les Pélasges a permis de revitaliser la version pélasgiste face à l'illyrisme ou en marge de l'illyrisme. En 1958, Enver Hoxha rapporte avoir reçu et lu avec intérêt un article que Spiro Konda lui avait envoyé et dans lequel « il indique que l'existence des Pélasges n'est pas le produit de l'imagination[35] ». En 1959, lors d'une réunion du Bureau politique consacrée à l'élaboration d'un manuel d'histoire, il rapporte qu'il est intervenu pour encourager les études sur l'origine pélasgique des Albanais. Évoquant à nouveau Spiro Konda, il déclare : « Nos hommes d'études peuvent difficilement réfuter cette idée [de la contribution des Pélasges à la civilisation hellénique], ainsi que la thèse des origines pélasgiennes des Albanais, en invoquant comme unique argument que ces thèses connues ont été mises en doute[36] » : selon lui, les Pélasges ont réellement existé et la science albanaise doit se fixer pour tâche de prouver la thèse des origines pélasgiques des Albanais et de déterminer le lien qui existe entre Pélasges et Illyriens en apportant des arguments, linguistiques et archéologiques, plus scientifiques que ceux avancés par les auteurs du mouvement national du XIXe siècle. Au témoignage d'un proche d'Enver Hoxha, le quasi centenaire Spiro Konda bénéficiait, cette même année 1959, d'un traitement de faveur à l'hôpital de Korçë et s'était vu adjoindre des secrétaires particulières pour achever son ouvrage sur les Pélasges avant de mourir[37]. En 1979 enfin, Enver Hoxha rapporte une conversation avec Moikom Zeqo, alors jeune écrivain et archéologue, au cours de laquelle il l'interroge sur l'état des études sur les Pélasges et autres populations pré-illyriennes[38]. Moikom Zeqo répond que le problème des Pélasges « est appelé à être traité sous un jour nouveau », c'est-à-dire qu'il doit être étudié de manière plus

---

34 Ardian Vehbiu, « Shqiptarët, ilirët dhe trakët » [Les Albanais, les Illyriens et les Thraces], *Përpjekja*, 6 (1996), 76-87, ici p. 81.
35 Enver Hoxha, *Deux peuples amis* (Tirana, 8 Nëntori, 1985), pp. 76-77.
36 Hoxha, *Deux peuples amis*, p. 81.
37 Il s'agit de Sabit Brokaj, qui fut médecin personnel d'Enver Hoxha, dans sa préface à Dhimitër Pilika, *Pellazgët, origjina jonë e mohuar* [Les Pélasges, l'origine que l'on nous refuse] (Tiranë, Botimet Enciklopedike, 2005), p. 17.
38 Hoxha, *Deux peuples amis*, pp. 301-304.

profonde et plus scientifique. Enver Hoxha évoque alors à nouveau Spiro Konda, désormais disparu, « qui a été de mes amis », et introduit le thème de Dodone comme « ancien monument pélasgique », thème qui connaîtra un grand succès dans les années 2000, et semble suggérer que Mycènes et sa civilisation n'avaient rien de grec, autre idée qui sera reprise par certains auteurs pélasgistes après 1990[39]. Il faut noter que Moikom Zeqo sera un des premiers, dans les années 1990, à réintroduire le thème des Pélasges et celui du caractère pélasgique de Dodone[40]. Il signe aussi une postface au livre de Dhimitër Pilika, qui marque une étape dans la revitalisation du pélasgisme[41].

Pour le linguiste Ardian Vehbiu, auteur de plusieurs articles sur l'histoire des idées relatives à l'origine des Albanais, les deux versions coexistent alors à deux niveaux différents : l'hypothèse illyrienne est « servie » aux masses parce qu'elle correspond aux mythes nationalistes des années 1970 et 1980, tandis que l'hypothèse pélasgique est réservée aux élites, faisant elle-même des Albanais les uniques descendants d'un peuple élu[42].

Il ressort de cette esquisse historique que les idées pélasgistes, portées au XIXe siècle par des représentants des Lumières, fussent-elles nationales, et inscrites dans un projet moderne de construction d'un État-nation albanais, font désormais figure, au début du XXIe siècle, d'un contre-discours qui conteste le résultat du processus de construction stato-nationale. Pour les auteurs pélasgistes d'aujourd'hui, ni la forme prise par l'État albanais, ni son degré de reconnaissance en Europe, ni encore la version officielle de l'histoire diffusée par les institutions d'enseignement et de recherche ne sont satisfaisants. Le discours scientifique s'est fourvoyé et la vérité attend d'être révélée par des auteurs qui reconnaissent pour la plupart ne pas avoir été formés aux méthodes scientifiques, mais qui estiment avoir reçu une illumination légitimant leur entreprise d'écriture[43].

Une telle transformation suggère de réfléchir à la transmission des idées pélasgistes du XIXe siècle et de ses relais jusqu'à la fin du XXe siècle. Nous avons vu le rôle joué par le livre de Spiro Konda, qui s'appuie sur une littérature du XIXe siècle, principalement grecque, et qui, à travers la période communiste, reste accessible aux lecteurs et aux auteurs du début du XXIe siècle. D'autres relais montrent l'importance de la traduction et, plus largement, du contact entre langues, dans la revitalisation contemporaine des idées pélasgistes.

---

39 Les citations d'Enver Hoxha sont tirées d'un livre publié en 1985, année de sa mort, qui marque une période de dégel dans les relations entre l'Albanie et la Grèce.
40 Moikom Zeqo, *Paradokset e demokracise* [Les paradoxes de la démocratie] (Tiranë, Europa, 1994), p. 162.
41 Pilika, *Pellazgët, origjina jonë e mohuar*, pp. 433-440.
42 Vehbiu, « Shqiptarët, ilirët dhe trakët », p. 85 ; Ardian Vehbiu, « Obsesioni ynë me origjinën » [Notre obsession avec l'origine], *Përpjekja*, 15-16 (1999), 67-72, ici p. 69.
43 La plupart des auteurs pélasgistes relatent dans leurs écrits le parcours personnel qui les a menés à s'intéresser aux Pélasges. Voir Gilles de Rapper, « L'albanais, langue des Pélasges. Transformations post-communistes d'une linguistique populaire », *Slovo*, 52 (2022), 203-220.

Au début des années 2000, un livre faisait figure de *bestseller* en Albanie : il s'agissait de la traduction partielle d'un livre publié en français au début des années 1990, *L'énigme* ... de Robert d'Angély[44]. Il était alors en vente dans toutes les librairies (il l'est toujours) et jusque dans les moindres kiosques à journaux. Il était aussi lu et cité, et son nom, même déformé, circulait grâce à des lecteurs enthousiastes. Il est en particulier à l'origine de la diffusion d'étymologies populaires qui font désormais partie d'un savoir largement partagé au sein de la population, comme celle qui fait de Marseille une ville d'origine pélasgique puisque son nom s'explique par deux verbes albanais, *marr*, « prendre », et *sjell*, « apporter », qui correspondent à sa vocation commerciale[45]. Dans le système de Robert d'Angély, les Pélasges sont identifiés à la « race blanche », ce sont les premiers Européens, les fondateurs de toutes les civilisations européennes, mais leur contribution a été volontairement « effacée » par les Grecs, les principaux bénéficiaires de leur civilisation, qui ont cherché à s'attribuer, et s'attribuent encore, des mérites qui reviennent tous aux Pélasges. Les Grecs sont quant à eux les descendants d'une élite politique issue du débarquement en Grèce de Phéniciens et d'Égyptiens et leur langue est un outil de domination, s'inspirant de la langue pélasgique mais s'en démarquant pour marginaliser les Pélasges autochtones désormais soumis. Ceux-ci, dont la langue a été interdite d'expression écrite par les Grecs (et aussi par les Romains en Italie), ont survécu dans les régions montagneuses et reculées. Les Albanais modernes sont les descendants directs des Pélasges, leur langue est celle des Pélasges.

Robert d'Angély est mort en 1966. Né en 1893, fils d'un ingénieur français travaillant pour l'Empire ottoman, il avait fait sa scolarité à Istanbul puis suivi des études de philologie à Athènes et de droit à Paris. Dans les années 1920, il a enseigné l'albanais à l'Institut national des langues et civilisations orientales de Paris, puis donné des cours de langues étrangères dans diverses écoles privées parisiennes[46]. Le manuscrit de son livre a été achevé en 1962, mais n'a pu être publié qu'en 1990, par sa fille, chez un éditeur spécialisé dans les ouvrages sur la Corse. Comment expliquer son succès albanais alors même que le livre est passé inaperçu en France ? C'est sans doute parce qu'il est publié par un des plus grands éditeurs albanais, ce qui lui assure une bonne diffusion, mais lui donne aussi une légitimité que la publication en français n'avait pas. Son cas n'est en cela pas isolé ; d'autres ouvrages pélasgistes publiés à compte d'auteur à l'étranger acquièrent, et leurs auteurs avec eux, un nouveau statut lorsqu'ils sont traduits en albanais.

---

44 Robert d'Angély (1990-1991), *L'Énigme* (Pedicroce, Cismonte è Pumonti) et Robert d'Angely, *Enigma*. Tiranë, Toena, 1998.
45 D'Angely, *Enigma*, p. 65.
46 D'après la préface rédigée par sa fille pour l'édition albanaise (d'Angely, *Enigma*, pp. 9-10).

NIKOS SIGALAS

De l'apologie du Moyen Âge au plaidoyer en faveur des Lumières

Le parcours intellectuel de Constantin Dimaras et de la genèse du concept de Néohellinikos Diaphôtismos

Cet article est consacré au personnage de Constantin Th. Dimaras, l'initiateur, après la Seconde Guerre mondiale, du concept de *Néohellinikos Diaphôtismos*[1] et du champ d'étude correspondant. En prenant appui sur la biographie intellectuelle de Dimaras, j'esquisserai ici le contexte intellectuel et idéologique de la formation de ce concept. Mon hypothèse est que la formation du syntagme *Néohellinikos Diaphôtismos* procède, dans une très large mesure, de la transformation/réinterprétation, pendant et après la Seconde Guerre mondiale, et sous l'effet de cette guerre, d'enjeux et de clivages intellectuels de l'avant-guerre.

Cette hypothèse ne se limite pas, à mes yeux, au seul cas grec, mais porte plus généralement sur l'histoire du concept d'*Aufklärung* et de ses différentes traductions ; notamment sur la notion d'*Enlightenment*, qui fait l'objet d'une véritable effervescence sémantique après la guerre. En règle générale, le terme « *Aufklärung* » et ses traductions, dont le syntagme français « les Lumières »[2], étaient encore des concepts peu diffusés avant la Seconde Guerre mondiale. Ils étaient l'apanage de savants formés à la philosophie allemande, notamment hégélienne, et qui s'adressaient à un public spécialisé[3]. Pour Hegel, l'« *Aufklärung* » représentait le moment de la compréhension au moyen de la réflexion (*reflektierende Verstand*), par opposition à la raison (*Vernunft*)[4]. L'« *Aufklärung* » – dont faisait partie, pour Hegel, la

---

1 Νεοελληνικός Διαφωτισμός : Lumières néohelléniques ou, plus précisément, *Aufklärung* néohellénique. Sur ce point, voir *infra*.
2 Franck Salaün, « L'objet 'Lumières' : problèmes et perspectives », dans *Enquête sur la construction des Lumières*, éd. par Franck Salaün et Jean-Pierre Schandeler (Ferney-Voltaire, C18, 2018), pp. 9-23.
3 James Schmidt, « Inventing the Enlightenment: Anti-Jacobins, British Hegelians, and the Oxford English Dictionary », *Journal of the History of Ideas*, vol. 64, n° 3 (juillet 2003), 421-443.
4 G. W. F. Hegel, *Phänomenologie des Geistes* [1807], citée dans la traduction française de Bernard Bourgeois, *Phénoménologie de l'esprit* (Paris, J. Vrin, 2006), pp. 466-498.

philosophie kantienne – serait ainsi le dernier moment d'une dialectique incomplète, avant le perfectionnement de celle-ci par lui-même, en vertu de la méthode contemplative. De surcroît, en tendant vers le subjectivisme absolu, la dialectique incomplète de l'« *Aufklärung* » aurait pour conséquence l'aliénation du sujet par lui-même.

Cette nuance péjorative marqua les emplois de « *Aufklärung* » et de ses traductions durant le XIXe siècle et le début du XXe, en faisant de ces dernières des concepts philosophiques mineurs. Tel est par exemple le caractère de la première occurrence, connue à ce jour, du concept de *Diaphôtismos*, énoncé en 1862 par le professeur (non-titulaire) d'histoire universelle à l'Université d'Athènes, Dimitri Vernardakis, dans un texte intitulé *Discours introductif à l'histoire universelle*[5]. Vernardakis, qui avait soutenu une thèse de philologie à Munich, se réfère au « soi-disant *Diaphôtismos* » dans une partie du texte où il scrute le devenir du nouvel État grec à l'aune des règles de la « dialectique historique » d'Hegel[6].

« *Auflklärung* » et ses traductions se marginalisèrent davantage pendant l'entre-deux-guerres, dans le cadre de la théorie du déclin de l'Occident de Spengler et de ses nombreux avatars. La « Renaissance » et l'« *Auflklärung* » y apparaissaient comme de simples « symptômes » de la loi « organique » déterminant l'incontournable déclin de la civilisation occidentale[7]. Cette étape, très importante, qui est omise dans la plupart des études sur l'histoire du concept d'*Aufklärung*[8], sera examinée plus longuement ici.

La Seconde Guerre mondiale suscita une nouvelle vague de réflexions sur les fondements et l'avenir de la civilisation occidentale. Tout en prolongeant le débat de l'avant-guerre sur « le déclin de l'Occident », cette réflexion avait besoin de se différencier des réponses apportées alors à ce « problème »,

---

5 Dimitrios Vernardakis, *Λόγος Εισιτήριος εις το μάθημα της γενικής ιστορίας. Εκφωνηθείς τη 20 Ιανουαρίου 1862* [Discours introductif au cours d'histoire universelle. Prononcé le 20 janvier 1862] (Athènes, Ch. Nikolaides Filadelfeus, 1862). Sur l'importance de l'histoire universelle pour le *curriculum* de l'Université d'Athènes, voir Vangelis D. Karamanolakis, *Η συγκρότηση της ιστορικής επιστήμης και η διδασκαλία της ιστορίας στο Πανεπιστήμιο Αθηνών (1837-1932)* [La formation de la discipline historique et l'enseignement de l'histoire à l'Université d'Athènes (1837-1932)] (Athènes, Institut de Recherches néohelléniques de la Fondation Nationale de la Recherche Scientifique, 2006), pp. 70-84 et *passim*.

6 Vernardakis, *Λόγος Εισιτήριος*, pp. 18-20. La référence au discours de Vernardakis est donnée par Konstantinos Th. Dimaras, *Νεοελληνικός Διαφωτισμός* [Néohellinikos Diaphōtismos], cinquième édition (Athènes, Ermis, 1989) p. 463. Mais, peu familier de la philosophie allemande du XIXe siècle, Dimaras manque la référence hégélienne, pourtant explicite dans le texte de Vernardakis.

7 J'évite d'employer ici la théorie du « modernisme réactionnaire » de Jeffrey Herf qui mélange, peu rigoureusement à mes yeux, des concepts hétéroclites (*Reactionary Modernism: Technology, Culture and Politics in Weimar and the Third Reich* (Cambridge, Cambridge University Press, 1984)).

8 Cf. Vincenzo Ferrone, *Lezioni illuministiche* [2010], cité dans la traduction d' Elisabetta Tarantino intitulée *The Enlightenment. History of an Idea* (Princeton, Princeton University Press, 2015).

lesquelles avaient nourri la pensée de l'extrême droite, du fascisme et du nazisme. C'est cette volonté de penser à nouveaux frais la modernité occidentale qui amena l'« *Aufklärung* » et l'« *Enlightenment* » au centre du débat intellectuel international après la guerre. De concept mineur de la philosophie hégélienne, « *Aufklärung* » et les transferts de cette notion dans d'autres langues se transformèrent ainsi progressivement en concepts majeurs de l'espace public occidental de l'après-guerre visant soit à expliquer « le déclin de la civilisation occidentale », soit à le devancer, soit même à contester l'idée du déclin. Il reste qu'en dialoguant, explicitement ou implicitement, avec les théories du déclin de l'avant-guerre, les promoteurs des nouveaux concepts d'*Aufklärung*, d'*Enlightenment*, etc. de l'après-guerre reprirent à leur compte un certain nombre d'éléments desdites théories et, notamment, un certain essentialisme culturel consistant à faire de la culture, en tant que système réduit à un nombre limité de principes (idées, caractères, etc.), la force motrice de l'histoire.

Connu pour être l'un des hommes les plus érudits de l'Athènes de son temps, Constantin Dimaras, fut, pendant et après la guerre, en phase avec ces interrogations et ces inquiétudes internationales. Mais, alors que bon nombre d'intellectuels européens (notamment des savants allemands et juifs-allemands émigrés aux États-Unis) et américains passaient alors l'*Aufklärung/Enlightenment* au crible de la critique, Dimaras était d'ores et déjà acquis à la cause du *Diaphôtismos*. À cette « cause », voulut ensuite gagner la Grèce et son historiographie.

Bien qu'il eût quarante ans à la fin de la guerre, Dimaras, qui était alors libraire et journaliste, se lança dans une nouvelle aventure professionnelle, mieux adaptée à son nouvel objectif : constituer l'étude du *Néohellinikos Diaphôtismos* en champ d'étude historiographique légitime. Il a soutenu une thèse de lettres modernes qui lui a ouvert la voie vers l'enseignement universitaire, ce qui lui a aussi permis de présider à la fondation des institutions qui ont activement promu ensuite l'étude de *Néohellinikos Diaphôtismos*. Par ces efforts, Dimaras a non seulement réussi à imposer ce champ d'étude en Grèce, mais il a également intégré, de bonne heure, la Grèce moderne (ou l'« hellénisme ») à l'historiographie mondiale des Lumières, qui était alors en plein essor. Il a ainsi fait œuvre d'historien national, ce dont il était pleinement conscient.

Le fruit principal du travail intellectuel de Dimaras dans l'après-guerre fut un schéma historiographique : « le schéma du *Diaphôtismos* », selon sa propre expression. De la même façon que les intellectuels européens et américains qui se saisirent alors du concept d'*Aufklärung* ou d'*Enlightenment*, Dimaras vit, dans le recours au « *Diaphôtismos* », une occasion de réfléchir autrement sur la modernité occidentale et sur ses « variantes nationales » : en l'occurrence l'« hellénisme moderne ». Comme chez bien d'autres intellectuels de son temps, cette orientation nouvelle de l'après-guerre visait à répondre à des questions posées dans le cadre d'une réflexion sur le « déclin de l'Occident » d'avant la guerre. En fait, la réflexion de Dimaras dans l'après-guerre s'opposait pratiquement terme à terme à une version de la théorie du déclin de l'Occident, version qu'il avait lui-même professée avant la guerre. Ainsi, grâce à ces importantes fluctuations, la biographie intellectuelle de Constantin Dimaras contient, à deux moments différents, les deux pôles opposés du contentieux théorique et idéologique à partir duquel le nouveau concept d'*Aufklärung* et ses transferts dans différentes langues ont émergé.

Avant la guerre, pendant une période courte mais déterminante, le futur promoteur du *Néohellinikos Diaphôtismos* fut un adepte du christianisme social, dont il a soutenu les idées et les protagonistes dans des journaux et des revues littéraires d'Athènes. Dimaras était alors très fortement influencé par un certain nombre de penseurs catholiques français appartenant à l'Action Française et à la nébuleuse de mouvements et de journaux que Jean-Louis Loubet Del Bayle appelle les « non-conformistes des années 30[9] ». Sous l'influence de ces penseurs catholiques et, notamment, sous celle de leur compagnon de route éphémère – et défenseur alors du Moyen Âge chrétien – que fut René Guénon, Dimaras élabora un schéma de philosophie de l'histoire antimoderne. Au sein de ce schéma, l'histoire universelle atteignait son apogée pendant le Moyen Âge chrétien pour commencer à décliner à partir de la Renaissance, qui marquait le véritable début de l'époque moderne. Ce schéma, que Dimaras conçut à travers la lecture de Guénon et sous l'influence des catholiques français, fut une des nombreuses ébauches de philosophie de l'histoire antimoderne/décliniste qui suivirent la première publication, en 1918, du *Déclin de l'Occident* d'Oswald Spengler et s'inspirèrent de sa « méthode morphologique ».

Dans ce contexte, la recherche de la causalité historique fut remplacée par l'effort pour saisir la « forme » ou le « caractère » de chacune des grandes cultures qui ont marqué l'histoire universelle, pour en appréhender les mutations historiques, ainsi que leurs mélanges (toujours malheureux, selon Spengler), susceptibles d'entraver ou d'altérer leur évolution. Ainsi codifiée par Spengler et réélaborée par de nombreux intellectuels qui se sont appropriés les grandes lignes de sa méthode, la tendance à déterminer l'expansion et le déclin des civilisations en fonction de leur caractère esthétique (ou de leur principe vital) fut très en vogue parmi les savants occidentaux de l'entre-deux-guerres, au point de remplacer partiellement la philosophie de l'histoire hégélienne.

Nous allons voir ici que la très large diffusion, directe ou indirecte, du paradigme spenglerien pendant l'entre-deux-guerres a contribué aussi bien à marginaliser davantage l'« *Aufklärung* » et ses traductions qu'à augmenter

---

9 Jean-Louis Loubet Del Bayle, *Les non-conformistes des années 30. Une tentative de renouvellement de la pensée politique française* (Paris, Seuil, 1969). Sur le rapport de la pensée de Dimaras avec celle des intellectuels catholiques français voir Giannis Dimitrakakis, « Περιπέτειες της σκέψης του Κ. Θ. Δημαρά: Η κριτική του στις ιδέες του Γιώργου Θεοτοκά και η σχέση του με τον γαλλικό καθολικισμό » [Cheminements de la pensée de C. Th. Dimaras : Sa critique des idées de George Théotokas et son rapport au catholicisme français], *Νέα Εστία*, n° 1874 (septembre 2017), 624-653.

leur connotation négative. En revanche, la volonté de se repositionner par rapport à ce paradigme, pendant et après la guerre, a poussé l'« *Aufklärung* » et ses traductions au centre du débat intellectuel de l'après-guerre, en en faisant alors le paradigme dominant de l'histoire universelle. La formation du « schéma de *Diaphôtismos* », que Constantin Dimaras a élaboré après la guerre et qui est venu couronner un long effort de réfutation de la philosophie de l'histoire antimoderne qu'il avait lui-même élaborée dans les années 1930, s'inscrit également dans ce contexte général.

À cette dette de Dimaras à l'égard de la philosophie de l'histoire spenglerienne/antimoderne, qu'il a connue par le biais de René Guénon et du personnalisme français, il faudrait en ajouter une autre : sa dette, également assumée, envers Charles Maurras et Maurice Barrès, les figures de proue de l'extrême droite nationaliste française et les maîtres à penser des « non-conformistes » français des années 1930. Des « leçons » de Maurras, le théoricien du « nationalisme intégral », Dimaras a retenu l'idée que la nation constitue la collectivité naturelle, ou organique, par excellence, le sujet principal de l'histoire. Quant à la dette de Dimaras à l'égard de Barrès – psychologue autoproclamé de l'âme nationale –, elle devient explicite lorsque l'historien du *Néohellinikos Diaphôtismos* se met, à plusieurs reprises dans son œuvre, à scruter l'« âme néohellénique », et lorsqu'il déclare être un « historien des consciences collectives ».

En effet, la pensée de Dimaras s'est très tôt nourrie de celles de Maurras, de Barrès et de bien d'autres auteurs proches de l'Action Française oubliés aujourd'hui. Ces lectures ont été réactivées pendant diverses périodes de sa vie et notamment au moment où, à la veille de la guerre, il a abandonné le christianisme social et l'apologie du Moyen Âge, pour se tourner vers l'étude de l'« hellénisme moderne ». C'est à partir de ce moment qu'un nationalisme de type plutôt barrésien commence à percer très fortement dans ses écrits.

L'Europe du « déclin », la « Renaissance » et l'« *Aufklärung* »

Depuis la fin du XIXe siècle, la vie intellectuelle de l'Europe a été marquée par la question de la crise de l'homme moderne. Sous l'influence de la seconde révolution industrielle et des crises économiques internationales, les critiques de la modernité machiniste et capitaliste se sont multipliées de toutes parts. Aux critiques d'inspiration marxiste et à celles des conservateurs se sont ajoutées celles venant de l'extrême droite et même, timidement dans les années 1930, celles des penseurs d'orientation libérale. À partir de la fin de la Grande Guerre, la plupart de ces critiques ont emprunté des éléments de la nouvelle philosophie de l'histoire qu'Oswald Spengler présentait dans son ouvrage *Le Déclin de l'Occident*. Cet ouvrage, on le sait, a connu un très grand retentissement dès la publication du premier volume en 1918. Son influence fut si grande qu'un journaliste du *Times* écrivait, en 1928, que « le discours de l'Europe cultivée devint rapidement saturé par Spengler[10] ». Parmi les penseurs qui ont été profondément influencés par *Le Déclin*, on compte des personnalités aussi variées que Martin Heidegger, Thomas Mann, Nicolas Berdayev, D. H. Lawrence, George Orwell, John Maynard Keynes, Ludwig Wittgenstein, T. S. Eliot, René Guénon, Julius Evola, André Malraux, Scott Fitzgerald, Arnold Toynbee, Max Horkheimer, Theodor Adorno et Herbert Marcuse, pour n'en citer que quelques-uns.

Le schéma du Déclin

Le Déclin de l'Occident fut à l'origine d'un véritable changement de paradigme en philosophie de l'histoire. Sa méthode remplaça dans une large mesure pour ses contemporains, toutes tendances politiques confondues, la méthode hégélienne[11]. Il proposait un nouveau mode d'interprétation de l'histoire qui faisait éclater les anciens cadres de périodisation historique, voire la catégorie de période elle-même, qui y était remplacée par celle de « culture » (*Kultur*). Sa méthode « morphologique » consistait à saisir ce qu'il appelait la « forme » ou le « caractère » de chaque « culture ». Or, cette méthode morphologique avait également une ambition « psychologique », puisque la « forme » d'une culture était censée constituer l'expression de l'« âme » de celle-ci. Saisir l'« âme des différentes cultures » était pour Spengler l'objet de « la recherche historique (*Geschichtsforschung*), dans l'acception la plus ample du terme : toutes sortes de comparaison psychologique, d'analyse de peuples, de temps et de coutumes[12] ». Spengler faisait donc de l'histoire universelle une histoire de l'« âme » ou de la « conscience » des « cultures » : une âme/conscience qui ne s'exprimait pas dans le langage de la causalité, mais dans celui de la « forme », ou du « caractère » esthétique.

En somme, la « morphologie » historique de Spengler consistait en une comparaison des « formes » constituant la quintessence des cultures. Ce comparatisme était fondamentalement relativiste, n'admettant la supériorité d'aucune forme-culture sur une autre. L'histoire universelle de Spengler échappait ainsi, de façon programmatique, au récit historique linéaire et eurocentré de l'histoire universelle du XIXe siècle, dans le cadre duquel la scène de l'histoire était chaque fois occupée par une civilisation « élue ». En revanche, *Le Déclin* se focalisait sur l'étude des « analogies » (concept clef de sa méthode morphologique) entre les différentes cultures évoluant synchroniquement sur la terre. Parmi ces analogies, on comptait la transition de la phase de « culture » à celle de « civilisation » qui aurait lieu au sein de

---

10 « Books: Patterns in Chaos », *Times*, vol. 12, n° 24, 10-12-1928.
11 À l'exception notable des communistes et des surréalistes, restés fidèles à la dialectique matérialiste, pour les premiers, et à la dialectique hégélienne, pour les seconds.
12 Oswald Spengler, *Der Untergang des Abendlandes. Umrisse einer Morphologie der Weltgeschichte* (Munich, Deutscher Taschenbuch Verlag, 2003), p. 11.

chaque culture historique. Cette transition, constituant une donnée universelle de la morphologie spenglerienne, peut être décrite comme suit : la « culture » est organique et créative, confiante en elle-même et pleine d'élan mystique, parce qu'elle est tournée vers l'intérieur, mais, lorsqu'elle passe à la phase de « civilisation », la créativité de la culture s'épuise et elle devient « rigide » et « mortifiée[13] ». Contrairement à la culture, la civilisation est tournée vers l'extérieur, elle est expansive, mais non productive, et forme la dernière étape de chaque culture. Elle remplace l'âme par l'intellect, l'intuition et l'inspiration par l'analyse et le système, la religion par l'athéisme. Ses représentants sont les bouddhistes en Chine, les Stoïciens à Rome, les « socialistes » (terme que Spengler emploie pour désigner les réformateurs sociaux en général) et les « nihilistes » dans l'Occident moderne. Bouddha, Socrate et Rousseau seraient des figures emblématiques de l'entrée dans la civilisation.

Force est toutefois de constater que ce comparatisme, ainsi que l'exposé au long du livre de savoirs sur les différentes « cultures » et « civilisations » du monde, ne servent en dernière analyse qu'à « résoudre un problème », annoncé dans l'introduction, mais qui n'est explicité que dans la dernière partie du deuxième volume : « le déclin de l'Occident ». À la fin du deuxième volume, l'on voit que ce « problème » consiste, schématiquement, dans le fait que pendant sa propre phase de civilisation, la culture « occidentale-européenne-américaine » a pris un tournant sans précédent dans l'histoire.

Cette culture, que Spengler qualifie, en hommage à Goethe, de « culture faustienne », aurait pour « forme spécifique » l'amour de l'espace infini, le désir d'expansion, exprimé par la verticalité des cathédrales en architecture, et par le contrepoint et la polyphonie en musique. Pendant la « phase de la culture », la culture faustienne aurait évolué de façon créative en fonction de son caractère. Cependant, lorsqu'elle aurait quitté cette phase « tournée vers l'intérieur », pour passer au stade uniquement « expansif » de la « civilisation », sa tendance innée à l'expansion aurait redoublé, alors les rapports de cette civilisation à la technologie et à l'argent auraient pris des proportions sans commune mesure avec les autres civilisations. Ainsi, les données du « problème » que constitue le déclin de l'Occident seraient la domination de l'argent – que seul le sang peut arrêter – et de la machine sur l'homme, données à partir desquelles l'histoire de la civilisation occidentale-faustienne aurait dramatiquement divergé de l'histoire des autres civilisations.

Au long de l'exposé de sa philosophie de l'histoire, Spengler s'en prend violemment à la « Renaissance » et à l'« *Aufklärung* », qui, plutôt que des époques, des courants artistiques ou des courants de pensée, seraient des « symptômes », des épiphénomènes que les historiens aurait pris pour les phénomènes qu'ils n'arrivaient pas à saisir. Ainsi, la « Renaissance » ne serait qu'une réaction à l'art gothique. Cet « art des façades classiques » aurait constitué le « rêve d'une existence classique, le seul rêve dans lequel l'âme

---

13 Spengler, *Der Untergang*, pp. 43-50 et sq.

faustienne fut capable de s'oublier elle-même[14] ». Au fond, la Renaissance procéderait de la survivance d'éléments de la « culture magique » (comme Spengler appelait aussi bien la culture juive et le premier christianisme que la culture arabe) qui s'opposaient à la culture faustienne en la faisant diverger de sa propre voie (ce que Spengler appelait une « pseudomorphosis », d'un terme emprunté à la minéralogie). Sans trop entrer dans les détails, contentons-nous de dire que la condamnation par Spengler de la Renaissance était le corolaire de sa réhabilitation du Moyen Âge, qui constitua le cœur du changement de paradigme historiographique effectué par ce penseur conservateur.

Quant à la place de l'« *Aufklärung* » dans « le déclin », elle serait une expression de la « rigidité » et de l'« arrogance » intellectuelle « sans âme », se manifestant au moment de la transition de la « culture faustienne » vers la phase expansive de la civilisation. L'ère de l'*Aufklärung* (terme que Spengler met en guillemet), toute « ère d'*Aufklärung* » dans l'histoire universelle, serait une expression de la pensée de la grande ville, infiniment optimiste et également sceptique, isolée de la nature et de l'expérience et posant à son imagination des règles artificielles. L'*Aufklärung* serait donc la chimère qui marque la transition de la « culture faustienne » vers l'époque de la civilisation. Elle serait l'erreur qui accompagne l'homme faustien sur la voie de la civilisation et, partant, sur celle du déclin – sans être pour autant la cause du déclin : donc rien de plus qu'un épiphénomène, un symptôme dû au penchant démesurément expansif de la civilisation occidentale.

Spengler avait créé un langage de la philosophie de l'histoire à même d'exprimer le sentiment diffus, vécu pendant les phases violentes de la seconde révolution industrielle, que l'homme moderne et sa civilisation étaient en crise. Il donnait ainsi la possibilité à différents courants de contestation politique, pour la plupart réactionnaires, mais pas uniquement, d'articuler un discours relevant de l'histoire universelle. Son message principal, qui n'a pas tardé à trouver des oreilles attentives parmi les intellectuels de son époque, était la contestation de la confiance inconditionnelle dans le progrès qui caractérisait la philosophie de l'histoire des époques précédentes. Un grand nombre de théories antimodernes-déclinistes ont vu le jour dans l'entre-deux-guerres dans le sillage du *Déclin* et sous son influence directe ou indirecte. En s'employant à redéfinir les formes essentielles des différentes cultures et à repenser leurs rapports, ces théories ne manquaient pas de reconnaître la supériorité du Moyen Âge face à la modernité occidentale, sans oublier de s'en prendre au passage à la « Renaissance » et, moins systématiquement, à l'« *Aufklärung* ».

La « Renaissance » et l' « *Aufklärung* » (des « symptômes » ou « mots d'ordre » pour Spengler) furent au départ les références négatives obligées de ces théories : des « épouvantails », représentants d'ennemis idéologiques imaginés (un peu comme le « mercantilisme » pour les premiers libéraux, ou les fameux « nihilistes » pour les chrétiens et la droite depuis la fin du XIXe

---

14 Spengler, *Der Untergang*, p. 308.

siècle). Ils furent ainsi progressivement acclimatés à l'environnement esthétique, ou culturel, essentialiste de la philosophie de l'histoire spenglerienne, pour cesser peu à peu d'être des « symptômes » et se transformer en cultures (ou civilisations) au sein de nouvelles théories visant tantôt à confirmer, tantôt à contester le constat décliniste de Spengler.

L'héritage de Spengler, l'Aufklärung *et l'*Enlightenment

L'influence du *Déclin* pendant l'entre-deux-guerres fut énorme, sans être pour autant toujours assumée, car Spengler n'était pas un universitaire, mais un « dilettante », un intellectuel de deuxième rang, qu'on avait tendance à ne pas trop citer. Loin de pouvoir présenter ici l'étendue du « spenglerisme », je me limiterai à de courtes références à quelques auteurs ayant partie liée à l'histoire du concept d'*Aufklärung*, en Allemagne, ou de celui d'*Enlightenment* aux États-Unis. S'agissant du cas français, très important pour la présente étude, je m'y référerai plus loin, par le biais des lectures de Constantin Dimaras.

Les études contemporaines se focalisent de plus en plus sur l'influence que Spengler a exercée sur Heidegger. On sait que le jeune Heidegger a lu attentivement Spengler et que certaines thématiques spengleriennes sont perceptibles dans diverses périodes de son œuvre[15], mais Heidegger a évité d'investir, même négativement, le concept d'*Aufklärung*. Dans le sillage d'Hegel – bien qu'en s'opposant radicalement, et injustement, à celui-ci[16] – il construit sa phénoménologie par opposition à une « métaphysique du sujet », qui n'est pas très différente de la « subjectivité pure » que Hegel attribuait à l'*Aufklärung*. Il détruit/déconstruit ainsi implicitement une *Auflkärung* qu'il ne daigne même pas nommer. Ses interlocuteurs et ses lecteurs (*infra*) ne manquent pas d'identifier cependant l'*Auflkärung* derrière la *subjektität* (« subjectité ») qui caractérise le *Dasein* moderne et l'entraine vers son déclin incontournable ; selon, du moins, le Heidegger de l'après-guerre, qui conçoit de plus en plus la modernité comme l'ère de la machine.

Mais l'influence de Spengler a été également importante chez cet adversaire philosophique et politique de Heidegger que fut Ernst Cassirer. Même s'il défendait une philosophie de la culture complètement opposée à celle de Spengler – et, peut-être, en raison justement de cette opposition frontale – Cassirer a vu dans Spengler un adversaire digne d'être systématiquement

---

15 Cf. Julian Potter, « The Spengler Connection : Total Critiques of Reason After the Great War », dans *100 Years of European Philosophy Since the Great War. Crisis and Reconfigurations*, éd. par Matthew Sharpe, Rory Jeffs et Jack Reynolds (London, Springer, 2017), pp. 83-104, 90-96, et Michael E. Zimmerman, *Heidegger's Confrontation with Modernity : Technology, Politics, and Art* (Bloomington-Indianapolis, Indiana University Press, 1990), p. 27 et sq.
16 Robert Sinnerbrink, « Sein und Geist : Heidegger's Confrontation with Hegel's Phenomenology », dans « Rethinking the Place of Philosophy with Hegel », numéro spécial de *Cosmos and History: The Journal of Natural and Social Philosophy*, 3, n° 2-3 (2007), 132-152.

réfuté[17]. Cette entreprise de réfutation avait beaucoup de sens, puisque la philosophie de la culture de Cassirer était construite à partir des mêmes concepts – bien qu'autrement définis – que ceux de la philosophie de la culture de Spengler : les symboles et les formes. L'opposition de Cassirer à Spengler était donc probablement d'une importance même plus déterminante pour sa philosophie que son opposition à Heidegger (ou plutôt la seconde passait, dans une certaine mesure, par la première). Il reste que l'opposition symétrique entre les deux systèmes met en jeu une affinité très importante entre ces deux philosophies de la culture. Une telle affinité conceptuelle peut être observée dans la définition de l'*Aufklärung* formulée par Cassirer dès l'introduction de son étude pionnière de 1932 :

> L'*Aufklärung* ne peut pas être présentée comme la somme de ces enseignements [de Voltaire, Rousseau, de Montesquieu, de Hume, de Condillac, etc.], ni comme leur succession temporelle ; car elle consiste moins en un certain nombre de doctrines individuelles, que dans la forme et la manière de l'activité intellectuelle en général. Les forces intellectuelles fondamentales qui nous concernent ici peuvent être saisies uniquement dans leur mouvement et dans le processus progressif de la pensée ; ce n'est qu'en [saisissant] ce processus que l'on peut sentir la pulsation de la vie intellectuelle intérieure de l'ère de l'*Aufklärung*[18].

Ici, la recherche de la « forme » de « l'ère de l'*Aufklärung* », ainsi que celle de « la pulsation de la vie intellectuelle intérieure de l'ère de l'*Aufklärung* », nous rappellent la définition vitaliste de la « forme » historique chez Spengler. L'« *Aufklärung* » de Cassirer serait-elle indirectement influencée par la philosophie essentialiste de la culture de Spengler, philosophie dont Cassirer se serait approprié, jusqu'à un certain point, la logique en construisant ces problèmes philosophiques comme une réfutation des thèses spenglériennes ? La réponse à cette question dépasse les ambitions de notre texte. Nous nous contenterons d'indiquer les similitudes du langage philosophique de deux penseurs, malgré leurs grandes différences philosophiques et politiques. Ainsi, comme les « cultures » spenglériennes, l'« ère de l'*Aufklärung* » de Cassirer est conçue comme une « forme » méta-individuelle, un « mouvement » ayant sa propre « vie intellectuelle ».

L'influence exercée par Spengler sur Max Horkheimer et Theodor Adorno, notamment sur le dernier, et plus directe et mieux connue. Les témoignages textuels et contextuels abondent[19]. Élaborant également une philosophie de la culture, Adorno et Horkheimer empruntèrent à Spengler le rapport

---

17 Dina Gusejnova, « Concepts of Culture and Technology in Germany, 1916-1933 : Ernst Cassirer and Oswald Spengler », *Journal of European Studies*, vol. 36 (mars 2006), 5-30.
18 Ernst Cassirer, *Die Philosophie des Aufklärung* (Tübingen, J. C. B. Mohr (Paul Siebeck), 1932), p. xiii.
19 Potter, « The Spengler Connection », pp. 96-100.

de l'« *Aufklärung* » à l'âge de la domination de la machine et de l'argent, cependant, sous leur plume, l'« *Aufklärung* » ne fut pas un « symptôme » de cette domination, un « intellectualisme » sans portée historique, comme il le fut pour Spengler, mais la cause première de la domination. Car, ici, l'« *Aufklärung* » négative de Spengler était replongée dans le baptistère hégélien, pour redevenir « la dialectique incomplète de l'*Aufklärung* », la « dialectique réflexive » ayant conduit à « l'aliénation du sujet par lui-même ». Le lien entre ce « subjectivisme absolu » et le « règne de la machine » spenglerien était fait par Heidegger, qui éluda (ou peut-être méconnut ?) les fondements hégéliens de son édifice phénoménologique. Les deux philosophes de l'école de Francfort venaient désormais restaurer les fondements dialectiques de cette entreprise en synthétisant un siècle et demi de pensée postkantienne sur l'« *Aufklärung* » en tant qu'incarnation négative de la modernité.

Le constat décliniste de Spengler se vérifiait maintenant en vertu non plus d'un vitalisme obscur, mais d'une « *Aufklärung* » fondée sur la grande tradition philosophique allemande. Ayant anéanti au cours de son histoire les différents mythes culturels, l'« *Aufklärung* » avait fini par les remplacer en devenant elle-même le mythe culturel par excellence de l'époque moderne et, partant, la force de domination de la civilisation occidentale. Je n'entrerai pas dans la question de savoir si les auteurs de *La Dialectique* accréditèrent définitivement le pessimisme spenglerien ou s'ils laissèrent la porte ouverte à une *Aufhebung* (dépassement de la contradiction) ultime de l'*Aufklärung* menant à la libération de l'homme et de la nature en vertu de leur reconnaissance mutuelle. Ce qui nous intéresse davantage ici est que, dans *La Dialectique*, l'*Aufklärung* devient pour la première fois le principal fil conducteur d'une philosophie de l'histoire qui est en même temps une philosophie de la culture. Force est enfin de constater que, au sein de cette impressionnante synthèse, l'« *Aufklärung* » – dont la dialectique serait présente déjà dans l'*Odyssée*, texte « originaire » de la culture occidentale – fait office de substance inaliénable de la culture occidentale, elle apparaît comme une sorte d'*Ursymbol* spenglerien de cette culture.

L'ouvrage d'Adorno et de Horkheimer ne fut traduit en anglais qu'en 1972, et en français en 1974, sous l'impulsion de mai 1968. Entre-temps, d'autres auteurs avaient procédé au transfert au-delà de l'Atlantique d'une « *Aufklärung* » portant l'empreinte spenglerienne. Ainsi, en 1949, dans une série d'articles de l'influente *Partisan Review* de New York, le philosophe américain William Barrett, exprimait d'importantes réserves quant au rôle historique de l'« *Enlightenment*[20] ». Spécialiste de Heidegger, Barrett, qui était parmi les rédacteurs de la revue, introduisit même dans son article la notion, positive, de « *counter-enlightenment* », devenue

---

20 James Schmidt, « Inventing a Counter-Enlightenment : Liberalism, Nihilism, and Totalitarianism », conférence présentée à la réunion annuelle de l'American Historical Association de Boston le 6 Juin, 2006 disponible en ligne sur <http://people.bu.edu/jschmidt/James_Schmidt/Welcome_files/CounterE> (AHA).

célèbre ultérieurement sous la plume d'Isaiah Berlin. Barrett reprit et développa ses idées sur l'« *Enlightenment* » et le « *counter-enlightenment* » dans son livre *Irrational Man*[21]. Ce livre, qui fut un grand succès éditorial, voulait présenter aux États-Unis la pensée existentialiste venue d'Europe, tout en informant le lecteur américain sur « what the American has not yet become aware of » : « the shadow that surrounds all human Enlightenment[22] ». Mais cette découverte ne devait pas inquiéter le lecteur américain, car l'existentialisme était là pour le défendre, sans compter que « Existentialism is the counter-Enlightenment come at last to philosophic expression ; and it demonstrates beyond anything else that the ideology of the Enlightenment is thin, abstract, and therefore dangerous[23] ». C'est probablement dans l'*Irrational Man* qu'Isaiah Berlin a, pour la première fois, rencontré le concept de « *counter-enlightenment* » qu'il a utilisé ensuite[24], en puisant ainsi, probablement à son insu, *via* Heidegger, dans l'héritage spenglerien.

La liste est longue de ceux qui ont contribué à ce transfert. Certains, comme T. S. Eliot[25], se situent dans la tradition de la droite chrétienne qui s'est appropriée, à sa façon, l'anti-modernisme spenglerien (voir *infra*). D'autres, appartenant à une tradition libérale de gauche (d'anciens socio-démocrates allemands émigrés aux États-Unis et des universitaires américains), prirent sur eux de défendre l'« *Enlightenment* », et avec lui la civilisation occidentale, contre ses détracteurs de droite comme de gauche. Ils maintinrent que, contrairement aux arguments déclinistes, la civilisation occidentale s'enfonçait dans la crise dans la mesure où elle s'était éloignée de l'« *Enlightenment* ». C'est ce dernier courant qui l'a emporté au fil des décennies. Parmi ses chefs de file, l'on retrouve des philosophes et des politistes célèbres comme Hannah Arendt, Karl Polanyi, Richard Hofstadter, Charles Lindblom, Robert Dahl et d'autres grandes figures de la science politique nord-américaine[26]. Leur legs commun fut d'avoir fait de l'« *Enlightenment* » un concept majeur de la science politique anglo-saxonne. Ils ont ainsi transféré vers la science politique un concept de philosophie de l'histoire dont le sens a été réélaboré pendant l'entre-deux-guerres au sein de débats philosophiques et politiques très intenses concernant le destin de la civilisation occidentale.

En somme, le sens et le statut épistémologique du concept contemporain d'*Enlightenment*, formé essentiellement pendant et après la Seconde Guerre mondiale, furent profondément influencé par la controverse de l'entre-deux-

---

21 William Barrett, *Irrational Man: A Study in Existential Philosophy* [1958] (New York, Anchor Books, 1962).
22 Barrett, *Irrational Man*, p. 273.
23 Barrett, *Irrational Man*, pp. 274-275.
24 Schmidt, « Inventing a Counter-Enlightenment ».
25 Cf. « Notes Towards a Definition of Culture » [1945-1946], dans *Christianity and Culture : The Idea of a Christian Society and Notes towards the Definition of Culture*, éd. par T. S. Eliot (San Diego, Harvest Books, 1967), pp. 85-202.
26 Ira Katznelson, *Desolation and Enlightenment : Political Knowledge after Total War, Totalitarianism and the Holocaust* (New York, Columbia University Press, 2003).

guerres en Europe sur le déclin de la civilisation occidentale. Forgé initialement dans la deuxième moitié du XIXe siècle par des Britanniques hégéliens afin de traduire « *Aufklärung*[27] », « *Enlightenment* » fut ainsi replongé dans le bain de la philosophie allemande ; d'une philosophie allemande qui était, entre temps, passée par le marxisme, la phénoménologie, la sociologie, la psychanalyse et, surtout, par l'exil, et était alors en voie d'acclimatation dans son nouveau pays d'accueil : les États-Unis. Il en est résulté un nouveau concept d' « *Enlightenment* », qui, plus que l' « *Aufklärung* » allemande, a influencé, après la Seconde Guerre mondiale, la nébuleuse des traductions du concept dans la plupart des autres langues du monde – y compris, à partir d'une certaine époque, le concept français de « Lumières ».

Tournons-nous maintenant à nouveau vers l'Athènes de l'entre-deux-guerres et Constantin Dimaras, cet intellectuel alors conservateur, au fait des publications et des idées venant d'Europe occidentale, et notamment de France.

Constantin Dimaras, apologiste du Moyen Âge dans l'Athènes des années 1930

Contexte idéologique et social

La « crise », ce *leitmotiv* de l'entre-deux-guerres, prit pour la plupart des auteurs et intellectuels grecs la forme d'une « crise nationale » (à l'exception, encore une fois, des communistes et des surréalistes[28]). À cette « crise nationale », deux figures importantes des années 1930, le romancier libéral-barrésien George Théotokas et le poète et essayiste George Seféris, donnèrent le nom de « rétrécissement de l'hellénisme[29] ». Ils rendaient compte ainsi, dans un

---

27 Schmidt, « Inventing the Enlightenment », pp. 421-443.
28 Sur les surréalistes, voir Nikos Sigalas, *Ο Ανδρέας Εμπειρίκος και η ιστορία του Ελληνικού Υπερρεαλισμού ή Μπροστά στην αμείλικτη αρχή της πραγματικότητας* [Andréas Embiricos et l'histoire du surréalisme grec ou Devant l'inexorable principe de réalité] (Athènes, Agra, 2013).
29 « Η συρρίκνωσις του Ελληνισμού ». Sur le concept néohellénique d'hellénisme, forgé au milieu du XIXe siècle, voir Nikos Sigalas, « Hellénistes, hellénisme et idéologie nationale », dans *L'Antiquité grecque au XIXe siècle : un exemplum contesté ?*, éd. par Chryssanthi Avlami (Paris, L'Harmattan, 2000), pp. 239-291. Sur le « rétrécissement de l'hellénisme » chez Théotokas et chez Seféris, voir respectivement Nikos Sigalas, « Μια ουτοπία με δυναμική πραγματικότητας : Ο Λεωνής ή Η Κωνσταντινούπολη του νεαρού Γιώργου Θεοτοκά κατά τον Πρώτο Παγκόσμιο Πόλεμο και τη Διασυμμαχική Κατοχή του 1919-1923 » [Une utopie à potentiel de réalité : Léonis ou La Constantinople de George Théotokas pendant la Grande Guerre et l'occupation interalliée de 1919-1923], *Τα Σύγχρονα Θέματα*, n° 143-144 (9/2018-2013/2019), 106-109 : p. 107, et Nikos Sigalas, « Αναζήτηση της κοινότητας και ιστορική φαντασία στην ποιητική του Γιώργου Σεφέρη » [Recherche de la communauté et imagination historique chez George Séféris], *Historein a review of the past and other stories : Πρακτικά συνεδρίου : Η ιστορία ως διακύβευμα. Μορφές σύγχρονης ιστορικής κουλτούρας*, CD compris dans *Historein, a review of the past and other stories*, n° 4 (2003/2004).

langage historico-poétique, de l'arrivée en Grèce – dans le cadre de l'échange de population gréco-turc – d'un million et demi environ de Chrétiens orthodoxes qui habitaient auparavant en Asie Mineure et en Thrace Orientale.

À « ce rétrécissement de l'hellénisme », les écrivains grecs des années 1930 associaient également une interrogation angoissante – et sans précédent dans la Grèce du XIXe siècle – concernant le caractère occidental ou oriental de la civilisation grecque moderne. Jusqu'en 1923, l'Orient fut pour les savants grecs, notamment, l'Empire ottoman, que l'« hellénisme » devrait conquérir pacifiquement en vertu de sa « mission civilisatrice » ou que la Grèce devrait conquérir par la force de ses armes : une alternative qui détermina longtemps la politique grecque face à l'Empire ottoman. En réalité, l'idée d'un clivage culturel entre l'Orient et l'Occident ne fut introduite en Grèce que dans les années 1930, sous l'influence de l'essentialisme culturel alors en vogue en Europe occidentale. La transformation de ce prétendu clivage culturel en une interrogation identitaire a donc été sous-tendue par l'arrivée récente en Grèce de plus d'un million et demi d'« Orientaux », les échangés grecs venus d'Asie Mineure.

En Attique, ces réfugiés, des gens entièrement dépossédés de leurs biens, étaient installés massivement dans de nouveaux quartiers aux alentours d'Athènes et du Pirée. S'ils ont, dans un premier temps, constitué la clientèle politique privilégiée du parti venizéliste, ces réfugiés/prolétaires ont également commencé à rejoindre les rangs du parti communiste. La structuration du parti communiste grec dans les villes a eu pour contrepartie la mobilisation, à partir de la fin des années 1920, des organisations ecclésiastiques parmi les pauvres et les ouvriers[30].

C'est dans le contexte du combat de l'Église contre le communisme qu'est fondée en 1932, par Panayotis Bratsiotis, l'Union Chrétienne Sociale (Χριστιανική Κοινωνική Ένωση) à laquelle adhère aussitôt – intellectuellement du moins – le futur promoteur des études du *Néohellinikos Diaphôtismos*, Constantin Dimaras. Bratsiotis, était un professeur de théologie à l'Université d'Athènes qui avait fait des études en Grèce et en Allemagne (à Leipzig et à Jena) et s'était particulièrement penché sur le « problème social » d'un point de vue chrétien et anticommuniste. Il était également influencé par le renouveau du thomisme et par le personnalisme catholique[31].

---

30 Anastassios Anastassiadis, « Dieu vomit les tièdes ! Modernisation ecclésiastique et intolérance religieuse : Contribution sur la reconsidération des relations État-Église en Grèce dans l'entre-deux-guerres », dans *Byzantina-Moderna : Mélanges en l'honneur d'Hélène Antoniadis-Bibicou*, éd. par Gilles Grivaud et Socrate Petmezas (Athènes, Alexandreia, 2007), pp. 449-466 ; et Efi Gazi, « Πατρίς, Θρησκεία, Οικογένεια » : Ιστορία ενός συνθήματος (1880-1930) [« Patrie, Religion, Famille » : Histoire d'un mot d'ordre (1880-1930)] (Athènes, Polis, 2011), pp. 260-309.

31 Sur Bratsiotis, voir Apostolos Nikolaidis, *Κοινωνικός Χριστιανισμός. Η χριστιανική κοινωνιολογία του Παναγιώτη Μπρατσιώτη* [Christianisme social. La sociologie chrétienne de Panayotis Bratsiotis] (Athènes, Grigoris, 2013) ; sur le personnalisme, voir E.-Martin Meunier, *Le Pari personnaliste : Modernité et catholicisme au XXe siècle* (Montréal, Fides, coll. « Héritage et projet », 2007).

À partir de 1932, Dimaras, alors critique littéraire dans diverses revues et quotidiens d'Athènes, commence à écrire en faveur du christianisme social et à présenter les conférences et publications des membres de l'Union Chrétienne Sociale. S'intéressant de moins en moins à la littérature, il recense alors des ouvrages de théologiens grecs et s'engage dans des polémiques concernant le devenir de la société et la civilisation moderne. Avec l'ardeur du néophyte, il s'en prend à la culture « profane » de son époque, voire même à la « culture nationale » et à l'« hellénisme », en professant un retour aux textes fondamentaux des Pères de l'Église et une vie conforme à leur message.

En 1933, à l'occasion du centenaire de la mort de Coray, un théologien apprécié par Dimaras et proche de l'Union Chrétienne Sociale, Dimitrios Balanos, fait un discours pour montrer que Coray n'était pas en d'aussi mauvais termes que l'on prétendait avec le clergé. En contestant cet avis, Dimaras écrit dans sa colonne éditoriale de la revue *Néa Estia* :

> Coray a toujours éveillé en moi une certaine méfiance. J'avais l'impression que ses idées avaient été strictement liées à celles de la Révolution française et de ses précurseurs, des idées qui ont définitivement perdu toute valeur dans ma conscience : le libéralisme, les théories sans âme de Rousseau, le déisme hypocrite de Voltaire. Ces choses-là, je considérais qu'elles étaient les fondements de la théorie de Coray[32].

Ce passage contient l'attaque la plus agressive que l'on puisse trouver dans la presse grecque de l'époque contre le *Néohellinikos Diaphôtismos* avant la lettre. Mais, puisque le *Diaphôtismos* n'est pas mentionné dans le texte et qu'il n'est pas non plus nommé dans les débats des intellectuels athéniens auxquels Dimaras participe, essayons d'appréhender le contexte de cette critique de Coray, de la Révolution Française et de « ses précurseurs ».

Une théorie du déclin

Avant les années 1930, Dimaras était un jeune homme très versé en philosophie métaphysique[33]. Il étudiait les philosophes présocratiques en se focalisant sur la question de l'être, avec un investissement personnel frôlant le mysticisme. Ses propos était alors sciemment anhistoriques, voire opposés à l'« historicisme » (expression qu'il reprendra ensuite, dans un contexte bien différent). Mais, lorsqu'il adhère en 1932 au christianisme social, Dimaras manifeste également un penchant pour la philosophie de l'histoire. Il développe alors et présente

---

32 Konstantinos Th. Dimaras, « Μνημόσυνο του Κοραή » [« Mémorial à Coray »], *Νέα Εστία*, n° 152 (15/4/1933), 446.
33 Marilisa Mitsou, « Φιλοσοφικά φροντίσματα του Κ. Θ. Δημαρά (1926-1940) » [« Essais philosophiques de C. Th. Dimaras »], dans *Επιστημονική Συνάντηση στη μνήμη του Κ. Θ. Δημαρά* [Rencontre scientifique à la mémoire de C. Th. Dimaras], éd. par Triantafyllos Sklavenitis (Athènes, Institut de Recherches néohelléniques de la Fondation Nationale de la Recherche Scientifique, 1994), pp. 41-55.

dans ses articles de presse un schéma d'histoire universelle qui démontre la crise morale de l'Occident moderne et le besoin d'un retour aux valeurs du Moyen Âge chrétien. Ce schéma est fondé sur l'idée que la culture/civilisation[34] occidentale est régie par trois civilisations fondamentales : le mysticisme oriental, le logos grec et le moralisme romain[35].

Plus précisément, l'histoire de la civilisation occidentale se déployait, pour Dimaras, en deux temps, dont le deuxième constituait une sorte de répétition du premier. Dans un premier temps, chacune des trois cultures, l'« Orient », l'« Hellénisme » et « Rome », dominait une première fois l'histoire occidentale. Une deuxième phase commençait ensuite, après le « déclin de Rome », avec le Moyen Âge, pendant lequel régnait à nouveau le « mysticisme oriental », suivi par la Renaissance, où dominait une deuxième fois l'« Hellénisme » et par l'ère contemporaine, régie par la culture de Rome, moraliste et tournée vers les problèmes pratiques. Ainsi :

> La Renaissance vint après le Moyen Âge, non pour former sa suite, mais pour l'abolir ; plein d'ambition, l'Hellénisme se dressa à nouveau devant le Christianisme pur du Moyen Âge en réclamant une deuxième chance, une reprise du combat des premiers siècles chrétiens[36].

Attention cependant à ne pas se méprendre sur la perception de Dimaras : dominer, selon lui, ne veut pas dire écarter les autres civilisations. Au sein de la théorie de Dimaras les civilisations constituent des données relativement stables qui peuvent se mélanger occasionnellement avec d'autres, en ne changeant que superficiellement, pour réapparaitre ensuite sur « le devant de la scène historique » :

> Avec la domination de Rome, l'Hellénisme déclinait, tandis que le mysticisme oriental se manifestait partout, sans dominer nulle part ; lorsque Rome déclina, l'hellénisme laissait percevoir ses derniers reflets, alors qu'avec la domination du Christianisme l'élément oriental prévalut. C'est le même phénomène que l'on observe à la veille de la Renaissance, ainsi que, une fois de plus, vers la fin du XVIIe siècle, lorsque la civilisation actuelle était sur le point de commencer[37].

---

34 Le grec de cette époque ne fait pas de différence entre ces deux mots, rendus également par *πολιτισμός*. Par convenance, nous traduirons ensuite *πολιτισμός* par « civilisation », sachant que cette traduction n'est pas toujours satisfaisante.
35 Konstantinos Th. Dimaras, « Στοχασμοί πάνω στην Ιστορία » [Réflexions sur l'histoire], *Ελεύθερον Βήμα*, 9/8/1936, présenté par Mitsou, « Φιλοσοφικά φροντίσματα », p. 44.
36 Konstantinos Th. Dimaras, « Χριστιανισμός και Ελληνισμός » [« Christianisme et Hellénisme »] [*Πολιτεία* 17/2/1932], dans du même auteur, *Σύμμικτα Δ´ : Λόγια περί μεθόδου. Τομ. Α´, 1931-1936* [Mélanges IV : Sur la méthode. Vol. I, 1931-1936], éd. par Philippos Iliou et Popi Polémi (Athènes, Musée Bénaki & Fondation culturelle de la Banque nationale de Grèce, 2013), pp. 29-32, 30-31.
37 Dimaras, « Στοχασμοί πάνω στην Ιστορία », cité par Mitsou, « Φιλοσοφικά φροντίσματα », pp. 44-45.

De la même manière que la culture de Rome, la culture moderne portait en elle le germe du déclin. Ce déclin moderne aurait le double aspect du capitalisme et du communisme, le second n'étant que la conséquence inévitable du premier :

> Un monde vieilli, atrophique, le monde anti-chrétien de la Renaissance, a donné, après des déclins successifs, son dernier fruit, le matérialisme historique. Comme il arrive toujours dans l'histoire, la classe qui disposait des moyens de la pensée, le loisir et l'enseignement, a fabriqué les armes intellectuelles servant à sa destruction. Pour ceux qui ne veulent pas se rallier à cette pensée et frayer la voie à ses conséquences destructrices, l'ennemi reste toujours le même : les valeurs bourgeoises. Celles-ci ont créé la civilisation technologique, et la civilisation technologique a conduit vers le marxisme. Maintenant, les bourgeois demandent d'annuler l'histoire de quatre siècles pour recommencer à zéro [...], mais même ainsi, l'on ne tarderait pas à arriver à nouveau là où nous sommes aujourd'hui[38].

Et Dimaras, alors militant socialiste chrétien, de s'exclamer : « Le dilemme est, et restera ainsi toujours le même : soit la Renaissance et le matérialisme communiste, soit le Christianisme et le socialisme chrétien [χριστιανικός κοινωνισμός] ! »[39].

Ainsi répondait en 1933 Dimaras aux jeunes Athéniens qui, s'inspirant des victoires fascistes et nazis, rêvaient à une « révolution nationaliste » et à la renaissance de l'Antiquité grecque. Mais il s'opposait avec une égale ardeur aux libéraux qui souhaitaient remédier aux « anomalies » de la civilisation moderne pour lui donner un « visage humain ». Parmi ces intellectuels, on comptait George Théotokas, qui avait publié, en 1932, *Devant le problème social*, un opuscule témoignant, entre autres choses, d'une certaine diffusion du paradigme spenglerien en Grèce. Dans *Devant le problème social*, Théotokas affirme que l'Humanisme fut « la plus importante période de l'humanité, après l'Antiquité [grecque] », en contredisant Spengler. Il ne manque d'ajouter toutefois que :

> L'Humanisme eut une conséquence qui lui fut bien inférieure et le déforma : le scientisme sans bornes (un bouleversement de l'équilibre au niveau de l'esprit). Du scientisme procéda le machinisme étouffant de notre temps (un bouleversement de l'équilibre au niveau de la vie). Le machinisme rapetisse la vie, amoindrie sa valeur et sa beauté, dessèche et détruit les individualités [...] il tend à nous transformer en insectes. En même temps, cet énorme mécanisme social échappe à notre contrôle [...]

---

38 Konstantinos Th. Dimaras, « Αλληλογραφία » [« Correspondance »], *Néa Eστía*, n° 332, 15/3 1933, 332-334.
39 Dimaras, « Αλληλογραφία », p. 334.

il provoque le déséquilibre actuel de la société : capitalisme, prolétariat, lutte des classes, crises économiques, communisme[40].

Pour remédier à ce problème – celui du communisme – Théotokas propose un « nouvel humanisme[41] » qui affranchirait l'homme de la domination de la machine et de l'argent, en un mot, du capitalisme, en l'amenant vers une « démocratie sociale » au sein de laquelle les machines seraient possédées par tous[42]. C'est dans cette direction que pointe, selon Théotokas, le système de l'économie dirigée, qui s'avère indispensable pour échapper aux crises[43].

À la veille de la crise économique, c'était le libéralisme, dans son ensemble, qui semblait, non seulement vaincu mais « démenti », et les libéraux comme Théotokas étaient prêts à faire des concessions très importantes aux théories de leurs détracteurs afin d'identifier les erreurs commises par les adeptes de la liberté et de proposer des « rectifications[44] ». Notons, au passage, que plusieurs points développés par Théotokas dans cet opuscule de 1932 témoignent de sa lecture très attentive du traité de John Maynard Keynes, *A Short View of Russia*[45]. Les observations présentées par Keynes dans ce texte sont d'ailleurs très fortement influencées par *Le Déclin* de Spengler[46].

Dimaras, peu tolérant envers les « demi-mesures » proposées par Théotokas, répond par une attaque frontale contre la Renaissance et l'Humanisme. Du fait que la Renaissance et l'Humanisme apparaissent pendant le Moyen Âge, explique-t-il, les historiens ne perçoivent pas toujours leur opposition radicale au christianisme. Pendant trois cents ans, les valeurs anthropocentriques de la Renaissance affrontent les valeurs chrétiennes, et « la Révolution Française scelle enfin la domination des premières[47] ». Et Dimaras de poursuivre :

> S'ensuivent cent ans de domination d'une « liberté » sans bornes ; les révolutions se succèdent sans trêve, la science devienne de plus en plus exigeante ; la domination du machinisme et du capitalisme épuisent le corps et dessèchent l'esprit ; en l'absence des stimuli intérieurs, l'art et la

---

40 Giorgos Theotokas, « Μπροστά στο κοινωνικό πρόβλημα » [« Devant le problème social »] [1932], dans Giorgos Theotokas, *Στοχασμοί και θέσεις : Πολιτικά κείμενα 1925-1926, τόμ Α΄* [Réflexions et positions : Textes politiques], éd. par Nikos K. Alivizatos et Michalis Tsapogas (Athènes, Estia, 1996), p. 175.
41 Theotokas, « Μπροστά στο κοινωνικό πρόβλημα », p. 190.
42 Theotokas, « Μπροστά στο κοινωνικό πρόβλημα », p. 191.
43 Theotokas, « Μπροστά στο κοινωνικό πρόβλημα », p. 194.
44 Cf. Antonis Liakos, « Ζητούμενα ιδεολογίας της Γενιάς του '30 » [« Attentes idéologiques de la génération de 1930 »], *Θεωρία και κοινωνία*, n° 3 1990 (décembre), 7-22.
45 Londres, Hogarth Press, 1925.
46 Mauro L. Engelmann, « The Faces of 'Necessity', Perspicuous Representation, and the Irreligious 'Cult of the Useful' : The Spenglerian Background to the First Set of Remarks on Frazer », dans *Wittgenstein's Remarks on Frazer : The Text and the Matter*, éd. par Aidan Seery, Josef G. F. Rothhaupt et Lars Albinus (Berlin, De Gruyter 2016), pp. 129-174 : pp. 157-161.
47 Konstantinos Th. Dimaras, « Εμπρός στο Κοινωνικό πρόβλημα » [« Devant le problème social »] [*Πολιτεία*, 15/3/1932], dans du même auteur, *Σύμμικτα Δ΄*, pp. 33-37 : p. 36.

morale se tiennent à peu de choses ; la philosophie, tournée soit vers le criticisme et le pragmatisme soit vers le scientisme, se suicide. Que va-t-il se passer maintenant[48] ?

La réponse catégorique de Dimaras écarte d'un revers de la main la « troisième voie » de Théotokas :

> Si nous le pouvons, ou plutôt que celui qui le peut intègre à nouveau les valeurs chrétiennes telles qu'elles ont été formées à l'époque médiévale ; ces valeurs peuvent être à l'origine d'une nouvelle littérature et d'un art vivant, ainsi que d'une morale conforme aux conditions sociales en vigueur. Autrement, nous allons nous diriger vers le précipice. *Tertium non datur* [il n'existe pas de troisième option][49].

On comprend mieux maintenant pourquoi Dimaras s'en prend aussi violemment, dans le texte de 1933 sur Coray, à la Révolution française et à ses « précurseurs ». On comprend également la désapprobation par Dimaras, en 1936, du philosophe byzantin Georges Gémiste (dit Pléthon) qui, dans un moment critique pour Byzance, aurait tourné le dos au « mysticisme oriental » pour « déclarer en grande pompe son hellénisme[50] ». Il faut souligner ici que Dimaras emploie le concept d'« hellénisme » uniquement à propos de l'histoire ancienne et de ses survivances médiévales, à la manière donc des textes patristiques, sans tenir compte de son remaniement au sein de l'historiographie nationale grecque du XIXe siècle[51], remaniement dont Dimaras est bien au fait.

On comprend également mieux un texte autrement plus radical, intitulé « conservatisme en révolte », où Dimaras condamne le déchirement de l'État néohellénique entre deux « cultes » contradictoires : le « culte orthodoxe » et le « culte de l'Antiquité hellénique » ; entre deux traditions dont la première (l'orthodoxie) est continue, et l'autre (la vénération de l'Antiquité) « fausse et interrompue ». Pour conclure : « En s'efforçant ainsi de trouver un compromis entre ces deux cultes, le conservatisme grec constitue, une fois de plus, un danger notoire pour la société grecque[52]. »

Tout cela est cohérent au sein du schéma d'histoire universelle décliniste que Dimaras a adopté et qu'il a ardemment défendu, *grosso modo* entre 1932 et 1937. Dans ce schéma, l'on remarque plusieurs éléments de la philosophie de l'histoire de Spengler : l'importance du Moyen Âge, constituant pour Spengler l' « âge de la spiritualité occidentale » ; la dépréciation de la Renaissance ; la mise en rapport de la décadence de l'Occident avec la domination de la machine et

---

48 Dimaras, « Εμπρός στο Κοινωνικό πρόβλημα », p. 36.
49 Dimaras, « Εμπρός στο Κοινωνικό πρόβλημα », p. 37.
50 Cité par Mitsou, « Φιλοσοφικά φροντίσματα », p. 54.
51 Voir Sigalas, « Hellénistes, hellénisme ».
52 Konstantinos Th. Dimaras, « Επαναστατημένη Συντήρηση » [« Le conservatisme en révolte »], *Νέα Εστία*, n° 162 (15/9, 1933), 1007-1009 : p. 1009.

de l'argent ; l'identification du capitalisme et du communisme, etc. Cependant, Dimaras, qui fait référence à plusieurs reprises aux auteurs l'ayant influencé, ne mentionne jamais Spengler – Dimaras lisait d'ailleurs plutôt des livres et des revues en français et, occasionnellement, en anglais. Par ailleurs, le récit d'histoire universelle exposé par Dimaras diffère à plusieurs égards de celui de Spengler. Ainsi, pour Spengler, la Renaissance était un « symptôme » (le résultat d'une « pseudomorphosis »), déterminé par la forme de la « culture faustienne » et sans très grande portée sur l'évolution de l'Occident. En outre, le schéma à « deux temps » de Dimaras, au sein duquel trois civilisations (mystique orientale, hellénisme et moralisme romain) dominent par deux fois chacune l'histoire universelle, n'est pas proprement spenglerien. Il faudrait donc rechercher un « médiateur » : un auteur, probablement de langue française, qui aurait initié Dimaras à travers une sorte d'avatar de la philosophie de l'histoire spenglerienne. Dans un entretien donné en 1982 à Vassiliki Kontogianni, Dimaras mentionne trois auteurs ayant exercé sur lui une influence majeure pendant cette période de sa vie : « Du côté français, [...] l'Abbé Bremond, Maritain, toute cette tendance vers la philosophie religieuse. Maritain beaucoup, et également René Guénon : sa disposition mystique, plutôt que ses [positions] dogmatiques »[53].

Dimaras, les thomistes français et René Guénon

Le rapport de l'anti-modernisme de Dimaras avec celui du premier Jacques Maritain a été mis en relief par Yannis Dimitrakakis dans une étude pionnière sur les idées de Dimaras durant les années 1930[54]. Maritain, philosophe et intellectuel catholique qui a grandement contribué au renouveau du thomisme en France, fut, pendant et après la Grande Guerre, très proche de l'Action Française. C'est alors qu'il développa un discours antimoderne, opposé à la Renaissance, à l'Humanisme et à la République. Il a toutefois rompu avec Maurras et l'Action Française en 1927, lors d'un contentieux entre l'Action Française et le Vatican. Maritain était alors le chef de file du mouvement personnaliste, ainsi qu'une des figures de proue de la nébuleuse de revues et de mouvements de droite chrétienne regroupant les « non-conformistes des années 1930[55] ». Ses positions se modifièrent toutefois considérablement au long des années 1930 en évoluant vers un « humanisme intégral[56] » et l'idéal d'une démocratie chrétienne. Dimitrakakis montre que Dimaras était familier de la pensée du premier Maritain (antimoderne) ainsi que de celle

---

53 Konstantinos Th. Dimaras, « Δεν ενδιαφέρει η κορυφή αλλά οι μέσοι όροι » [« Ce qui est intéressant n'est pas le sommet mais les moyens termes »], entretien mené par Vassiliki Kontogianni, Διαβάζω, n° 53 (1982), 52-74 : p. 60.
54 Dimitrakakis, « Περιπέτειες της σκέψης του Κ. Θ. Δημαρά ».
55 Loubet Del Bayle, Les non-conformistes des années 30.
56 Jacques Maritain, Humanisme intégral. Problèmes temporels et spirituels d'une nouvelle chrétienté (Paris, Éd. Montaigne, 1936).

de certains autres protagonistes du milieu personnaliste, tels que Daniel-Rops, un « non-conformiste des années 1930 », que Dimaras cite dans ses articles[57]. Mais Dimaras était également familier d'un autre personnage, déjà mentionné, qui fut pendant un certain temps un compagnon de route de ces jeunes catholiques de droite : René Guénon. « J'ai correspondu jadis avec lui [Guénon] », disait-il en 1982 à Vassiliki Kontogianni, « je lui ai même rendu visite en 1928 dans sa maison, sur l'île Saint-Louis à Paris. Nous avons parlé d'une éventuelle traduction de ses œuvres [en grec], de la rédaction d'un article le concernant, etc.[58] »

René Guénon, ce « transmetteur » de la « spiritualité orientale » (principalement indoue) en Occident, spécialiste de l'ésotérisme, converti à l'âge de 24 ans à la confrérie soufie de la Chadhiliyya, fut en même temps animé, dans sa jeunesse, par un projet de régénérescence spirituelle de l'Occident « en déclin[59] ». Pour Guénon, ce projet passait, nécessairement, par un retour à la spiritualité médiévale, laquelle, selon lui, n'avait survécu, en Occident, que dans le catholicisme – même si elle y avait perdu son ancienne vigueur. Guénon commença ainsi à fréquenter, pendant la Grande Guerre, les milieux de jeunes catholiques proches de l'Action Française, dont Jacques Maritain, et voulut attirer leur attention sur ses idées[60]. Mais cette tentative était vouée à l'échec, à long terme, étant donné l'admiration de Guénon pour la spiritualité orientale. Les catholiques et l'Action Française tournèrent le dos à Guénon au moment où ses livres commençaient à toucher le grand public. Parmi ces livres, l'on remarque deux ouvrages qui lancent un appel à une « élite éclairée » pour sauver l'Occident de sa « crise actuelle[61] » : *Orient et Occident*, paru en 1923, et *La Crise du monde moderne*, paru en 1927.

Dans *Orient et Occident*[62], Guénon présente l'Orient comme le dépositaire des « savoirs traditionnels » perdus en Occident. S'étant détaché du lot commun de toutes les autres civilisations du monde depuis la Renaissance, l'Occident aurait perdu ses « savoirs traditionnels » en raison de sa foi aveugle dans la culture matérielle et le progrès. Cette voie menait inéluctablement l'Occident à sa perte, dont il ne pourrait échapper qu'en reprenant possession de ses propres « savoirs traditionnels », qui subsistaient encore, bien que négligés et méconnus, dans le christianisme catholique. Pour ce faire, l'Occident, voire une « élite éclairée » d'Occidentaux à laquelle le livre s'adressait en priorité,

---

57 Dimitrakakis, « Περιπέτειες της σκέψης του Κ. Θ. Δημαρά », pp. 642-644.
58 Dimaras, « Δεν ενδιαφέρει η κορυφή », p. 60.
59 Jean-Pierre Laurant, *René Guénon. Les enjeux d'une lecture* (Paris, Dervy, 2006), pp. 105-119 et passim.
60 Laurant, *René Guénon*, pp. 117-119.
61 Sur le projet « traditionaliste » de Guénon, son impact et ses implications politiques, cf. Mark Sedgwick, *Against the Modern World: Traditionalism and the Secret Intellectual History of the Twentieth Century* (Oxford, Oxford University Press, 2004).
62 René Guénon, *Orient et Occident* (Paris, Payot, 1924).

devrait mettre à profit les savoirs traditionnels qui existaient encore en Orient, et prendre conseil auprès des maîtres orientaux qui en étaient les gardiens.

Le deuxième livre, *La Crise du monde moderne*[63], est un exposé plus systématique de cette théorie selon les principes de la science hindoue de Manvantara. Schématiquement, *La Crise* est un livre de philosophie de l'histoire qui évalue les différentes civilisations selon leur rapport, de proximité ou d'éloignement, aux « savoirs traditionnels », qui auraient une origine métaphysique. Les civilisations tendent inévitablement vers le déclin, puisqu'elles s'éloignent des temps originels pendant lesquels les savoirs traditionnels ont été légués aux humains. Cependant, l'histoire des civilisations comprend également des « époques de redressement », pendant lesquelles les « savoirs traditionnels » se recomposent ou se réorganisent. Mais ces périodes de « redressement » ne sont pas les plus appréciées par les hommes de nos jours, qui ont tendance à vanter les périodes qui s'éloignent le plus de la « tradition ». Ainsi, en ce qui concerne la Grèce, nous lisons :

> Là également, le VIe siècle fut le point de départ de la civilisation dite « classique », la seule à laquelle les modernes reconnaissent un caractère « historique », et tout ce qui précède est assez mal connu pour être traité de « légendaire », bien que les découvertes archéologiques récentes ne permettent plus de douter que, du moins, il y eut là une civilisation très réelle ; et nous avons quelques raisons de penser que cette première civilisation hellénique fut beaucoup plus intéressante intellectuellement que celle qui la suivit, et que leurs rapports ne sont pas sans offrir quelque analogie avec ceux qui existent entre l'Europe du moyen âge et l'Europe moderne[64].

Cette idée d'une « analogie » entre, d'un côté, le rapport de la Grèce archaïque à la Grèce classique et, de l'autre, le rapport de l'Europe du Moyen Âge à l'Europe moderne, est développée un peu plus loin :

> Dans ce qui vient d'être dit, une chose est à retenir particulièrement au point de vue qui nous occupe : c'est qu'il convient de chercher dans l'antiquité « classique » quelques-unes des origines du monde moderne ; celui-ci n'a donc pas entièrement tort quand il se recommande de la civilisation gréco-latine et s'en prétend le continuateur. Il faut dire, cependant, qu'il ne s'agit que d'une continuation lointaine et quelque peu infidèle, car il y avait malgré tout, dans cette antiquité, bien des choses, dans l'ordre intellectuel et spirituel, dont on ne saurait trouver l'équivalent chez les modernes ; ce sont, en tout cas, dans l'obscuration progressive de la vraie connaissance, deux degrés assez différents. On pourrait d'ailleurs concevoir que la décadence de la civilisation antique ait amené, d'une façon graduelle et sans solution

---

63 René Guénon, *La crise du monde moderne* (Paris, Bossard, 1927).
64 Guénon, *La crise*, p. 13.

de continuité, un état plus ou moins semblable à celui que nous voyons aujourd'hui ; mais, en fait, il n'en fut pas ainsi, et, dans l'intervalle, il y eut, pour l'Occident, une autre époque critique qui fut en même temps une de ces époques de redressement auxquelles nous faisions allusion plus haut. Cette époque est celle du début et de l'expansion du Christianisme, coïncidant, d'une part, avec la dispersion du peuple juif, et, d'autre part, avec la dernière phase de la civilisation gréco-latine [...] On a aussi signalé assez souvent certains traits communs à la décadence antique et à l'époque actuelle ; et, sans vouloir pousser trop loin le parallélisme, on doit reconnaître qu'il y a en effet quelques ressemblances assez frappantes. La philosophie purement « profane » avait gagné du terrain : l'apparition du scepticisme d'un côté, le succès du « moralisme » stoïcien et épicurien de l'autre, montrent assez à quel point l'intellectualité s'était abaissée. [...] Il y eut des essais de réaction contre cette déchéance : l'hellénisme lui-même tenta de se revivifier à l'aide d'éléments empruntés aux doctrines orientales avec lesquelles il pouvait se trouver en contact[65] ; mais cela n'était plus suffisant, la civilisation gréco-latine devait prendre fin, et le redressement devait venir d'ailleurs et s'opérer sous une tout autre forme. Ce fut le Christianisme qui accomplit cette transformation [...] Après la période troublée des invasions barbares, nécessaire pour achever la destruction de l'ancien état de choses, un ordre normal fut restauré pour une durée de quelques siècles ; ce fut le moyen âge, si méconnu des modernes qui sont incapables d'en comprendre l'intellectualité, et pour qui cette époque paraît certainement beaucoup plus étrangère et lointaine que l'antiquité « classique »[66].

Ces « analogies », d'un côté entre la « décadence gréco-romaine » et la « décadence de l'Occident moderne » et, de l'autre, entre la Grèce archaïque oubliée et le « moyen âge chrétien », également méconnu par les modernes, semblent être à l'origine du schéma d'histoire universelle de Dimaras. Chez Guénon, nous rencontrons également l'identification de la décadence intellectuelle de Rome avec le « moralisme » stoïcien : le « moralisme romain » dont parle Dimaras. Nous y trouvons aussi l'étonnante assimilation de la fin du Moyen Âge avec l'origine de la « constitution des nationalités » :

> C'est là [à la fin du moyen âge] qu'est le véritable point de départ de la crise moderne : c'est le commencement de la désagrégation de la « Chrétienté », à laquelle s'identifiait essentiellement la civilisation occidentale du moyen âge ; c'est, en même temps que la fin du régime féodal, assez étroitement solidaire de cette même « Chrétienté », l'origine de la constitution des « nationalités »[67].

---

65 Cette description ressemble étonnamment à celle de Dimaras pour la même période dans le passage cité note 38.
66 Guénon, *La crise*, pp. 14-15.
67 Guénon, *La crise*, p. 15.

Ce passage éclaire l'opposition de Dimaras non seulement à l'idée d'hellénisme, mais même à l'idée de nation ; opposition qu'il exprime, entre autres, dans sa recension du livre de Théotokas[68], et qui est très inhabituelle pour un intellectuel athénien de sa génération, surtout pour quelqu'un qui n'est pas socialiste.

Guénon critique violemment la Renaissance et l'Humanisme, qui marqueraient la pente « individualiste » de la civilisation occidentale, le remplacement de la « science sacrée » par la « science profane », dépourvue de spiritualité, uniquement matérielle et sans respect pour la hiérarchie (qui serait au centre de toutes les « sciences traditionnelles »), en menant inéluctablement au « chaos social » : l'« égalitarisme » (une « hypocrisie moraliste »), la démocratie, les révolutions, le matérialisme, le communisme, etc.

Nous retrouvons ici la plupart les arguments de Dimaras dans sa critique de *Devant le problème social*. D'ailleurs, la position adoptée par Dimaras dans cette recension rappelle un passage de la critique par Guénon de *La Défense de l'Occident*, un opuscule d'Henri Massis, figure importante de l'Action Française qui avait senti le besoin de défendre l'Occident moderne contre la profusion de brochures et d'articles antimodernes publiés en France dans le sillage de la publication du *Déclin* de Spengler. À cette défense nationaliste de l'Occident, Guénon répondait :

> L'Occident a en effet grand besoin d'être défendu, mais uniquement contre lui-même, contre ses propres tendances qui, si elles sont poussées jusqu'au bout, le mèneront inévitablement à la ruine et à la destruction ; c'est donc « réforme de l'Occident » qu'il faudrait dire et cette réforme [...] doit être une vraie restauration traditionnelle[69].

Cette thèse n'était d'ailleurs pas très éloignée des arguments de thomistes français comme Jacques Maritain et des dirigeants de l'Action Française de l'époque. À cette différence près que Guénon ajoutait aussitôt que « la vraie restauration traditionnelle » de l'Occident « aurait pour conséquence toute naturelle un rapprochement avec l'Orient[70] », un argument qui n'était fait pour plaire ni aux thomistes ni aux nationalistes de l'Action Française. D'ailleurs, les dirigeants de l'Action Française n'avaient pas apprécié la virulente critique de Guénon contre l'opuscule d'Henri Massis et, partant, contre le nationalisme. *La Crise du monde moderne* fut vivement critiquée par Maurras, et la rupture entre Guénon et l'Action Française fut définitivement consommée.

Ce rapprochement entre les « savoirs traditionnels » et l'Orient ne semble pas toutefois avoir déplu à l'admirateur de Guénon qu'était le jeune Constantin Dimaras, qui lui avait rendu visite à Paris un an après la publication

---

68 Dimaras, « Εμπρός στο Κοινωνικό πρόβλημα », p. 37.
69 Guénon, *La crise*, p. 27.
70 Guénon, *La crise*, p. 27.

de *La Crise du monde moderne*[71]. C'est ainsi, du moins, que nous pouvons comprendre pourquoi Dimaras fit du Moyen Âge une époque pendant laquelle dominait l'« esprit oriental », lequel aurait par ailleurs, précédé la civilisation grecque.

Dimaras avait déjà lu Guénon à l'époque où il s'intéressait à la philosophie présocratique et à la question de l'être[72]. Il semble avoir été impressionné par le personnage et ses idées, puis avoir longuement médité sur ses théories historiques. C'est dans la philosophie de l'histoire de Guénon, et probablement dans d'autres théories antimodernistes et déclinistes en vogue alors dans les milieux de la droite européenne, qu'il a puisé les éléments du schéma d'histoire universelle qu'on l'a vu défendre avec ardeur dans les années 1930. Par ce biais – par l'intermédiaire de Guénon et des personnalistes français – Dimaras a connu la tradition spenglerienne de l'entre-deux-guerres et y a participé. De cette façon, il a appris, en même temps que de nombreux autres intellectuels de son temps, à considérer les civilisations comme des essences déterminées par des « caractères », ou des « principes », antagonistes, et l'histoire universelle comme l'arène où ces antagonismes se déploient.

La transition de 1937-1945 : vers une « œuvre nationale »

La participation du futur promoteur des études du *Néohellinikos Diaphôtismos* au courant antimoderniste de l'entre-deux-guerres est l'épisode de sa vie intellectuelle dont le souvenir l'a le plus troublé par la suite. Dimaras reste très laconique concernant cette période dans ses entretiens et récits autobiographiques en se limitant à qualifier son attitude intellectuelle d'alors de « piétisme[73] ». C'est de cette période que datent les « deux ou trois petits travaux [faisant partie de son œuvre] qui [lui faisaient] ressentir de la répulsion » comme il confessait en 1988 à Nikos Alivizatos et Stéphanos Pesmazoglou, car il avait « compris qu'[il s'était] trompé[74] ». Pour ajouter aussitôt : « ces travaux me font un peu peur [aujourd'hui], car moi j'ai changé, tandis qu'eux non et qu'il y a un *décalage*[75], une distance entre moi et ces travaux […] Ceux-ci, je les ai étouffés, je les ai ignorés et ils ont pris le chemin de l'oubli[76]. »

---

71 Comme le remarque Dimitrakakis, « Περιπέτειες της σκέψης του Κ. Θ. Δημαρά », p. 646.
72 Il cite *Orient et Occident* dans son étude sur Parménide de 1927 (Dimitrakakis, « Περιπέτειες της σκέψης του Κ. Θ. Δημαρά », p. 646).
73 Expression appartenant à une sorte d'idiolecte que Dimaras s'était fabriqué et qui est invariablement répétée par ses étudiants, *voir* Panagiotis Moulas, « Ο Κ. Θ. Δημαράς και η Σύνθεση » [« C. Th. Dimaras et la Synthèse »], *Αντί*, n° 848-849 (2005), 60-62 : 60, et Ioanna Petropoulou, « Τα ωραία φυτώρια » [« Les belles pépinières »], *Αντί*, n° 848-849 (2005), 68-71.
74 « 'Ως η διψώσα έλαφος…' » [Tel le cerf assoiffé], entretien avec Konstantinos Th. Dimaras mené par Nikos Alivizatos et Stéphanos Pesmazoglou, *Τα Σύγχρονα Θέματα*, n° 35-36-37 (1988), 8-35 : 31.
75 En français dans le texte.
76 « 'Ως η διψώσα έλαφος…' », p. 31.

Je me concentre ici sur ces travaux « apocryphes » parce que je crois que le fait qu'ils soient contredits quasiment terme à terme par « le schéma de *Diaphôtismos* » que Dimaras introduit après la guerre a un sens non seulement biographique, mais également historiographique très fort. Comme il a été dit plus haut, le cas de Dimaras s'inscrit dans un contexte historique plus large. Le paradigme spenglerien et ses avatars (parmi lesquels je classe les théories antimodernistes de René Guénon) constituaient avant tout des formes de négation du « progrès ». Pendant et après la Seconde Guerre mondiale, l'« *Aufklärung* » et la nébuleuse de ses traductions nationales devinrent, petit à petit, les concepts centraux d'une nouvelle philosophie de l'histoire occidentale, dont les tenants ont voulu secouer le fardeau de la négation spenglerienne du progrès. L'« *Aufklärung* » devint ainsi potentiellement – dans un langage hégélien oublié aujourd'hui – la négation de la négation spenglerienne du progrès, ainsi que la négation de sa propre « négativité » (l'héritage hégélien du concept que Horkheimer et Adorno ont mis en relief). Fatalement, cette nouvelle philosophie de l'histoire adopta, pour une part importante, le cadre conceptuel du paradigme spenglerien auquel elle s'opposait : son essentialisme culturel. C'est ce qu'a fait également, dans une large mesure, Constantin Dimaras, à la différence près, qu'en s'opposant à l'antimodernisme de l'entre-deux-guerres, il s'opposait à une période plus ancienne de sa pensée. C'est, semble-t-il, de cette longue confrontation qu'est issu son « schéma du *Diaphôtismos* ».

Cependant, la transformation du Dimaras antimoderniste en son contraire, le Dimaras défenseur du *Diaphôtismos*, a mis du temps à se réaliser. Selon l'expression de Dimaras lui-même, il n'y a pas de « conversion » soudaine, « il n'y a pas de nuits de Pascal et de Jouffroy[77] », mais des transitions lentes et progressives de la pensée. Une longue période de transition sépare l'abandon par Dimaras de sa théorie décliniste, vers la fin de 1937, de l'apparition dans ses écrits du concept et de la thématique du *Diaphôtismos*. C'est une période charnière pendant laquelle Dimaras se prépare à porter une œuvre nationale. La question reste cependant ouverte quant aux raisons qui ont déclenché cette transition, amenant Dimaras à abandonner alors sa théorie antimoderniste.

Dimaras reste lui-même sibyllin sur ce point. En 1988, il déclare solennellement à Stéphanos Pesmazoglou et Nikos Alivizatos : « Si vous avez prévu une question pour comprendre, disons, dans quelle mesure j'ai été influencé par les événements extérieurs, […] je vais vous dire qu'ils ne m'ont point influencés[78]. » Cette prétention à une attitude « apollinienne » (pour emprunter un terme spenglerien) résiste toutefois très peu à l'examen des écrits de Dimaras des années 1930-1937. En effet l'auteur, alors chrétien social, vit avec angoisse le devenir historique de son temps et l'interprète à

---

77 « Ὡς ἡ διψῶσα ἔλαφος…' », p. 33.
78 « Ὡς ἡ διψῶσα ἔλαφος…' », p. 42.

l'aune de sa philosophie de l'histoire décliniste. Penchons-nous maintenant sur la période suivante.

On pourrait tout d'abord isoler une courte période de deux ans allant, approximativement, de la fin de 1937 à la fin de 1939. Jusqu'à l'été 1937, Dimaras continue à présenter dans sa colonne de *Néa Estia* des livres de théologiens proches de l'Union Chrétienne Sociale. Mais, entre 1938 et 1939, les écrits portant sur la « religion et la société » disparaissent – ou du moins deviennent très rares[79]. Ses articles dans la presse quotidienne, très nombreux pendant cette période, sont systématiquement orientés vers la critique de la littérature néohellénique et la « question de la langue ». Son horizon devient ainsi plus national et plus contemporain que par le passé, où il s'occupait beaucoup de littérature française et d'histoire ancienne, notamment, d'histoire médiévale. En filigrane de cette tendance majeure, l'on perçoit quelques inflexions importantes dans son discours historique, qui n'est pas encore systématique.

En octobre 1937, Dimaras écrit deux articles qui louent Rigas Velestinlis[80], figure majeure de l'« éveil national grec » (on ne parle pas encore de « lumières néohelléniques[81] ») et grand révolutionnaire. Ensuite, en janvier 1938, il présente un livre intitulé *Les Grecs de la Renaissance et D. Théotokopoulos*[82], sans se répandre en critiques contre la *Renaissance*, comme il avait coutume de le faire auparavant. Ce changement de perspective historique est suivi d'un troisième article sur Rigas, paru cette fois en janvier 1939[83], et d'un texte intitulé « Précurseurs de la Lutte [nationale][84] ». Le terme employé se réfère, à peu près, aux mêmes personnes auxquelles va se référer, plus tard, la notion de *Néohellinikos Diaphôtismos*, qui le remplacera. Suivent, en 1940, deux articles élogieux sur l'autre « précurseur de la Lutte nationale » qu'est

---

79 Je n'ai pas encore pu dépouiller l'intégralité des articles, très nombreux, que Dimaras écrit alors dans la presse quotidienne et dans différentes revues. Un dépouillement exhaustif permettrait à l'élaboration d'une chronologie plus fine.
80 « Ρήγας Βελεστινλής » [« Rigas de Vélestino »], Ελεύθερον Βήμα, 11/10/1937 ; « Το έργο του Ρήγα » [L'œuvre de Rigas], Ελεύθερον Βήμα, 18/10/1937.
81 Cf. la remarque très judicieuse d'Alexander Vezenkov et Tchavdar Marinov indiquant que le « *Néohellinikos Diaphôtismos* » vient occuper la place qui, dans les autres historiographies nationales balkaniques, est réservée à la « renaissance nationale » ou au « réveil national » (« The Concepts of National Revival in Balkan Historiographies », dans Roumen Daskalov, *Entangled Histories of the Balkans-Volume Three*, éd. par Alexander Vezenkov (Leiden, Brill, 2015), pp. 406-463 : pp. 429-430). On ajoutera que le remplacement de l'ancienne notion de *Ethniki Paligénesia* (Εθνική Παλιγγενεσία : réveil national) par celle de *Néohellinikos Diaphôtismos* a aussi « anobli » cette étape de l'histoire nationale. En inscrivant cette période dans l'histoire universelle de l'occident la plus en vogue, ce remplacement l'a largement préservée contre la critique de l'historiographie nationale qui a eu lieu dans les années 1990 et 2000.
82 « Κύρου Α. 'Οι Έλληνες της Αναγεννήσεως και ο Δ. Θεοτοκόπουλος' » [Kyrou A. 'Les Grecs de Renaissance et D. Théotokopoulos'], Ελεύθερον Βήμα, 24/1/38.
83 « Ρήγας ο Βελεστινλής », Ελεύθερον Βήμα [« Rigas de Vélestino »], 23/1/1939.
84 « Πρόδρομοι του Αγώνος », Ελεύθερον Βήμα, [« Précurseurs de la Lutte nationale »] 4/12/39.

Coray[85]. Mais, avant ces deux articles, Dimaras publie, en novembre 1939, dans *Néa Estia*, un texte qui résume en quelque sorte le chemin parcouru entre la fin de 1937 et celle de 1939.

Exprimer l'« âme nationale »

Dans cet article, intitulé « Démoticisme et critique. Essai de synthèse[86] », Dimaras soutient que l'apparition de la critique littéraire en Grèce moderne est un phénomène ayant partie liée avec le démoticisme. Nous constatons ainsi qu'après son aventure social-chrétienne, Dimaras s'investit dans un nouveau champ d'étude : la critique de la littérature néohellénique, dont il cherche dans un premier temps à délimiter les contours, en commençant par le rapport de la critique à la langue. Ce rapport forme pour lui une question essentielle portant sur la « conscience » et l'« âme » de la nation hellénique. La langue correspond à cette « conscience » étant le démotique, la critique littéraire néohellénique n'est possible, pour Dimaras, qu'en vertu du démoticisme, qui « vint libérer l'intelligence hellénique de la tyrannie du mot[87] ». Tandis que « l'époque de la *katharévousa* en Grèce n'offrait pas les éléments pour le développement de la critique : elle déracinait les fondements de la langue qui existaient dans l'âme néohellénique[88] ».

Nous remarquons ainsi un déplacement de l'essentialisme culturel-universaliste de l'époque précédente vers un essentialisme national (ou nationaliste) axé sur l'« âme nationale ». La question de la langue n'est pas analysée dans les termes de la linguistique, mais dans ceux d'une « psychologie nationale » de type barrésien, à laquelle renvoie d'ailleurs le concept de déracinement employé ci-dessus. Dimaras a rétrospectivement reconnu sa dette envers Barrès, Maurras, Léon Daudet et, plus généralement, l'Action Française. Ces maîtres à penser de la droite nationaliste française l'auraient profondément influencé pendant sa jeunesse[89]. Leur influence sur lui aurait culminé entre 1928 et 1930[90], à la veille de son engagement chrétien-social. Bien sûr, ni le rapport au christianisme social ni l'idée du déclin, que Dimaras professe entre 1932 et 1937, ne contredisent la doctrine maurrassienne ; et il en va de même pour la condamnation de la Révolution française et de la République

---

85 « Ο Κοραής στον Αγώνα » [« Coray dans la Lutte nationale »], Ελεύθερον Βήμα, 28/3/1940, « Τα πρώτα έργα του Κοραή » [« Les premières œuvres de Coray »], Ελεύθερον Βήμα, 29/7/1940.
86 « Δημοτικισμός και κριτική. Δοκίμιο Συνθέσεως » [« Démoticisme et critique. Essai de synthèse »], *Néa Εστία*, n° 309, 1/11/1939, 1498-1511.
87 « Δημοτικισμός και κριτική », p. 1489.
88 « Δημοτικισμός και κριτική », p. 1499.
89 Dimaras, « Δεν ενδιαφέρει η κορυφή αλλά οι μέσοι όροι », p. 60, et « Μωρίς Μπαρρές » [« Maurice Barrès »], *Néa Εστία*, n° 849, 15/11/1962, 1652-1653.
90 « 'Ως η διψώσα έλαφος… ' », p. 32 et « Γυρίζοντας από το Port-Royal » [« De Retour de Port-Royal »], *Néa Εστία*, n° 98, 15/1/1931, 85-87 : p. 85.

par Dimaras à la même époque. Toutefois, son désaveu de l'idée nationale (sous l'influence probablement de Guénon) éloigne sans doute Dimaras en 1932-1937 de la pensée du théoricien du « nationalisme intégral ». Au contraire, lorsque, à la fin de 1937, Dimaras tourne le dos à l'antimodernisme, à l'idée du déclin et au christianisme social, il renoue avec le nationalisme, un nationalisme qui constitue une synthèse du nationalisme psychologiste barrésien et du « nationalisme intégral » de Maurras. Dans ce contexte, la question de la langue se rapporte directement à la « vie nationale ». Selon lui, « dans notre patrie, la seule question vitale, sortie directement de la considération de la vie hellénique, est la question de la langue ; elle a été le sac de nœuds que l'intelligence hellénique devait démêler afin de pouvoir exercer la critique littéraire[91] ».

Le « nouveau » Dimaras, celui de la période d'après 1937, abandonne les valeurs universelles du christianisme et s'oriente vers une « œuvre nationale ». Cette œuvre de critique littéraire devra constituer une expression de l'« âme nationale », et nécessite au préalable de préciser la langue capable de saisir et d'exprimer cette « âme ». Versé dans la phénoménologie de Bergson[92], Dimaras croit saisir le rapport « vital » entre cette langue, qui est en même temps un mouvement, le « démoticisme », et la condition de possibilité de la critique littéraire néohellénique. Dans le cadre de cette nouvelle théorie, il abandonne ses anciennes réserves envers Coray, qu'il perçoit désormais surtout comme un réformateur de la langue :

> Je note par ailleurs, écrit-il, que l'*Histoire de la Critique Néohellénique* commence par Coray. Ce n'est pas un hasard : Coray est l'humaniste par excellence qui a introduit dans notre patrie la notion de l'examen, de la subordination de la lettre à l'esprit, et qui, bien qu'il fût un philologue [...] prêcha que la langue est un moyen, et non le but de l'éducation. Coray est en même temps le valeureux chercheur de notre littérature médiévale et moderne, qui a frayé la voie à toutes les recherches postérieures et a établi la théorie de notre langue moderne sur ses assises naturelles[93].

D'ennemi idéologique, en 1932, Coray fait figure, en 1939, de précurseur de l'« *Histoire de la Critique Néohellénique* », écrit ici en italiques et en majuscules, comme s'il s'agissait d'un livre, le livre que Dimaras envisage probablement d'écrire et qui se transforme progressivement pour aboutir à l'*Histoire de la littérature néohellénique*, publiée en 1947-1948. Le fait qu'il pense déjà à une œuvre à caractère « national » perce aussi dans la conclusion de cet essai de 1939 :

> Le démoticisme a triomphé. Il n'a plus besoin de combattre [...] le combat pour la liberté intellectuelle, pour la pensée critique, a été couronné de succès et a répandu le démoticisme dans toutes les manifestations de la

---

91 « Δημοτικισμός και κριτική », p. 1498.
92 Voir Konstantinos Th. Dimaras, « Henri Bergson », *Νέα Εστία*, n° 338, 15/1/1941, 73-74.
93 « Δημοτικισμός και κριτική », p. 1498.

vie intellectuelle néohellénique. Mais les difficultés réelles commencent maintenant ; après une longue période de purification, vient le moment de la construction. La solution de la question de la langue laisse un vide parmi les forces psychiques nationales ; il est temps, je crois, de s'approcher de nos grands Maîtres, de Solomos à Psichari, et en laissant de côté leur enseignement linguistique de continuer dans la voie qu'ils nous ont indiquée. Le démoticisme ne peut pas être une fin ; il est, quel que soit le sens du mot, un Commencement[94].

C'est ce que Dimaras lui-même va faire, en remontant de plus en plus en arrière, pour s'approcher davantage de ce « précurseur » du « démoticisme » et de la critique littéraire que fut, selon lui, Coray[95], ou encore Iosipos Misiodax et Dimitrakis Katardjis, qu'il découvre dans les années suivantes. Ces penseurs entrent ainsi progressivement dans le panthéon de Dimaras qui se prépare à les introduire dans les pages de son œuvre nationale. On remarque qu'au long de ce processus, ces personnages subissent une sorte de dépolitisation. Entre 1932 et 1937, Dimaras, alors antimoderne et antinationaliste, vilipendait ces mêmes personnages en raison de leurs positions politiques : démocratiques, révolutionnaires, libérales, etc. Maintenant leurs idées politiques perdent de leur importance, devant celle de leur projet linguistique et éducatif, que Dimaras est en train de découvrir. N'écrivait-il pas, d'ailleurs, que « dans notre patrie, la seule question vitale, sortie directement de la considération de la vie hellénique, est la question de la langue » ? Cette dépolitisation serait-elle une conséquence du régime de Metaxás ? Il est difficile de répondre. Quoi qu'il en soit, la dépolitisation en question s'est prolongée par la suite. En s'orientant désormais vers une synthèse de critique littéraire propre à exprimer l'« âme nationale », Dimaras fait passer au second plan la modernité politique de ces auteurs du tournant du XIXe siècle, pour insister sur leur valeur en tant que réformateurs de la langue et de l'éducation nationale. Ce projet national prend ainsi implicitement pour objet le nationalisme dans son expression non politique : il se concentre sur le côté culturel du nationalisme consistant à faire de la langue, de l'éducation et de la presse des outils propres à « réveiller la nation ».

Un nouveau concept central : l'« Humanisme »

En même temps, Dimaras peut s'identifier à ces « précurseurs de la lutte nationale » en vertu d'une mutation idéologique qui est, à la fin de l'année 1939, déjà accomplie. Contrairement à l'époque précédente, il se déclare maintenant favorable à la liberté et à l'Humanisme. Toutefois, le « libéralisme » de Dimaras n'est pas très poussé d'un point de vue politique. On a vu qu'il

---

94 « Δημοτικισμός και κριτική », p. 1511.
95 Que Coray fût un précurseur du démotique est une idée assez discutable. À ce propos voir Geoffrey Horrocks, *Greek: A History of the Language and its Speakers*, 2e éd. (Oxford, Wiley-Blackwell, 2010), pp. 438-442.

déclarait, en 1939, que « le combat pour la liberté intellectuelle, pour la pensée critique, a été couronné de succès et a répandu le démoticisme dans toutes les manifestations de la vie intellectuelle néohellénique[96] ». Or, si le régime de Metaxás avait effectivement promu le démotique, il n'avait certainement pas garanti la « liberté intellectuelle[97] ».

Quant à l'« humanisme », c'est un concept qui représente l'envers de la philosophie de l'histoire à laquelle Dimaras adhérait avant 1938. En se prononçant maintenant en faveur de l'« humanisme » il reconnaît implicitement « s'être trompé ». L'humanisme est le concept clef de sa nouvelle doctrine. Ce concept a alors une double fonction : d'un côté, il constitue la négation de la philosophie de l'histoire antimoderne que Dimaras défendait auparavant, au profit d'une histoire universelle progressiste ; de l'autre, il permet l'articulation entre cette histoire universelle progressiste et l'histoire nationale, à travers aussi bien la Grèce antique, que l'« humanisme » était censé faire revivre, que des « nouveaux humanistes comme Coray », que Dimaras est en train de découvrir et de mettre en valeur. Il convient de renvoyer ici au « nouvel humanisme », que Théotokas défendait en 1932, et que Dimaras critiquait alors avec indignation.

Ces idées sont plus clairement énoncées dans un article intitulé « Le devoir des intellectuels », que Dimaras publie le 11 novembre 1940 (peu après l'entrée de la Grèce dans la guerre, le 28 octobre). Après une mise en garde concernant les dangers du totalitarisme (ολοκληρωτισμός), sans précédent dans ses écrits antérieurs, Dimaras y affirmait :

> Mais parallèlement à tout ceci, s'esquisse aujourd'hui un autre devoir, plus direct, plus grec (ελληνικότερο), plus spécifiquement grec : la guerre, qui constitue pour nous maintenant une violence qui nous est imposée depuis l'extérieur, est également un phénomène spirituel, exprimé par notre refus, le refus de tout un peuple, d'accepter les propositions qui nous ont été faites. [...] La guerre actuelle est d'ailleurs riche en significations qui attendent d'être éclairées [...], ce n'est pas un combat pour la domination politique qui peut laisser indifférents ceux qu'il ne touche pas : [c'est] une lutte purement idéologique qui confronte deux systèmes psychiques. Il n'y a pas de troisième solution : soit brillera la splendeur et la beauté de l'individu qui croit en sa mission unique, soit l'homme s'enfoncera dans un bourbier anonyme pour se perdre à jamais[98] !

---

96 « Δημοτικισμός και κριτική », p. 1511.
97 Sur la censure sous le régime de Metaxás Κατερίνα Δέδε, voir « 'Πέτρα, Ψαλίδι, Χαρτί' : Η λογοκρισία στον τύπο, 1922-1974 » ['Pierre-papier-ciseaux' : La censure dans la presse, 1922-1974], dans Λεξικό Λογοκρισίας στην Ελλάδα [Dictionnaire de la censure en Grèce] (Athènes, Kastaniotis, 2019), éd. par Pinélopi Petsini et Dimitris Christopoulos, pp. 146-156, pp. 148-150.
98 « Το χρέος των διανοουμένων » [« La dette des intellectuels »], Ελεύθερον Βήμα, 19/11/1940, cité dans Αλέξανδρος Αργυρίου, Ιστορία της ελληνικής λογοτεχνίας και η πρόσληψή της στους δύστηνους καιρούς (1941-1944) [Histoire de la littérature grecque et sa réception aux temps durs (1941-1944)], vol. 3 (Athènes, Kastaniotis, 2003), p. 33.

La formule *tertium non datur* (« il n'y a pas de troisième solution ») est à nouveau employée ici, mais cette fois le terme du binôme « exclusif », qui est censé sauver l'homme de sa perte, n'est plus le Moyen Âge, mais son prétendu contraire : les valeurs humanistes. De la même manière que dans la philosophie de l'histoire que Dimaras défendait entre 1932 et 1937, les valeurs humanistes ont ici un caractère hellénique. Mais, contrairement à la période 1932-1937, le caractère hellénique de l'Humanisme est valorisé, du fait de la nouvelle conception de l'histoire que Dimaras propose aux intellectuels grecs d'approfondir pendant la guerre :

> Même si le désir de la liberté qui habite nos âmes ne suffisait pas à cela, l'idée que nous combattons pour l'homme, en dehors de toute détermination géographique, donnerait à notre lutte tout son caractère hellénique (ελληνικότητα). L'étude de ces valeurs [humanistes] absolues et de leur application sur la relativité des moments que nous vivons devra, à mon avis, constituer l'occupation principale des intellectuels [...][99].

Ces passages nous frappent par les va-et-vient fréquents entre le national et l'universel. La guerre y est interprétée en des termes manichéens – le moment s'y prête – comme « une lutte purement idéologique qui place face à face deux systèmes psychiques ». Tout est réduit, en dernière analyse, à une « psychologie collective », qui n'est plus uniquement une psychologie nationale, mais une psychologie des idéologies et des civilisations. Les deux « systèmes psychiques », qui sont en train de s'affronter sur la scène de l'histoire, sont encore largement définis par rapport aux catégories que Dimaras avait empruntées à René Guénon et dont l'on a simplement inversé ici la valeur. Ces deux systèmes sont, d'un côté, l' « Humanisme », que Guénon définissait, négativement, en tant qu'individualisme (« la splendeur et la beauté de l'individu qui croit en sa mission unique », écrit Dimaras) ; et de l'autre, le « mysticisme », système traditionnel transcendant l'homme, que le Dimaras de 1932-1938 associait, positivement, au Moyen Âge chrétien, et qui est ici sous-entendu comme la tendance qui « enfoncera l'homme dans un bourbier anonyme pour le perdre à jamais[100] ».

Malgré la prétention de Dimaras à une « attitude apollinienne », l'on ne peut que supposer que sa conversion idéologique, opérée entre *grosso modo* la fin de 1937 et celle de 1939, est une réaction face au danger que le nazisme représente alors pour le monde occidental. Nonobstant ses prises de position en faveur d'un « mysticisme oriental » – et peut-être également en vertu de ses déclarations orientalistes – Dimaras est toujours resté un Occidental. Cet employé de la librairie française Kaufman d'Athènes était connu pour son impressionnante érudition, et pour être au fait des nouvelles éditions en langues étrangères. En témoigne le fait qu'il emploie, dès 1940, la notion de

---

99 « Το χρέος των διανοουμένων ».
100 « Το χρέος των διανοουμένων ».

totalitarisme dans le sens que lui était accordé à peine quelques années plus tôt par Franz Borkenau[101]. Durant les années 1930, Dimaras était avant tout un passeur culturel entre la Grèce et la France, ayant une multitude d'intérêts et s'étant lancé dans maintes entreprises intellectuelles très variées. Andréas Embiricos, disait dans sa fameuse *Lecture* de 1935, par laquelle il introduisit publiquement le surréalisme en Grèce, que « les œuvres surréalistes ne sont pas vendues en Grèce, et [que] les libraires grecs, à l'exception de M. Dimaras, ignorent complètement leurs auteurs et éditeurs[102] ». Pendant cette période, Dimaras manifestait un intérêt très vif pour la psychanalyse et côtoyait les surréalistes Andréas Embiricos et Nikolaos Kalamaris (*alias* Nicolas Calas), avec lesquels il envisageait même publier une revue surréaliste en Grèce. Mais il s'est très vite désisté, en raison probablement des idées marxistes de ses deux compagnons, qu'il a abandonnés ensuite[103]. Pendant la même période, Embiricos a présenté à Dimaras Marguerite Yourcenar, avec laquelle ce dernier a travaillé pendant quatre ans sur une traduction des poèmes de Cavafy. En 1939, il a fait la connaissance d'André Gide à Athènes, et il lui a écrit, en décembre 1940, dans la France occupée, pour lui demander son soutien à la Grèce qui se battait alors contre les forces de l'Axe. Gide lui a répondu par une lettre enthousiaste qu'il a fait parvenir en Grèce par l'ambassade grecque de Vichy. Mais cette lettre n'a été alors publiée par aucun journal grec[104].

C'est grâce à son attachement à la France, et plus généralement à l'Europe occidentale, qui Dimaras a dû réaliser que les idées antimodernes qu'il défendait jusqu'en 1937 étaient devenues l'apanage des fascistes et des nazis qui menaçaient alors de détruire l'Europe. Pendant la même période, d'autres « antimodernes », comme Jacques Maritain, avaient fait marche arrière en se prononçant pour un « humanisme intégral ». Par ailleurs, le nationalisme ambiant sous le régime de Metaxás n'était pas favorable au refus de l'Antiquité grecque professé auparavant par Dimaras, et la profusion d'éléments nationaux qu'on observe alors dans son discours pourrait être mise en rapport avec l'idéologie du régime[105].

Enfin, les écrits de Dimaras de cette époque sont caractérisés par l'effort de résoudre une tension entre d'un côté, l'humanisme, qui avait remplacé dans sa philosophie de l'histoire la vénération du Moyen Âge et du mysticisme

---

101 Franz Borkenau a introduit sa théorie du totalitarisme dans *Pareto* (New York, Wiley, 1936), pour la reprendre ensuite dans une série de livres plus largement diffusés, tel que *The Communist International* (Londres, Faber and Faber, 1938) et *The Totalitarian Enemy* (Londres, Faber and Faber, 1940).
102 Andreas Empeirikos, *Περί Σουρρεαλισμού. Η διάλεξη του 1935* [Sur le Surréalisme. La conférence de 1935] (Athènes, Agras, 2009), p. 85.
103 Sigalas, *Ο Ανδρέας Εμπειρίκος*, pp. 110-115.
104 Jocelyn Van Tuyl, *André Gide and the Second World War: A Novelist's Occupation* (New York, SUNY Press, 2012), pp. 58-59.
105 Voir Chryssanthi Avlami, « Η χρήση της ιστορίας από τους θεωρητικούς της 4ης Αυγούστου » [« L'utilisation de l'histoire par les théoriciens du régime du 4-Août »], *Ίστωρ*, n° 2 (1990), 133-134.

oriental, et de l'autre, le nationalisme, favorisé par le régime de Metaxás et attisé par la guerre contre les Italiens et les Allemands en 1940-1941. Durant l'époque précédente (1932-1937), Dimaras avait fait sienne l'idée de Guénon selon laquelle le principe des nationalités avait son origine dans la Renaissance et l'humanisme. Tel était, semble-t-il, son point de départ après 1937, pour réconcilier, cette fois, l'humanisme et le nationalisme dans un cadre positif. Mais, plus il avançait dans ses recherches, plus cette tension, issue en effet d'un anachronisme, se manifestait clairement. C'est, me semble-t-il, en partie afin d'apaiser cette tension conceptuelle que Dimaras remplaça l'« humanisme » par le « *Diaphôtismos* », qu'il découvrit après la guerre.

Entrée du « Diaphôtismos » – sortie de l'« Humanisme »

Le syntagme *Héllinikos Diaphôtismos* (*Diaphôtismos* alors encore à la fois hellénique et non néohellénique), apparait dans un texte que Dimaras publie en juillet 1945, intitulé « La Révolution française et le *Hellinikos Diaphôtismos* circa 1800 »[106]. Mais le « *Hellinikos Diaphôtismos* » n'apparait que dans le titre de l'article, ce qui semble indiquer qu'il fut ajouté à la dernière minute, sans être introduit dans le texte. Au lieu d'« *Hellinikos Diaphôtismos* », le texte parle d'« idées libérales de l'Hellénisme » – « Hellénisme » (Ελληνισμός) étant entendu ici dans le sens nationaliste transhistorique qu'il a acquis en grec à partir du milieu du XIXᵉ siècle. Ainsi, selon un schéma typique dans l'historiographie nationale grecque, ces « idées libérales », l'hellénisme ne les a pas reçues directement de l'Occident (en l'occurrence de la Révolution française), mais elles faisaient partie du patrimoine historique de l'Hellénisme que le rapport avec l'Occident a réactivé :

> L'Hellénisme a appris de la Révolution française à croire aux valeurs libérales et démocratiques de ses ancêtres, il a appris les grandes idées qui gouvernaient le monde nouveau, il a appris comment les peuples qui sont gouvernés par la foi peuvent transformer les grandes idées en grands actes. Enfin, grâce à la révolution française, l'Hellénisme s'est renforcé matériellement et s'est préparé militairement pour son expédition [nationale]. En un mot, la Révolution française a fait murir la conscience des Grecs et a contribué à leur armement[107].

Le texte brosse un récit typique d'« éveil national » au fil duquel, l'« Hellénisme » se réveille progressivement grâce à son contact avec les « idées libérales » de l'Occident, un processus qui culmine avec la Révolution Française :

> En 1789, l'Hellénisme s'était déjà réveillé […] l'Hellénisme, dont la prospérité matérielle augmente, en lui procurant les moyens du contact

---

106 « Η Γαλλική Επανάσταση και ο Ελληνικός Διαφωτισμός γύρω στα 1800 », [« La Révolution française et le Diafôtismos grec *circa* 1800 »], Δημοκρατικά Χρονικά, 23/7/1945, 11-12.
107 « Η Γαλλική Επανάσταση και ο Ελληνικός », p. 11.

avec la civilisation occidentale et le loisir de la connaitre, ne se prive pas de participer au grand mouvement [...] Grâce à la capacité d'assimilation qui caractérise la race hellénique, l'éducation arrive en Grèce des tous les côtés, la Grèce prend conscience d'elle-même[108].

La seule différence que l'on remarque par rapport à un récit d'« éveil national » plus ancien est le *leitmotiv* de la « prise de conscience » collective. Ce vocabulaire du XIXe siècle (hégélien, et ensuite marxiste) vient chez Dimaras d'une psychologie collective d'inspiration barrésienne appliquée à la nation. Dans la suite de ce récit de « prise de conscience de l'Hellénisme », Dimaras revient à la question du démoticisme, en tant que condition de possibilité de tout projet éducatif de la nation, mais dont les origines remontent désormais, non plus à Coray, mais à Katardjis, que Dimaras avait découvert entre-temps. Une autre étape, enfin, dans la « prise de conscience de l'Hellénisme », résultait de la place spéciale que le « *Diaphôtismos* français » (seule fois où le terme *Diaphôtismos* apparait dans le texte, à l'exception du titre) accordait à l'Antiquité hellénique et en raison de laquelle « comme dans un reflet, les Hellènes se reconnaissent dans l'image que se font [d'eux] les étrangers [qui les considèrent les héritiers de l'Antiquité] et prennent ainsi conscience de leur importance et de leur devoir historique[109] ».

Nous avons déjà ici le canevas du « schéma du Diaphôtismos » tel qu'il est présenté dans les chapitres dix à quinze de l'*Histoire de la littérature néohellénique*[110] et dans les différents textes du recueil intitulé *Néohellinikos Diaphôtismos*[111]. À la différence près que le concept de *Néohellinikos Diaphôtismos* n'est pas inséré dans le texte de 1945 et que, par conséquent, le récit ne diffère pas encore pour l'essentiel d'un récit typique d'éveil national (ou de « prise de conscience nationale »). Trois ans plus tard, dans l'*Histoire de la littérature néohellénique*, le vocable d'« idées libérales » est dans la plupart des cas remplacé par celui d'« idées de *Diaphôtismos* », et le concept de *Néohellinikos Diaphôtismos* est bel est bien inséré dans le texte. Ainsi, même si le canevas reste, pour l'essentiel, le même, le résultat a un aspect bien différent. Car le « *Diaphôtismos* » n'est plus la traduction d'un concept de philosophie allemande pour les spécialistes ; il est en passe de devenir le paradigme d'histoire universelle dominant. Son équivalent anglais, « *The Enlightenment* », est au centre des débats intellectuels concernant la nature et l'avenir de la civilisation occidentale qui ont lieu aux États-Unis et vont se diffuser ensuite dans le monde.

Comment Dimaras a-t-il pu s'en informer aussi promptement ? On se souvient qu'il avait employé le concept de totalitarisme dans le sens que lui a

---

108 « Η Γαλλική Επανάσταση και ο Ελληνικός », p. 11.
109 « Η Γαλλική Επανάσταση και ο Ελληνικός », p. 11.
110 *Ιστορία της νεοελληνικής λογοτεχνίας. Από τις πρώτες ρίζες ως την εποχή μας* [Histoire de la littérature néohellénique. Depuis les origines jusqu'à nos jours] (Athènes, Ikaros, 2 vol., 1957-1958).
111 *Νεοελληνικός Διαφωτισμός* (Athènes, Ermis, 1977).

donné Franz Borkenau dès 1940. Nanos Valaoritis se rappelle encore l'érudition sans pareil du libraire de Kaufman, qui connaissait toujours les dernières publications en langues étrangères[112]. Ce suivi de l'actualité intellectuelle allait bien au-delà de la production en français, que Dimaras connaissait sans doute le mieux. Un article qu'il publie en octobre 1945 nous indique qu'il s'intéressait bel et bien à la production intellectuelle américaine :

> Les livres que la guerre a créés, les mots d'ordre qu'elle a diffusés, sont des livres et des mots d'ordre limités aux intérêts immédiats [de l'homme], pratiques, comme on dit, dépourvus de philosophie. Quelques voix de consolation, publiques ou privées, sont venues de l'autre côté de l'océan et rien de plus : l'Europe déchire ses chairs[113].

À la fin de cet article, intitulé « Problèmes des intellectuels grecs », Dimaras affirme : « Notre devoir est clair : rappeler à l'homme ses valeurs éternelles, préparer les conditions pour le nouvel humanisme dont nous savons qu'il adviendra, même si nous ne savons pas encore sous quelle forme[114]. »

En résumé, en 1945, Dimaras découvre le concept de *Diaphôtismos* sans en faire encore pleinement usage. En ayant alors presque entièrement rallié les positions de Théotokas (auxquelles il s'était vivement opposé en 1932), il défend un « nouvel humanisme » : le contraire de sa philosophie de l'histoire de 1932-1937. En même temps, ses recherches sur la langue et la littérature néohelléniques se focalisent de plus en plus sur la période de « l'éveil national », de la « prise de conscience [dans les termes d'une certaine psychologie collective] par l'Hellénisme, de son passé national », de la formation, dirions-nous, du nationalisme grec. Mais d'une quête à l'autre – de l'« humanisme » à la « prise de conscience nationale » – il existait une discontinuité, aussi bien au niveau chronologique que conceptuel, qui nuisait à la cohérence de l'ensemble. Dimaras avait beau parler, en 1939, des « idées humanistes de Coray », cette expression sonnait comme un anachronisme. C'est probablement pour cette raison qu'il remplaça en 1945, le syntagme « idées humanistes » par « idées libérales ». Mais c'était un concept faible qui l'obligeait à donner des précisions. Ainsi dans l'article de 1945 sur la Révolution française, Dimaras ajoute chaque fois au syntagme « idées libérales » un adjectif différent : « démocratiques », « révolutionnaires », « anticléricales » etc.

Au contraire, la notion de *Diaphôtismos*, en tant que traduction, non plus tellement de *Aufklärung*, mais d'*Enlightenment*, dans le sens que ce dernier terme commençait à avoir alors aux États-Unis, représentait une solution de continuité rétablissant la cohérence entre les deux volets de la quête intellectuelle de Dimaras à cette époque. Tels qu'ils étaient re-conceptualisés, pendant et

---

112 Communication personnelle de Nanos Valaoritis à l'auteur.
113 « Προβλήματα της Ελληνικής διανοήσεως » [« Problèmes des intellectuels grecs »], *Νέα Εστία*, n° 440, 15/10/1945, 908.
114 « Προβλήματα της Ελληνικής διανοήσεως », p. 909.

immédiatement après la guerre, *Aufklärung* et *Enlightenment* exprimaient ce que Dimaras cherchait dans l'« humanisme » : l'envers du Moyen Âge spenglerien et de ses avatars, parmi lesquels le Moyen Âge guénonien.

En saisissant l'occasion, Dimaras a su venir à bout de ses difficultés de conceptualisation. Le concept de *Diaphôtismos* a couronné son œuvre comme jamais celui d'humanisme n'aurait pu le faire[115]. Dimaras associa ainsi, très tôt, l'« histoire de l'hellénisme » au récit d'histoire universelle occidentale – et « occidentaliste » – le plus en vogue après la Seconde Guerre mondiale : l'histoire de l'*Enlightenment*, des Lumières, de l'*Illuminismo etc*. Ce fut sa réalisation la plus remarquable.

Épilogue : « *Diaphôtismos* » versus « piétisme » ou l'histoire nationale comme autobiographie

Au sein du système uniforme de valeurs économiques et culturelles qui s'imposa progressivement dans le monde, les histoires nationales se sont toujours mesurées à l'aune de leur « universalité » : c'est-à-dire en fonction de leur relation aux « événements », « forces », « principes » ou « valeurs » censés avoir déterminé l'histoire universelle. Les historiens nationaux cherchèrent donc à faire participer leur nation à un récit dominant – à leur époque où dans leur milieu – d'histoire universelle. Chaque histoire nationale a été ainsi articulée, avec plus ou moins de succès, à une histoire universelle ; de préférence l'histoire universelle qui prévalait pendant la période où l'histoire nationale en question était écrite. De ce point de vue, les travaux de Dimaras sur le *Néohellinikos Diaphôtismos* constituent une des versions d'histoire nationale les plus réussies de son temps.

Au milieu du XIXe siècle, Zambelios et Paparrigopoulos, grâce au transfert du concept d'*Hellenismus* de Droysen dans l'historiographie nationale grecque, réussirent à régler cette histoire nationale sur l'histoire universelle hégélienne, qui identifiait l'avènement de la modernité avec celui du christianisme[116]. Cent ans plus tard, à l'issue de la Seconde Guerre mondiale, Dimaras, faisant à son tour œuvre d'historien national, élaborerait une autre « articulation ». En reprenant à son compte l'« hellénisme » de Zambélios et de Paparrigopoulos, il essayait de le faire participer à un autre récit d'histoire universelle : celui de l'*Enlightenment* ou des Lumières européennes. Pour ce faire, il fallait opérer

---

115   L'« humanisme » régressa ainsi, dans les écrits de Dimaras, pour trouver sa place dans une catégorie historiographique secondaire : l'« humanisme religieux ». Cf. Dimitris G. Apostolopoulos, « Οι πηγές της έμπνευσης ενός ερμηνευτικού σχήματος : Ο 'Θρησκευτικός ουμανισμός' » [« Les sources d'inspiration d'un schéma explicatif : 'l'humanisme religieux' »], dans *Επιστημονική Συνάντηση στη μνήμη του Κ. Θ. Δημαρά*, éd. par Sklavenitis, pp. 71-77.

116   Sigalas « Hellénistes, hellénisme ».

d'importantes rectifications dans l'« histoire de l'hellénisme » telle qu'elle avait été fabriquée par les deux historiens du XIXᵉ siècle.

Sous la plume de Zambélios et de Paparrigopoulos, l'histoire de l'hellénisme pendant l'époque de la domination ottomane (*Τουρκοκρατία*) était régie par l'histoire de l'Église orthodoxe, créditée d'avoir préservé la nation jusqu'à la Révolution de 1821[117]. Cent ans plus tard, Dimaras proposait une version assez différente de cet épisode de l'« histoire de l'hellénisme » qui permettait d'associer celle-ci aux valeurs de l'Occident de l'après-guerre. Mais pour greffer le « schéma de *Diaphôtismos* » sur celui de Paparrigopoulos, il fallait diminuer le rôle que jouait dans l'« Hellénisme » de celui-ci la religion. Cela l'engageait dans deux directions. D'un côté, en menant un travail d'historien, il fallait montrer en quoi Paparrigopoulos s'était trompé, autrement dit, en quoi l'hellénisme moderne était plus séculier et moins « oriental » qu'on le croyait. De l'autre, il fallait faire un travail d'historiographie : analyser et qualifier, dans un langage critique, l'« erreur » d'interprétation commise par Paparrigopoulos.

Concernant l'étude par Dimaras du rapport de l'hellénisme à l'Occident, il convient de se tourner vers un texte de 1952 intitulé « L'Europe éclairée[118] ». C'est l'ébauche d'une histoire de la notion d'Europe (*Ευρώπη*) depuis Byzance jusqu'au début du XIXᵉ siècle : « le temps de Coray ». En résumé, l'article raconte comment, de l'opposition dogmatique envers l'Occident, à l'Époque byzantine, l'on arrive progressivement à la volonté d'appartenir à l'« Europe des Lumières » (« *Ευρώπη των Φώτων* » et non « *Diaphôtismos* »), « à l'époque de Coray », celle-ci s'étant affranchie du cléricalisme et de l'emprise des valeurs religieuses. On touche du doigt ici aux deux questions principales que pose le « schéma de *Diaphôtismos* » tel que Dimaras le conçoit et le construit après la guerre : le rapport à l'Occident et le sécularisme. À ces deux questions, Dimaras apporte désormais des réponses diamétralement opposées à celles qu'il avait apportées avant la guerre. En fait, ce n'est pas tant l'analyse de Dimaras, mais sa position qui est différente. Son analyse reste à peu près semblable, comme nous le voyons, par exemple, dans un passage de sa recension, en 1933, de l'*Introduction à l'histoire de Byzance* de Constantin Amandos :

> Les Grecs, subjugués par les Romains, saisissent le pouvoir et transforment Byzance en État grec, pour le détruire aussitôt que la tradition grecque du logos commence à s'imposer, en s'opposant – malgré la prétention contraire de Zambélios – à la cohérence du mysticisme chrétien, aussitôt que le « nous sommes Grecs » (*Ἕλληνες ἐσμέν*) est prononcé. Il n'est enfin point exagéré de suggérer qu'un développement pareil eut lieu dans

---

117 Sigalas, « Hellénistes, hellénisme », et Ioannis Kourboulis, *La formation de l'histoire nationale grecque. L'apport de Spyridon Zambélios (1815-1881)* (Athènes, Institut de recherches néohelléniques/Fondation nationale de la recherche scientifique, 2005).

118 « Η Φωτισμένη Ευρώπη » [« L'Europe éclairée »], *Néa Εστία*, nᵒ 591, 15/2/1952, 225-230, et nᵒ 592, 1/3/1952, 306-311.

l'Empire ottoman, autour de 1800, lorsque la raison grecque se déchaîna à nouveau avec Coray. M. Amandos, qui croit profondément en la valeur de la liberté, ne peut pas faire siennes des opinions pareilles[119].

Malgré le ton polémique, ces constats de 1933 ne sont pas très éloignés de ceux du texte, plus fin et plus systématique, de 1952. L'opposition précoce de ce jeune antimoderne et antilibéral au schéma de Zambélios et de Paparrigopoulos lui avait fait repérer les dissonances de ce schéma : l'invraisemblance de l'« union du christianisme et de l'hellénisme » à Byzance. De surcroît, le tempérament de polémiste acerbe du jeune Dimaras l'avait conduit à se focaliser sur la querelle entre Coray et l'Église. Situé désormais à l'autre bout du spectre historico-idéologique qu'il s'était lui-même confectionné dans sa jeunesse, il voit les choses à peu près de la même façon, bien que ses sentiments par rapport à elles soient devenus très différents. Il ne se sent plus solidaire du « mysticisme chrétien oriental », mais se prononce pour ceux qui disent « nous sommes Grecs » et ne soutient plus le Patriarcat et l'Empire ottoman, mais Coray[120]. Il reste le constat, commun aux deux époques, que Zambélios et Paparrigopoulos étaient allés trop loin en hellénisant le christianisme (ou en christianisant l'hellénisme). Mais ce constat avait perdu une part de son ancienne radicalité. Dimaras ne cherchait plus à réfuter le schéma des deux savants du XIXe siècle. En conservant l'unité de l'hellénisme à travers ses différentes transformations historiques – une unité qu'il contestait en 1932-1937 –, il cherchait uniquement à relativiser le rôle du christianisme pendant la dernière période : la fin de la « *tourkokratia* » (la période ottomane). Il lui restait ainsi à interpréter ce qu'il considérait être une exagération rétrospective de ce rôle au sein de l'État néohellénique.

Cette mission est dévolue au deuxième « schéma » de Dimaras, annexe au premier, le schéma du « romantisme hellénique » et, plus précisément, au « schéma » de l'« historiographie romantique » : l'historiographie introduite par Zambélios et Paparrigopoulos pendant et après la Guerre de Crimée (1853-1856). Les deux longs articles que Dimaras consacre à l'« historiographie romantique » sont indiscutablement parmi les plus perspicaces de toute son œuvre et parmi ceux qui conservent encore leur actualité. Contentons-nous d'en rappeler l'argument principal : en fondant l'unité de l'hellénisme avec le christianisme à Byzance, « l'historiographie romantique » aurait rendu « au christianisme ce que *Diaphôtismos* lui avait ôté[121] ».

---

119 « Κ. Ι. Ἀμάντου, ‘Εἰσαγωγή εἰς τήν Βυζαντινήν ἱστορίαν' » [« K. I. Amantos, 'Introduction à l'histoire byzantine »], *Νέα Εστία*, n° 164, 15/10/1933, 1119-1121.

120 Le rapport de Dimaras à l'« Orient » et, plus généralement, à l'orientalisme, dans le sens donné à ce mot depuis l'étude pionnière d'Edward Saïd, constitue un sujet important qui ne peut pas être traité dans le cadre de cette étude.

121 Konstantinos Th. Dimaras, « Η ρωμαντική ιστοριογραφία στην Ελλάδα » [« L'historiographie romantique en Grèce »], dans du même auteur, *Ελληνικός Ρωμαντισμός* [Romantisme grec], cinquième édition (Athènes, Ermis, 1982), pp. 452-471 : p. 461.

En réalité, l'attitude de Dimaras envers le « Romantisme néohellénique » est assez complexe. D'un côté, il reconnaît à celui-ci une grande importance esthétique. Il soutient d'ailleurs que, loin d'être un mouvement superficiel, le romantisme possède des racines profondes en Grèce, puisqu'il correspond « aux impulsions profondes de l'âme néohellénique[122] ». Mais de l'autre, dans la théorie de l'histoire de Dimaras, le Romantisme constitue l'opposé du *Diaphôtismos*. Il serait ainsi le cadre du développement de ce climat spirituel que Dimaras qualifiait par le mot vague de piétisme (ευσεβισμός). Mais « piétisme » était en même temps le mot dont Dimaras se servait vers la fin de sa vie pour parler de sa propre jeunesse, de l'état d'esprit dans lequel il se trouvait lorsqu'il soutenait le christianisme social. En bref, l'historiographie néohellénique de Dimaras avait, en même temps, pour corrélat son autobiographie, et pour cause : l'histoire des idées étant pour lui le champ de la psychologie de l'« âme nationale », les transitions de cette « âme » devraient être susceptibles d'expliquer les transitions des « âmes » individuelles et *vice versa*.

Ainsi, après avoir expliqué à Stéphanos Pesmazoglou et Nikos Alivizatos, en 1988, qu'à partir du milieu de 1750, on commence à avoir plus d'enseignants qui ne portent pas la soutane que d'enseignants-prêtres, il constate que cette évolution se poursuit jusqu'en 1850 et qu'à partir de cette dernière date (qui coïncide à peu près avec l'apparition de l'« historiographie romantique »), on retourne vers « un piétisme (ευσεβισμό) très puissant. On revient presque à 1750. C'est le mouvement pendulaire : avec soutane, sans soutane, avec soutane …[123] ». Après quoi il ajoute : « 1850, c'est la fin de *Diaphôtismos*, c'est le nouveau *piétisme*[124] au sein duquel nous vivons encore aujourd'hui[125]. »

La pensée de Dimaras fut une pensée mouvementée, remplie sans doute de tempêtes psychologiques et de crises romantiques qu'il a voulu taire dans ses récits, ses entretiens autobiographiques, ainsi que dans les confidences faites à ses élèves. Les termes qu'il a fabriqués vers la fin de sa vie pour parler de sa jeunesse (« idéalisme », « piétisme », etc.) sont parmi ceux qu'on utilise plutôt pour dissimuler ou embellir ce qu'on a vécu que pour ouvrir son âme. Tourmenté dans sa jeunesse par la recherche du secret de l'existence, et après avoir vainement cherché de l'assurance et une mission dans la religion sociale, il a apparemment trouvé refuge dans le culte de la raison et, ultérieurement, dans le rôle de l'historien national, en se pensant comme le capitaine qui ramène son navire à bon port, dans son cas, la nation sur la voie de la raison : le *Diaphôtismos*.

---

122 Konstantinos Th. Dimaras, « Προϋποθέσεις και δοκιμές του ελληνικού Ρωμαντισμού » [« Préconditions et essais du romantisme grec »], dans du même auteur, *Ελληνικός Ρωμαντισμός*, pp. 3-20 : p. 20.
123 « 'Ως η διψώσα έλαφος…' », pp. 46-47.
124 En français dans le texte.
125 « 'Ως η διψώσα έλαφος…' », p. 48.

Mais si sa pensée a connu un parcours mouvementé, elle apparaît néanmoins comme très cohérente, du moins à partir de 1932. Dimaras a conçu l'histoire comme un conflit de civilisations. Il a cru en une histoire universelle régie par des oppositions prométhéennes, entre l'Orient et l'Occident, le Moyen Âge et la Renaissance, le mysticisme et l'humanisme (ou l'hellénisme), la religion et le nationalisme et, enfin, le *Diaphôtismos* et le Romantisme (ou le « piétisme »).

Grand érudit et homme très persévérant dans ses efforts, Dimaras est toujours resté un idéaliste, ce à quoi a grandement contribué sa rencontre, ou son renouement, après 1937, avec le nationalisme. Dans le cadre de son récit des « prises de conscience de l'hellénisme », les idées de *Diaphôtismos* perdent leur tranchant politique, les personnages étudiés sont neutralisés pour devenir des sortes d'éducateurs de l'hellénisme. L'unité nationale l'emporte sur les différences et les spécificités, surtout politiques, de la pensée. Conscient de son apport à l'histoire nationale, il écrit, à la fin de sa vie, un livre sur Paparrigopoulos, un peu comme les maîtres de l'école néoplatonicienne écrivaient la biographie de leur prédécesseur. C'est à la fois son meilleur et son pire ouvrage. Bien qu'il soit au fait des principales questions intertextuelles qui guidaient l'écriture de Paparrigopoulos, Dimaras manque l'essentiel : le fait que la lutte de Paparrigopoulos et de l'historiographie de son temps était une lutte pour le territoire national. Ainsi, son « Paparrigopoulos » est régi par le même essentialisme culturel que son *Diaphôtismos*.

II

Circulations de modèles culturels et politiques : les Lumières en débat

Circulations of Cultural and Political Models: Enlightenment in Debate

MARILISA MITSOU

Le cosmopolite et le patriote dans les Lumières grecques du XIXe siècle

Dans la recherche, surtout récente, la notion plurielle de cosmopolitisme est le plus souvent associée à celle de patriotisme comme son corrélat plutôt que son contraire. Je pense par exemple au fameux article de Martha Nussbaum, « Patriotism and Cosmopolitanism », longuement débattu dans les années 1990 aux États-Unis, mais aussi, bien avant elle, à l'historien Friedrich Meinecke, qui ne voyait aucune incompatibilité, au sein de la tradition allemande, entre État-nation et cosmopolitisme[1]. L'approche de Montesquieu, dans *De l'esprit des lois* (1748), ou de Christoph Martin Wieland, dans ses romans et articles de presse, n'avait d'ailleurs pas été différente. D'origine grecque, créé par Diogène de Sinope et repris par les philosophes stoïciens, le terme « cosmopolite » a acquis son contenu politique de citoyenneté mondiale pendant le siècle des Lumières, notamment grâce à la diffusion de l'*Encyclopédie* en Europe[2]. Cependant, on constate qu'il n'est pas d'usage dans les écrits des disciples grécophones des philosophes pendant toute la période pré-nationale, encore moins après la création de l'État grec.

En effet, l'enjeu du cosmopolitisme ne semble pas intéresser particulièrement les représentants des Lumières grecques, alors qu'ils étaient eux-mêmes issus du cosmopolitisme méditerranéen, c'est-à-dire de l'activité commerciale de

---

1 Martha Nussbaum, « Patriotism and Cosmopolitanism », *Boston Review* XIX, 5, octobre-novembre 1994 (repris dans *For Love of Country* (Boston, Beacon Press, 1996)) ; Friedrich Meinecke, *Weltbürgertum und Nationalstaat : Studien zur Genesis des deutschen Nationalstaates* (Munich, Oldenbourg, 1908) ; *Die Entstehung des Historismus*, 2 vol. (Munich, Oldenbourg, 1936). Sur la problématique contemporaine du cosmopolitisme, voir Louis Lourme, *Le Nouvel âge de la citoyenneté mondiale* (Paris, PUF, 2014) ; sur l'histoire du cosmopolitisme, en particulier au siècle des Lumières, voir Peter Coulmas, *Les Citoyens du monde, histoire du cosmopolitisme* (Paris, Albin Michel, 1995) ; Andrea Albrecht, *Kosmopolitismus, Weltbürgerdiskurse in Literatur, Philosophie und Publizistik um 1800* (Berlin, De Gruyter, 2005) ; Tristan Coignard, *Une Histoire d'avenir, L'Allemagne et la France face au défi cosmopolitique (1789-1925)* (Heidelberg, Universitätsverlag Winter, 2017).
2 Sur l'apport de Wieland à la mise en valeur de Diogène comme initiateur du cosmopolitisme, voir Coignard, *Une Histoire d'avenir*, pp. 37-38.

l'Empire ottoman, intensifiée depuis la fin du XVIIIe siècle, et de la société mouvante et complexe qui en a résulté. Phanariotes ou Grecs de la diaspora, ils incarnaient tous, comme plusieurs membres d'ethnies apatrides, la culture cosmopolite et recherchaient le dialogue intellectuel au-delà des frontières. Leurs ouvrages de géographie, d'histoire, les miroirs aux princes, les satires politiques et anticléricales ne laissent aucun doute sur ce point. Mais après avoir découvert le monde, leur premier souci était d'acquérir une patrie, répondant, en quelque sorte, à la remarque de Voltaire, dans son *Dictionnaire philosophique*, qui écrivait, à propos des nations qui « n'ont pas sur la terre un seul pied qui leur appartienne » :

> Ce mot de patrie sera-t-il bien convenable dans la bouche d'un Grec, qui ignore s'il y eut jamais un Miltiade, un Agésilas, et qui sait seulement qu'il est l'esclave d'un janissaire, lequel est esclave d'un aga, lequel est esclave d'un bacha, lequel est esclave d'un vizir, lequel est esclave d'un padisha, que nous appelons à Paris le Grand-Turc[3] ?

Depuis les principautés danubiennes, en plein contexte impérial, Démètre Catardgi a voulu relever le défi voltairien, en établissant une à une les composantes de ce qui constituait une patrie pour les Grecs – même si cette patrie s'avérait « faible et insuffisante » – et des Grecs une nation : un territoire, avec les tombes des ancêtres, l'appartenance à une communauté politique, des lois, des intérêts communs, une langue nationale, une confession, le droit à la propriété et la participation à l'administration de l'Empire, des privilèges, des habitudes, des traditions communes, un passé collectif et une filiation[4]. Dans son « Conseil aux jeunes », resté longtemps inédit, il écrit :

> Dès qu'un Romain [un Grec] prend conscience du fait qu'il est le descendant de Périclès, de Thémistocle et des autres Hellènes, ou des parents de Théodose, de Bélisaire, de Narsis, de Basile le Bulgaroctone, de Tzimiskès et d'autres illustres Romains ou bien qu'il tient son origine d'un saint ou d'un parent de celui-ci, comment pourrait-il ne pas aimer

---

3 *Œuvres complètes de Voltaire*, t. 42, *Dictionnaire philosophique*, VI (Kehl, Imprimerie de la société littéraire-typographique, 1784), pp. 262-269. Dans son article « Ο Καταρτζής και οι *Questions sur l'Encyclopédie* του Βολταίρου » [Catardgi et les *Questions sur l'Encyclopédie* de Voltaire], *O Eranistis* 24 (2003), 105-110, Dimitris G. Apostolopoulos repère la citation de Voltaire dans les *Questions sur l'Encyclopédie, par des amateurs*, t. VIII, publié anonymement à Genève en 1771 ; elle fut ensuite reprise dans la première édition posthume des *Œuvres complètes*, financée par Beaumarchais et connue sous le nom de « Voltaire de Kehl ».

4 « Je désigne comme Romain chrétien le citoyen d'une nation ; ces deux noms le désignent comme membre de cette société civile dont il tire son nom », Démètre Catardgi, « Συμβουλή στους νέους » [« Conseil aux jeunes », *c.* 1785-1786], dans *Τα Ευρισκόμενα* [Essais], éd. par K. Th. Dimaras (Athènes, Ermis, 1999), pp. 43-44. Cf. Paschalis Kitromilidis, *Νεοελληνικός Διαφωτισμός. Οι πολιτικές και κοινωνικές ιδέες* [Les Lumières grecques. Les idées politiques et sociales], trad. Stella Nikoloudi (Athènes, Fondation culturelle de la Banque nationale de Grèce, 1999), pp. 214-215.

les descendants de tous ces grands hommes ? Comment pourrait-il ne pas partager les malheurs de cette société civique composée par ceux-ci ? Comment pourrait-il ne pas vénérer la terre qui les a tous nourris ? Et, portant avec plaisir le joug de son asservissement, comment ne pas verser ses larmes sur ces lieux où les uns ont versé leur sang pour la gloire et les autres pour leur salut[5] ?

Cette certitude de l'existence d'une nation et d'une patrie, notions qui parfois se confondent encore, se retrouve dans maints ouvrages grecs publiés dès le lendemain de la Révolution française, par exemple dans la *Géographie moderne* (1791) de Daniel Filippidis et Grégoire Konstantas, puis dans les écrits politiques de Rigas Velestinlis[6]. Le projet de ce dernier d'une république balkanique, dite hellénique, est clairement inspiré de l'idéal cosmopolite. Il suffit pour s'en convaincre de lire la définition généreuse du citoyen, qu'il formule dans sa *Nouvelle Administration Politique* (1797), ainsi que les conditions pour l'obtention de la citoyenneté hellénique pour un étranger, à savoir : qu'il réside sur le territoire depuis un an, qu'il parle le grec, ancien ou moderne, qu'il soit engagé pour le bien-être de la nation et jugé digne de la république[7]. En ce sens, le citoyen de la république hellénique de Rigas était aussi un citoyen de l'univers, son cosmopolitisme et son patriotisme allant de pair. C'est d'ailleurs ce même auteur qui, avec le premier traducteur de Voltaire, Eugène Voulgaris, a introduit la notion de patriotisme (πατριωτισμός) dans le vocabulaire grec pour remplacer l'ancien signifiant d'« amour de la patrie » (*philopatrie*, φιλοπατρία)[8].

Ainsi, dans un premier temps, l'évolution du concept de « patrie » dans le sens des Lumières et la formation identitaire, encouragées par l'éducation, la communication et les transferts culturels, ont permis l'intégration du millet des *Rum* dans la communauté cosmopolite progressiste de leur temps. De la connaissance du monde est née l'admiration pour l'Europe éclairée. Il semble

---

5 Catardgi, « Συμβουλή στους νέους », p. 45. D'après Apostolopoulos, *Questions sur l'Encyclopédie*, p. 109, Catardgi aurait lu la remarque de Voltaire sur l'absence de patrie pour les Grecs dans une édition du *Dictionnaire philosophique* antérieure à 1784.
6 Daniel Filippidis et Grégoire Konstantas, Γεωγραφία νεωτερική [Géographie moderne], éd. Aikaterini Koumarianou (Athènes, Estia, 2000).
7 Rigas Velestinlis, Άπαντα τα σωζόμενα [Œuvres complètes], v, *Νέα πολιτική διοίκησις των κατοίκων της Ρούμελης, της Μικράς Ασίας, των Μεσογείων Νήσων και της Βλαχομπογδανίας* [Nouvelle Administration Politique], éd. par Paschalis Kitromilidis (Athènes, Fondation du Parlement Grec, ²2003). Son modèle de citoyenneté est inspiré de la constitution française de 1791, cf. Coignard, *Une Histoire d'avenir*, pp. 54-55.
8 Voir Stefanos A. Coumanoudis, *Συναγωγή νέων λέξεων υπό των λογίων πλασθεισών από της Αλώσεως μέχρι των καθ' ημάς χρόνων* [Recensement des mots nouveaux, créés par des savants depuis la chute de Constantinople jusqu'à nos jours], II (Athènes, P. D. Sakellariou, 1900), p. 787. En revanche, dans son dictionnaire franco-grec, Coray préfère traduire *patriote* et *patriotisme* par les anciens termes φιλόπατρις et φιλοπατρία, en qualifiant les néologismes πατριωτισμός et πατριώτης de barbarismes, Adamantios Korais, *Ύλη Γαλλο-γραικικού Λεξικού* [Matière d'un dictionnaire franco-grec], éd. par Alkis Anghelou (Athènes, Estia), p. 252.

cependant que, comme dans la philosophie et l'historiographie allemande, les intellectuels grecs aient très vite inscrit les idéaux du cosmopolitisme et de l'universalisme moral dans la problématique de l'État-nation. Les arguments principaux de l'historiographie nationale du XIXe siècle – la continuité culturelle de la nation grecque, son mythe fondateur, le nom des Hellènes (Ἕλληνες) succédant à celui des Grecs (Γραικοί) et des Romains (Ρωμιοί) – figurent déjà dans les écrits mentionnés plus haut. De ce fait, le patriotisme pré-national et révolutionnaire a bientôt été intégré à la téléologie historique et à la vision d'une mission civilisatrice de la nation – celle qui alimentera plus tard l'irrédentisme. Jugé superflu dans le contexte du nationalisme libéral, le cosmopolitisme disparait ainsi du discours portant sur la patrie et son avenir.

Dans son *Mémoire sur l'état actuel de la civilisation dans la Grèce* (1803), texte emblématique des Lumières grecques et d'importance majeure pour le développement du mouvement cosmopolite que fut le philhellénisme, Adamance Coray demandait à ses auditeurs de la Société des Observateurs de l'homme de ne point ramener ses propos à des préjugés nationaux :

> Rien, sans-doute, de plus naturel, affirmait-il, que d'aimer plus que les autres la nation à laquelle on appartient ; cette prédilection est aussi éloignée de cette affection cosmopolite, tant vantée par des hommes qui ne s'attachent à rien, que le véritable amour l'est de la coquetterie : mais l'homme qui n'observe que pour s'instruire, et qui ne publie ses observations que dans la vue d'être utile, doit avant tout aimer la vérité[9].

À qui Coray se référait-il ? Ces « hommes qui ne s'attachent à rien » n'étaient sûrement pas les anciens philosophes, dont il parlera avec respect dans ses textes sur l'*Iliade* (1818) et sur la *Politique* d'Aristote (1821) : le vrai patriote cosmopolite, soulignera Coray, était celui qui souhaitait la liberté à toutes les nations et pas uniquement à sa patrie[10]. Était-ce alors l'élitisme des cosmopolites qui dérangeait Coray ? Évoquait-il la description quelque peu ironique du *cosmopolitain ou cosmopolite* de l'*Encyclopédie* où on lisait : « On se sert quelquefois de ce nom en plaisantant, pour signifier un homme qui n'a point de demeure fixe, ou bien un homme qui n'est étranger nulle part[11] » ? Ne partagerait-il pas plutôt, dans son « annonce solennelle adressée à toute l'Europe éclairée », la méfiance de Rousseau envers « ces prétendus cosmopolites qui justifiant leur amour pour la patrie par leur amour pour le genre humain, se vantent d'aimer tout le monde, pour avoir droit de n'aimer personne[12] » ? Et plus encore, sa représentation de la vertu

---

9 Coray, *Mémoire sur l'état actuel de la civilisation dans la Grèce* (Paris 1803), p. 3.
10 Adamantios Korais, Προλεγόμενα στους αρχαίους συγγραφείς [Prolegomènes aux auteurs anciens], II (Athènes, Fondation culturelle de la Banque nationale de Grèce, 1988), p. 665 ; cf. p. 508.
11 <http://enccre.academie-sciences.fr/encyclopedie/article/v4-632-630/> (consulté le 10.1.2019).
12 Jean Jacques Rousseau, *Du Contrat social ou Essai sur la forme de la République*, dans *Œuvres complètes*, III (Paris, Gallimard/La Pléiade, 1964), p. 287.

politique ? « Voulons-nous que les peuples soient vertueux ? », demandait le philosophe dans *Le Discours sur l'économie politique*, « Commençons donc par leur faire aimer la patrie. Mais comment l'aimeront-ils, si la patrie n'est rien de plus pour eux que pour des étrangers, et qu'elle ne leur accorde que ce qu'elle ne peut refuser à personne[13] ? »

Or, dans l'ère des nationalismes européens, juste après la fin des guerres de la Révolution française, la vertu politique servira de critère principal pour distinguer les vrais patriotes des cosmopolites insouciants. Si le patriotisme était l'apanage du peuple, le cosmopolitisme redevenait l'apanage des individualistes et des riches, comme pendant l'Ancien Régime, lorsque la patrie n'avait de sens que pour les aristocrates. On dirait que le principe progressiste de Cicéron, *Patria est, ubicumque est bene*, était désormais rattaché à l'indifférence et à l'amoralité du cynique, qui, comme remarquait Fougeret de Monbron, dans *Le Cosmopolite, ou le Citoyen du monde* (1751), « dédaigne de s'attacher à quelque terre que ce soit, parce qu'il méprise tout l'univers[14] » ou, pire encore, aux « citoyens corrompus [qui] sont toujours prêts à déchirer leur pays ».

Ainsi, comme le souligne Tristan Coignard, plus qu'un « état d'esprit », le cosmopolitisme deviendra progressivement « une catégorie qui permet à ses partisans de se positionner dans les débats politiques et de concevoir l'avenir de leur pays[15] ». Tout au long du XIXe siècle grec, à commencer par Coray, la tautologie de Louis de Jaucourt, « Telle est la patrie ! l'amour qu'on lui porte conduit à la bonté des mœurs et la bonté des mœurs conduit à l'amour de la patrie[16] », était à l'ordre du jour. Le patriotisme plutôt récent des Grecs retrouvera ses racines dans le mythe fondateur, à savoir dans la reconnaissance de la filiation nationale : « les Grecs n'avoient rien de plus cher que l'amour de la patrie ; travailler pour elle étoit leur bonheur et leur gloire. Lycurgue, Solon, Miltiade, Thémistocle, Aristide, préféroient leur patrie à toutes les choses du monde ». Ainsi, l'amour de la patrie s'affirmait, en quelque sorte, comme une propriété nationale. D'ailleurs, à partir de 1821, les Grecs se battront contre le « despotisme oriental, où l'on ne connoît

---

13 Jean Jacques Rousseau, *Économie politique*, dans *Œuvres complètes*, p. 255. Sur « le paradoxe Rousseau », voir Coignard, *Une Histoire d'avenir*, pp. 28-33 ; sur la réception de l'œuvre de Rousseau dans le monde grec, cf. Roxani Argyropoulou, « Η απήχηση του έργου του Ρουσσώ στον Νεοελληνικό Διαφωτισμό » [Le retentissement de l'œuvre de Rousseau dans les Lumières néohelléniques], *Ο Ερανιστής*, 11 (1974), 197-216.

14 Voir Paul Hazard, « Cosmopolite », *Mélanges d'histoire littéraire générale et comparée offerts à Fernand Baldensperger* (Genève, Slatkine Reprints, 1930) I, p. 358 et <http://enccre.academie-sciences.fr/encyclopedie/article/v12-265-260/> (consulté le 10.1.2019).

15 Coignard, *Une Histoire d'avenir*, p. 10.

16 « Cet amour est l'amour des lois et du bonheur de l'état, amour singulièrement affecté aux démocraties ; c'est une vertu politique, par laquelle on renonce à soi-même, en préférant l'intérêt public au sien propre ; c'est un sentiment, et non une suite de connoissances ; le dernier homme de l'état peut avoir ce sentiment comme le chef de la république », Le Chevalier de Jaucourt, PATRIE (Gouvern. politiq.), <http://enccre.academie-sciences.fr/encyclopedie/article/v12-265-260/> (consulté le 10.1.2019).

d'autre loi que la volonté du souverain, d'autres maximes que l'adoration de ses caprices, d'autres principes de gouvernement que la terreur, où aucune fortune, aucune tête n'est en sureté », comme le dépeignait Jaucourt, restant dans la même lignée que Voltaire[17] ; ils gagneront une patrie et avec elle ils croiront gagner la bonté des mœurs.

« Non [...], je ne veux point être cosmopolite », écrivait Edward Gibbon à un ami suisse. « Loin de moi ce titre fastueux, sous lequel nos philosophes cachent une égale indifférence pour tout le genre humain. Je veux aimer ma patrie[18]. » Or, si, passionné par Gibbon, Coray, qui avait énormément souffert des normes patriotiques de la Terreur, se présente partagé, dans l'ensemble de son œuvre, entre la position de Voltaire et celle de Rousseau, le coraïste Stefanos Coumanoudis (1818-1899), universitaire et « intellectuel organique » du nouvel État grec, se veut l'adversaire obsédé du cosmopolitisme. Cependant, cet érudit polyglotte, grandi en Serbie et formé en Allemagne et en France, qui était en même temps archéologue, latiniste, lexicographe, historien et poète, incarne le modèle même du médiateur de savoir cosmopolite. Non seulement il était membre associé d'une dizaine d'académies de sciences, instituts et sociétés archéologiques de maints pays européens, mais il se vantait d'avoir continué les travaux lexicographiques de Heinrich N. Ulrich (*Lexicon latino-graecum*, 1843 ; Λεξικόν λατινοελληνικόν, 1854, 1864, 1873, 1884) et de Wilhelm Pape, Gustav Benseler, *Wörterbuch der griechischen Eigennamen* (1862). Qui plus est, c'était lui qui avait forgé en grec le réemploi κοσμοπολιτισμός (cosmopolitisme)[19].

Dans le système de valeurs de Coumanoudis, le cosmopolitisme est considéré comme l'opposé du patriotisme, car il annonce la mort du progrès. Représentant tardif des Lumières, citoyen du premier État-nation qui s'était détaché de l'Empire ottoman, Coumanoudis adopte un point de vue plus proche du projet nationaliste allemand du XIXe siècle que des philosophes français. S'il est peu probable qu'il ait étudié les textes de Kant, *Ideen zu einer allgemeinen Geschichte in weltbürgerlicher Absicht* (*Idée d'une histoire universelle au point de vue cosmopolitique*, 1784) et *Zum ewigen Frieden* (*Projet de paix perpétuelle*, 1795), où il est question de la société démocratique universelle et du *Weltbürgerrecht*, du droit cosmopolite lié à l'hospitalité, on détecte facilement dans son œuvre les traces de ses lectures de Herder, Schlosser et Fichte[20].

---

17 <http://enccre.academie-sciences.fr/encyclopedie>.
18 Edward Gibbon, *Miscellaneous Works*, I, éd. par John Baker Holroyd (Cambridge, Cambridge University Press, 2014 (¹1796)), p. 388.
19 Coumanoudis, Συναγωγή νέων λέξεων, I, p. 567. Cf. Sophia Matthaiou, Στέφανος Α. Κουμανούδης (1818-1899). Σχεδίασμα βιογραφίας [Stefanos A. Coumanoudis (1818-1899). Esquisse biographique] (Athènes, Librairie de la Société Archéologique d'Athènes, 1999), pp. 245, 267.
20 Cf. Michael Scrivener, *The Cosmopolitan Ideal in the Age of Revolution and Reaction, 1776-1832* (Londres, Pickering & Chatto, 2007), pp. 11-19.

Dans son journal intime tenu à Athènes à partir des années 1840, Coumanoudis évoquait déjà sa conviction que l'amour de la patrie est une vertu préférable au cosmopolitisme, puisque ce n'est qu'à travers le patriotisme qu'une nation progresse, pour être suivie par les autres. En revanche, le cosmopolitisme mène, selon lui, à l'indifférence. Car l'amour de la patrie n'est pas simplement un sentiment, il relève d'un système vital et de principes philosophiques ; le patriotisme constitue donc une vraie doctrine opposée à celle du cosmopolitisme[21].

Ces réflexions évoquent notamment l'universalisme patriote de Johann Gottlieb Fichte développé dans ses *Dialogues patriotiques* (*Der Patriotismus und sein Gegenteil. Patriotische Dialoge*, 1806-1807) et plus explicitement dans ses *Discours à la nation allemande* (*Reden an die deutsche Nation*, 1808), qui démontrent – en particulier dans le Huitième discours – la primauté du patriotisme dans une perspective idéaliste. « Le cosmopolitisme », écrit-il, « est la volonté dominante que l'objectif de l'existence du genre humain soit atteint pour l'ensemble du genre humain. Le patriotisme est la volonté que cet objectif soit atteint avant tout à l'intérieur de la nation dont nous sommes membres et que de là ce succès s'étende à l'ensemble du genre humain[22]. » Ainsi, le patriote le plus engagé serait un cosmopolite actif. Fichte inscrivait « la conscience nationale au cœur d'un projet à prétention universelle[23] ».

L'idéal fichtéen d'un patriotisme moteur du progrès universel est repris et développé dans un long poème narratif de Coumanoudis, publié à trois reprises et trois versions différentes entre 1851 et 1901 (édition posthume) : *Stratis Kalopicheiros* – qui est à la fois le titre de l'œuvre et le nom du protagoniste. Le dernier chant de ce poème de presque 10 000 vers s'achève par un dialogue fictif d'un patriote et d'un cosmopolite, qui aurait eu lieu à Nauplie, à la fin de la guerre d'indépendance, sous le gouvernement de Capodistria. Le cosmopolite est ici un représentant de la diaspora grecque, à la mentalité pré-nationale, qui refuse de se joindre à la société civile de l'État-nation et au projet collectif de régénération du pays, favorisant son bonheur individuel. Poussé par ses propres intérêts et par un pragmatisme capitaliste, il déclare trouver sa patrie partout où il se sent bien (*ubi bene ibi patria*). Ce n'est pourtant pas un hasard, s'il se décide à s'installer à Odessa, centre commercial de la diaspora grecque prérévolutionnaire.

Pourquoi ce portrait égoïste du cosmopolite ? Face à une prise de position individualiste, loin d'y reconnaître un projet utopique ou du moins le désir de son interlocuteur de se débarrasser des contraintes nationales, le patriote

---

21 Stefanos A. Coumanoudis, *Ημερολόγιον 1845-1867* [Calendrier 1845-1867], éd. par Anghelos P. Matthaios (Athènes, Ikaros, 1990), p. 110.
22 J. G. Fichte, *Lettres et témoignages sur la Révolution française*, trad. par Par Luc Ferry (Paris, Vrin, 2002), p. 120.
23 Coignard, *Une Histoire d'avenir*, p. 103.

riposte en exposant les avantages de l'amour de la patrie : le patriotisme, signale-t-il, engage la société vers un objectif commun et favorable à tous, il unit les peuples, comme le faisait autrefois la religion, il protège les lois, l'éducation, les arts et les sciences, il défend l'humanisme authentique et le bien-être des citoyens. Or, l'amour de la patrie, en tant que vertu politique et choix conscient d'individus faisant preuve de maturité intellectuelle, se distingue nettement de l'amour primitif du lieu d'origine ($\varphi\iota\lambda o\zeta\omega i\alpha$), qui entraine le mal du pays (*Heimatweh*), car il est utile à l'ensemble de la nation. Du moment où l'idéal national relie la morale individuelle à la morale collective, le cosmopolitisme n'a plus de raison d'être dans l'État-nation, où les institutions sont correctement établies. Dès lors, le cosmopolitisme n'est plus qu'un prétexte à l'individualisme farouche[24].

Deux points de cette argumentation pourraient être interprétés comme une particularité grecque du XIXᵉ siècle. Tout d'abord, la fonction du commerçant cosmopolite de la période pré-nationale s'était modifiée essentiellement à partir du moment où la référence de la patrie était devenue omniprésente. Même si les petits armateurs de la Méditerranée et les commerçants de la diaspora grecque, en particulier ceux de la Russie, comptaient parmi les initiateurs du projet nationaliste dans le Sud-est européen, même s'ils avaient su investir leurs capitaux dans le nouvel État-nation et le doter de bâtiments publics et d'institutions que l'État-même n'avait pas les moyens d'établir, même si certains parmi eux étaient reconnus comme des « évergètes nationaux », ils n'étaient pas pour autant des « patriotes ». Ils n'étaient pas non plus que des spéculateurs ou des exploiteurs totalement indifférents aux progrès de leur pays, comme les représentait l'historiographie marxiste. Pour reprendre les paroles de Georges Dertilis, ces commerçants n'étaient que des hommes d'affaires indépendants, attachés à leurs intérêts commerciaux, et parfois engagés aussi dans des actions patriotiques[25].

Cependant, dans une perspective nationaliste, la dispersion de la communauté grecque à travers le monde n'était plus justifiée. Au début du siècle et pendant la guerre d'indépendance, le patriotisme se manifestait sous la forme d'un nationalisme libéral pour se transformer plus tard, au cours du XIXᵉ siècle, en irrédentisme[26]. L'impératif de rassembler le peuple à l'intérieur d'un territoire désormais libre, devenu la priorité idéologique des autochtones, pourrait expliquer une nouvelle tendance anti-cosmopolite qui culmine dans les années 1870, lorsque plusieurs familles de commerçants riches viennent s'installer dans le pays à la suite de la crise économique. On reproche à cette nouvelle aristocratie des *London Greeks*, un mode de vie et

---

24 Marilisa Mitsou, Στεφάνου Α. Κουμανούδη Στράτης Καλοπίχειρος [Stratis Kalopicheiros de Stephanos A. Koumanoudis] (Athènes, Fondation culturelle de la Banque nationale de Grèce, 2005), I, pp. 239-252 et 307-309 ; II, pp. 157 et 211-215.

25 Voir G. B. Dertilis, Ιστορία του ελληνικού κράτους 1830-1920 [Histoire de l'État grec 1830-1920] (Héraklion, PEK, 2017), pp. 32-34.

26 Dertilis, *Ιστορία του ελληνικού κράτους*, pp. 4-5.

des positions hostiles à l'esprit national ainsi qu'un manque d'engagement patriotique[27].

Le second point concerne la renaissance de la religion au sein du romantisme. D'après Coumanoudis, la modestie et l'amour de tout le monde, attribués au cosmopolitisme chrétien – il cite à ce propos Eugène Voulgaris –, pourraient nuire à la raison. Sur le plan existentiel, le patriotisme avait pu compenser le vide creusé par l'absence de foi durant le siècle des Lumières et devenir une force motrice de l'idéologie rationnelle et rationaliste. Il devrait donc être préservé dans la mémoire collective pour empêcher le retour de la religiosité, attribut des siècles de léthargie, selon Coray. Ce cosmopolitisme moral était d'ailleurs relié par définition à l'individualisme :

> Le cosmopolitisme moral est, dans son essence même, une doctrine individualiste en ceci qu'il focalise sur les intérêts des individus. Cela ne signifie pas qu'il néglige l'importance des familles, des communautés et des pays. Mais il tient leur valeur pour dérivative ; ils n'ont de valeur que dans la stricte mesure où ils contribuent au bien-être des individus (tant ceux qui appartiennent au groupe que ceux qui n'y appartiennent pas, accordant le même poids à chacun)[28].

En conclusion, la réception du cosmopolitisme philosophique français dans les Lumières grecques fut plutôt faible, de même que dans les pays balkaniques et, pour d'autres raisons, en Allemagne à la suite des guerres napoléoniennes. Pour une analyse plus fine de ce phénomène, il faudrait aussi tenir compte des différences majeures entre nations indépendantes, quel que fût leur régime, et nations intégrées dans un empire ; entre pays riches du Nord et pays pauvres du Sud ; enfin entre pays puissants et pays faibles. Le cosmopolitisme éclairé des voyageurs et des philosophes était nourri de curiosité et d'audace – du *sapere aude* kantien –, de revendications politiques, de tolérance et de solidarité, mais il n'était pas moins marqué par des tendances orientalistes, voire colonialistes. Cependant, dans les États européens naissants du XIXe siècle, ces dispositions restaient inconnues.

Ainsi, pour citer un dernier exemple, dans l'Allemagne qui cherchait encore son identité culturelle, bien avant la Révolution française et les débats intellectuels déclenchés à son sujet, l'historien Johann Georg Schlosser lançait

---

27 Cf. Georges Dertilis, *Κοινωνικός μετασχηματισμός και στρατιωτική επέμβαση, 1880-1909* [Transformations sociales et intervention militaire en Grèce, 1880-1909] (Athènes, Exantas, 1985), p. 69 ; Marianna Ditsa, « Ημείς, το πλείστον μέρος εκ των πραγματευτών, θέλομεν πάντα άσπρα, κι ας έχομεν ζυγόν » (Nous, la plupart des commerçants, voulons toujours de l'argent, que ce soit dans la servitude), dans Dimitrios Bikélas, *Loukis Laras* (Athènes, Ermis, 1991, p. 33*-36*, 56*-57*).

28 Brian Barry, « International Society from a Cosmopolitan Perspective », dans *International Society*, éd. par David R. Mapel et Terry Nardin (Princeton, Princeton University Press, 1998), p. 153.

déjà, dans son essai *Der Patriot, der Kosmopolit* (1777), un plaidoyer contre les cosmopolites :

> Celui qui se trouve très bien chez lui ou auquel rien ne fait plaisir ou qui n'a pas de patrie, devient cosmopolite. […] Le citoyen du monde est comme l'ami de tout le monde. Pourtant le patriotisme n'efface pas l'amour de l'homme. […] Il est préférable d'être fier de sa nation que de n'en avoir pas ; aussi mépriser les autres nations, dans le sens de sa propre liberté et ses propres valeurs, est préférable que les servir et les copier.

Quelques années plus tard, Ernst Moritz Arndt, redécouvert dans l'entre-deux-guerres par les nazis, attaquait lui aussi les cosmopolites pour leur neutralité inadmissible. Enfin Johann Gottfried Herder s'était mis en quête du *Nationalgeist*, des particularités culturelles qui confirmaient l'Allemagne comme nation. L'intérêt des intellectuels grecs, avant et surtout après la guerre de l'indépendance, n'était pas différent. Si au début du XIXe siècle, les intellectuels allemands tentaient de définir leur nation par rapport à l'hégémonie politique française en invoquant leur héritage philosophique, le lendemain de la guerre de Crimée, un demi-siècle plus tard, les Grecs recouraient à des arguments nationalistes pour faire face au mépris des Occidentaux. De nos jours, le cosmopolitisme historique ne signifie plus qu'une « forme d'autodéfinition des élites culturelles des Lumières[29] ». Quant au cosmopolitisme politique, il a été remplacé par les notions plus pertinentes d'*internationalisme* et de *transnationalisme*.

---

29 Willelm Frijhoff, « Cosmopolitisme », dans *Le Monde des Lumières*, éd. par Vincenzo Ferrone et Daniel Roche (Paris, Fayard, 1999), p. 32 ; Cf. Coignard, *Une Histoire d'avenir*, p. 8.

ANNE KARAKATSOULI

La guerre d'indépendance grecque en tant que lutte anticoloniale

La pensée radicale de l'abbé Dominique de Pradt

La nouvelle de l'éclatement de la Guerre d'indépendance grecque, en 1821, a été saluée, dès le départ, par une vague de publications pour la plus grande part favorables à la libération du peuple grec du joug ottoman. En même temps, quelques centaines de jeunes hommes, venus de l'Europe entière, ont pris parti pour la cause grecque, prenant la route afin de rejoindre les combattants de la Morée.

Certains d'entre eux ont succombé sur le champ de bataille. Presque tous ont souffert des conditions de vie difficiles, des maladies et de la faim qui ravageaient les rangs des insurgés. Parmi ceux qui ont survécu aux souffrances de la guerre, la plupart ont vite pris le chemin du retour avec un sentiment de déception amère. La négligence des chefs militaires à leur égard, l'absence d'approvisionnement, l'écart infranchissable entre les mœurs de l'univers ottoman et le code de conduite de l'Europe occidentale, mais surtout la discordance entre la tactique militaire, ordonnée et disciplinée, des volontaires occidentaux, et la guérilla des Grecs, les a conduits au constat irrévocable de l'abîme qui séparait la Grèce imaginaire du XVIIIe siècle de la réalité du XIXe siècle. Les philhellènes ainsi rescapés ont alors publié maints articles dans la presse et des mémoires témoignant de leurs expériences malheureuses afin de dissuader, par l'exposé de leur propre désillusion, d'autres volontaires romantiques de suivre leurs pas.

Durant les premières années de la Révolution grecque, on a donc deux courants opposés de publications qui rivalisent pour influencer l'opinion publique. L'un s'inspire du discours philhellène diffusé, dès le XVIIIe siècle, autour de thèmes comme l'héritage classique et la défense de la civilisation occidentale, ou, moins souvent, le génie du christianisme menacé. L'autre va à l'encontre du philhellénisme ambiant pour affirmer haut et fort que les sujets ottomans du Sud-est balkanique sont dépourvus des qualités des Grecs anciens, qu'ils n'ont ni honneur ni bravoure et n'appartiennent point au monde occidental moderne. L'ex-officier français Maxime Raybaud est explicite à cet égard lorsqu'il décrit sa réunion avec des camarades d'armes européens : « J'étais dans une joie difficile à décrire : après ces affreuses

De l'Europe ottomane aux nations balkaniques : les Lumières en question / From Ottoman Europe to the Balkan Nations : Questioning the Enlightenment, sous la direction de Chryssanthi Avlami, Franck Salaün et Jean-Pierre Schandeler, Turnhout, 2023 (MEMEW, 4), p. 193-202
© BREPOLS PUBLISHERS   DOI 10.1484/M.MEMEW-EB.5.134225

saturnales de meurtre, je me retrouvais tout-à-coup avec des hommes civilisés, je revoyais des amis, des compatriotes, des frères d'armes[1]. » Ces critiques étaient hautement préjudiciables à l'image internationale de la cause grecque et elles ont gravement contribué au déclin du nombre des volontaires étrangers arrivant en Grèce en 1823-1824.

Par rapport à ce climat pour le moins ambigu en ce qui concerne le positionnement des Grecs au sein de la famille européenne des nations civilisées, l'attitude de Dominique Frédéric Dufour de Pradt (1759-1837), diplomate, politologue et publiciste, se démarque clairement. Figure singulière du XVIIIe siècle, l'abbé de Pradt écrit dans un style polémique et critique contre les idées reçues sur l'organisation politique de l'Europe. Penseur radical et matérialiste, bien que dignitaire de l'Église catholique, il examine les grandes questions internationales de son temps et révèle le « vrai système » des relations entre États, empires et peuples révoltés. Usant d'un style élégant et d'une argumentation serrée, de Pradt expose le fonctionnement des relations internationales après la fin de l'Empire. Il y accorde une place centrale à la Grèce insurgée et présente la cause grecque sous une lumière originale en tant que lutte anticoloniale. De Pradt joint sa voix à la propagande indépendantiste, or il est le seul à situer la guerre contre l'Empire Ottoman au niveau global de la lutte légitime des peuples colonisés évolués contre leurs maîtres barbares. Il éloigne ainsi des insurgés Grecs tout soupçon de révolution libérale et subversive. Son examen établit une analogie entre le soulèvement des Grecs contre le Sultan et l'insurrection des peuples latino-américains contre la domination espagnole. À l'appui de ce rapprochement osé, il avance des arguments qui replacent l'éventuelle libération grecque dans le contexte du « système européen », notion sur laquelle nous reviendrons. Son plaidoyer est d'autant plus persuasif que de Pradt ne s'est jamais rangé du côté des idées suspectes de radicalisme ; au contraire, il a toujours défendu le principe monarchique[2].

De Pradt a eu une carrière tumultueuse, ce qui a gravement nui à sa postérité. Cousin d'Avalon en donne le résumé en 1820, dans le titre de son *Pradtiana* peu flatteur : « Ex-grand-vicaire de l'archevêque de Rouen, ex-aumônier du dieu Mars [évêque de Poitiers en 1805], ex-archevêque de Malines [1809], ex-ambassadeur dans le grand-duché de Varsovie [en 1812][3] ». Pour ce

---

1 Maxime Raybaud, *Mémoires sur la Grèce pour servir à l'histoire de la guerre de l'indépendance, avec une introduction historique par Alph. Rabbe*, 2 vols (Paris, Tournachon-Molin Libraire, 1824), I, p. 496.
2 Voir, par exemple, Dominique de Pradt, *L'Europe et l'Amérique en 1821* (Paris, Ed. Béchet, 1822), p. 342, <https://bit.ly/3gW5XK5>.
3 Cousin d'Avalon, *Pradtiana, ou Recueil des pensées, réflexions et opinions politique de l'abbé de Pradt, Ex-grand-vicaire de l'archevêque de Rouen, ex-aumônier du dieu Mars [évêque de Poitiers en 1805], ex-archevêque de Malines [1809], ex-ambassadeur dans le grand-duché de Varsovie ; entremêlé de quelques anecdotes aussi curieuses qu'amusantes, et précédé d'une notice biographique sur la vie et les ouvrages de cet écrivain politique* (Paris, Plancher, 1820).

cadet d'une famille « enrichie dans le négoce et la terre et parvenue au XVIIe siècle - par alliances, achats de fiefs et lettres royales - au rang de la noblesse seigneuriale d'Auvergne[4] », la carrière ecclésiastique n'était pas vraiment un choix. Avec deux parents appartenant à la haute hiérarchie du clergé[5], le jeune de Pradt disposait de soutiens familiaux considérables dans ce milieu. Député conservateur du clergé aux États Généraux de 1789, il émigra à Hambourg au moment de la Révolution. Après le coup d'État du 18 brumaire, il exprima le désir de rentrer en France. Par l'entremise de son cousin, le général Duroc, il fut présenté à l'Empereur qui en fit son aumônier. De Pradt reçu aussi le titre de baron et officia pontificalement lors du couronnement de Napoléon qui devint roi d'Italie à Milan en 1805. Napoléon, satisfait de ses services diplomatiques lors des négociations de Bayonne avec des ministres espagnols, lui accorda une gratification de 50 000 francs et le nomma, en février 1809, archevêque de Malines (où il ne fut jamais reçu officiellement), et officier de la Légion d'honneur. En 1812, il fut nommé ambassadeur en Pologne. Après la retraite de Russie, Napoléon, lors de son passage à Varsovie, le fit appeler auprès de lui, et une disgrâce complète suivie cette entrevue. Rappelé de son ambassade, l'archevêque apprit à Paris que la grande aumônerie lui avait été retirée et reçut, en même temps, l'ordre de quitter la capitale et de retourner dans son diocèse. En 1814, il composa son *Histoire de l'ambassade de Pologne*, qu'il crut cependant bon de ne publier que l'année suivante, après l'exil de Napoléon sur l'île Sainte-Hélène. Cette brochure eut huit éditions successives sous la Restauration. De Pradt changea de camp politique un grand nombre de fois, ce qui lui a valu le sobriquet « l'abbé arc-en-ciel[6] ». Admis dans l'intimité de Talleyrand, il se prononça pour le rétablissement du gouvernement royal. Ayant vu sa dernière volte-face mal récompensée, il se jeta dans l'opposition libérale et accumula des ouvrages sur les révolutions contemporaines[7]. En l'espace de huit ans, de 1821 à 1828, de Pradt écrivit notamment six ouvrages

---

4 Claire Lejeune, « La faillite des ordres privilégiées à la veille de la Révolution. Dominique de Pradt, du diocèse de Rouen aux États Généraux », *Annales de Normandie*, 50e année, 4 (2000), 483-509 (p. 483).
5 Le premier, Dominique de la Rochefoucauld, cardinal, était le petit-neveu de l'archevêque de Rouen ; le second, Dominique de Lastic Fournel, évêque de Couserans, était le neveu et le filleul de l'abbé et prieur d'Alincourt.
6 Auguste Hus, *Paris, ce [...] décembre 1820. Sur le baptême de S. A. R. Dieudonné Henri cinq, duc de Bordeaux, et sur l'éloquence noble et sublime de S. M. Louis dix-huit, pensées bourboniennes suivies de pensées diverses* (Paris, chez le libraire vis-à-vis le passage du Panorama, 1820), p. 3, <https://gallica.bnf.fr/ark:/12148/bpt6k6116409p>.
7 Marie-Cécile Bénassy-Berling, « Notes sur quelques aspects de la vision de l'Amérique hispanique en France pendant la première moitié du XIXe siècle », *Caravelle*, 58 (1992), 39-48 (p. 45), DOI : <https://doi.org/10.3406/carav.1992.2485>. En novembre 1827, de Pradt fut élu député du 1er arrondissement du Puy-de-Dôme (Clermont-Ferrand) et prit place du côté gauche où il défendit à la tribune et par ses votes les idées constitutionnelles. Il démissionna, le 13 avril 1828, par une lettre insérée dans *Le Courrier français*, qui fit du bruit car il y plaçait la Révolution française parmi les quatre grands âges de l'histoire humaine avec la révolution

à propos de la révolution grecque et en tout une quinzaine de volumes sur l'Amérique hispanique[8].

Bien que d'habitude il soit qualifié de personnage étonnant, singulier, curieux ou paradoxal, on admet cependant qu'il a présenté des réflexions percutantes « qui mériteraient un examen approfondi[9] ». Les nombreuses éditions de ses œuvres et leurs traductions quasi immédiates en anglais et en allemand attestent de son succès formidable auprès du public européen[10].

Deux thèmes dominent les analyses politiques de De Pradt (car il faut rappeler qu'il a aussi beaucoup écrit sur le développement de l'agriculture, autre grand sujet à l'époque des physiocrates) : l'analogie avec la nature, à propos de l'évolution des sociétés humaines en général et des colonies en particulier, et la constitution de la politique européenne en un « système » bien défini dont il expose méthodiquement les principes et le mode de fonctionnement.

Les thèses de De Pradt peuvent être condensées en ses propres termes : « pour des raisons de 'croissance naturelle', l'indépendance des royaumes d'Outre-mer est inévitable ; d'ailleurs l'Espagne est une métropole incapable[11]. Dans son ouvrage de 1817 sur les colonies et la révolution en Amérique, dont la référence primordiale est le célèbre ouvrage de Raynal[12], il emploie plusieurs métaphores éloquentes :

> Si l'Amérique est rebelle, il faut déclarer rebelle la nature qui prescrit à l'homme de ne pas se laisser écraser et ruiner, la nature qui sépare de ses parents l'enfant devenu homme ; il faut déclarer rebelle la sève qui, avec le temps, fait disputer de vigueur et de feuillage le jeune chêne avec celui qui, en laissant tomber le gland à ses pieds, a donné naissance à ce rival[13].

---

anglaise, la révolution américaine et la Réforme. Cf. Daniel L. Rader, *The Journalists and the July Revolution in France : The Role of the Political Press in the Overthrow of the Bourbon Restoration, 1827-1830* (Dordrecht, Springer-Science+Business Media B.V., 2013), p. 50.

8 Les titres de ses travaux concernant la Grèce sont, par ordre chronologique : *De la Grèce dans ses rapports avec l'Europe, suivi d'Un mot sur la Grèce, ou Réflexions sur la dernière brochure de M. de Pradt* (1822), *Parallèle de la puissance anglaise et russe relativement à l'Europe, suivi du Troisième aperçu sur la Grèce* (1823), *L'Europe par rapport à la Grèce et à la réformation de la Turquie* (1826), *Des colonies et la révolution actuelle de l'Amérique* (1827), *De l'intervention armée pour la pacification de la Grèce* (1828), *Du système permanent de l'Europe à l'égard de la Russie et des affaires de l'Orient* (1828).

9 Bernard Plongeron, *Théologie et politique au siècle des lumières (1770-1820)* (Genève, Droz, 1973), p. 327.

10 L'activité éditoriale de De Pradt atteignit son sommet pendant les années 1816-1819, durant lesquelles parurent quarante-cinq de ses œuvres, et vingt ouvrages le concernant. On peut suivre la répartition de ses publications dans le temps sur Worldcat <www.worldcat.org/identities/lccn-n. 83069986/>.

11 Bénassy-Berling, « Notes sur quelques aspects », p. 46.

12 Dominique de Pradt, *Des colonies et de la révolution actuelle en Amérique*, 2 vols (Paris, Ed. Bechet, 1817), I, p. v.

13 Pradt, *Des colonies*, I, p. xxii.

La question des révolutions américaines se résume donc ainsi : « Pourquoi l'Amérique veut-elle être indépendante ? Parce qu'elle sent qu'elle peut l'être[14]. »

Sa critique de l'Espagne relève du stéréotype négatif commun à la littérature des Lumières[15] :

> Semblable à un arbre immense, l'Espagne, il est vrai, couvre de ses rameaux une vaste étendue de terres ; mais leur ombrage étouffe les fruits qu'ils devraient protéger ou défendre. L'Espagne […] a la sollicitude de l'exploitation et de la distribution des richesses qu'elle ne peut fixer dans son sein ; elle commande partout dans le nouveau monde ; elle est commandée partout dans l'ancien[16].

L'Espagnol n'a aucune qualité coloniale : il a fui le travail en Amérique, comme il le fuit en Espagne ; il a couru aux mines, et non pas à la culture ; partout où il n'a pas trouvé de métaux, il s'est éloigné comme s'il n'y avait rien à faire […]. L'Espagnol est le Midas des colonies, changeant tout en or, et mourant de faim au milieu de son or[17].

La question coloniale à l'époque des Lumières concerne avant tout le problème de la traite et de l'esclavage des Noirs, ce que Jean Erhard appelle « la face d'ombre du siècle de l'*Encyclopédie*[18] ». C'est une affaire pressante pour la politique française du début du xixe siècle qui se trouve confrontée à l'indépendance noire en Haïti. De Pradt admet volontiers que « cette question est un abîme ; le principe en est horrible, puisqu'il porte avec lui la violation de tous les droits de l'humanité, celle de toutes les notions de la justice ». Or, de Pradt met surtout l'accent sur les questions politiques et économiques. Lorsqu'il parle de l'émancipation inéluctable des colonies, il se réfère manifestement aux habitants d'origine européenne et en cela il se rapproche de la pensée de Talleyrand[19]. Son discours radical ne s'adresse point aux indigènes, c'est la limite à la fois de l'anticolonialisme de De Pradt et de celui de son siècle[20]. Si la métropole ne peut plus maintenir ses

---

14 Dominique de Pradt, *Les six derniers mois de l'Amérique et du Brésil ; faisant suite aux ouvrages du même auteur sur les colonies* (Paris, F. Bechet, 1818), p. 99.
15 Christine Matthey, « L'Ombre et les Lumières. Une vision française de l'Espagne au 18e siècle », *Dix-huitième siècle*, n° 40 (2008/1), 413-430. DOI : 10.3917/dhs.040.0413. URL : <www.cairn.info/revue-dix-huitieme-siecle-2008-2001-page-413.htm>.
16 Pradt, *Des colonies*, I, pp. 120-121.
17 Pradt, *Des colonies*, II, pp. 57-58.
18 Jean Ehrard, *Lumières et esclavage. L'Esclavage colonial et l'opinion publique en France au xviiie siècle* (Bruxelles, André Versaille, 2008), p. 14 ; Marcel Dorigny, « L'*Encyclopédie* et le droit de coloniser », dans *Les Lumières, l'esclavage, la colonisation*, éd. par Yves Bénot (Paris, La Découverte, 2005), pp. 164-172 (p. 164).
19 David Todd, « Transnational Projects of Empire in France, c. 1815-c. 1870 », *Modern Intellectual History* 12, n° 2 (2015), 265-293 <doi :10.1017/S147924431400047X>.
20 Damien Tricoire, « Raynal's and Diderot's Patriotic *History of the Two Indies*, or The Problem of Anti-Colonialism in the Eighteenth Century », *The Eighteenth Century*, Vol. 59, n° 4 (Winter 2018), 429-448, <doi:10.1353/ecy.2018.0027>.

colons assujettis à ses volontés, parce que ces derniers sont devenus plus nombreux et plus puissants que leurs anciens maîtres, il importe avant tout d'en préparer l'émancipation en garantissant la liberté du commerce pour la France et ses alliés. De Pradt écrit abondamment sur les colonies, mais sa vision est invariablement européocentriste et, comme l'écrit Roland Desné, son exposé « nous parait aujourd'hui une tentative pour passer directement de la colonisation esclavagiste au néocolonialisme actuel[21] ».

Si cet abbé féru de politique se tourne vers les affaires grecques, c'est parce qu'il leur reconnaît une importance capitale dans le « système européen ». « D'une cause russe, turque ou grecque, j'ai tâché de faire une cause européenne », souligne-t-il dès les premières pages de son essai *De la Grèce dans ses rapports avec l'Europe* (1822)[22]. De Pradt se montre parfaitement conscient du pouvoir de l'opinion publique à laquelle il s'adresse : « On sait que les livres ne dirigent pas les cabinets ; au contraire, ils semblent les fuir et craindre d'avoir l'air de les suivre ; mais le public est aussi un cabinet, auquel la nouvelle civilisation donne beaucoup de force[23]. »

La cause grecque est importante non pas en tant que lutte chrétienne contre les Musulmans (ce genre d'argument est quasiment absent chez cet abbé atypique), mais parce qu'elle pourrait, en Méditerranée, contrer l'avancée russe et la suprématie navale britannique. De Pradt prend soin « d'assigner la nature et la date véritable de la révolution grecque[24] ». Celle-ci, comme les autres, est un fait de nature qui serait survenu par la force des choses :

> Pour que le changement arrive, il faut qu'il soit amené et préparé par un grand nombre de mobiles dont l'action soudaine et combinée est inévitable, comme il arriva en France en 1789, comme on l'a éprouvé en Espagne en 1820 ; alors un gouvernement tombe comme un mur miné de longue main, et une révolution ressemble à un fruit qui se détache de l'arbre à l'heure de la maturité[25].

De Pradt défend vivement la légitimité de l'insurrection grecque. Suivant l'exemple de Diderot, qui avait écrit sous le masque de Raynal son « Apostrophe à Louis XVI », il établit un parallèle entre la tyrannie exercée par le despote turc sur les Grecs et celle dont use le maître sur ses esclaves :

> Le sultan est légitime pour les Turcs, avec lesquels il vit dans une société de lois civiles et religieuses ; mais il n'est légitime pour les Grecs que comme

---

21 Roland Desné, « La réception de l'indépendance noire de Haïti en France, de l'Abbé de Pradt (1801) à l'Abbé Grégoire (1827) », dans *Les Lumières*, éd. par Bénot, pp. 264-272 (p. 269).
22 Dominique de Pradt, *De la Grèce dans ses rapports avec l'Europe* (Paris, Bechet Ainé, 1822), p. iv.
23 Pradt, *De la Grèce*, p. ix.
24 Pradt, *De la Grèce*, p. ix.
25 Pradt, *De la Grèce*, p. 8.

un capitaine négrier l'est pour les hommes qu'il a volés aux rivages de l'Afrique. Si ceux-ci à leur tour s'emparaient du vaisseau, et ramenaient leur capteur en Afrique, dites : y aurait-il lieu d'en appeler à la légitimité et de la dire blessée ?[26]

Parmi les causes des révolutions anticoloniales, de Pradt en distingue deux qui ont une influence décisive : la population et la civilisation respectives des parties impliquées. Ses exemples sont tirés de l'histoire des colonies espagnoles dans la Caraïbe, mais aussi de la domination coloniale britannique en Inde et en Irlande où « la disproportion entre les deux peuples est extrême [et] les conquérants ressemblent à une armée campée dans le pays qui s'y maintient par la force des armes[27] ». Selon de Pradt, à mesure que s'étend l'inégalité entre les deux populations, la force relative des deux Etats se déplace, et passe du maître au sujet, et du vainqueur au vaincu, ce qui lui inspire cette remarque peu commune :

> Commençons par rendre justice à la Turquie. Ses procédés ordinaires sont d'une grande dureté, barbares même : cependant elle ne s'est jamais portée contre la population grecque à des excès tels que ceux auxquels l'Espagne s'est livrée contre la population américaine : tels que ceux dont l'Angleterre même a usé contre l'Irlande. Les Turcs n'ont employé ni l'extermination comme l'Espagne l'a fait en Amérique, avec des formes hideuses, ni les massacres d'Irlande, horreur de l'humanité[28].

Il en tire la leçon suivante, affirmant le caractère européen du peuple grec, déduction d'autant plus importante que cette thèse est fortement mise en doute[29] :

> La civilisation des Grecs n'est point bornée par la rigide immobilité de celle des Turcs : les premiers sont des Européens sujets à la mobilité à laquelle les peuples de l'Occident aiment à se livrer : ce sont des Occidentaux habitant le sol de la Turquie, comme les Turcs sont des Orientaux fixés sur la terre de l'Europe ; par conséquent les Grecs sont susceptibles de suivre tous les progrès que l'Occident fait dans l'ordre social, et de les appliquer à leur usage : leur histoire en est la preuve[30].

De plus, il est de l'intérêt de l'Europe de donner la préférence aux peuples consommateurs et civilisés sur ceux qui ne le sont pas et qui ne sont pas susceptibles de le devenir[31]. La Grèce pourrait offrir à l'Europe « une belle,

---

26 Dominique de Pradt, *Parallèle de la puissance anglaise et russe relativement à l'Europe, suivi d'Un Aperçu sur la Grèce* (Paris, Bechet Ainé, 1823), p. 188.
27 Pradt, *De la Grèce*, p. 10.
28 Pradt, *De la Grèce*, p. 14.
29 Anne Karakatsouli, « Chapitre 5 : Sto pedio – Ellada », dans *Mahites tis Eleftherias kai 1821 : I Elliniki Epanastasi sti diethniki tis diastasi* (Athènes, Pedio, 2016), pp. 193-229.
30 Pradt, *De la Grèce*, p. 25.
31 Pradt, *De la Grèce*, p. 59.

nombreuse et croissante population ; des bras retrempés par une lutte fort dure ; un esprit renouvelé et une harmonie complète avec tout ce qui existe en Europe ». L'expansion du commerce français comme contrepoids à la perte de l'Empire napoléonien est une doctrine courante de la Restauration Bourbonne qu'on trouve chez Talleyrand, Hauterive, Pradt, Volney and Chateaubriand ; l'exercice d'influence économique et culturelle pouvait ainsi se dissocier de la souveraineté territoriale[32]. De Pradt conclut en ces mots :

> on arrive tout de suite au système qu'il convient à l'Europe de suivre à l'égard de la révolution grecque. Il semble que le ciel la tenait en réserve pour le moment où l'Europe aurait le plus besoin d'un pareil secours. […] en prenant ainsi la question du côté des sauvegardes de l'Europe, on se convaincra que, si la révolution de la Grèce n'existait pas, il faudrait l'inventer[33].

L'abbé de Pradt est quasiment oublié aujourd'hui. On retrouve certes ses mots d'esprit dans les rubriques d'anecdotes des journaux populaires[34], et il arrive qu'on fasse de lui un personnage de théâtre[35], mais on cherchera en vain son nom parmi les philosophes des Lumières. Pourtant, pour ses contemporains, de Pradt était une figure de poids, d'où sans doute l'animosité de ses détracteurs : « Peu d'écrivains ont obtenu des succès aussi éclatants et un nom plus populaire dans les deux mondes que le publiciste dont le nom décore cette notice », lit-on ainsi au début d'une brochure de 1827 signée par l'imprimeur libraire Joseph Vaissière. « Il est l'enfant gâté des esprits paresseux, il les a accoutumés à ne penser et à ne voir que par lui », déplore l'auteur anonyme d'une réfutation de 1822 de la dernière brochure de De Pradt sur la Grèce[36]. De fait, de Pradt fut beaucoup lu et ses prises de position étaient largement commentées dans les journaux. Parmi ses lecteurs avides se trouvent aussi bien des hispanisants que des partisans de la cause grecque. Les pamphlets publiés lors des vifs débats qu'il a suscités[37] ainsi

---

32 Todd, « Transnational Projects ».
33 Pradt, *De la Grèce*, pp. 72-74.
34 [Anonyme], « Ceci et cela », *Encyclopédie populaire : journal de tout le monde*, 19 juillet 1856, p. 4, <http://catalogue.bnf.fr/ark:/12148/cb32767003t>.
35 H. Mauprat [pseudonyme d'Henri Chardon], *Passions d'hier et passions d'aujourd'hui : Amours de Napoléon* (Paris : Perrin, 1906), <http://catalogue.bnf.fr/ark:/12148/cb30910960g>.
36 « Un mot sur la Grèce, ou Réflexions sur la dernière brochure de M. de Pradt, intitulée *De la Grèce dans ses rapports avec l'Europe* » (Paris, s.n., 1822). On y attaque non seulement les perspectives commerciales prévues par de Pradt, mais aussi la valeur même de la Grèce classique.
37 Nicolas Fauchat, *Observations sur les ouvrages de M. de Pradt intitulés* Des Colonies et de la révolution actuelle de l'Amérique *et* Des trois derniers mois de l'Amérique méridionale (Paris, E. Gide Fils, 1817), <http://catalogue.bnf.fr/ark:/12148/cb30419791h> ; *Lettres à M. l'abbé de Pradt par un indigène de l'Amérique du Sud* (Paris, Rodriguez, 1818) <http://catalogue.bnf.fr/ark:/12148/cb33456162s>.

que les témoignages des Grecs de la diaspora confirment sa notoriété. On sait, par exemple, que Constantinos Polychroniadis, installé à Pise, suivait de près ses publications et les traduisait en privé dès leur parution pour l'usage de ses correspondants en Grèce[38]. On trouve également l'écho de ses écrits dans les mémoires d'officiers volontaires comme Maurice Persat, mentionné plus haut. Persat, qui se réfère aux affaires latino-américaines, écrit avec une méfiance évidente :

> Bolivar était incontestablement l'homme supérieur de l'Amérique du Sud, mais combien j'ai été surpris et indigné de le voir comparer à l'Empereur et comme général à Washington pour les vertus et le patriotisme. Il est vrai que ces comparaisons-là n'ont été faites que par le défroqué abbé de Pradt, le plus bavard et le plus imposteur de tous nos écrivailleurs. Il est certain que M. de Pradt était payé pour cela. L'ancien archevêque de Malines était dans le vrai pour ses belles comparaisons, de même que pour les pronostics que l'Europe passerait sous le joug de l'Amérique. Il est bon de dire que le prudent abbé se garda bien de citer l'époque pour n'être pas démenti par ses contemporains[39].

De notre lecture, il ressort que Pradt est un penseur d'une grande originalité et d'une actualité surprenante, surtout en ce qui concerne son examen du colonialisme européen. En philosophe radical et esprit libre, il rejette les idées reçues sur la question coloniale et présente sa théorie touchant la fin des colonies « comme la suite nécessaire du processus historique ouvert par la Révolution française, dans une perspective qui mènerait à un monde sans guerre et sans despotisme[40] ». Il adopte une vision globale des affaires internationales et l'on pourrait résumer sa conception d'un système européen par ces termes employés à propos de Buffon : « Il aime l'ordre, il en met partout[41]. » De Pradt s'exprime en Européen convaincu, en insistant avant les autres sur ce qu'aujourd'hui nous appellerions la géopolitique des relations internationales. À l'époque où il compose ses œuvres, la notion de « système » connaît une grande popularité[42]. De Pradt bâtit le sien sur « une logique qui a surpris et surprendrait encore aujourd'hui[43] », selon le mot de Roland Desné, en tenant compte des principes géographiques, économiques et démographiques qui soutiennent, selon lui, les empires coloniaux. On peut même lui reconnaître

---

38 Voir par exemple sa correspondance, publiée par Emmanuel Protopsaltis, *Istorikon Arxeion Alexandrou Mavrocordatou*, Série Mnimeia Ellinikis Istorias (« Archive historique d'Alexandros Mavrocordatos, Monuments d'Histoire Grecque »), 6 vols (Athènes, Académie d'Athènes 1963-1986), v, 1, 1963, pp. 136-137, 194, 218.
39 Maurice Persat, *Mémoires du commandant Persat de 1806 à 1844* (Paris, Plon, 1910), p. 42.
40 Desné, « La réception de l'indépendance noire de Haïti », p. 268.
41 Peter Gay, *Age of Enlightenment* (New York, Time, 1966), p. 22.
42 D'après les statistiques de l'usage du mot compilées par le *Dictionnaire vivant de la langue française* (DVLF) <https://dvlf.uchicago.edu/mot/syst%C3%A8me>.
43 Desné, « La réception de l'indépendance noire de Haïti », p. 265.

une certaine capacité à anticiper les évolutions politiques lorsqu'il parle d'une « zone constitutionnelle » réunissant l'ancien monde et le nouveau[44].

Malgré sa fascination pour les révolutions et son soutien aux Grecs et autres peuples opprimés, on pourrait difficilement associer de Pradt à la mouvance des Lumières radicales. De Pradt partage les « principes monarchiques » avec conviction ; il n'embrasse point la cause de la démocratie et des droits de l'homme ni le rejet de toute autorité traditionnelle au profit de l'égalité citoyenne[45]. Il ne se conforme pas non plus au modèle des Lumières moralisantes, apolitiques et utopiques mis en avant par Reinhart Koselleck dans son étude pionnière, *Le Règne de la critique* (1959). Néanmoins, il rejoint la pensée critique constitutive de la modernité, toujours selon Koselleck, en choisissant comme interlocuteur l'opinion publique, qui assume ainsi un rôle politique. De Pradt enquête sur les raisons naturelles des phénomènes sociaux et économiques et les insère dans un schéma explicatif séculaire et cohérent, son « système européen », où la Providence n'a pas de place. Si l'on définit la modernité comme « un courant intellectuel caractérisé par l'éloignement ou la répudiation des idées, doctrines et valeurs culturelles traditionnelles en faveur des valeurs et des croyances contemporaines ou radicales[46] » Dominique de Pradt en fait décidément partie. On peut alors ranger cet abbé hors norme, dont la pensée politique mérite d'être mieux connue, dans la tradition militante des Lumières qui accélère son pas toujours en avant[47], ce que souligne bien son adage : « Le genre humain est en marche et rien ne le fera rétrograder[48]. »

---

44 Bertrand de Jouvenel, « L'Abbé de Pradt et l'Europe constitutionnelle », *Commentaire*, 7 (1979/3), 417-419, <doi:10.3917/comm7.0417>.

45 Jonathan Israel, *Radical Enlightenment : Philosophy and the Making of Modernity 1650-1750* (Oxford, Oxford University Press, 2001), p. 720 ; *Reassessing the Radical Enlightenment*, éd. par Steffen Ducheyne (Londres, Routledge 2017), p. 4.

46 Lynn Hunt, « Chapter 2. Modernity and History » dans *Measuring Time, Making History* [en ligne], Budapest, Central European University Press, 2008, <http://books.openedition.org/ceup/820>.

47 Sur la notion de l'accélération, voir Reinhart Koselleck, « Chapter 1. Modernity and the Planes of Historicity », dans *Futures Past: On the Semantics of Historical Time* (Cambridge, MA, The MIT Press : Reprint edition, 1990).

48 Mis en exergue sur la page de titre de *L'Europe par rapport à la Grèce et à la réformation de la Turquie* (Paris, Béchet Ainé, 1826).

ELISSAVET TSAKANIKA

Μανούσεια (Manouseia)

A Debate on the 'Libertinage' of Philosophy and Historical Research in the Press of the Othonian Period

According to Immanuel Kant, Enlightenment is a synonym of progress, meaning a situation in which 'no conclave of savants has the right to impose its doctrine on generations to come'.[1] Kant's way of thinking sounds particularly topical in 1848 Athens, where a dispute arises, concerning the boundaries of knowledge and truth. The reason for it was the lectures on General History by Professor Theodoros Manouses, one of the remaining figures of the Enlightenment in the Othonian University. The series of events following the students' complaints against their teacher, known as Manouseia, are listed among the many episodes of the period when professors and schools were charged with atheism, proselytism and corruption of youth.

Religious issues were of key importance in the newly founded Greek state. The transition from the pre-national identity of 'Romios' (Ρωμηός), namely an Orthodox Christian of the ex-Byzantine Empire who remained in the jurisdiction of the Ecumenical Patriarchate under Ottoman rule, to that of 'Hellene' (Ἕλληνας), namely a Greek who denied the collective fate of his coreligionists and had political aspirations on the ground of ethnicity, was not a smooth one. With the declaration of its independence, the Greek state broke centuries-old bonds with the Ecumenical Patriarchate of Constantinople. The Greek War of Independence, known in Greek historiography as the 'Greek Revolution', was excommunicated by the Ecumenical Patriarchate as an act of treason, selfishness, and a fatal result of Western influence.[2]

It took decades before the differences between Constantinople and the autocephalous (self-governing) Greek Church were fully smoothed out. The

---

1 Immanuel Kant, 'Απάντηση στο ερώτημα: *Τι είναι διαφωτισμός;*', in *Τι είναι Διαφωτισμός Mendelssohn, Kant, Hamann, Wieland, Riem, Herder, Lessing, Erhard, Schiller* ['An Answer to the Question: What is the Enlightenment?', in *What is the Enlightenment: Selected Essays of Mendelssohn, Kant, Hamann, Wieland, Riem, Herder, Lessing, Erhard, Schiller* (Athens, Kritiki, 1989), p. 19.
2 Charles Frazee, *Ορθόδοξος Εκκλησία και Ελληνική Ανεξαρτησία* [Orthodox Church and Greek Independence] (1821-1852) (Athens, Domos, 2005 (1987)), pp. 47, 66.

declaration of the autocephaly, the tense relations with the Patriarchate and the dangers that the West represented for the nation's religious identity were a source of constant debate within the Greek state. Eminent figures of the Greek Enlightenment, like Koraïs,[3] had criticized the idleness, obscurantism, and even corruption of the clergy during the Ottoman rule, while others had anonymously blamed the Church for becoming an accomplice of the national enemy.[4] They all agreed that the Greek Church should not be answerable to an Ottoman institution like the Patriarchate. They accused advocates of reuniting with the Patriarchate of being agents of the Russians, who used religion as a pretext to control Orthodox populations in Eastern Europe. The conservatives retaliated by accusing them of being instruments of the atheist, secular, Protestant, etc. West.[5]

In that tense atmosphere, even the Catholic Bavarian King Otto (who attended masses in the Greek Orthodox Church regularly and was so careful as to avoid an official enthronement for fear of offending his subjects' religious sentiment), was often the target of pro-Orthodox conspiracies.[6] Nevertheless, the religious conservatism of Greek society did not annoy him particularly, as it went along with his own aspirations of a revival of the Byzantine Empire.[7]

The Manouses case was as follows: in 1848 a seminarian of the Faculty of Religion, the monk Paisios Ioanitis, sent a letter to the conservative, pro-Orthodox newspaper *Αιών* (*Aion*, 'Century'), to protest because Professor Manouses had read to his students the blasphemous correspondence between Henry VIII, King of England, and Martin Luther, in which the two men accuse each other of defecating on Christ's crown of thorns.[8] Manouses' defenders talked of foreign spies who attended university auditoria with the sole purpose of keeping track of the professors' misbehaviour. At the same time, the Holy Synod of the Church of Greece, enraged by the fact that the accuser circumvented its jurisdiction and addressed himself directly to the press, summoned him to explain himself.

---

3 Adamantios Korais (1748-1833) was a liberal, humanist Greek scholar, one of the main representatives of the Greek Enlightenment. Without being overtly anti-clerical, he criticized the ignorance of monks and was in favour of the founding of a reformed Church, independent from the Patriarchate, which he considered 'infected' by the tyrant (namely the Sultan). Paraskevas Matalas, *Έθνος και Ορθοδοξία. Οι περιπέτειες μιας σχέσης. Από το 'ελλαδικό' στο βουλγαρικό σχίσμα*, [Nation and Orthodoxy. The Adventures of a Relationship. From the Greek Schism to the Bulgarian Schism] (Heraklion, Crete University Press, 2003), p. 49.
4 Anonymou tou Ellinos [The Anonymous Greek], *Ελληνική Νομαρχία*, [The Greek Rule of Law] (Athens, Pelekanos, 2009 (1806)), pp. 69, 104, 115-134. See also: Konstantinos Th. Dimaras, *Το κείμενο του Ρωσσαγγλογάλλου, ανάτυπο από τα Ελληνικά* [An Offprint of the Text of the Russian-English-Frenchman] (Thessaloniki, Society for Macedonian Studies, 1960 (1812)), vol. 17, pp. 190-191.
5 Frazee, *Ορθόδοξος Εκκλησία*, pp. 137, 142.
6 Frazee, *Ορθόδοξος Εκκλησία*, pp. 158, 178, 194, 237.
7 Vana Bouse and Michael Bouse, *Ανέκδοτες επιστολές της βασίλισσας Αμαλίας στον πατέρα της, 1836-1853* [Queen Amalia's Unedited Letters to her Father] (Athens, Estia, 2011), vol. A, 506; vol. B, 668.
8 *Αιών*, Athens, 28 January 1848.

The Secretary of the Synod at the time was Theoklitos Farmakides, a close friend of the accused Manouses and a liberal clergyman, who shared Koraïs' views on matters of the Church. For him, such accusations undermined the recently established national institutions, particularly the Independent Church and the University. Besides, Farmakides had already been fired from the Synod in 1839, on the grounds that he had shown lenience towards Theofilos Kaires. Kaires was another enlightened disciple of Koraïs, who taught a variation of deism in his school on Andros and traced the end of philosophical progress back to the murder of Hypatia by Christian fanatics.[9] Four years after Farmakides' return to his position, history was repeating itself. According to *Αιών*, the Secretary of the Synod was biased from the beginning and addressed the complainant thus:

> What are you talking about? Manouses has sinned because Luther shat on Christ's crown of thorns? Manouses will soon publish yesterday's lecture, where there will be no faeces whatsoever! [...] Foreign scoundrels want to proclaim us as atheists and we allow it? Who invited you to our country? What do you seek to learn at our University [...]? Why don't you stay in your homelands, lousy vagabonds? We know who you are and who sent you, you miserable spies.[10]

The complaining monk was a non-indigenous Greek (ετερόχθων), which means that his homeland was still under Ottoman rule. Although the University of Athens was supposed to bring together Greeks from every corner of the earth, thus serving as a substitute for the Great Idea, namely the vision of the revival of the Byzantine Empire,[11] the indigenous Greeks (αυτόχθονες) could not help being suspicious of the outsiders. Usually the problem was that most of the latter had not fought in the Greek War of Independence, therefore there was a widespread request to exclude them from public service.[12] In the Manouseia

---

9 Panagiotis Tsolias, 'Χ. Παμπλέκης, Θ. Καΐρης, Π. Σοφιανόπουλος' [Christodoulos Pamblekis, Theofilos Kairis, Panagiotis Sofianopoulos], in Charalambos Magoulas, Agis Marinis, Stratos Myrogiannis, Nikitas Siniosoglou, and Panagiotis Tsolias, *Ριζοσπαστική σκέψη στη νεότερη Ελλάδα. Από τον Νεοελληνικό Διαφωτισμό στο Νεοελληνικό κράτος* [Radical Thinking in Modern Greece. From the Neo-Hellenic Enlightenment to the Neo-Hellenic State] (Athens, Irodotos, 2015), p. 84.

10 'Και πώς; Ήμαρτεν ο Μανούσης επειδή ο Λούθηρος έχεσεν τον στέφανον του Χριστού; Ο Μανούσης θέλει εκδώσει διά του τύπου το χθεσινόν μάθημα, όπου σκατά δεν θα υπάρχουν. [...] Ξένοι αχρείοι, θέλουν να μας κηρύξουν ασεβείς και ημείς τους υποφέρομεν; Ποίος σας προσκαλεί εις τον τόπον μας; Τι έρχεσθε να μάθετε εις το Πανεπιστήμιόν μας [...]; Διατί δεν κάθεσθε εις τας πατρίδας σας αχρείοι αλήται; [...] Σας γνωρίζομεν οποίοι είσθε, και παρά τίνων πέμπεσθε, αίσχιστοι κατάσκοποι!', *Αιών*, 4 February 1848.

11 On the Great Idea, see Elli Skopetea, *Το 'Πρότυπο Βασίλειο' και η Μεγάλη Ιδέα* [The Model Kingdom and the Great Idea] (Athens, Polytypo, 1988), pp. 249-309 and Viky Karafoulidou, '*...της μεγάλης ταύτης ιδέας...' Όψεις της εθνικής ιδεολογίας 1770-1854* [... of this Great Idea. Aspects of the National Ideology...] (Athens, Polis, 2018), pp. 229-249.

12 On this dispute, see Ioannis Dimakis, *Η Πολιτειακή Μεταβολή του 1843 και το Ζήτημα των Αυτοχθόνων και Ετεροχθόνων*, [The Constitutional Change of 1843 and the Issue of the Indigenous and Non-indigenous Greeks] (Athens, Themelio, 1991).

case, the non-indigenous monk was suspected of being an informer for the Russians, the Patriarchate, or the Ottoman state itself.

In the Synod's official version of the inquest, the Secretary Farmakides is alleged to have asked the defendant whether he thought that a historian should not teach the History of a particular century, just because it was 'scandalous to your ears?'[13] The question was not rhetorical and, besides the Holy Synod, it also troubled the press, which offers us interesting insights into a society oscillating between Enlightenment and religious conservatism. Farmakides and the liberal minority he belonged to would not have argued with the Prussian Enlightened theologian Andreas Riem, who asked the harsh question 'Why did God offer us our mind, if our mind makes us miserable? Why did he give us a mind in the first place, if we are not allowed to use it?'[14]

On the other hand, *Αιών* took it upon itself to launch a crusade against the blasphemous Manouses, who had no reason to dig up a figment of Lutheran rage out of the forgotten gutter of history. The newspaper did not question the professor's scientific expertise. It asked him, however, to censure certain chapters of history, for his audience's moral benefit and not to act like a corrupted painter who uses profane pictures in order to teach a young virgin how to sketch.[15] *Αιών* finds alarming similarities between Manouses and two dangerous philosophers. One of them is Lucian, antiquity's self-appointed prosecutor of prejudice and superstition. The other one is Voltaire, the representative of Western secularization. They are both used as symbols of what the newspaper calls 'καταχθόνιος πολυμάθεια', 'ασυλλόγιστος λογιότης' ('scholarly libertinage', 'infernal erudition'), a knowledge that is dangerous for society, because it is in the hands of irresponsible individuals who have breached the barriers of mechanical solidarity, and who dare to seek the truth based entirely on their logic: 'To hell with such mindless erudition! Free research can never become the religion of truth, because every truth must contain morality'.[16] As has already been said, 'two concepts of truth are confronted during the Manouseia: one moral and sentimental and the other logical and historical'.[17]

---

13 'Λοιπόν, νομίζεις ότι ο ιστορικός διηγούμενος την ανταπόκρισιν του Λουθήρου και του βασιλέως της Αγγλίας, δεν έπρεπε να διδάξη την ιστορίαν ως ιστορίαν τού τότε αιώνος και των τότε ανθρώπων, διότι η τοιαύτη διήγησις σκανδαλίζει τας ακοάς σας;', *Αιών*, 14 February 1848.

14 Andreas Riem, 'Περί του Διαφωτισμού: κατά πόσο είναι ή θα μπορούσε να είναι επικίνδυνος για το κράτος, τη θρησκεία, ή γενικότερα. Λόγος προς ενδυνάμωση ηγεμόνων, πολιτικών ανδρών και κληρικών' ['About the Enlightenment: How Dangerous Is it or Could it Become for the State, Religion or in General. A Speech for the Empowerment of Rulers, Political Men and Clergymen'], in *Τι είναι Διαφωτισμός* [What is the Englightenment], p. 51.

15 *Αιών*, 21 February 1849.

16 'Εις κόρακας τοιαύτη ασυλλόγιστος λογιότης! Η ελευθέρα έρευνα δεν μπορεί ποτέ να γίνει η θρησκεία της αληθείας, διότι πάσα αλήθεια πρέπει να εμπεριέχει την ηθικότητα.' *Αιών*, 7 and 14 February 1848.

17 As developed by Ioulia Pentazou, 'Ο Θεόδωρος Μανούσης, καθηγητής Ιστορίας στο Πανεπιστήμιο Αθηνών (1837-1858)', *Μνήμων*, 17, 1995.

Ten years after the Manouseia, *Αιών* provides two examples of how exactly it understands the concepts of 'moral truth' and 'mindful erudition', when it announces and promotes two nationally beneficial literary and philosophical activities: a series of lectures and the publication of a translation of a book on Socrates.[18] The meaning of the term *literature* is defined as 'the expression of the life of Christian Hellenism', containing exclusively what is described as 'the non-harmful writings of our ancestors'. The meaning of *philosophy* is defined as 'the subject of immortality of man, useful for a better understanding of our purpose and duty in life'. The reader is reassured that such a quest for Christian meaning is perfectly compatible with the universal spirit of humanity ('το καθόλου πνεύμα της ανθρωπότητος'), that is omnipresent in the nineteenth century.[19]

Didacticism is by no means an exclusive privilege of the anti-philosophers. The Enlightenment also values works of intellect according to how they serve the purpose that Diderot described as 'making virtue lovable and vice detestable'.[20] However, virtue, according to the Enlightenment is not a matter of doctrine or eschatology. It is about civic virtue, the quality of man within society.

From the start, the liberal newspapers *Ελπίς* (*Elpis*, 'Hope') and *Αθηνά* (*Athina*, 'Athena') came to Professor Manouses' rescue. They attributed his troubles to a conspiracy of Orthodox 'obscurantists', who tried to represent the University as a hatchery of atheism. They wondered why we should call atheism the simple allusion to historical events which prove the profanity and blasphemy of Westerners, whom our Church considers heretics. If, however, the professor had discovered sources containing insults against the Greek Orthodox Church, both newspapers agreed that 'any such documents, however historical, should be passed over in silence, because it is not to the benefit of our newly-established society, whose Church is constantly attacked by the West, to draw attention to even the slightest misdemeanors of its members'. *Ελπίς* points out that, if this had been the case, it would have been eager to consent to Manouses' stoning.[21]

So, Manouses' advocates attacked his supposed 'obscurantist' rivals with arguments that were not of a truly different nature than theirs. The truth still had to be censored, for the sake of the Church. The only difference in

---

18 *Αιών*, 6 November 1858 (*Σωκράτους βίος και θάνατος* [The Life and Death of Socrates] translated from French, edited and commented by Gedeon, Deacon, student in the 3rd year of the Othonian University).
19 *Αιών*, 6 November 1858.
20 'Rendre la vertu aimable, le vice odieux, le ridicule saillant, voilà le projet de tout honnête-homme qui prend le plume, le pinceau ou le ciseau' [Making virtue lovable, vice detestable and ridicule central, that is the project undertaken by every honest man that holds the quill, the brush or the chisel], *Essais sur la peinture; Par Diderot* (Paris, L'an quatrième de la République), p. 78.
21 *Ελπίς*, 3, 8, 14 and 21 February 1848.

that discourse was that it did not treat religion as an end in itself, but more as a national institution and an important component of national identity. Therefore, nobody claimed that Manouses, like any rational being, was only answerable to his logical powers, to what Kant used to call *Vernunft*, and his inner religion, which according to Kant was superior to any imposed truth.[22] On the contrary, Manouses was to be praised for having used logic as doctrine's faithful servant, like a medieval philosopher. What actually made his defenders furious was the fact that the newly founded Othonian University, an institution that stood for the cultural emancipation of a recently politically emancipated nation, was being discredited for no good reason.

Next, the seminarian Paisios and his entourage set out to prove that Manouses had displayed more signs of irreverence in the past. So, they resorted to his older lectures, where he had allegedly questioned the historical substance of several parts of the Old Testament. Since Manouses' defense was far from being a manifesto for the separation of philosophy from religion, his defenders got hold of the students' notebooks and published them in order to prove that they did not contain signs of irreverence.[23] This allowed his enemies to compare the notebooks with the sections of the Old Testament they alluded to, and reach the conclusion that Manouses was a fraudulent scientist, whose teachings were disproved by the apocalyptic truth.[24]

The notebooks, irrespective of whether they were actually written by Manouses' students or by Manouses himself, as his rivals claimed, are indicative of how the liberal professor tried to stay out of trouble by avoiding the theological issues and by giving only hints of a scientific, positive train of thought, wherever logic was in contrast with the apocalyptic truth. Speaking in his own defense, Manouses maintained that what actually interested him in the Old Testament was human and not divine intervention. While reading the notebooks, though, one realizes that it is not exactly so. He does not put divine intervention aside in order to focus on human actions. He often seems to be trying to instill doubt into his audience, regarding the existence of that divine intervention. In a subtle way, he alludes to the similarities between Moses' story and the mythology of several ancient peoples. He also suggests natural explanations for certain miracles, such as the tide during the crossing of the Red Sea, or the meteorological phenomena during God's appearance to Moses. He is always careful, though, to put any of his own materialistic asides in the mouths of other, 'recent interpreters' as he calls them vaguely.

It is evident that Manouses' approach to religion is not mystical. For him, religion is more of a social structure. He treats the faith of the ancient Egyptians as what Marx would call a part of society's superstructure. In relation to the biblical religions, the liberal professor becomes more of a

---

22 Kant, 'Απάντηση στο ερώτημα', p. 19.
23 *Ελπίς*, 8 and 14 February 1848.
24 *Αιών*, 11 February 1848.

functionalist. He tries to make amends for his obvious lack of reverence, by making some favourable comments on the beneficial impact of the biblical heritage on society in general. He attributes the orders that were supposed to have derived from epiphany (from Exodus to practice of circumcision) to wise political decisions of Moses himself. He is particularly interested in the ways in which Moses' interventions in the making of his people's creed promoted social cohesion.

Αιών had no difficulty in tracing the controversial topics that we have spotted in Manouses' teaching. It also noted that some of Manouses' comments were an exact repetition of a particular part of Voltaire's definition of atheism in his philosophical dictionary.[25] That fact was supposed to incriminate Manouses even more, although, in the entry that the newspaper alluded to, Voltaire strengthens his point against, not in favour of atheism. What Voltaire actually says is that, although the Jews were not taught the concept of the immortality of the soul, they still had a fear of God, which is a positive thing, because atheism, 'although it is preferable to bigotry, it is still a pernicious monster'.[26] It is doubtful, though, whether that crucial detail would have made the French philosopher any more likable in the eyes of the anti-philosophers who did not want to hear arguments that made religion appear subjective; a matter of personal choice and feeling, rather than an unquestionable truth, dictated by God. It is indicative that Ο Λόγος (O Logos, 'The Word') went as far as to reproach the renown historian Konstantinos Paparigopoulos for commenting that, at the time of the emperor Theodosios, 'religious sentiment became stronger'. Again, the problem with this statement was that it presented religion as a matter of choice. According to the newspaper, Paparigopoulos 'should have written the Religion of Christ, not religious sentiment. He confuses the subject with the object, he calls thirst water'.[27]

Manouses was not the first scholar whose 'irreverent' approach to the Scriptures prompted the rage of religious conservatives. For instance, Panagiotis Sofianopoulos (a representative of 'radical Enlightenment' and supporter of utopian socialism, who was condemned by the Holy Synod in 1844), also offered alternative interpretations of several citations, such as the Tower of Babel. Contrary to the Christian teaching, he insisted that the Tower had not collapsed because of human arrogance and impertinence towards God, but because of the lack of human coordination. It had been the sad result of the absence of a true human society.[28] Sofianopoulos was condemned alongside with the aforementioned Theofilos Kairis and Christodoulos Pamblekis, an eighteenth century jacobinist who had interpreted Christianity as a Jewish heresy and had claimed that the model of the Christian saint was anti-social.[29]

---

25 Αιών, 11 February 1848.
26 'Atheism', in Voltaire, *Dictionnaire philosophique* (1764).
27 Ο Λόγος, Athens, 12 September 1870.
28 Nikitas Siniosoglou, 'Διαφωτισμός και αλλόκοτο' ['Enlightenment and the weird'], in *Ριζοσπαστική σκέψη στη νεότερη Ελλάδα* [Radical Thinking in Modern Greece], p. 174.
29 Tsolias, 'Χ. Παμπλέκης', p. 96.

Manouses, however, was by no means as provocative as these three radical philosophers. He was much closer to Koraïs' moderate version of Enlightenment. In his first apology, he reassured the pious Orthodox Christians that at every chance he got he presented Christianity as the root of pure humanism – the most momentous event in the history of humanity, more important than philosophy, because the latter is destined for intelligent and socially privileged men, whereas Christianity is universal and aims at eliminating inequality.[30] Such assurances could not convince Manouses' rivals, because they were based on a sort of sociology of religion and did not promote the unconditional acceptance of apocalyptic truth. Things got even worse when, in his second public statement, Manouses claimed that every zealot of Enlightenment has to distinguish knowledge from ignorance and to dissolve the clouds of prejudice. *Αιών* interpreted his words as a declaration of the preeminence of logic against doctrine. A triumph of the libertine free research, which brings nothing but reluctance and doubt: 'The light he rambles on about is the light of his own logic, and by darkness he means apocalyptic religion. [...] But when he denies the foundations of apocalyptic truth, he also denies the foundations of morality'.[31] When Manouses died, the publicist of *Αιών* remarked that, although he had never met the professor personally, whenever he had seen him, he appeared 'possessed by some kind of doubt'.[32]

However traditional such beliefs might sound, there is novelty in the rhetoric by which they are expressed. Rationality, a concept so glorified by the Enlightenment, is not repulsive to the advocates of the theological stage. *Αιών* called the students who attacked Manouses 'rational beings, Orthodox Christians', considering that one attribute is perfectly compatible with the other, and as a matter of fact a prerequisite for it.[33] As *Αιών* explains, no social issue can be resolved without the coordinated action of rational beings, and the only power that can cause this coordination of wills is religious denomination. Only the unity of faith can lead to political and national unity.[34] So, the religionist *Αιών* invokes rationality and the laws of social mechanics in order to justify the importance that it attributes to religion as the vehicle for the realization of national visions. We are approaching the 1850s, a decade of obligatory teaching of the Orthodox liturgical books, obligatory Sunday church, and numerous requests to hire elementary teachers from among the clergy.[35] The romantic longing for the *Great Idea* favours clericalism, upgrades

---

30 *Αιών*, 11 February 1848. See also: Kostas Lappas, *Πανεπιστήμιο και φοιτητές στην Ελλάδα κατά τον 19º αιώνα* [University and Students in Greece during the 19th Century] (Athens, Historical Archive, National Hellenic Research Foundation, 2004), p. 75.
31 *Αιών*, 7 and 11 February 1848.
32 *Αιών*, 6 November 1858.
33 *Αιών*, 4 February 1848.
34 *Αιών*, 11 February 1848.
35 Konstantinos Th. Dimaras, *Ελληνικός Ρωμαντισμός* [Greek Romanticism] Νεοελληνικά Μελετήματα [Neo-Hellenic Studies], 7 (Athens, Ermis, 1994), p. 390.

the symbolic role of the Ecumenical Patriarchate of Constantinople, grants remission of sins to Byzantium, and dampens down the enthusiasm for the idolatrous glorious ancestors. Blind faith is not that blind after all. Religious conservatives are as ethnocentric as their 'enlightened' rivals.

When Theodoros Manouses died in 1858, an innuendo in an article in *Αιών* concerning the impiety of the deceased triggered a revival of the Manouseia.[36] Even those who claimed that all matters of faith were between the deceased and God, judged that it would be good for his posterity to call him 'a benign, religious teacher'. The newspaper *Αθηνά* published four hundred signatures of students who pronounced Manouses a brilliant professor, warm patriot, benefactor of the University and 'enthusiastic worshipper of the religion of Christ'.[37] In one of the eulogies, the professor is praised for having used philosophy to empower theology, and to render it more appealing to the modern man, knowing that the Church lost all its splendour when it parted company with philosophy.

In order to remove Manouses' name from the list of Voltaire's disciples, *Αθηνά* connected him wisely to Leibniz, the founder of Inner Philosophy, who tried to establish a compromise between logic and metaphysics, material and spirit, philosophy and religion. Leibniz believed that although we can interpret all the phenomena scientifically, the world obeys general metaphysical principles of the harmony of the whole. For Leibniz, logic is an instrument for studying the chain links, while metaphysics is a tool for studying the chain as a whole. Manouses' disciples defended his right to focus his modest study on those chain links and insisted that he had left the chain alone and intact.[38] The newspaper *Εθνική* (*Ethniki*, 'National') for instance, explains that sciences are human systems of continuously expanding knowledge, independent from religion. Religion, on the other hand, is superior to any science, autonomous, and unchanging. Scientific progress can never work against it. The same newspaper that four years ago had begged Greeks everywhere not to send their sons to the 'laboratory of impiety', now brags because Greek students are taught Galileo's theories without fear of prosecution and without fear of them losing their religion, either.[39]

This compromising approach of the relationship between philosophy and religion also seemed in accordance with the rising spirit of romantic historicism, which 'renders unto Caesar the things that are Caesar's, and unto God the things that are God's, meaning that two types of events coexist in the making of History: the strictly historical, that can be studied as products of human action and the hyper-historical, that are part of the providential plan for nations and humanity as a whole'.[40] Manouses himself had more in common

---

36 *Αιών*, 6 November 1858.
37 *Αθηνά*, 17 and 20 December 1858.
38 *Αθηνά*, 10 December 1858.
39 *Εθνική*, 15 June 1844 and 12 February 1848.
40 Giannis Koumpourlis, *Οι ιστοριογραφικές οφειλές των Σπ. Ζαμπέλιου και Κ. Παπαρρηγόπουλου. Η συμβολή Ελλήνων και ξένων λογίων στη διαμόρφωση του τρίσημου σχήματος του ελληνικού ιστορισμού (1782-1846)* [The Historiographical Debts of Spyridon Zambelios and

with Enlightened historians, who failed to see the divine plan behind each and every historical period. They could easily reject a whole historical period as obscurantist, in the sense that it had not contributed to the improvement of mankind.[41] Manouses had clearly adopted their deprecating views on Byzantium.[42] As a member of the committee that reviewed Paparigopoulos' history schoolbook, he was negative towards the recognition of Byzantium as part of the nation's political heritage.[43] During the Manouseia, some of his students also accused him of having made fun of the Empress Theodora. More specifically, Manouses had allegedly claimed that the Byzantine Empress was so promiscuous, that she used to put barley in her private parts and then let geese ferret it out of there.[44] A romantic historicist would frown upon the recital of such an anecdote, because, to him, all historical periods are equally crucial, each contributing in its own way to the accomplishment of the national mission.

In the second half of the nineteenth century, the cosmopolitan humanism of the Enlightenment had to make way for the romantic nationalism of Paparigopoulos,[45] who would certainly find more suitable incidents than Theodora's geese in order to address his students on the subject of the splendour of Byzantium and its important role in the Tripart Scheme of Greek Historicism. According to this narrative, the Greek nation had three equally important missions to accomplish: classical antiquity offered humanity the lights of philosophy, Byzantium offered the lights of Orthodox Christianity and next, this metaphysical entity called Hellenism would thrive within the Greek state and export civilization to the East. Paparigopoulos spoke the language of 'national truth', he was no 'stateless thinker', as Lucian believed a Historian should be. Manouses was the one they used to attribute such qualities to. As Isaiah Berlin said, in Romantic nationalism, the idea of a universal truth is non-existent.[46] A unique answer to all questions, like the

---

Konstantinos Paparigopoulos. The Contribution of Greek and Foreign Scholars to the Formation of the 3-Part Continuum of Greek Historicism 1782-1846] (Athens, National Hellenic Research Foundation, 2012), p. 83.

41 Koumpourlis, *Οι ιστοριογραφικές οφειλές των Σπ. Ζαμπέλιου και Κ. Παπαρρηγόπουλου*, pp. 49-58, 89-94.
42 Vangelis Karamanolakis, *Η συγκρότηση της ιστορικής επιστήμης και η διδασκαλία της ιστορίας στο Πανεπιστήμιο Αθηνών (1837-1932)* [The Making of Historical Science and the Teaching of History in the University of Athens] (Athens, National Hellenic Research Foundation, Institute of Neohellenic Research, General Secretariat of Youth – Historical Archive of Greek Youth, 2006), p. 131.
43 Karamanolakis, *Η συγκρότηση της ιστορικής επιστήμης*, pp. 120-124.
44 *Αιών*, 4 February 1848.
45 The newspaper *Συντηρητική* (Sunteretike, 'Conservative') gives a detailed backstage of the manipulations that certain phanariotic circles resorted to in order to promote Paparigopoulos in Manouses' place. *Συντηρητική*, Athens, 15 January 1848.
46 Isaiah Berlin, *Το σαθρό υλικό του ανθρώπου. Δοκίμια ιστορίας των ιδεών* [The Crooked Timber of Humanity. Chapters in the History of Ideas] (Athens, Kritiki, 2015 (1947)), pp. 341, 353.

one Voltaire, Rousseau, and Kant believed in, is no longer acceptable. Truths are not universal and eternal any more. Truths have become regional.

In conclusion, Manouseia was much more than a battle between religion and science. Manouses himself was influenced by the Enlightenment and that influence is traceable in his teaching, his approach to historical research, and his circle of friends. It has been commonly asserted, for instance, that one of the great tools of the Enlightenment was the practice of comparative religion.[47] It also goes without a doubt that Manouses passed value judgements about the historical past, according to the universal, humanitarian ideals of the Enlightenment and in doing so, he was opposed to the historicists' version of the national truth. One can not be sure that if it had not been for the atmosphere of religious conservatism of his time, Manouses would have made a more overt stand against the apocalyptic truth. Nevertheless, throughout this debate religion was not threatened or questioned by anyone. It all came down to two different approaches to the political role of religion in the Greek kingdom. This should come as no surprise, if we take into account S. J. Barnett's observation that the Enlightenment was not all about secularization and hostility towards religion and that 'the broad politicization of religion is really the key to understanding religious change in the Enlightenment'.[48]

This was not a battle between 'obscurantism' and the 'enlightened', whose views could be contained in the anticlerical and rationalist slogan of the Greek Enlightenment: 'Think and it is enough'.[49] Regarding Manouses' advocates, it becomes clear that their standpoint was nationalistic as well as liberal and sometimes the former was more powerful a trait than the latter. In other words, what could be easily interpreted as a stand in favour of Enlightenment and liberalism was often just a nationalistic reflex, defending equally the national University and the national Church of a newly founded national state. However, one must not overlook the fact that the modern concept of nation prevails even in the conservative discourse of the newspaper Αιών and Paisios' religious fellow students, who ultimately defended unity of faith like 'rational beings' who coordinated their wills towards the achievement of national goals. After all, this was the 'Century of Nations' and, to paraphrase Kant, nationalism was the new doctrine to be imposed on generations to come.

---

47 S. J. Barnett, *The Enlightenment and Religion: The Myths of Modernity* (Manchester and New York, Manchester University Press, 2003), p. 64.
48 Barnett, *The Enlightenment and Religion*, pp. 1-11.
49 Στοχάσου και αρκεί is the motto of Ελληνική Νομαρχία (1806), the work of an anonymous author.

SOPHIA MATTHAIOU AND
ALEXANDRA SFOINI

Cosmopolitanism in the Greek Context (18th-19th Centuries)*

The Impact of the Enlightenment

The eighteenth century is considered the cosmopolitan century, at least by the European elites of the *République des lettres*. To the Enlightenment philosophers, who belonged to the Stoic tradition, their homeland was the entire world, humanity, as indicated in the entry on '*Cosmopolite*' in the *Encyclopédie*. However, there also existed an individual cosmopolitanism, that of the roving libertine like Fougeret de Montbron who renounced his homeland. Occasionally cosmopolitanism ran counter to patriotism, as illustrated in the conflict between the cosmopolitan Voltaire and the patriot Rousseau, Kant's proclamation on world peace, or even Anacharsis Cloot's vision of a *République universelle* based on the concepts of equality and brotherhood, which the Masons had already espoused at the beginning of the century. This conflict between cosmopolitanism and patriotism gradually intensified during the French Revolution, which brought to the fore the concept of 'the people', instilled with a national spirit, patriotism and, even, xenophobia. Cosmopolitans would be accused of being 'enemies of the Revolution', while cosmopolitanism would cast off its political connotations and restrict itself to the literary sphere (*cosmopolitisme littéraire*).[1]

Enlightenment–Revolution

In the eighteenth century, most Greek scholars could be considered cosmopolitan, provided they broadened their intellectual horizons through travel,

---

* This article was kindly translated into English by Kalliopi Psarrou.
[1] Gonthier Louis Fink, 'Cosmopolitisme', *Dictionnaire européen des Lumières*, ed. by Michel Delon (Paris, PUF, 1997), pp. 320-323; Gert van den Heuvel, 'Cosmopolite, Cosmopoli(ti)sme', *Handbuch politisch-sozialer Grundbegriffe in Frankreich 1680-1820*, 20 vols (Munich, Oldenburg, 1986), VI, pp. 41-55; Jean.-René Suratteau, 'Cosmopolitisme/Universalisme', *Dictionnaire historique de la Révolution française*, ed. by Albert Soboul and others (Paris, PUF, 1989), pp. 297-299.

language skills, and translations.[2] We come across early manifestations of a cosmopolitan consciousness in the community of Phanariot linguists who mingled with foreign diplomats and scholars.[3] This was delineated by Nikolaos Mavrokordatos in his *Φιλοθέου Πάρεργα* (Leisures of Philotheos).[4] Mobility increased from the mid-eighteenth century, bringing Greeks into contact with 'enlightened' Europe[5] to the point that, in 1771, Eugenios Voulgaris wondered at the plethora of students attending 'the academies of Europe'.[6] His own cosmopolitan journey took him from Leipzig to the court of Catherine the Great. In his *Logic* (1766), he expressed the belief that 'the entire Earth is the wise man's country, the World his city'.[7] Similarly, Iosipos Moisiodax demonstrated a remarkable mobility, linked to the pursuit of modern philosophy, which, at a certain point, led him to confront the reaction of conservative thinkers, such as Ierotheos Dendrinos of Ithaca, a teacher in Smyrna, to whom he refers to with distaste.[8]

In 1770, however, the Phanariot Demetrios Katartzis, who was familiar with the *Encyclopédie*, advanced the idea of the nation of the 'Rhomioi', which must appropriate the foreign ideas that suit it and use them for its benefit. It is indicative that, to boost patriotic sentiment, he quoted an excerpt from the '*Cosmopolite*' entry in the *Encyclopédie*, where an ancient philosopher states 'Je préfère ma famille à moi, ma patrie à ma famille et le genre humain à ma patrie' (I prefer my family to myself, my country to my family, and the human race to my country) but omitted the final phrase, which describes love of humanity as superior to *philopatria* (love of country).[9] Employing a different approach, Panagiotis Kodrikas, who travelled to Paris as interpreter for the Ottoman ambassador, expressed the cosmopolitan spirit in his diary through use of the adjective κόσμιος (worldly) to render *homme du monde*.

---

2 Konstantinos Th. Dimaras, *Νεοελληνικός Διαφωτισμός* [Modern Greek Enlightenment] (Athens, Ermis, ⁴1984).
3 Matthieu Gelard, 'Cosmopolitisme et diplomatie. La relation des ambassadeurs résidents français à leur pays d'accueil sous les derniers Valois', *Le Cosmopolitisme: influences, voyages, échanges dans la République des Lettres (XVᵉ-XVIIIᵉ siècles)*, ed. by Nicolas Dion and others (Paris, Hermann, 2014), pp. 9-32.
4 Nikolaos Mavrokordatos, *Φιλοθέου Πάρεργα* [Leisures of Philotheos], ed. by Jacques Bouchard, intr. by Konstantinos Th. Dimaras (Athens/Montreal, Greek Society for Eighteenth-Century Studies, 1989).
5 Konstantinos Th. Dimaras, 'Η φωτισμένη Ευρώπη' [Enlightened Europe], *Ιστορικά Φροντίσματα. Α´ Ο Διαφωτισμός και το κορύφωμά του* [Thoughts on History I. The Enlightenment and its Culmination] (Athens, Poreia, 1992), pp. 115-129.
6 Eugenios Voulgaris, *Ικετηρία του Γένους των Γραικών προς πάσαν την χριστιανικήν Ευρώπην* [Supplication of the Genos of the Graikoi to all of Christian Europe] (St Petersburg, 1771), p. 1.
7 Eugenios Voulgaris, *Η Λογική εκ παλαιών και νεωτέρων συνερανισθείσα* [Logic, an Accumulation of the Old and the New] (Leipzig, Breitkopf, 1766), p. 12.
8 Iosipos Moisiodax, *Απολογία* [Apology], ed. by Alkis Angelou (Athens, Ermis, 1976), p. 153.
9 Demetrios Katartzis, *Δοκίμια* [Essays], ed. by Konstantinos Th. Dimaras (Athens, Ermis, 1974), p. 45.

Civilized, enlightened Europe is an object of admiration and a role model, standing in contrast to 'Asia' (Ottoman Empire), which is synonymous with a general lack of culture.[10]

Book publication, which lay at the heart of the cosmopolitan intelligentsia of the European Enlightenment and was spearheaded by the merchant class, who adopted the ideological positions of European eighteenth century urbanism, occasionally heightened the sense of inferiority of Greek education and culture vis-à-vis civilized Europe, the most powerful part of the world, according to the Dimitrieis brothers in their Γεωγραφία Νεωτερική (Modern Geography).[11] Although it sometimes intensified the awareness of Greece's disadvantage vis-à-vis Europe, this sense of being part of the cosmopolitan intellectual community of the European Enlightenment raised the issue of a worldwide scientific language, a utopia endorsed by Daniel Philippidis in his Απόπειρα Αναλύσεως του Νοουμένου (Attempt to Analyse Thought) which was published in Leipzig in 1817 and influenced by Descartes, Leibniz, and the Ideologues.[12]

Travel to enlightened Europe provoked a reaction from the critics of Cosmopolitanism who supported an education that did not deviate from religion and tradition; the victims of this attitude included Anthrakites, Voulgaris, Theotokis, and Moisiodax.[13] The confrontation is illustrated in Stamatis Petrou's Γράμματα από το Άμστερντάμ (Letters from Amsterdam),[14] where the apprentice comes face-to-face with the European way of life of his master Adamantios Koraïs, the most important scholar of the Modern Greek Enlightenment. The complete transformation of Koraïs, into both a cosmopolitan scholar and an ardent patriot with a strong anti-Ottoman position, took place in Paris,[15] where he participated in the *République des*

---

10 Alexandra Sfoini, 'Από τη "βάρβαρη" Ασία στη "φωτισμένη" Ευρώπη: το οδοιπορικό του Π. Κοδρικά', Τοπικές κοινωνίες στον θαλάσσιο και ορεινό χώρο στα νότια Βαλκάνια, 18ος–19ος αι. ['From "Barbarous" Asia to "Enlightened" Europe: The Journey of Panagiotis Kodrikas', Local Communities in the Maritime and Mountainous Region of the Southern Balkans, 18th-19th c.], *Symposium Proceedings, Corfu, 24-26 May 2012*, ed. by Sophia Laiou (Corfu, Ionian University Department of History, 2014), pp. 277-292.
11 Dimitrieis, Γεωγραφία Νεωτερική [Modern Geography], ed. by Aikaterini Koumarianou (Athens, Ermis, 1988), p. 83.
12 Vassiliki Vasardanis, 'Ο Δανιήλ Φιλιππίδης και ο προβληματισμός του για μια παγκόσμια γλώσσα' ['Daniel Philippidis and his Speculations regarding a Universal Language'], *Αρχείο Θεσσαλικών Μελετών*, 10 (1992), 157-161.
13 For the anti-modern condemnation of the Enlightenment, see Paschalis M. Kitromilides, *Νεοελληνικός Διαφωτισμός. Οι πολιτικές και κοινωνικές ιδέες* [Modern Greek Enlightenment. Political and Social Ideas] trans. by Stella Nikoloudi (Athens, National Bank of Greece Cultural Foundation, 1996), pp. 428-431.
14 Stamatis Petrou, Γράμματα από το Άμστερντάμ [Letters from Amsterdam], ed. by Philippos Iliou (Athens, Ermis, 1976).
15 Panagiotis Kondylis, 'Ο Κοραής και η φιλοσοφία του Ευρωπαϊκού Διαφωτισμού', *Ο Νεοελληνικός Διαφωτισμός. Οι φιλοσοφικές ιδέες* ['Koraïs and the Philosophy of European Enlightenment'. *The Modern Greek Enlightenment: The Philosophical Ideas*] (Athens, Themelio, 1988), pp. 201-212.

lettres and perceived European indifference towards the suffering Greek nation. This prevented him from identifying as European, preferring, as he wrote to Chardon de la Rochette in 1793, to consider himself a citizen of the world, i.e., a member of the community of just and charitable men of letters (in other words, philhellenes).[16] Cosmopolitanism and national character were linked in Koraïs' thought and, in this spirit, he conceived the periodical *Λόγιος Ερμής* (*Hermes o Logios*), published in Vienna in 1811 in collaboration with scholars from the Greek diaspora.[17]

Love for humankind assumed Christian connotations in the *Σπαρτίον έντριτον* (Threefold Cord) of Eugenios Voulgaris (Leipzig 1804), an excerpted translation of Soame Jenyns's *View of the Internal Evidence of the Christian Religion* (1776), in which the English writer defended Christianity against patriotism: 'A Christian is of no country, he is a citizen of the world [...] Christianity commands us to love all mankind, patriotism to oppress all other countries to advance the imaginary prosperity of our own.'[18] At this point, the good Christian's view coincided with the philosopher's as expressed by Voltaire, 'il est triste que, souvent, pour être bon patriote, on soit l'ennemi du genre humain' (it is sad that, often, to be good patriot, one is the enemy of the human race), a view Voulgaris would have been familiar with. Likewise, for the French philosopher Gabriel de Mably, love for humanity (*humanité*) was superior to patriotism as affirmed in his *Entretiens de Phocion* (1763), where he mentions that Cicero, 'plein de génie de Socrate et de Platon, enseignait que tous les hommes sont frères' (full of the genius of Socrates and Plato, taught that all men are brothers).[19] The dialogue was translated twice into Greek. In the first translation by John Kaskabas (1813) the French word *humanité* was rendered as 'humanity' (*ανθρωπότητα*)[20] in the second by Aikaterini Soutsou (1819) as 'philanthropy' (*φιλανθρωπία*)[21]

Benjamin Lesvios appears to have accepted the French view in his *Στοιχεία Ηθικής* (Elements of Ethics) (1819), where he quoted the excerpt from the *Encyclopédie*, equating the cosmopolitan with the magnanimous man and ascribing him a moral content.[22]

---

16 Adamantios Koraïs, *Αλληλογραφία* (1774-1798) [Correspondence (1774-1798)], ed. by Konstantinos Th. Dimaras, 6 vols (Athens, Greek Society for Eighteenth-Century Studies, 1964), I, pp. 344-345.
17 Aikaterini Koumarianou, '"Λόγιος Ερμής". Κοσμοπολιτισμός και εθνικός χαρακτήρας' ['"Hermes o Logios". Cosmopolitanism and National Character'], *Epoches*, 18 (1964), 24-28.
18 Soame Jenyns, *View of the Internal Evidence of the Christian Religion* (London, J. Dodsley, 1776), p. 50.
19 *Entretiens de Phocion, sur le rapport de la morale avec la politique; traduits du grec de Nicoclès avec des remarques* (La Haye, Daniel Aillaud, 1764), p. 233.
20 *Διάλογοι περί ηθικής και πολιτικής* [Dialogue on Morals and Politics] (St Petersburg, 1813), pp. 161-162.
21 *Διάλογοι Φωκίωνος* [Phocion Dialogues] (Iași, 1819), p. 127.
22 Benjamin Lesvios, *Στοιχεία Ηθικής* [Elements of Ethics], introduction – commentary – critical apparatus by Roxane D. Argyropoulos (Athens, National Hellenic Research Foundation, 1994), p. 193.

The term 'cosmopolitanism' was first used in Greek in the *Ηθική* (Ethics) of Konstantinos Koumas (1820). In this work, the Greek scholar followed the teachings of the German philosopher Wilhelm Traugott Krug and, by extension, to Kant. Krug transposed the Kantian concept of cosmopolitanism (*Weltbürgersinn*) from the political field, where it was associated with lasting peace,[23] to the ethical field, where it was regarded as the individual's duty towards others, as 'philanthropy'.[24] Although cosmopolitanism is not inconsistent with patriotism, or love of family, the Stoic tradition maintains that it cannot be conceived as pointless wandering or individual well-being. In *Καλοκινήματα* (Moves towards Progress) (1797), Athanasios Psalidas accused Eugenios Voulgaris of 'turning to foreign barbaric peoples, placing patriotism second to pleasure and appetite'.[25] In his *Mémoire* (1803), Koraïs bluntly announced to the French his love for his country, which differed 'de cette affection cosmopolite, tant vantée par des hommes qui ne s'attachent à rien' (of this cosmopolitan affection, so much vaunted by men who are attached to nothing),[26] while *Hermes o Logios* objected to keeping foreign words in the language, as suggested by someone who was 'overly cosmopolitan' and wanted words, like individuals, to 'shift, depart, turn back, wander'. In general, it appears that, in the Greek Enlightenment, we encounter the portrait, not of the philosopher, but of the enlightened patriot who seeks to serve the best interests of his country.

In the wake of the French Revolution, the 'Hellenic Democracy', as envisioned by the renowned revolutionary Rhigas Velestinlis, was akin to the *République universelle*. However, Rhigas added passages of his own to his translation of the French Constitution of 1793, placing an emphasis on patriotism.[27] Greeks were called upon to return to the homeland even more forcefully in the *Ελληνική Νομαρχία* (Hellenic Nomarchy) whose anonymous author was intensely critical of the diaspora Greeks who forgot their country and presented this return as their imperative duty. Rousseau's influence is evident here.[28]

---

23 Michaël Fœssel, 'Kant: du droit cosmopolitique à l'habitation du monde', *Citoyen du monde: Enjeux, responsabilités, concepts*, ed. by Hubert Vincent (Paris, L'Harmattan, 2004), pp. 19-31.

24 Konstantinos M. Koumas, *Σύνταγμα φιλοσοφίας* [Constitution of Philosophy], 4 vols (Vienna, Johann Schnierer, 1820), IV, pp. 260-261.

25 Athanasios Psalidas, *Καλοκινήματα ήτοι Εγχειρίδιον κατά φθόνου και κατά της Λογικής του Ευγενίου* [Moves towards Progress, that is, a Handbook Countering Envy as well as the Logic of Eugenios (Voulgaris)] (Vienna, 1795), pp. 23-25.

26 Adamantios Korais, *Mémoire sur l'état actuel de la civilisation dans la Grèce, Lu à la Société des Observateurs de l'homme. Le 16 Nivôse, an XI (6 Janvier 1803). Par Coray, Docteur en Médecine, et Membre de ladite Société*, p. 3.

27 Alexandra Sfoini, 'Langages de la Révolution et transferts conceptuels: la Constitution montagnarde en grec', *Annales historiques de la Révolution française*, 348 (January-March 2007), 83-92.

28 Kitromilides, *Νεοελληνικός Διαφωτισμός*, pp. 359-360.

During the Greek War of Independence, returning to a homeland struggling against the Ottoman tyrant was regarded as something to be done unquestionably and willingly. The Provisional Constitution stipulated that 'foreigners only require naturalization to become Greek'; nevertheless, it excluded certain groups of indigenous Jews or Muslims. This was pointed out by Koraïs,[29] who praised the United States of America for its liberal and cosmopolitan spirit.[30] Loving one's country, although apparently a superior sentiment, was not opposed to cosmopolitanism, he noted in his preface to Aristotle's *Politics* (1821), referring to Marcus Aurelius.[31] For Koraïs, cosmopolitanism was linked to the virtue of philanthropy and to the common good, which runs counter to individual well-being. He even quoted an extract from the *Traité de législation* (1826) written by the liberal French lawyer and economist Charles Comte,[32] where the well known extract from the *Encyclopédie* on Stoic tradition acquired a moral and social content:

> Virtue [is] [...] the philanthropy taught by both philosophy and religion [...] The Stoics, scorning brutish pleasures, and suffering pain, first proclaimed that justice required the well-being of a family to be valued above that of a single person, the well-being of an entire nation above that of a family, and the well-being of all mankind above the well-being of a nation. Conversely, the most misanthropic and ferocious tyrants have always appeared to be most abandoned to physical pleasures and their brutality increases in accordance with their sensuality.[33]

Koraïs expressed patriotic sentiments with great force when addressing Chiotes of the diaspora in 1830, reminding them that an important aspect of patriotic duty was the preservation of the national language and customs that must betray no foreign (European) influence: 'Let us cease bringing forth Italians, Frenchmen, Germans, and Britons, in short, "many children of different races" and little by little devastate our country's hopes'.[34]

---

29 Elpida K. Vogli, *Έλληνες το γένος'. Η ιθαγένεια και η ταυτότητα στο εθνικό κράτος των Ελλήνων (1821-1844)* [Greek by Descent: Identity and Citizenship in Modern Greece (1821-1844)] (Heraklion, Crete University Press, 2012), p. 96.
30 Adamantios Koraïs, *Προλεγόμενα στους αρχαίους Έλληνες συγγραφείς* [Prologues to the Classical Greek Authors], 3 vols, intr. by Loukia Droulia (Athens, National Bank of Greece Cultural Foundation, 1990), III, p. 513.
31 Koraïs also translated his *Meditations* (Paris 1816) into modern Greek; he considered the work a 'true treasure of moral rules'.
32 Charles Comte, *Traité de législation, ou Exposition des lois générales: suivant lesquelles les peuples prospèrent, dépérissent, ou restent stationnaires* (Paris, A. Sautelet et Cie, 1826).
33 Adamantios Koraïs, *Προλεγόμενα στους αρχαίους Έλληνες συγγραφείς* [Prologues to the Classical Greek Authors], 3 vols, II, intr. by Emmanuel N. Frangiskos (Athens, National Bank of Greece Cultural Foundation, 1988), p. 502. Cf. Panagiotis Noutsos, *Νεοελληνικός Διαφωτισμός. Τα όρια της διακινδύνευσης* [Modern Greek Enlightenment. The Limits of Risk] (Athens, Ellinika Grammata Publishing, 2005), pp. 152-153.
34 Letter to the Chiotes of the diaspora (29.6. 1830); see Koraïs, *Αλληλογραφία*, V, p. 187.

The Greek State

The transition from the very broad territory inhabited by the Hellenic nation to the Greek state restricted cosmopolitanism as an idea. As early as the War of Independence, the issue of native- versus foreign-born emerged.[35] It is difficult to distinguish 'cosmopolitanism', a term used infrequently and associated in many cases with the Stoics of antiquity, from 'Europe' and the 'West', with which the Greeks had an ambivalent relationship throughout the century.[36]

A characteristic element of the well-known conservative change of heart of Konstantinos Oikonomos, a follower of Koraïs and his ideas before the War of Independence, was his condemnation of 'foreignism' [αλλοφυλισμός] (1831), which rendered people 'nationless'.[37] In an 1856 essay on Alexander the Great, Konstantinos Asopios, another follower of Koraïs, remarked: 'A true civilization provides the benefits of the rule of law, prosperity, and well-being everywhere; nevertheless, it does not obliterate national character.'[38]

For Stephanos Koumanoudis – to refer to those described as 'epigones of the Enlightenment'[39] – the term was identified with individualism and was opposed to 'philopatria', where country was understood to be not just 'one's birthplace region' but everyone who belonged to the same nation state.[40] This obsession – Koumanoudis frequently reiterated this viewpoint – did not keep him from a steadfast belief in a general progress modelled on Europe

---

35 Ioannis Dimakis, *Η πολιτειακή μεταβολή του 1843 και το ζήτημα των αυτοχθόνων και ετεροχθόνων* [The Regime Change of 1843 and the Question of Native-Born and Foreign-Born Greeks] (Athens, Themelio, 1991), pp. 17-21; Vogli, *Έλληνες το γένος*, pp. 99-120.
36 Konstantinos Th. Dimaras, *Ελληνικός Ρωμαντισμός* [Greek Romanticism] (Athens, Ermis, 1982), pp. 325-404; Elli Skopetea, *Το 'Πρότυπο Βασίλειο' και η Μεγάλη Ιδέα. Όψεις του εθνικού προβλήματος στην Ελλάδα (1830-1880)* [The 'Model Kingdom' and the Great Idea. Facets of the National Question in Greece (1830-1880)] (Athens: Polytypo, 1988), pp. 19-92, 159-247; Alexis Politis, *Ρομαντικά χρόνια. Ιδεολογίες και Νοοτροπίες στην Ελλάδα του 1830-1880*, [Romantic Years: Ideologies and Mentalities in Greece, 1830-1880], Facsimile of the Third Edition, Athens Society for the Study of Modern Hellenism – *Mnimon*, 2008.
37 Kostas Lappas, 'Η οικογένεια Κων. Οικονόμου μέσα από την αλληλογραφία της (1821-1832)', *Νεοελληνική Παιδεία και κοινωνία. Πρακτικά Διεθνούς Συνεδρίου αφιερωμένου στη μνήμη του Κωνσταντίνου Θ. Δημαρά* ['The Konstantinos Oikonomos Family through Its Correspondence (1821-1832)', Modern Greek Culture and Society. Proceedings of the International Conference Dedicated to the Memory of Konstantinos Th. Dimaras] (Athens, Greek Society for Eighteenth-Century Studies, 1995), pp. 413-414.
38 Konstantinos Asopios, *Περί Αλεξάνδρου του Μεγάλου, Λόγος επί της δευτέρας αυτού Πρυτανείας* [On Alexander the Great, Speech upon Assuming the Rectorship for a Second Term] (Athens, 1857), p. 41.
39 Dimaras, *Ελληνικός Ρωμαντισμός*, pp. 379-382.
40 Sophia Matthaiou, *Στέφανος Α. Κουμανούδης (1818-1899). Σχεδίασμα βιογραφίας* [Stephanos A. Koumanoudis (1818-1899). A Biography] (Athens, Library of the Archaeological Society at Athens, 1999), pp. 99, 245, 267; Marilisa Mitsou, *Στεφάνου Α. Κουμανούδη Στράτης Καλοπίχειρος* [Stephanos A. Koumanoudis's Stratis Kalopicheiros], 2 vols (Athens, National Bank of Greece Cultural Foundation, 2005), II, pp. 212-215.

and, especially, in technological progress.[41] Regarding the determination of Greek nationality, Nikolaos I. Saripolos compared the relationship between the individual and society with that of the nation and mankind. He concluded by arguing that 'just as so-called cosmopolitanism corrupts man, weakening his soul's sentiments, if it encroaches into a nation it leads it to perdition'.[42] Elsewhere in an unpublished text, he observed that solidarity between nations is an impossible concept. Nevertheless, nations do influence one another, and this is strengthened by advances in the technical means that promote communication among people (means of transportation, use of electric power). Divine providence had granted Greece one basic element, patriotism, which constituted the driving force of its people.[43] Euthymios Kastorchis, Koumanoudis's fellow traveller, regarded the cosmopolis of the Stoics as a 'divine' yet illusory idea.[44]

Just as Koumanoudis and Saripolos appreciated the global progress of technology, Georgios Pentadis Darvaris argued that 'philosophy' and 'useful industry' were the only sectors in which a person might extend his beneficial service to all of humanity. Nevertheless, anyone who wanted to fulfil his 'national duties' could not be a 'cosmopolitan'.[45]

Throughout the nineteenth century, the steadfast goal of 'enlightening' the Greeks ran parallel to the promotion of the Greek 'national character', an element that had to be determined as, subsequently, it would constitute the basis for the formation of the collective conscience of the Greeks. Here is where the role of education came in, i.e., a 'national education', which, as the law professor Konstantinos Frearitis argued, should not produce 'either simple cosmopolitans or savage egoists'. Although opposed to animosity towards the other nations, he regarded cosmopolitanism, which he defined as 'pure cynicism', as a more important problem. Echoing Rousseau, without referring to him, he claimed that by pretending to love the entire world, the cosmopolitan essentially loved no one. Frearitis was one of the first to condemn the new ideas of socialism (κοινωνισμός) in this context.[46]

The association of the concept with the cosmopolitanism of Alexander the Great, going back to Plutarch and reproduced in the relevant European

---

41 Matthaiou, Στέφανος Α. Κουμανούδης, pp. 101, 218-219, 238-240, 259-260; Mitsou, Στεφάνου Α. Κουμανούδη Στράτης Καλοπίχειρος, II, pp. 180-185.
42 Nikolaos I. Saripolos, Πραγματεία Συνταγματικού Δικαίου [Treatise on Constitutional Law], 4 vols (1875), IV, pp. 42-43.
43 Nikolaos I. Saripolos, 'Ce que la Grèce aurait pu être, (1883)', Τα μετά θάνατον [Posthumous Writings] ed. by his daughter Maria (Athens, 1890), pp. 185-187, 272-274.
44 Euthymios Kastorchis, 'Βιβλιοκρισία περί Βλοσίου και Διοφάνους' ['Book Review on Blossius and Diophanes'], Athinaion, 2 (1874), 186.
45 Georgios Pentadis Darvaris, Δοκίμιον περί σπουδής της ιστορίας [Essay on the Study of History] (Athens, 1842), p. 18.
46 Konstantinos Frearitis, 'Βιβλιοκρισία. Το μέλλον, ήτοι περί Ανατροφής και παιδεύσεως Δ. Σ. Στρούμπου' ['Book Review. The Future, i.e., On Raising and Educating Children by D. S, Stroumbos'], Pandora, 5 (1854-1855), 525-532.

historical bibliography, appeared in Asopios's essay as well as in Frearitis's translation of Droysen's well-known work.[47] This is a cosmopolitanism linked to the expansion of Hellenism.

Theodoros Karousos associated Orthodox Christian instruction, a basic element of 'national education', with cosmopolitanism – which he defined as the 'catholic ideal of universal brotherhood'.[48] Charisios Papamarkos, another educator, citing Fichte, condemned cosmopolitan ideas and self-love equally, claiming that 'the homeland [is located] between the ego and the idea of humanity'.[49]

It does not appear to have been by chance that Dionysios Therianos perceived things differently; the scholar, who had chosen to live in Trieste, considered the Stoics' cosmopolitanism a 'marvellous tenet' and justified leaving one's homeland by referring to Plutarch.[50] Elsewhere, Therianos criticized the 'cosmopolitan spirit' of the Patriarchate of Constantinople, which refrained from a complete Hellenization, respecting the languages of the other Orthodox peoples.[51] Here, another, broader Hellenism is implied.

The pursuit, in the spirit of Koraïs, of the formation of the modern Greek language, which continued during the nineteenth century, as well as the development of a national literature entailed the condemnation of foreign elements.[52]

The *République des lettres* is found in the context of the national university, which, apart from its educational role, was tasked with responsibilities that served the broader national aspirations of the Greek state. Konstantinos Mitsopoulos, a professor of natural history, defended appointing a foreigner to the university faculty, declaring that 'the *République des lettres* is cosmopolitan and, therefore, knowledge is not limited to specific locations'.[53] Konstantinos Deligiannis, a professor of medicine, claimed that the science of medicine

---

47 Johann Gustav Droysen, *Geschichte Alexanders des Grossen*, trans. into Greek by Konstantinos Frearitis (Athens, Dionysios S. Kopidas and Georgios Gavriil, 1859).
48 Theodoros Karousos, 'Η εν Κεφαλληνία Πετρίτσειος σχολή' ['The Petritseios School on Kefalonia'], *Pandora*, 8 (1.2.1858), 481.
49 Charisios Papamarkos, Περί του σκοπού της εκπαιδεύσεως της ελληνίδος νεολαίας πραγματεία παιδαγωγική [On the Purpose of Educating the Greek Youth: a Pedagogical Treatise] (Corfu, I. Nachamoulis, 1885), p. 85.
50 Dioynisios Therianos, Φιλολογικαί Υποτυπώσεις [Philological Drafts] (Trieste, Austrian Loyd, 1885), pp. 159-160.
51 Dionysios Therianos, Αδαμάντιος Κοραής [Adamantios Koraïs], 3 vols (Trieste, Austrian Loyd, 1889), I, pp. 33-34.
52 On the language issue in general, see Skopetea, *Το 'Πρότυπο Βασίλειο*, pp. 99-118. On literature, see Pantelis Voutouris, 'Ως εις καθρέπτην...' προτάσεις και υποθέσεις για την ελληνική πεζογραφία του 19ου αιώνα ['As if in a Mirror...' Proposals and Hypotheses regarding Nineteenth Century Greek Prose] (Athens, Nepheli, 1995), pp. 21-105, and Alexis Politis, *Η ρομαντική λογοτεχνία στο εθνικό κράτος, 1830-1880* [Romantic Literature in the Nation State, 1830-1880] (Heraklion, Crete University Press, 2017).
53 Πρακτικά Συνεδριάσεων Φιλοσοφικής Σχολής (Π.Σ.Φ.Σ.), 26.1.1872 [Proceedings of the Meetings of the Philosophy School Faculty, 26.1.1872] (Athens, 1872), p. 246.

was cosmopolitan and, since this was the case, it was necessary for future doctors to also study abroad. This would, additionally, in his opinion, prevent foreign doctors from settling in Greece.[54] Here cosmopolitanism was serving its own abolition.

Georgios Mistriotis invoked the national role of the university, which should not remain an impassive spectator of national circumstances, because 'lacking a homeland, cold cosmopolitanism is no virtue, rather it is wickedness, leading to corruption and the breakdown of the state, upon which science rests.'[55]

The law professor Neoklis Kazazis considered the concept of justice 'cosmopolitan'[56] but the views of the Stoics on cosmopolitanism 'chimerical', arguing that differences among nations resulted from natural laws.[57] He also drew a distinction between Kant's views on world peace and the cosmopolitanism of his 'contemporaries, seeking a chimerical global state'.[58]

By this period, the concept of cosmopolitanism began to dovetail with socialist ideas.[59] In a speech at the Parnassos Literary Society, with the characteristic title 'Country (*Πατρίς*) and Cosmopolitanism', the poet and prose writer Timoleon Ambelas referred to the 'superhuman, excessive, and chimerical character' of cosmopolitanism, as understood by the 'radical socialists' who completely rejected the concept of a homeland. The 'rebirth of enslaved nations' is due to this 'instinct of *philopatria*'. Therefore, in his opinion, the correct position would combine a love of one's nation with a love of the entire world.[60]

In the final analysis, the Greek scholars of the nineteenth century – educated in Europe, linguists, well-versed in ancient Greek literature – when faced with the dilemma of patriotism or cosmopolitanism, used European philosophy in

---

54 *Πρυτανικός λόγος* [Speech (23 November 1886) given by Konstantinos P. Deligiannis, as he delivered the rectorship to his successor], Athens, 1887, p. 15.

55 *Τα κατά την πρυτανείαν Γεωργίου Μιστριώτου παραδίδοντος επισήμως τω διαδόχω αυτού ... τη 8 Δεκεμβρίου 1891* [Summing Up of the Rectorship of Georgios Mistriotis, as he officially hands off to his successor ... on 8 December 1891], pp. 57-58. During the same session, Mistriotis defended a proposal to admit female students.

56 Neoklis Kazazis, 'Εισαγωγή εις το φυσικόν δίκαιον' [Introduction to Natural Law], *Parnassos*, 4 (Dec. 1880), p. 944. On Kazazis, see Georgios Kokkinos, *Ο πολιτικός ανορθολογισμός στην Ελλάδα. Το έργο και η σκέψη του Νεοκλή Καζάζη (1849-1936)* [Political Irrationalism in Greece. The Work and Thought of Neoklis Kazazis (1849-1936)] (Athens Trochalia Publishing, 1994). The writer perceives the influence of Machiavelli, Fichte, Hegel, Comte, Spencer, and John Stuart Mill (pp. 27-33).

57 Neoklis Kazazis, *Φιλοσοφία του δικαίου και της πολιτείας* [Philosophy of Law and the State] second edition (Athens, Perris Brothers, 1891), p. 147.

58 Kazazis, *Φιλοσοφία του δικαίου και της πολιτείας*, p. 305.

59 Panagiotis Noutsos, *Η σοσιαλιστική σκέψη στην Ελλάδα από το 1875 ως το 1974, τ. Α΄, Οι σοσιαλιστές διανοούμενοι και η πολιτική λειτουργία της πρώιμης κοινωνικής κριτικής (1875-1907)* [Socialist Thought in Greece from 1875 to 1974, The Socialist Intellectuals and the Political Function of Early Social Criticism (1875-1907)], 4 vols (Athens, Gnosis Publications, 1995).

60 Timoleon Ambelas, 'Πατρίς και κοσμοπολιτισμός' ['Homeland and Cosmopolitanism'], *Anatoliki Epitheorisis*, 6 (15 January 1873), 121-124.

an eclectic way to apparently choose the first. This position is easily understood, given that this was a period during which the Greek state was in the process of establishing both its territorial status and national identity.

In conclusion, we would say that the concepts of cosmopolitanism and patriotism were intertwined from the period of the Enlightenment and throughout the entire nineteenth century. Regardless, however, of individual viewpoints on the general ideas of the Enlightenment,[61] patriotism was more intensely expressed in the nineteenth century and focused on the formation of the Greek nation-state.

---

61 It was no accident that, in this regard, Koumanoudis agreed with his putative frequent 'adversary', Konstantinos Paparrigopoulos, who declared in 1872: 'Woe unto us, therefore, if tempted by the currently persistent cosmopolitan spirit, we discard patriotism', Konstantinos Th. Dimaras, *Κωνσταντίνος Παπαρρηγόπουλος. Η εποχή του – η ζωή του – το έργο του* [The Times, Life, and Work of Konstantinos Paparrigopoulos] (Athens, National Bank of Greece Cultural Foundation, 1986), p. 270.

ÖZGÜR TÜRESAY

Les Lumières à travers la biographie ?

Notes sur les biographies de Rousseau, de Buffon et de Franklin en ottoman

L'impact de la pensée des Lumières dans l'Empire ottoman a été souvent abordé par des études historiques qui portent plutôt sur les pays balkaniques et plus particulièrement sur la Grèce. Pour ce qui est des populations musulmanes de l'Empire, il existait jusqu'à récemment un véritable vide historiographique en la matière. Au début des années 1990, une première tentative de la part de l'historien allemand Reinhard Schulze pour incorporer en quelque sorte l'espace musulman dans le champ des études sur les Lumières en proposant de qualifier la pensée réformiste musulmane de « Lumières islamiques » a été accueillie avec beaucoup de réticence[1]. Ce débat a continué dans les années 1990 dans la revue *Die Welt des Islams*, organe phare des études islamiques en Allemagne. Récemment, quelques travaux consacrés aux éventuelles influences des Lumières chez les intellectuels ottomans musulmans turcophones ont commencé à modifier la perspective. S'inscrivant toujours dans une optique d'histoire connectée ou croisée, et non pas dans une approche synchronique qui se fonde sur le postulat d'isomorphisme ou d'homologie, ces études ont néanmoins démontré de manière convaincante que l'on peut faire remonter les premières traces de la pensée des Lumières à Istanbul au second quart du XVIIIe siècle.

Vefa Erginbaş s'est ainsi intéressé à la trajectoire intellectuelle du fondateur de l'imprimerie en caractères arabes dans l'Empire ottoman, İbrahim Müteferrika (1674-1745), ainsi qu'au contenu des livres issus de ses presses. Il conclut que l'on peut parler dans son cas d'une pensée des Lumières chez les Ottomans, à condition d'accepter une notion plus large de la pensée des Lumières qui ne se limite pas aux seuls penseurs radicaux, mais qui englobe aussi les penseurs modérés[2] :

---

1 Rudolph Peters, « Reinhard Schulze's Quest for an Islamic Enlightenment », *Die Welt des Islams*, XXX (1990), 160-162.
2 Vefa Erginbaş, « Enlightenment in the Ottoman Context: İbrahim Müteferrika and his Intellectual Landscape », dans *Historical Aspects of Printing and Publishing in the Languages of the Middle East*, éd. par Geoffrey Roper (Leyde, Brill, 2014), pp. 53-100.

De l'Europe ottomane aux nations balkaniques : les Lumières en question / From Ottoman Europe to the Balkan Nations : Questioning the Enlightenment, sous la direction de Chryssanthi Avlami, Franck Salaün et Jean-Pierre Schandeler, Turnhout, 2023 (MEMEW, 4), p. 227-236
© BREPOLS PUBLISHERS   DOI 10.1484/M.MEMEW-EB.5.134228

Les idées défendues par Müteferrika sont le scientisme, la quête des causes des événements et des solutions rationnelles aux problèmes qui ne sont pas réglés spécifiquement par la religion, une attitude positive envers le changement et le renouvellement et la diffusion du savoir, notamment humaniste et scientifique, par l'imprimerie. Ces idées font d'İbrahim Müteferrika un homme des Lumières dans le contexte ottoman. Ses activités en tant qu'imprimeur, éditeur, homme de science et intellectuel confirment son adhésion à ces idées qu'il a promues dans un milieu éclairé. Même si les Lumières ottomanes ne ressemblent pas exactement à leurs contreparties européennes, on peut toujours y voir les germes de la pensée des Lumières dans l'Empire ottoman du XVIIIe siècle[3].

De son côté, B. Harun Küçük, un spécialiste de la science ottomane du XVIIe et XVIIIe siècle, a souligné, à travers une étude de cas, la nécessité de penser les Lumières ottomanes dans une perspective d'histoire connectée, qui s'intéresse plus à l'intensification des contacts et des échanges intellectuels entre les Ottomans de diverses confessions, et ce particulièrement entre les musulmans et les Grecs orthodoxes à partir du début du XVIIIe siècle[4]. Ce type d'approche pourrait ouvrir à l'avenir de nouvelles perspectives pour la recherche au sujet des Lumières ottomanes. Le rôle des traducteurs et interprètes phanariotes dans la transmission des idées et des concepts de la modernité occidentale dans la langue politique ottomane constitue par exemple une des problématiques d'une thèse de doctorat préparée conjointement à l'Université McGill et à l'EHESS[5].

Mais au-delà de ces deux études de cas qui ont ouvert de nouvelles pistes de recherche et de réflexion pour problématiser la nature et la chronologie de la pensée des Lumières chez les Ottomans, on ne trouvera pas une étude englobante ottomaniste similaire à *La Grèce au temps des Lumières* d'un Dimaras ou *Enlightenment and Revolution. The Making of Modern Greece* d'un Kitromilides[6]. Cela est tout à fait compréhensible car, en dernier ressort, le contact des élites intellectuelles ottomanes turcophones avec les idées des Lumières semble être infiniment plus limité que celui de leurs confrères grecs orthodoxes de l'Empire. En tous cas, en l'état actuel de l'historiographie, il est bien difficile de relier ces premiers contacts et rencontres qui ont bel et bien eu lieu au début du XVIIIe siècle, au grand changement de paradigme scientifique et intellectuel survenu dans la seconde moitié du XIXe siècle.

---

3 Erginbaş, « Enlightenment in the Ottoman Context », p. 95.
4 Harun Küçük, « Natural Philosophy and Politics in the Eighteenth Century: Esad of Ioannina and Greek Aristotelianism at the Ottoman Court », *Journal of Ottoman Studies*, 41 (2013), 125-159.
5 Yusuf Ziya Karabıçak, *Local Patriots and Ecumenical Ottomans: The Orthodox Patriarchate of Constantinople in the Ottoman Configuration of Power (1768-1828)* (McGill § Ehess, 2020).
6 Konstantinos Th. Dimaras, *La Grèce au temps des Lumières* (Genève, Dalloz, 1969) ; Paschalis M. Kitromilides, *Enlightenment and Revolution. The Making of Modern Greece* (Cambridge, MA, Harvard University Press, 2013).

Comme le souligne élégamment une étude d'Edhem Eldem qui a mis en lumière un long plagiat de l'article « Histoire » que Voltaire avait rédigé pour l'*Encyclopédie* par le chroniqueur officiel de l'Empire ottoman au début des années 1820, même s'il y a des bribes d'information sur la réception, et parfois la diffusion de certaines idées des Lumières dans tels ou tels milieux intellectuels ottomans, ces idées sont restées circonscrites à des cercles bien restreints. Il est par conséquent très difficile d'en imaginer une évolution cumulative[7].

Les rares études qui évoquent la réception de certaines idées de la philosophie des Lumières dans les pays musulmans soulignent l'expédition d'Égypte de Bonaparte comme un événement déclencheur d'un processus de changement de paradigme des catégories de la pensée, processus bien sinueux[8]. L'historiographie relève ainsi quelques premières expressions de certaines idées des Lumières au début de la *Nahda* arabe dans les années 1830 et 1840 en Égypte sous le règne de Mehmed Ali. Cela étant dit, à ce jour, il n'y a aucun indice qui puisse suggérer que ces quelques idées exprimées en arabe au Caire aient eu une diffusion chez les élites turcophones de l'Empire.

Pour ce qui concerne les mouvances intellectuelles du centre de l'Empire ottoman, c'est Münif Bey (1828-1910) qui semble avoir joué un rôle précurseur à la fin des années 1850 en préparant un livre de 80 pages contenant des traductions de textes de Voltaire, de Fénelon et de Fontenelle sous le titre de *Muhâverât-ı hikemiye* (« Dialogues philosophiques », 1859)[9]. La même année, Yusuf Kamil Paşa (1808-1876), un autre homme d'État, prépare une traduction des *Aventures de Télémaque* de Fénelon qui sera publiée en 1862 après avoir circulé dans les milieux lettrés stambouliotes sous forme de manuscrit. Il est aussi à noter que la première traduction faite de l'œuvre de Rousseau paraît également en 1864, dans la revue *Mecmûa-i Fünûn* (« La Revue des sciences ») fondée et dirigée par Münif Bey. En 1864-1865, la traduction de plusieurs passages de l'*Histoire naturelle* de Buffon paraît dans le journal *Tasvîr-i Efkâr* (« La description des opinions »). La première traduction de l'œuvre de Benjamin Franklin est publiée en 1869. En 1871, c'est un autre grand homme d'État, Ahmed Vefik Paşa (1823-1891) qui traduit le *Micromégas* de Voltaire sous le titre de *Hikâye-i hikemiye-i Mikromega*[10]. Si j'énumère ici ces

---

7 Edhem Eldem, « Début des Lumières ou simple plagiat ? La très voltairienne préface de l'*Histoire* de Şanizade Mehmed Ataullah Efendi », *Turcica*, 45 (2014), 269-318.
8 Voir par exemple Bernard Heyberger, « La rencontre problématique de l'islam avec les Lumières », et Leila Dakhli, « L'Islam et les Lumières : appropriation et élaborations (XIXe-XXe siècles) », dans *Lumières, Religions et Laïcité*, éd. par Louis Châtellier, Claude Langlois et Jean-Paul Willaine (Paris, Riveneuve, 2009), respectivement pp. 101-113 et pp. 115-132.
9 Pour une analyse détaillée de cette traduction, voir Ali Budak, *Batılılaşma Döneminde Çok Yönlü Bir Osmanlı Aydını Münif Paşa* (Istanbul, Kitabevi, 2004), pp. 289-338. Notons que Münif Bey traduit plus tard *Les Misérables* d'Hugo, ainsi que des parties de l'œuvre de Bossuet, Rousseau, Volney et Franklin.
10 Pour les traductions de l'œuvre de Voltaire vers l'ottoman, voir Nurettin Öztürk, « XIX. Yüzyıl Türk Edebiyatında Voltaire ve Rousseau Çevirileri », *Pamukkale Üniversitesi Eğitim Fakültesi Dergisi*, 2/12 (2002), 69-79. Pour une chronologie de toutes les traductions de

quelques titres c'est pour souligner d'une part que la traduction vers l'ottoman de quelques-unes des œuvres qui ont façonné la pensée des Lumières ne commence qu'à la fin des années 1850, ce qui veut dire qu'il y a eu un grand décalage chronologique par rapport au cas grec par exemple, et que d'autre part, ces activités de traduction restent extrêmement parcellaires.

Pour dire quelques mots sur l'état du champ éditorial ottoman de l'époque, je précise que le monde éditorial ottoman a été dominé, de 1860 à 1876, date du début du règne hamidien, par les périodiques et notamment par les journaux quotidiens, et c'est la pression politique qui monte depuis 1873, ainsi que la censure hamidienne qui s'établit, progressivement, à partir de 1878, qui réorientent, en quelque sorte, ou qui canalisent les hommes de plume ottomans, vers la publication de livres sur des sujets – en apparence – non politiques. En d'autres termes, les collections lancées par Ebüzziya Tevfik que j'évoquerai plus bas, ses collections d'almanachs, de livres de petit format et de biographies d'hommes illustres s'insèrent dans ce contexte particulier. Autrement dit, elles participent pleinement de ce processus de reconfiguration du champ éditorial et intellectuel ottoman au début des années 1880[11].

Au tout début du règne autocratique du sultan Abdülhamid II (r. 1876-1909), l'écrivain polyvalent et éditeur renommé Ebüzziya Tevfik (1849-1913) consacre ainsi trois volumes de sa collection de livres de poche bestsellers intitulée « Les hommes illustres » aux biographies de trois grandes figures des Lumières, Jean-Jacques Rousseau, Georges-Louis Leclerc de Buffon et Benjamin Franklin. Ces livres sont rapidement réédités. Je propose ici de présenter leur auteur et d'analyser ces trois biographies en interrogeant les contours de l'image des Lumières qui y apparaissent en filigrane. Une hypothèse sous-tend ma réflexion : ces trois biographies ont peut-être servi à transmettre une certaine idée des Lumières aux lecteurs ottomans contemporains.

Ebüzziya Tevfik : un intellectuel polyvalent

Ebüzziya Tevfik (1849-1913) est un écrivain ottoman polyvalent, comme la plupart de ses homologues de l'époque, un bon francophone autodidacte, qui a aussi visité l'Europe à plusieurs reprises[12]. Il est l'un des premiers journalistes ottomans dans les années 1860 et 1870. Après un premier exil forcé de plus de trois ans dans l'île de Rhodes, en renonçant au journalisme politique au début du règne hamidien – plus exactement à la fin des années 1870 – il se consacre à l'édition et marque le champ éditorial par son imprimerie éponyme, *Matbaa-i*

---

l'œuvre des penseurs des Lumières, voir Arzu Meral, « A Survey of Translation Activity in the Ottoman Empire », *The Journal of Ottoman Studies*, XLII (2013), 141-144.

11   Özgür Türesay, « Censure et production culturelle. Le champ éditorial ottoman à l'époque hamidienne (1876-1908) », *Études Balkaniques. Cahiers Pierre Belon*, 16 (2009), 241-254.

12   Sur ce personnage, voir Özgür Türesay, *Être intellectuel à la fin de l'Empire ottoman : Ebüzziya Tevfik (1849-1913) et son temps*, thèse de doctorat, Paris, INALCO, 2008, 825 pages.

Ebüzziya (« L'Imprimerie Ebüzziya »), qui devient rapidement, au début des années 1880, une véritable institution culturelle de la capitale impériale[13].

Écrivain polygraphe et prolixe, il publie durant sa carrière plusieurs livres de vulgarisation, un dictionnaire de la langue ottomane, une pièce de théâtre, un ouvrage de grammaire et beaucoup de souvenirs fragmentaires. Il fait aussi des traductions du français, et anime pendant presque 50 ans, jusqu'à sa mort en 1913, plusieurs revues littéraires et encyclopédiques, ainsi que plusieurs journaux quotidiens politiques, dans lesquels il publie plus de 700 articles de presse sur toutes sortes de sujets. Imprimeur mais aussi écrivain et éditeur, il lance la première série d'almanachs en ottoman, les almanachs Ebüzziya[14], puis deux collections de livres de petit format[15].

L'une de ces collections s'appelle « la Bibliothèque Ebüzziya ». Au total, 69 ouvrages comprenant 110 volumes, avec les 4 rééditions de la série des biographies des hommes illustres, parurent dans cette « Bibliothèque » entre 1886 et 1894. Les volumes de ces livres de poche variaient entre 40 et 100 pages. Le prix était de 2 piastres et demie, parfois 3 piastres, coût assez bas pour l'époque. Derrière ce choix éditorial se cachait un véritable projet de démocratisation de la lecture. Dans une annonce publicitaire publiée dans les dernières pages de son almanach pour les années 1886-1887, Ebüzziya Tevfik expliquait que ce choix était fait pour « élargir l'espace éditorial pour en faire bénéficier toutes les couches du peuple (*dâire-i intişârı halkın her sınıfını müstefid edecek raddelerde tevsî' eylemektir*)[16] ».

Parmi les nombreux titres parus dans cette collection, deux sont particulièrement importants pour mon propos. En premier lieu, les « passages philosophiques de Télémaque », passages choisis par Ebüzziya Tevfik de la traduction ottomane des *Aventures de Télémaque* faite par Yusuf Kâmil Paşa au début des années 1860, méritent d'être brièvement présentés ici[17]. Cette traduction qui comprend quelque 276 pages était considérablement

---

13 Özgür Türesay, « L'Imprimerie Ebüzziya et l'art d'imprimer dans l'Empire ottoman à la fin du XIXᵉ siècle », dans *Historical Aspects of Printing and Publishing in the Languages of the Middle East*, éd. par Geoffrey Roper (Leyde, Brill, 2014), pp. 193-229.
14 Özgür Türesay, « Contribution à l'histoire de l'édition ottomane : les almanachs Ebüzziya (1880-1900) », dans *Printing and Publishing in the Middle East. Journal of Semitic Studies Supplement 24*, éd. par Philip Sadgrove (Oxford, Oxford University Press, 2008), pp. 129-154.
15 Özgür Türesay, « Les publications en série dans les premières années du règne hamidien », dans *Penser, agir et vivre dans l'Empire ottoman et en Turquie*, éd. par Nathalie Clayer et Erdal Kaynar (Louvain, Peeters Publishers, 2013), pp. 103-124.
16 « Kitâphâne-i Ebüzziya », *Rebî-i ma'rîfet. 1304 sene-i kameriyesine müsâdif 1265 sene-i şemsiyesiçün Takvîm-i Ebüzziya. Yedinci sene* (Kostantiniye, Matbaa-i Ebüzziya, 1304/1886-1887), à la fin de l'almanach, dans la partie des annonces publicitaires, non paginée.
17 Les traductions de cet œuvre de Fénelon ont une longue histoire dans le monde ottoman qui remonte au XVIIIᵉ siècle, voir Arzu Meral « The Ottoman Reception of Fénelon's *Télémaque* », dans *Fénelon in the Enlightenment : Traditions, Adaptations, and Variations*, éd. par Christoph Schmitt-Maaß, Stefanie Stockhorst et Doohwan Ahn (Amsterdam, Éditions Rodopi, 2014), pp. 211-235.

abrégée par Ebüzziya Tevfik[18]. Ses choix faisaient d'abord la promotion d'une morale puritaine et ascétique à travers la critique du goût de luxe, du confort et de l'hédonisme (*tenperverî*) ; l'auteur fait l'éloge de vertus, la droiture (*sıdk*), la bonne foi (*istikâmet*), la modération (*itidâl*), la modestie dans ses désirs (*kanâat*), la générosité (*mürüvvet*), la patience (*sabır*) et la prudence (*ihtiyât*). Ensuite, plusieurs passages contenaient des conseils au souverain. Celui-ci devait prendre les mesures visant à protéger et à favoriser le commerce, l'agriculture et l'artisanat dans son pays. Il devait aussi savoir se faire entourer par de bons conseillers, c'est-à-dire des hommes de lettres et des philosophes, et tirer les leçons de ses erreurs. Point important, il ne devait jamais recourir à la menace et à la pression dans la politique : l'oppression détruirait le régime en causant peur et corruption. Un souverain juste devait laisser s'exprimer tout un chacun, écouter ses interlocuteurs mais ne les croire que rarement. En deuxième lieu, les volumes 99 et 100 de la collection comprennent la traduction du *Discours sur les sciences et les arts* de Rousseau sous le titre de *Fezâil-i ahlâkiye ve kemâlât-ı ilmiye*. Il s'agit de la seconde édition d'une traduction due à Kemâlpaşazâde Said Bey parue la première fois en 1882.

La seconde collection s'intitule la « Bibliothèque des hommes illustres ». Dans cette série inspirée d'une collection française, Ebüzziya Tevfik publie, entre 1883 et 1886, douze biographies, même s'il avait annoncé au début, qu'il avait l'intention d'en publier quatre-vingts. En ce qui concerne cette « Bibliothèque des hommes illustres », dont font partie les trois biographies que j'évoquerai plus bas, les autres titres parus sont : Gutenberg, Avicenne, Diogène, Galilée, Napoléon, Ésope, Hasan Sabah, Yahya bin Hâlid bin Bermek et Haroun al-Rachid. Ajoutons que dans la liste initiale contenant quatre-vingts biographies, figurent aussi celles de D'Alembert, de Diderot, de Condorcet, de Newton et de Voltaire. Donc si les quatre-vingts biographies avaient vu le jour, le lecteur aurait découvert huit figures intellectuelles importantes des Lumières.

Les livres bon marché de ces deux collections d'Ebüzziya Tevfik étaient tirés à 3000 exemplaires, un chiffre très considérable pour l'époque. En outre, certains de ces livres ont connu jusqu'à trois éditions. Ce sont donc des livres qui ont eu la plus large diffusion possible auprès du lectorat ottoman.

Quelles étaient les sources ? Il ne les cite pas toujours mais on possède néanmoins quelques références explicites surtout sur les cinq biographies des illustres Musulmans. Il se réfère ainsi à l'historien arabe Ibn-i Asâkir (1106-1175), au *Sahâifü'l-ahbâr* [*Les Pages d'histoire*] de l'historien ottoman Müneccimbaşı Ahmed Efendi (1631-1702), au *Vefâyâtü'l-âyân* [*Le Dictionnaire biographique*] d'Ibn Khallikan (m. 1282), au *Mürûcü'l-zehb* [*Les Prairies d'or*] de l'historien arabe Al-Mas'udî (895-956), au *Ahbârü'l-vüzerât* [*L'Histoire des*

---

18 *Cümel-i hikemiye-i Telemâk*, mütercimi Yusuf Kâmil Paşa (Kostantiniye, Matbaa-i Ebüzziya, 1307/1890), 64 pages.

vizirs] d'Ibn-i Kadis, au *Dictionnaire philosophique* de Voltaire (1694-1778), à « quelques historiens européens » (*bazı frenk müverrihleri*), à l'histoire du chroniqueur officiel ottoman Naîmâ (1655-1716), au *Bülgâtü'l-ehbâb* [*Les Blessures d'amour*] de Rasîh Bey (m. 1731) et au *Terceme-i mustatraf* [*La Traduction des curiosités*] du chroniqueur officiel de l'Empire ainsi que le premier directeur de la gazette officielle Esad Efendi (1789-1848). Dans la biographie d'Ésope, il renvoie à La Fontaine (1621-1695) et à Maxime Planude (1260-1310). Pour le reste des biographies des hommes illustres « occidentaux », il cite rarement ses sources : Arsène Houssaye (1815-1896), le biographe de Nicolas Chamfort ; les *Causeries du lundi* de Sainte-Beuve (1804-1869) et l'histoire du chroniqueur officiel ottoman Ahmed Lütfi Efendi (1817-1907). Il est certain que ses sources étaient bien plus nombreuses que celles-ci.

Les biographies de Rousseau, de Buffon et de Franklin

D'abord quelques précisions d'ordre matériel. Tous les livres de cette collection sont de petit format : c'est-à-dire 36 pages de 15,5 cm de longueur et 10,5 cm de largeur. La biographie de Buffon a connu une deuxième édition augmentée à 47 pages en 1891. Celle de Benjamin Franklin a eu une troisième édition augmentée, toujours en 1891 (48 pages).

Quant au contenu, pour ne pas me borner à reproduire ici platement les phrases d'Ebüzziya Tevfik, je voudrais d'abord préciser ce que je comprends moi-même du terme et du concept de « Lumières ». Les Lumières désignent au fond une attitude critique contre toute autorité ou toute opinion établie et traditionnelle. C'est une opposition de principe à tout dogmatisme, donc dans un premier temps une attitude négative, réactive, une façon systématique de penser *contre*. Mais aussi, dans un second temps, c'est une attitude positive, une croyance inébranlable en la science et par conséquent, en la nécessité de la diffusion des « Lumières » de la science par l'éducation. Cette attitude implique donc un sens civique du devoir intellectuel, une forme d'activisme politique profond qui n'est pas manifeste au premier abord. D'où une vision particulière du savoir et de sa diffusion : l'encyclopédisme.

Après avoir ainsi défini les contours des « Lumières », abordons l'analyse des contenus. Il faut d'abord préciser que le terme de « Lumières » n'existe pas en ottoman. Mais s'il est vrai qu'un tel terme englobant, une catégorie émique, n'apparaît pas dans ces biographies pour désigner les « Lumières », force est de constater que les deux attitudes réactive et positive susmentionnées y sont indubitablement présentes.

La biographie de Franklin met l'accent sur l'éthique protestante, sans le nommer en tant que tel, de Benjamin Franklin : l'ascétisme, le goût de l'effort, l'amour du travail... mais aussi, sur le désir de Franklin d'apprendre, de s'éduquer, de s'instruire, ainsi que sur son choix de suivre une voie modérée et de servir de guide à tout le monde en adressant ses aphorismes dans une langue accessible[19]. Le côté vulgarisateur de Franklin est donc loué. Ebüzziya Tevfik évoque aussi dans cette biographie les treize vertus établies par Franklin (la tempérance, le silence, l'ordre, la détermination, la frugalité, la diligence, la bonne foi, l'équité, la modération, la propreté, la sérénité, la chasteté, l'humilité), thèmes qu'il allait reprendre dans son almanach destiné à un public féminin à la fin du siècle[20]. En un mot, à travers la biographie de Franklin, Ebüzziya Tevfik fait la promotion de l'éthique protestante.

On retrouve les mêmes thèmes dans la biographie de Buffon. Ainsi, pour économiser son temps, Buffon arrête de manger dehors ; il se lève très tôt pour commencer à travailler ; il ne cesse de travailler ; il ne se consacre qu'à la recherche ; il rédige ses œuvres dans une langue accessible à toutes les classes[21]. Pour récapituler, dans ces biographies de Buffon et de Franklin, on retrouve trois grands thèmes récurrents, trois vertus mises en valeur : l'ascétisme ; le goût de travail ; le désir de diffuser la science et la bonne morale. Des thèmes que l'on peut, si l'on veut, mettre en relation avec certains aspects des Lumières.

Mais, si l'on s'efforce vraiment de trouver un éloge des principes des Lumières, il faut le chercher dans la biographie de Rousseau qui est une figure intellectuelle vénérée par Ebüzziya Tevfik durant toute sa carrière. En fait, Rousseau est un penseur qui a eu une certaine influence sur les Jeunes Ottomans, mouvance politique à laquelle Ebüzziya Tevfik a été, d'une certaine manière, affiliée dans sa jeunesse[22]. En d'autres termes, ses propres pères spirituels ont été en contact avec les écrits de Rousseau. Pour sa part, dans les années 1870, il avait déjà publié dans sa revue *Muharrir* (« L'écrivain ») quelques traductions de Rousseau[23]. Quelques années plus tard, dans la décennie 1880, sa revue littéraire *Mecmua-i Ebüzziya* joua un rôle important dans l'introduction de l'œuvre de Rousseau en turc ottoman. Sur les quatre-vingt-treize premiers numéros de cette revue parus entre 1880 et 1900, les traductions du philosophe de Genève couvrent 196 pages, ce qui correspond à 5% de la totalité du corpus textuel. Ces traductions comprenaient les vingt et une premières lettres du roman épistolaire *La nouvelle Héloïse* qui se composait de 65 lettres au total ; les avant-propos de *La nouvelle Héloïse* et de l'*Émile ou de l'éducation* ; plusieurs passages de ce dernier ouvrage ; quelques lettres de Rousseau adressées au roi

---

19 Ebüzziya Tevfik, *Benjamen Franklin* (Kostantiniye, Matbaa-i Ebüzziya, 3ᵉ éd., 1307/1889-1890), pp. 17-20, 22, 38-39 et 47-48.
20 Özgür Türesay, « An Almanac for Ottoman Women : Notes on Ebüzziya Tevfik's *Takvîmü'n-nisâ* (1317/1899) », dans *A Social History of Late Ottoman Women : New Perspectives*, éd. par Anastasia Falierou et Duygu Köksal (Leyde, Brill, 2013), pp. 225-248.
21 Ebüzziya Tevfik, *Büfon* (Kostantiniye, Matbaa-i Ebüzziya, 2ᵉ éd., 1305/1887-1888), pp. 14-18, 20-22 et 35-36.
22 Atila Doğan et Hüseyin Sadoğlu, « Osmanlı Aydınının Rousseau Algılaması », dans *Mete Tunçay'a Armağan*, éd. par Mehmet Ö. Alkan, Tanıl Bora et Murat Koraltürk (Istanbul, İletişim Yayınları, 2007), pp. 203-220.
23 Meral, « A Survey of Translation Activity », p. 144, note 174.

de Prusse Frédéric II, à une jeune fille, à Malesherbes et à Mylord Maréchal ; les considérations de Rousseau sur le mensonge ; un poème de Rousseau ; et quelques autres passages de l'œuvre de Rousseau[24]. Le choix des textes traduits fait penser que les écrits du philosophe étaient publiés dans la revue pour construire un discours autour de l'idée de l'importance de l'éducation.

Pour revenir à la biographie de Rousseau, celle-ci est un bon récit biographique, bien construit. L'œuvre intellectuelle est expliquée à la fois par le caractère du personnage et par le contexte historique qui semble plus déterminant. Le fil conducteur de la biographie du grand penseur est sa quête perpétuelle d'autonomie socio-économique et sa recherche de la Vérité absolue. Ebüzziya Tevfik le compare sans cesse à Voltaire dont l'attitude hautaine, le goût du luxe, l'orgueil sont critiqués. Toute l'œuvre de Rousseau est brièvement expliquée par une mise en contexte systématique.

Sur le *Discours sur l'origine et les fondements de l'inégalité parmi les hommes*, Ebüzziya Tevfik écrit : « Il avait formulé des propos sans indulgence contre le gouvernement arbitraire qui régnait alors en France[25] ». Pour le *Contrat social*[26], on lit : « Rousseau publia en 1759 un livre intitulé *Contrat social* (*şerâ'it-i ictimâî*) pour défendre l'idée que la société devrait être fondée sur une base sociale et naturelle qui est l'égalité absolue entre les hommes[27] ». Ou encore, pour l'*Émile ou de l'éducation* : « Rousseau réfuta dans cet ouvrage la Sainte trinité avec des arguments rationnels et prouva ainsi l'unicité du Dieu. D'où la réaction du clergé qui le déclara hérétique et mécréant (*rıfz ve ilhâd*)[28] ».

Ebüzziya Tevfik met ainsi en exergue tout au long du texte que la vie de Rousseau est une succession de recherches de la vérité et donc de prises de position *contre* les tendances, les postures de son époque ; *contre* les croyances des philosophes contemporains ; *contre* les opinions et les convictions populaires (*itikad-ı nâs*)[29]. En fait, force est de constater que la posture intellectuelle de Rousseau qui était « enchanté par la vérité[30] » (*meftûn-ı hakikat*) sert à Ebüzziya Tevfik à exprimer des aphorismes du type : « dire la vérité est considéré comme une chose étrange si cela va contre les croyances populaires[31] » (*eğer itiyâd-ı nâsa muhâlif ise hakikat-perdâzlık dahi garâibden*

---

24 Pour la liste des traductions de l'œuvre de Rousseau ainsi des articles sur lui qui ont paru dans cette revue, voir Mehmet Önuçar, *Mecmûa-i Ebüzziya'da Rousseau Tercümeleri (1880-1912)* (Istanbul, mémoire de DEA, Marmara Üniversitesi, 1998), pp. 15-19 (pour la translittération de tous ces textes, voir pp. 45-192).
25 Ebüzziya Tevfik, *Jan Jak Ruso* (Kostantiniye, Matbaa-i Ebüzziya, 1303/1886), p. 23.
26 Notons qu'une version abrégée du *Contrat social* de Rousseau est traduit vers l'ottoman en 1904 et qu'une version plus complète parut en 1913. Voir à ce sujet Rukiye Akkaya Kia, « J.-J. Rousseau'nun *Toplumsal Sözleşme* Eserinin Osmanlı Türkçesine İlk Tercümeleri », *Türkiyat Mecmuası*, 27/2 (2017), 17-32.
27 Tevfik, *Jan Jak Ruso*, p. 23.
28 Tevfik, *Jan Jak Ruso*, p. 24.
29 Tevfik, *Jan Jak Ruso*, pp. 26-32.
30 Tevfik, *Jan Jak Ruso*, p. 27.
31 Tevfik, *Jan Jak Ruso*, p. 20.

ma'dûd olur). Ces aphorismes dénotent l'élitisme traditionnel des intellectuels ottomans tout en annonçant la méfiance des Jeunes Turcs à l'égard des masses qui marque l'histoire de l'Empire ottoman et de la Turquie républicaine des années 1910 aux années 1950.

En conclusion, je soulignerai quatre points. En premier lieu, c'est l'accent qui est mis sur la quête d'autonomie intellectuelle, sur cette lutte pour l'émancipation intellectuelle et spirituelle de l'être humain qui est la quintessence des Lumières. À mon avis, cela constitue l'essentiel du message qu'Ebüzziya Tevfik essaie de transmettre à ses lecteurs. Et cela, bien qu'il le fasse en apparence à travers la présentation de la trajectoire biographique de quelques Grands Hommes des Lumières, sa manière de le faire mérite l'attention. Ce qu'il propose dans ces biographies courtes, ce n'est pas des biographies de surhommes, de héros, d'hommes extraordinaires. Ce sont des récits de persévérance d'hommes ordinaires qui ont marqué, grâce à leur solidité morale, leur époque voire l'histoire de l'humanité.

En second lieu, en dehors de ce message moraliste, la présentation brève et chronologique de la totalité de l'œuvre de Buffon et de Jean-Jacques Rousseau inscrit ces deux biographies dans une vision encyclopédiste du savoir, qui est une autre caractéristique des Lumières. Dans ce sens, ces trois biographies s'insèrent d'abord dans l'ensemble de l'œuvre éditoriale d'Ebüzziya Tevfik et ensuite dans la production culturelle de l'époque dans l'Empire ottoman, donc au sein de toute une littérature encyclopédiste visant à diffuser les connaissances à des couches plus larges de la population sinon à des masses.

En troisième lieu, certaines idées-valeurs des Lumières constituent le sous-texte des récits construits par Ebüzziya Tevfik. Force est de constater que les mécanismes de censure de l'époque conduisent les écrivains et éditeurs de l'époque à innover et à développer des stratégies argumentatives ainsi que des techniques de mise en récit qui leur permettent de transmettre certaines idées sans les exprimer ouvertement avec une terminologie explicite. Non que j'insinue ici qu'Ebüzziya Tevfik dissimulait certaines idées des Lumières dans ces courts textes d'une manière habile et consciente, mais qu'il le faisait probablement inconsciemment à cause d'une habitude d'autocensure.

Enfin, en quatrième lieu, l'importance des activités de traduction dans sa production est à noter. Ebüzziya Tevfik est essentiellement un éditeur et un vulgarisateur. Il est vain de chercher une quelconque originalité dans ces courtes biographies. Néanmoins, par son manque d'originalité et les tirages considérables de ces livres de poche, il est aussi certain qu'il a joué un grand rôle dans la diffusion et la popularisation de certaines idées et valeurs des Lumières auprès d'un lectorat turcophone grandissant à la fin du XIXe siècle.

AYŞE YUVA

Beşir Fuad et Voltaire

Une tradition de combat pour la vérité en terre d'islam

Beşir Fuad (1852-1887), « premier positiviste et naturaliste turc » selon le titre de la monographie qui lui a été consacrée en 1969[1], « matérialiste » qui se réclame de Ludwig Büchner, fait partie d'une élite intellectuelle ottomane formée dès son jeune âge au français[2]. D'abord officier, admirateur du patriotisme de Namık Kemal[3], il se lance, dans les trois dernières années de sa vie, dans une activité prolifique d'écrivain, de journaliste et de traducteur, dans des domaines allant de la physiologie à la théorie littéraire[4]. Il est rendu célèbre par sa monographie critique *Victor Hugo*, publiée en 1885, dont il se sert pour critiquer le romantisme littéraire, conception qu'il développe dans un grand nombre d'écrits qui seront réunis, après son suicide[5] en 1887, sous le titre *Şiir ve hakikat* [Poésie et réalité[6]]. La biographie *Voltaire*[7], dernier ouvrage publié de son vivant, suscite des critiques virulentes, dont l'accusation d'athéisme et de trahison de l'Empire ottoman. Il s'agit en fait largement, chose qui à ma connaissance n'a pas été remarquée auparavant, d'une copie modifiée de la *Vie de Voltaire* de Condorcet. Beşir Fuad cite, certes, Condorcet comme l'une de ses sources. Mais en comparant les deux textes, on constate que des pages entières sont simplement traduites, parfois résumées. Il n'est pas rare

---

1 Orhan Okay, *Beşir Fuad Ilk türk pozitivisti ve natüralisti* [Beşir Fuad, le premier positiviste et naturaliste turc] (Istanbul, Dergah yayinlari, 2008 [1969]).
2 Il commence sa scolarité chez les Jésuites à Alep.
3 Okay, *Beşir Fuad*, p. 36.
4 Il traduit notamment la grammaire allemande d'Emil Otto ou encore *l'Histoire d'une bouchée de pain*, ouvrage pédagogique de Jean Macé, dans la préface de laquelle Beşir Fuad insiste sur la nécessité d'avoir des ouvrages compréhensibles par tous. Voir Okay, *Beşir Fuad*, p. 99.
5 Ce suicide est un aspect très important dans sa réception en Turquie et a conforté son image de « matérialiste », dans la mesure où Beşir Fuad a tenu, jusqu'à ce qu'il perde conscience, des notes qui se voulaient objectives sur les sensations qu'il éprouvait après s'être drogué et coupé les veines.
6 Beşir Fuad, *Şiir ve Hakikat* (Istanbul, Yapı Kredi Yayınları, 1999). Le terme *Hakikat* est difficile à traduire : il désigne aussi bien la réalité des choses que la vérité du discours les prenant pour objet. Nous faisons ici le choix de retranscrire littéralement les termes de Beşir Fuad dans la graphie turque contemporaine.
7 Beşir Fuad, *Voltaire* (Konya, Çizgi Kitabevi, 2011).

que les écrivains turco-ottomans[8] de cette époque pratiquent soit la traduction comme adaptation, soit, lorsque le texte original n'est pas indiqué, comme une copie qui ne doit cependant pas être comprise comme plagiat et antithèse de la création, mais comme la poursuite de cette dernière[9]. Cette conception se situe dans la continuité de pratiques poétiques ottomanes plus anciennes, où un poème nouveau peut être produit à partir de la reprise des vers d'un autre poète ou être son imitation[10]. Bien que des écarts significatifs, dont nous relèverons certains, existent avec la version originale de Condorcet, nous nous demanderons quels biais sont induits par cette médiation. Le *Voltaire* de Beşir Fuad s'inscrit dans un projet plus général qu'on pourrait introduire par cette phrase souvent répétée par l'auteur lui-même : « Le dix-huitième siècle est le siècle de Voltaire ». Beşir Fuad ne s'intéresse pas vraiment à ce siècle comme à une période singulière de l'histoire européenne qu'on appellerait « les Lumières » ; il s'interroge plutôt sur ce que le combat de Voltaire pourrait signifier pour la société turco-ottomane de son temps. Sa conception combative de l'histoire de la philosophie l'amène à défendre une littérature alliée à la science et à la défense de la vérité ; mais aussi à adopter une stratégie argumentative où il s'agit de prendre en compte la réalité religieuse des sociétés considérées, la nécessité d'une diffusion prudente et sur le long terme du savoir. Beşir Fuad se reconnaît dans des problèmes qui ont été ceux des Lumières, et auxquels il propose des solutions qui, si elles ne peuvent pas être les mêmes que celles de Voltaire, se situent dans une continuité revendiquée.

La métaphore de la lumière : les variables historiques et géographiques de sa propagation

Le terme de *nur* (« lumière ») ne désigne pas chez Beşir Fuad la période du XVIIIe siècle en Europe pour laquelle il se contente de parler du « dix-huitième siècle ». Son problème est davantage celui de la diffusion des lumières[11] (de la raison, de la science) que celle des Lumières comme période historique ; le terme employé à l'époque pour désigner la diffusion des lumières est *tenevvür*,

---

8   J'utiliserai cet adjectif par commodité, pour désigner des auteurs dont la vie s'est souvent déroulée dans différentes régions de l'Empire ottoman, mais qui jugent importante également la différence linguistique entre Turcs, Arabes et autres peuples de l'Empire – ce qui fait par exemple déplorer à Beşir Fuad que les philosophes arabes médiévaux n'aient pas été traduits en turc. Voir Okay, *Beşir Fuad*, p. 41.
9   Voir Gül Mete Yuva, *La Littérature turque et ses sources françaises* (Paris, L'Harmattan 2006), p. 62 : « Après un processus d'appropriation, la traduction a plus d'affinités avec le traducteur qu'avec son auteur ».
10 Mete Yuva, *La Littérature turque*, p. 56.
11 Beşir Fuad fonde deux revues, dont l'une s'appelle *Hâver* (L'Orient, mais au sens de la direction où pointe l'aurore) et l'autre *Güneş* (Soleil).

formé à partir de la même racine que *nur* (et dont dérive également le terme alors utilisé pour désigner l'intellectuel, *münevver*[12]) : mais, encore une fois, ce terme sert à désigner un processus plutôt qu'une période précise de l'histoire européenne[13]. Cependant, si la caractérisation du XVIIIe siècle européen comme siècle des Lumières est absente chez Beşir Fuad, une question centrale dans son œuvre est bien celle des temps et des lieux de diffusion de ces lumières. Dès le début de la préface de son *Voltaire*, qui est entièrement de lui, l'histoire humaine est comparée à la trajectoire du soleil, qui prend son point de départ chez les Grecs et les Romains ; Beşir Fuad souscrit à un récit européo-centré des origines de la philosophie et de la science, présent dans de nombreuses histoires de la philosophie de l'époque, notamment celle du positiviste et ami de H. Spencer George Lewes[14] à laquelle Beşir Fuad se réfère souvent. Mais ce récit européo-centré se trouve immédiatement amendé par deux gestes : la disqualification du Moyen Âge chrétien, comparé à une éclipse de quatorze siècles du soleil gréco-romain, point sur lequel Beşir Fuad reprend une historiographie encore courante à son époque[15], et la réévaluation des Lumières musulmanes arabes. Beşir Fuad en tire une opposition entre le christianisme, répandu par des « sophismes » et une stratégie de conquête et de domination qui revient à propager l'ignorance d'est en ouest, et l'islam, qui a recueilli et diffusé les lumières (encore une fois entendues comme legs grec) : les conquêtes arabes sont historiquement interprétées comme une propagation des lumières, de la connaissance. Farabi, Ibn Sina et Averroès sont avantageusement comparés à Pierre l'Ermite, Loyola et Torquemada. Beşir Fuad reprend à son compte une certaine géographie et une certaine histoire des Lumières – la scolastique opposée aux lumières de la raison, l'héritage arabe des Grecs – pour mettre à mal une stricte identification des lumières philosophiques et de l'Occident. Il n'en revient pas pour autant à un universalisme de « lumières » qui seraient celles d'une raison humaine abstraite, indépendante de tout ancrage géographique : il reconnaît ainsi que dire du XVIIIe siècle que c'est le siècle de Voltaire, c'est se situer évidemment dans un cadre français ; et qu'on devrait au moins ajouter le nom de Goethe si on élargissait ce cadre[16]. L'ancrage des doctrines philosophiques dans une société donnée, voire une culture et une religion, est pour lui un présupposé

---

12   Dans la langue turque contemporaine, les deux termes employés pour désigner les « Lumières » et « l'intellectuel » sont respectivement *Aydınlanma* et *aydın*, manifestement apparentés.
13   Cf. Christoph Herzog, « Aufklärung und osmanisches Reich. Annäherung an ein historisches Problem », dans (*Die Aufklärung und ihre Weltwirkung*, éd. par Wolfgang Hardtwig (Göttingen, Vandenhoeck & Ruprecht, 2010), p. 311.
14   George H. Lewes, *A Biographical History of Philosophy* (Londres, Cox, 1852). Lewes commence son histoire à Thalès.
15   Voir Catherine König-Pralong, *Médiévisme philosophique et raison moderne. De Pierre Bayle à Ernest Renan* (Paris, Vrin, 2016).
16   Beşir Fuad, *Şiir ve Hakikat*, p. 432.

qui explique cependant peut-être qu'il privilégie une présentation historique (et même biographique) des œuvres.

Or la migration des lumières et les phénomènes de conquête géographique sont une part inhérente du processus de diffusion et de progrès des connaissances. Les mélanges, voire l'hybridation culturelle, sont également partie prenante de ce processus : un événement-clef dans cette trajectoire du soleil qu'est l'histoire humaine est en effet, selon Beşir Fuad, la rencontre de la lumière (*nur*) et de l'obscurité (*zülmet*), des Musulmans et des Chrétiens dans l'Espagne médiévale, qui est présentée comme l'origine d'un mouvement qui donnera lieu à la Renaissance en Europe et à la civilisation actuelle de cette partie du monde. Beşir Fuad ne fait donc ni d'une humanité abstraite ni d'une seule culture ou partie du monde le support de cette marche des lumières : il s'interroge sur les phénomènes de diffusion, de conquête et parfois de mélange qui le rendent possible à chaque époque. À cet égard un passage saisissant de la biographie, repris de Condorcet[17], est celui où Beşir Fuad rappelle tout ce que Voltaire a fait connaître de la science et de la littérature anglaises par ses *Lettres philosophiques* : mais Beşir Fuad ajoute une appréciation qui ne se trouve pas chez Condorcet, selon laquelle cet écrit ouvre une période de grands bouleversements (*inkilâp*) en France, en suscitant une curiosité des Français non seulement pour la littérature et la langue, mais aussi pour les opinions des Anglais touchant aux mœurs, à la politique ou au commerce[18]. À la lecture de ce passage il est impossible de ne pas se demander si Beşir Fuad n'entend pas décrire et légitimer ce qu'il est lui-même en train d'accomplir avec la littérature et la philosophie françaises.

Voltaire dans une lignée moderne de héros et l'entreprise biographique

La figure de Voltaire est alors située dans une galerie de héros qui se sont distingués par une « mission sacrée[19] » : une lutte, en Europe et à partir de la Renaissance, contre la superstition dont le christianisme était le protecteur, et en faveur de la science. Rien d'étonnant de trouver ici les noms de Copernic, Kepler, Galilée, Newton, Bacon, Descartes, Giordano Bruno, Voltaire ; dans d'autres textes, Beşir Fuad y ajoute les noms de Lagrange, Laplace et enfin, aboutissement contemporain à ses yeux, Comte et Littré[20]. Leur devise est ainsi résumée par Fuad : '*Tüvânâ bûd' her ki dânâ bûd* !' [« Celui qui a le savoir, a la force ! »]. Penser l'histoire de la science et de la philosophie à partir de ce

---

17 Condorcet, « Vie de Voltaire par Condorcet », in Voltaire, *Œuvres complètes de Voltaire* (Paris, Flammarion, 1883), vol. 1, p. 207.
18 Beşir Fuad, *Voltaire*, p. 118.
19 Beşir Fuad, *Voltaire*, p. 105.
20 Beşir Fuad, *Şiir ve Hakikat*, p. 239.

groupe, c'est la penser comme combat. Avant même de se donner des objets précis, ce combat repose sur une certaine conviction du pouvoir que possède le savoir, « arme spirituelle » susceptible de toucher un grand nombre de personnes en un seul écrit. Ce point est indéniablement l'un de ceux que Beşir Fuad se plaît à reprendre de la biographie de Voltaire par Condorcet.

Mais ce combat est, redisons-le, fortement individualisé et inscrit dans un récit qui ressaisit l'œuvre à l'aune de la vie de son auteur et de ses actes ; Beşir Fuad se réfère à un autre ouvrage publié quelques années auparavant par son ami Ahmed Midhat, *Voltaire à vingt ans*, dont la dimension biographique, voire romanesque, est encore plus marquée. Notons que ce penchant monographique et biographique n'est pas propre aux auteurs ottomans, à cette époque : l'édition des œuvres de Voltaire de 1883 à Paris est précisément précédée de nombreuses notices biographiques, dont celle de Condorcet : on peut formuler l'hypothèse que cette édition ait été la source de Beşir Fuad. L'histoire de la philosophie, sans être une hagiographie, comporte souvent une dimension d'héroïsation des philosophes[21] ; dans le cas de Voltaire s'y ajoute une dimension éthique évidente, en ce qu'elle rend compte et justifie les écrits et les actes de son auteur : la propagation de la vérité est un devoir auquel Voltaire, et les autres, ont consenti tous les sacrifices ; et lorsque Beşir Fuad rappelle, par exemple, la fortune matérielle acquise par Voltaire, il la justifie en affirmant qu'elle a rendu possible son indépendance et a été mise au service de sa cause, en lui permettant d'écrire[22]. Le passage est repris tel quel de Condorcet, mais Beşir Fuad lui fait un ajout d'importance, en opposant Voltaire à Rousseau, que la pauvreté a amené à effectuer des choix répréhensibles, comme l'abandon de ses enfants – la chronologie des événements, le décalage temporel, dans la vie de Rousseau, entre l'abandon de ses enfants et la renonciation au luxe afin de garantir son indépendance, sont ignorés. Beşir Fuad ne cache pas sa détestation de Rousseau, pour sa versatilité et l'inconstance de ses services rendus à la cause du progrès (ce qui est peu dire si l'on considère les deux Discours, pourrait-on ajouter : il est en tout cas remarquable que Rousseau ne soit pas classé comme contempteur des progrès de la civilisation)[23].

Cette dimension éthique vient certes de la reprise de Condorcet qui, en tant que secrétaire perpétuel de l'Académie française, avait déjà eu à rédiger de nombreux « éloges » et avait publié une *Vie de Turgot* en 1786, avant celle de Voltaire en 1789 (antérieure à la Révolution française), dans le cadre de la publication des *Œuvres complètes* de ce dernier par Condorcet lui-même et Beaumarchais : cette biographie s'inscrit, ainsi que le rappelle Linda Gil, « dans la perspective d'une diffusion militante des textes et des idées des

---

21 Hegel, *Leçons sur l'histoire de la philosophie* (Paris, Gallimard, 1954), p. 35 : l'histoire de la philosophie est « la galerie des héros de la raison pensante ».
22 Beşir Fuad, *Voltaire, op. cit.*, p. 120. Condorcet, « Vie de Voltaire », p. 191.
23 Beşir Fuad, *Şiir ve Hakikat*, p. 493.

Lumières [...] ; pour Condorcet, Voltaire a fait de sa vie un chef d'œuvre, qu'il s'agit d'offrir à la postérité pour sa valeur morale et politique[24] ». Beşir Fuad radicalise cette portée pratique de la biographie de Condorcet, en poursuivant cette dernière jusqu'au transfert de la dépouille de Voltaire au Panthéon, raconté en un récit qui n'épargne aucun détail au lecteur, et qui se poursuit jusqu'à la profanation de la tombe en 1814, à la Restauration. Cet ajout vient appuyer la portée politique de l'œuvre voltairienne.

L'hybridité de la science et de la littérature et le statut spécial du XVIIIe siècle

Le choix de publier une biographie de Voltaire est un choix moins tortueux que la publication d'une monographie de Hugo, où il s'agissait à la fois pour Beşir Fuad de présenter Victor Hugo et de rejeter l'esthétique romantique : les choses sont plus univoques dans le cas de Voltaire, dont la prééminence par rapport à Hugo est d'ailleurs maintes fois affirmée : le premier est situé, selon une opposition qui structure toute l'œuvre de Beşir Fuad, du côté de la science et de la connaissance de la réalité (*hakikat*) plutôt que de la poésie (*şiir*) et de l'imagination[25]. Or cette opposition est présente, sous une certaine forme, chez Condorcet :

> Sur quelque genre qu'on s'exerce, celui qui a dans un autre des lumières étendues ou profondes aura toujours un avantage immense. Le génie poétique de Voltaire aurait été le même ; mais il n'aurait pas été un si grand poète s'il n'avait point cultivé la philosophie, la physique, l'histoire[26].

Beşir Fuad rend hommage à Voltaire pour s'être formé à la physique – il omet d'ailleurs de traduire certaines réserves de Condorcet – et avoir popularisé Newton[27]. Certes, Beşir Fuad conserve de longues parties de Condorcet consacrées à Voltaire écrivain et tragédien ; il utilise même l'expression « langue de Voltaire » pour parler du français ; mais le principal mérite de ce dernier est, non pas d'être le meilleur poète du XVIIIe siècle, mais d'avoir mis sa plume au service de la science, d'avoir uni la « sagesse » ou la « philosophie » [*Hikmet*] et la « littérature[28] », ainsi qu'il le développe dans d'autres textes. Cela le rend supérieur, selon Beşir Fuad, à Corneille, auquel Voltaire avait raison, selon lui, de reprocher des paroles qui ne visaient qu'à être brillantes : Beşir Fuad transcrit l'expression « effort d'ineptie » qui se trouve (ce que Beşir Fuad ne juge pas utile de préciser) dans l'article « Esprit » du *Dictionnaire philosophique* (tel

---

24 Linda Gil, *L'Édition Kehl de Voltaire, Une aventure éditoriale et littéraire au tournant des Lumières* (Paris, Honoré Champion, 2018), Quatrième de couverture.
25 Beşir Fuad, *Voltaire*, p. 151.
26 Condorcet, « Vie de Voltaire », p. 214.
27 Beşir Fuad, *Voltaire*, pp. 121-122 ; Condorcet, « Vie de Voltaire », p. 202 et p. 207.
28 Beşir Fuad, *Şiir ve Hakikat*, p. 212.

qu'il apparaît dans les éditions du XIXe siècle, c'est-à-dire augmenté de textes « alphabétiques » de Voltaire qui ne figuraient pas dans les premières éditions du *Dictionnaire philosophique*). Dans ce texte, Voltaire défend la « simplicité » et le « naturel » contre « l'esprit » dans les pièces de théâtre : « Tous ces brillants, auxquels on donne le nom d'esprit, ne doivent point trouver place dans les grands ouvrages faits pour instruire ou pour toucher[29]. » L'esthétique de Beşir Fuad transpose et développe une telle affirmation. Ce dernier souligne également l'insuffisance de l'éloquence : la victoire de Voltaire sur les sermons de Bossuet montre précisément, selon Beşir Fuad, que les effets les plus durables des textes reposent sur la justesse et la vérité[30]. Cela fonde aussi la supériorité de Voltaire sur Victor Hugo, dont Beşir Fuad se plaît à souligner qu'il a rendu hommage à Voltaire ; mais Hugo est, par la dimension morale de son œuvre, à son tour jugé supérieur à des poètes ottomans en quête de pures beautés formelles[31].

En somme, Beşir Fuad en appelle à une littérature philosophique, voire scientifique (dans le sens où elle s'appuierait sur les progrès des sciences – sciences de la nature avant tout, mais également « sociologie » en un sens sans doute comtien) : or cette hybridité, qui rend encore aujourd'hui parfois si difficile un classement des auteurs du XVIIIe siècle par discipline, est précisément ce qui rend aux yeux de Beşir Fuad la prose d'un Voltaire supérieure à une « littérature » du XIXe siècle, tentée, dans son versant romantique, de se séparer de la connaissance de la réalité. Beşir Fuad lui-même, certes, n'a pas écrit de romans philosophiques et se place du côté de la vulgarisation de la théorie. Ainsi qu'il l'affirme lui-même, il n'y a « pas de grande poésie sans philosophie. Tout philosophe ne peut pas être poète mais un homme doit être philosophe pour pouvoir être poète[32] ». Beşir Fuad n'hésite pas à souligner ses propres mérites de passeur et de traducteur, sa supériorité dans la connaissance du français, de l'anglais et de l'allemand : il se présente comme le plus à même de transmettre des auteurs européens et le plus à même de comprendre « les services rendus à l'humanité par Voltaire[33] ». Il avoue ne trouver digne du titre de philosophe, parmi les Turcs, que son ami Ahmed Midhat, qui en viendra à défendre des conceptions beaucoup plus conservatrices que celles de Beşir Fuad, après la mort de celui-ci[34] et à attribuer le suicide de ce dernier à son matérialisme[35] : mais il est révélateur qu'Ahmed Midhat ait cultivé à la fois l'art romanesque et la philosophie.

---

29 Voici la citation complète de Voltaire, que Beşir Fuad ne reprend pas : « Si de tels efforts d'ineptie trouvaient grâce devant un public dont le goût s'est formé si difficilement, il ne faut pas être surpris que des traits d'esprit qui avaient quelque lueur de beauté aient longtemps séduit », Voltaire, *Dictionnaire philosophique* (Paris, Garnier, 1878), p. 6.
30 Beşir Fuad, *Şiir ve Hakikat*, p. 230.
31 Beşir Fuad, *Şiir ve Hakikat*, p. 424.
32 Beşir Fuad, *Şiir ve Hakikat*, p. 391.
33 Beşir Fuad, *Şiir ve Hakikat*, p. 341.
34 Beşir Fuad, *Şiir ve Hakikat.*, p. 466.
35 Okay, *Beşir Fuad*, p. 85.

Enfin, le projet littéraire de Beşir Fuad repose sur une conception positiviste de la philosophie qui en exclut la métaphysique du XIXᵉ siècle. Victor Cousin (qui a inspiré selon lui Hugo) et même Hegel ne sont que rapidement mentionnés. À Cousin, Beşir Fuad reproche de n'être qu'un continuateur sans originalité de la philosophie allemande de Kant, Fichte et Hegel et lui dénie toute place centrale dans le siècle. On peut présumer qu'il a connaissance des critiques positivistes dont celui-ci fait l'objet : sa référence, sur ce point, est l'histoire de la philosophie déjà mentionnée de Lewes, auquel Beşir Fuad avoue même devoir sa connaissance des philosophes arabes médiévaux[36]. À côté de Comte, Littré et Claude Bernard, Beşir Fuad rend hommage, en littérature, au réalisme et au caractère scientifique de Zola. Le mélange qu'il préconise entre science et littérature n'est donc certes pas celui pratiqué par Voltaire ; mais ce dernier a du moins incarné une figure de littérateur philosophe, au fait de la science de son temps, et dont les combats politiques doivent aussi être compris comme des services rendus à la vérité[37]. Il a eu raison de ne pas séparer littérature, philosophie et science.

L'actualité de Voltaire

Cette appréciation de Voltaire à l'aune de son combat pour la vérité et en faveur de la science explique en retour que certains pans de son œuvre puissent être jugés périmés au vu des découvertes scientifiques les plus récentes[38]. Les œuvres du passé sont indéniablement prises dans les limites de leur temps, et l'un des soucis constants de Beşir Fuad est de s'informer des débats de son temps, en Europe[39]. Cela ne signifie cependant pas que le seul critère de l'importance d'un auteur et de son actualité soit la conformité aux découvertes scientifiques les plus récentes.

Dans la conclusion de la biographie, qui est entièrement de sa main, Beşir Fuad souligne d'abord l'importance de Voltaire pour sa propre époque, en tant que « novateur en littérature, en histoire, en philosophie et dans d'autres domaines » et par le bouleversement (*inkilap*) qu'il a imprimée à l'opinion publique de son temps. Ces deux qualités ne se confondent pas, en soi : ainsi, ailleurs[40], Beşir Fuad juge les mérites de La Mettrie encore plus grands peut-être que ceux de Diderot, D'Alembert et Voltaire ; mais c'est pour ajouter aussitôt que le premier est resté méconnu, raison pour laquelle les Encyclopédistes et Voltaire sont ceux qui incarnent à ses yeux le mieux le XVIIIᵉ siècle. La thèse du fondement matériel de l'esprit, si elle

---

36   Okay, *Beşir Fuad*, p. 41.
37   Beşir Fuad, *Şiir ve Hakika*, p. 239.
38   Beşir Fuad, *Voltaire*, p. 166.
39   Okay, *Beşir Fuad*, p. 125.
40   Beşir Fuad, *Şiir ve Hakikat*, p. 464.

a son importance chez Beşir Fuad, n'est pas première, même s'il critique par exemple ceux qui ont prélevé le cœur de Voltaire en croyant voir dans cette simple pompe le siège des sentiments. Plus importante est l'influence de l'œuvre de ce dernier sur l'opinion publique : or, sur ce point, les effets de Voltaire ont dépassé son époque : en combattant l'Église de son temps, il a, nous dit Beşir Fuad, levé les freins à l'avancement de l'esprit humain : il a éduqué son siècle et ouvert des portes pour l'avenir[41]. La guerre entre les prêtres et Voltaire, commencée du vivant de ce dernier, se poursuit encore, selon Beşir Fuad, notamment par les rumeurs que les premiers colportent. Mais Beşir Fuad endosse une vision optimiste en comparant cela à une armée en déroute qui lance ses derniers tirs. Or ce passage, pour autant que nous puissions en juger, ne se trouve pas chez Condorcet. Il est révélateur que Beşir Fuad estime supérieures les armes de la publicité de Voltaire à celles de la rumeur de ses adversaires, qui, pourrait-on ajouter, ont fréquemment mobilisé l'image d'un « complot des philosophes ».

La figure du penseur de la tolérance et de la paix de religion n'est pas non plus dédaignée. Beşir Fuad rappelle que Michelet, déjà, avait loué Voltaire pour avoir écrit *La Henriade* et rappelé cette figure royale alors oubliée dans un temps de toute puissance de l'Église. Nous avons retrouvé le passage de Michelet auquel Beşir Fuad se réfère vraisemblablement[42], et où l'historien oppose les écrits de tolérance de Voltaire et de Montesquieu, révélateurs d'un changement dans les représentations ou les opinions en France, et la violence de la « barbarie religieuse » dans le reste de l'Europe. Beşir Fuad ne conserve pas cet exceptionnalisme français présent chez Michelet, mais garde l'idée d'un auteur capable de s'opposer, pour la paix, aux opinions mortifères de ses contemporains et de l'Église.

L'intérêt de Voltaire est ainsi d'incarner une figure de philosophe qui a su influer sur l'opinion publique de son temps tout en s'opposant aux opinions de la majorité. Beşir Fuad analyse aussi par endroits l'art d'écrire dont Voltaire,

---

41 Beşir Fuad, *Voltaire*, p. 164.
42 Jules Michelet, *Histoire de France. Tome quatorzième : la Régence* (Paris, Flammarion, 1895), p. 262 : « Mais la belle, très belle révolution qu'il faut noter, c'est l'*humanisation*, l'adoucissement singulier des opinions, le progrès de la tolérance. Naguère encore, Bossuet et Fénelon, madame de Sévigné, admiraient la proscription des protestants. Le meilleur prince du temps, un saint, le duc de Bourgogne, excusait la Saint-Barthélemy. Douze ans après, elle fait horreur à tout le monde. *La Henriade*, un poème peu poétique, n'en réussit pas moins, parce qu'elle la flétrit, la maudit. Chose propre à la France, à laquelle l'Angleterre, l'Allemagne restent indifférentes, et les autres peuples contraires. La barbarie religieuse continue dans toute l'Europe. L'Espagne suivait, bride abattue, la carrière des auto-da-fé. En 1721, la seule ville de Grenade, sur l'échafaud de plâtre où quatre fours en feu (figurant les prophètes) mangeaient la chair hurlante, Grenade mit en cendres neuf hommes, onze femmes. C'est l'année des *Lettres persanes*. Dans l'année de *la Henriade*, Philippe V et sa reine, à Madrid, infligent à la petite Française qui arrive la fête épouvantable d'une grillade de neuf corps vivants, l'horreur des cris, l'odeur des graisses, des fritures de la chair humaine ».

mais aussi Diderot et D'Alembert, ont dû faire usage : loin de devoir seulement adapter sa pensée, nous dit Beşir Fuad, il peut être parfois contraint de parler contre sa conviction[43]. Bien que, par définition, rien ne permette de le corroborer directement, on peut songer ici à la censure à laquelle Beşir Fuad lui-même est soumis sous le règne du sultan Abdülhamid II. Selon le récit de Beşir Fuad, dans une Europe encore gagnée aux superstitions, la stratégie adoptée par les philosophes au XVIIIe siècle consiste à diviser l'ennemi, à attaquer d'abord des opinions de détail, à répéter certaines attaques[44] : dans sa réponse aux objections de Menemenlizade Tahir Beyefendi, Beşir Fuad cite la phrase de Voltaire : « je me répéterai jusqu'à ce qu'on se corrige » – la citation tronquée se trouve dans la biographie de Voltaire par Condorcet[45]. Cela peut expliquer également, selon lui, que certains passages du *Dictionnaire philosophique* rédigés à différents moments se contredisent entre eux. Le lecteur doit donc savoir faire la part de ce qui revient à Voltaire ou à son temps[46] : la lecture est immédiatement un exercice critique de discrimination entre l'inactuel et l'actuel. Beşir Fuad est moins indulgent avec Hugo, auquel il reproche d'avoir été inconstant aussi bien dans son rapport au christianisme que dans ses positions politiques, et de n'avoir fait preuve de constance que dans son opposition à Napoléon[47].

L'actualité de Voltaire en terre d'Islam

Beşir Fuad veut ainsi préserver le sens qu'il y a à présenter Voltaire dans un État avant tout musulman (la réception de Voltaire par les minorités arménienne, grecque, etc. de l'Empire ne l'intéresse pas explicitement). Pour cela, sa stratégie consiste d'abord à réinterpréter les passages où Voltaire semble critiquer l'islam ou plus généralement les États orientaux. Il suit en cela une stratégie commune en Europe selon Beşir Fuad. Voltaire impute la superstition à la Chine, l'Inde et au monde musulman, n'osant pas attaquer directement l'Église catholique[48] avant la publication de l'*Émile*. Une certaine prudence n'est pas absente chez Beşir Fuad non plus : ainsi lorsqu'il parle de la pièce *Le Fanatisme*, il omet de préciser que la suite de son titre est *Mahomet le prophète*, qui est celui mentionné par Condorcet : Beşir Fuad traduit littéralement la phrase en changeant ce seul titre[49]. Le deuxième argument en défense de

---

43 Beşir Fuad, *Voltaire*, p. 166.
44 Beşir Fuad, *Voltaire*, p. 169.
45 Voir Condorcet, « Vie de Voltaire », p. 254 : « Il ne craignait point de remettre souvent sous les yeux les mêmes tableaux, les mêmes raisonnements. 'On dit que je me répète, écrivait-il ; en bien ! je me répéterai jusqu'à ce qu'on se corrige' ».
46 Condorcet, « Vie de Voltaire », p. 169.
47 Beşir Fuad, *Şiir ve Hakikat*, p. 218.
48 Beşir Fuad, *Voltaire*, p. 170.
49 Condorcet, « Vie de Voltaire », p. 243 et Beşir Fuad, *Voltaire*, p. 122.

Voltaire est de voir une évolution dans son œuvre ; il aurait « reconnu son erreur » concernant l'islam, et le Voltaire de la maturité serait proche de la « philosophie/sagesse musulmane » [islami hikmet]. Il souligne par exemple la compatibilité entre ce que Voltaire dit de l'âme avec les positions d'Ibn Abbas, l'un des premiers exégètes du Coran[50]. À l'appui de son portrait de Voltaire en défenseur de l'islam face à l'ignorance des Européens, Beşir Fuad traduit deux passages de l'article « Femmes » du *Dictionnaire philosophique* de Voltaire, où celui-ci critique, d'une part, le lieu commun d'un islam comme d'une religion sensuelle, et de l'autre, les erreurs que les Européens colportent à propos des femmes dans l'islam. Beşir Fuad va jusqu'à citer les extraits du Coran auxquels Voltaire fait référence.

Qu'on ne se trompe pas dans son objectif : lui qui lègue son corps à la science avant son suicide (et qui sera cependant enterré selon le rite musulman, contre cette dernière volonté) se soucie vraisemblablement plus du progrès de la science que du respect des prescriptions religieuses. Orhan Okay note que s'il ne critique pas l'islam, il ne le défend pas non plus de façon interne[51] et Serdar Poyraz a raison de noter qu'il ne justifie pas la science par le Coran, mais fait bien de la première la norme ultime[52]. Mais, dans un pays dont « l'identité » musulmane s'affirme de plus en plus à cette époque, la condition selon lui d'une large appropriation de l'œuvre est de présenter les attaques de Voltaire contre « l'Infâme » comme des attaques contre le christianisme et l'Église catholique, et de retourner la portée critique des propos de Voltaire sur l'islam comme une défense positive de cette religion.

Dans la polémique suscitée par l'ouvrage, Beşir Fuad ne manque pas non plus de dissocier les auteurs européens des puissances qui combattent l'Empire ottoman, afin d'empêcher que ceux qui présentent les œuvres des premiers soient considérés comme des traîtres à la patrie. Et il a beau jeu, contre l'un de ses adversaires anonymes, de rappeler sa charge d'officier durant plusieurs guerres, lorsqu'il « défendait l'islam sous les balles[53] ». Il n'est d'ailleurs pas surprenant que Beşir Fuad ait supprimé les passages assez longs, chez Condorcet, où celui-ci loue le soutien de Voltaire aux Russes dans la guerre contre les Turcs, présentés selon tous les clichés orientalistes[54]. Il est intéressant que Beşir Fuad n'ait pas renoncé à reprendre un écrit, celui

---

50 Beşir Fuad, *Voltaire*, p. 170.
51 Orhan Okay, *Beşir Fuad*, p. 162.
52 Serdar Poyraz, « Beşir Fuad (1852-1887) and the Introduction of Philosophical Materialism into the Ottoman Intellectual Life », *Review of History and Political Science*, 2.3-4 (2014), 1-21.
53 Beşir Fuad, *Şiir ve hakikat*, p. 342.
54 Condorcet, « Vie de Voltaire », p. 269 : « L'intérêt constant que Voltaire prit au succès de la Russie contre les Turcs mérite d'être remarqué ». Le propos se poursuit p. 270 : « On a parlé de l'injustice d'une guerre contre les Turcs. Peut-on être injuste envers une horde de brigands qui tiennent dans les fers un peuple esclave, à qui leur avide férocité prodigue les outrages ? Qu'ils rentrent dans ces déserts dont la faiblesse de l'Europe leur a permis de sortir, puisque dans leur brutal orgueil ils ont continué à former une race de tyrans, et

de Condorcet, qui démentait tout à fait sa propre conception de la diffusion passée et présente des Lumières en Orient – rappelons d'ailleurs que Condorcet n'admirait pas davantage les philosophes arabes médiévaux[55]. Il s'agit, pour Beşir Fuad, non seulement de défendre une telle diffusion de la science en Orient, mais de montrer qu'elle ne s'assortit justement pas d'un anti-patriotisme : au contraire, dans une visée qui était déjà celle de Namık Kemal, la traduction est elle-même comprise comme un acte patriotique[56]. Cette stratégie argumentative, essentielle, permet à Beşir Fuad de conclure que Voltaire a toute sa place dans l'Empire ottoman. La dernière phrase de la conclusion affirme que « si on songe à la façon dont Voltaire a défendu l'islam et les Ottomans, il n'y a pas un seul Ottoman qui ne puisse dire : Grand Voltaire ! Que ta gloire soit éternelle et respectée ! ». Ainsi le propos du livre s'éclaire-t-il : la lutte pour la science, la promotion d'une littérature qui n'a pas renoncé à son alliance à la philosophie, et qui influe habilement sur l'opinion publique superstitieuse des contemporains, est jugée avoir toute sa place et son utilité dans l'Empire ottoman.

---

qu'enfin la patrie de ceux à qui nous devons nos lumières, nos arts, nos vertus mêmes, cesse d'être déshonorée par la présence d'un peuple qui unit les vices infâmes de la mollesse à la férocité des peuples sauvages ».

55 Condorcet, *Tableau historique des progrès de l'esprit humain* (Paris, INED, 2004), p. 158 et p. 327 : « Les sciences y [chez les Arabes] étaient libres et ils durent à cette liberté d'avoir pu ressusciter quelques étincelles du génie des Grecs, mais ils étaient soumis à un despotisme consacré par la religion et cette lumière ne brilla quelques moments que pour faire place aux plus épaisses ténèbres. Ces travaux des Arabes auraient été perdus pour le genre humain, s'ils n'avaient pas servi à préparer cette restauration plus durable des lumières dont l'Occident va nous offrir le tableau ».

56 Mete Yuva, *La Littérature turque*, p. 61 : « Traduire le français correspond à un sentiment civique ».

SERVANNE JOLLIVET

L'enjeu d'une réinterprétation des Lumières grecques

Deux lectures, de Dimaras à Kondylis

Tour à tour remises en cause ou revalorisées au nom d'une spécificité néohellénique, les « Lumières grecques » (*Diaphotismos*) font encore l'objet d'une réception controversée, elle-même emblématique des discussions qui ont entouré la réception de cet héritage en Europe du Sud-Est. Pour toute la région des Balkans, notamment, et plus généralement les régions tombées sous la « coupe » ottomane à partir du XIIIe siècle, la question des Lumières s'offre en effet d'abord pour quiconque tente de s'y confronter, dans les termes d'un « ratage », qui aurait contribué au retard, politique et plus généralement culturel, de pays n'ayant pu affirmer leur identité que sur le tard. Nourrie par de nombreux stéréotypes, le plus souvent nationalistes et anti-occidentaux, c'est cette même interprétation d'un déficit ou d'une absence des Lumières en Grèce que l'on retrouve encore aujourd'hui, relayée à l'envi dans certains discours qui y voient l'une des sources de la crise actuelle, qui en serait elle-même symptomatique.

Comme en témoignent les nombreux débats et controverses sur le sujet depuis la seconde moitié du XXe siècle, la situation est évidemment plus complexe, et pose, comme en miroir, une double question : à la fois celle de la réappropriation grecque de l'héritage éclairé venu d'Occident, qu'il soit de filiation française et lié à la Révolution, ou hérité de l'*Aufklärung*, qui imprégnait alors les courants philhellénistes allemands, mais également la question de ce qu'il en est réellement de l'apport et de la contribution propre à la Grèce dans ce courant. Que cette dite « carence » des Lumières en Grèce soit mise au compte d'une réception déficiente des courants éclairés européens, ou plus directement de l'absence d'un apport propre de la Grèce à cet héritage, voire liée, comme certains ont pu plus récemment le soutenir, non pas à l'absence de ces courants en Grèce, mais à la réception insuffisante qui en a été faite au XXe siècle, la question mérite d'être non seulement posée à nouveaux frais, mais fortement nuancée.

C'est en effet au sortir de la Seconde Guerre mondiale, et dans un contexte de réaffirmation de l'identité nationale, qu'émergent les premiers travaux qui vont initier une redécouverte de la période, notamment de penseurs ayant

De l'Europe ottomane aux nations balkaniques : les Lumières en question / From Ottoman Europe to the Balkan Nations : Questioning the Enlightenment, sous la direction de Chryssanthi Avlami, Franck Salaün et Jean-Pierre Schandeler, Turnhout, 2023 (MEMEW, 4), p. 249-260
© BREPOLS PUBLISHERS   DOI 10.1484/M.MEMEW-EB.5.134230

contribué à relayer l'influence de l'esprit des Lumières en Grèce. L'un des premiers, Konstantinos Dimaras en relance de manière inédite le débat dans le domaine de l'histoire littéraire, initiant un travail qui débouche sur une véritable école de pensée en Grèce, dont se réclameront ensuite la quasi-totalité des études sur les Lumières durant les décennies suivantes. Notre propos sera ici moins de revenir en détail sur ces travaux, que de valoriser une autre filiation, moins connue que la généalogie proposée par Dimaras, et cette fois tournée vers l'Allemagne, pour essayer de reposer différemment la question de cette réception. Nous nous focaliserons plus particulièrement sur les deux écrits que le philosophe Panagiotis Kondylis consacre aux Lumières européennes (1981) et au *Diaphotismos* grec (1988)[1]. Au-delà de la filiation initiée par Dimaras, dominante et omniprésente en Grèce depuis les années cinquante, il semble en effet qu'il soit possible de valoriser d'autres aspects passés sous silence dans cette reconstitution. À travers cette filiation, nous verrons que c'est une autre lecture qui se dessine, plus nuancée et « polémologique », qui permet d'entrevoir la complexité des rapports de force politiques et idéologiques qui sous-tendent cette réception en Grèce.

La réception des Lumières en Grèce : l'école de Dimaras

C'est après la Seconde Guerre mondiale, au milieu du XXe siècle, que commencent à émerger les premières études sur le sujet, qui permettent d'exhumer des corpus qui avaient été jusque-là ignorés ou sous-estimés et de mettre au jour les travaux de savants et d'intellectuels « éclairés » susceptibles d'avoir contribué au mouvement des Lumières en Grèce et dans toute la région du Sud-Est européen. C'est en effet à cette époque que l'on doit à l'historien de la littérature Konstantinos Dimaras la première généalogie de ce qu'il nomme alors « *Diaphotismos* » ou encore « *ta Fota* », emblématique d'une spécificité propre aux « Lumières grecques ». Lorsque Dimaras forge le terme de « Lumières grecques », dans son *Histoire de la littérature grecque*[2] (1948), plus qu'à un apport spécifiquement grec, c'est d'abord à ce phénomène de renaissance intellectuelle qui a lieu en Grèce sous l'influence de la révolution française qu'il renvoie et place au cœur de sa relecture de l'histoire littéraire. Dans la reconstitution et la généalogie qu'il en donne, qui s'imposeront dans l'historiographie durant toute la seconde moitié du XXe siècle, Dimaras

---

1 Panagiotis Kondylis, *Die Aufklärung im Rahmen des neuzeitlichen Rationalismus* (Stuttgart, Klett-Cotta, 1981, rééd. Hambourg, Meiner, 2002) ; *O neohellenikos Diaphotismos. Oi philosophikes idees* (Athènes, Themelio, 1988).
2 Konstantinos Dimaras, *Istoria tis neoellenikis logotechnias* (Athènes, Ikaros, 1949 ; trad. fr. *Histoire de la littérature néo-hellénique des origines à nos jours*, Athènes, Institut français, 1965). Voir également Konstantinos Dimaras, *La Grèce au temps des Lumières* (Genève, Droz, 1969) ; *Néohellinikos diaphôtismos* [*Les lumières grecques*] (Athènes, Ermis, 5e édition, 1989).

assimile ainsi le *diaphotismos* grec à la période d'effervescence intellectuelle qui marque la seconde moitié du XVIIIe siècle jusqu'aux années 1820-1830 – plus explicitement la période 1774-1821 – mouvement lié à l'influence de la Révolution française, qui coïncide sociologiquement avec la montée d'une nouvelle classe sociale liée à la diaspora installée dans les grandes métropoles d'Europe du Sud-Est et, dans le même temps, avec l'émergence d'un processus d'affirmation nationale qui débouchera sur la création de l'État grec.

En examinant la réception des idées éclairées en Grèce, son intention était de montrer que les Lumières – ici principalement envisagées à travers le prisme de la filiation française et de la figure de Koraïs – ont bien participé à l'émergence et la constitution d'une idée nationale. L'accent était notamment mis sur des personnalités marquantes, figures de proue et médiateurs ayant joué un rôle de premier plan dans la circulation et le transfert d'idées depuis la France. En recentrant le débat sur des penseurs proprement « grecs » et en le replaçant dans la perspective européenne, l'interprétation donnée par Dimaras et son école permettait ainsi de revaloriser une filiation passée jusque-là quasi inaperçue dans l'historiographie nationaliste dominante jusqu'au sortir de la Seconde Guerre mondiale.

Au sein de l'histoire nationale, cette réappropriation allait permettre pour ainsi dire de faire d'une pierre deux coups : reconnaître la contribution des penseurs grecs au grand mouvement d'émancipation européen et, dans le même mouvement, réinscrire le mouvement national et l'émergence de l'Etat grec dans l'orbe des idées séculières et éclairées de la modernité européenne. Au cœur de cette reconstitution, il s'agissait alors de nuancer le strict antagonisme hérité du *dichasmos*, opposant traditionnellement les libéraux aux forces conservatrices et nationalistes, pour montrer la complexité des tensions à l'œuvre de part et d'autre. L'enjeu pour repenser l'émergence et la construction de l'idée nationale grecque s'avérait à cet égard décisif, pour rattacher l'idéologie nationale aux idées libérales des Lumières plus qu'à l'orthodoxie, traditionnellement pensée comme le ciment du nationalisme grec. Redistribuant les cartes, Dimaras allait ainsi, par ce travail fondateur, offrir un nouveau schéma d'interprétation à l'histoire grecque moderne, qui allait s'imposer comme le schéma dominant pendant les décennies suivantes. Dans la lignée de ces premiers travaux dans le domaine de l'histoire littéraire, les élèves de Dimaras les poursuivront en élargissant le spectre à l'histoire du livre et des mentalité (Philippos Iliou), l'histoire de la philosophie (Roxane Argyropoulou), l'histoire de la littérature et de la culture vernaculaire (Panagiotis Moulas, Alexis Aggelou, Alexis Politis), du philhellénisme (Loukia Droulia) ou encore l'histoire des idées et l'histoire intellectuelle (Yannis Karas, E. Nikolaidis)[3].

---

3 Cf. Philippos Iliou, *Elleniki vivliographia 19ou aiona* (Athènes, ELIA, 1997) ;
   Roxane Argyropoulos, *O Benjamin Lesvios kai i europaiki skepsi tou dekatou ogdoou aiona* [Benjamin Lesbos et la pensée européenne du XVIIIe siècle] (Athènes, National Research

Dans ses travaux sur l'histoire de l'historiographie grecque moderne, Antonis Liakos présente le courant de pensée ouvert par Dimaras comme l'un des trois courants majeurs qui se sont imposés aux historiens grecs de l'après-guerre[4]. Comme il le souligne, l'apport principal de ce courant des « Lumières grecques modernes » aurait ainsi permis de mettre l'accent sur le rôle primordial des intellectuels grecs, tout en révélant les mécanismes idéologiques ayant permis aux idées des Lumières d'avoir un impact dans les pays du Sud européen, et plus spécifiquement en Grèce. Dimaras offrait un schéma transversal permettant d'interpréter les conflits idéologiques traversant la société grecque, de la période pré-révolutionnaire jusqu'à l'époque contemporaine. En reconnaissant l'apport des penseurs grecs et la spécificité du contexte idéologique, la généalogie offerte par Dimaras permettait également, au-delà de la reconstitution qui en était faite, de nuancer l'ancien schéma « diffusioniste », sis sur une dichotomie entre le Centre européen, notamment français ou allemand, et la Grèce, réduite à un pays périphérique et d'importation.

> Le recours au concept des Lumières appartient à la tradition de l'histoire des idées qui se développa dans l'entre-deux-guerres comme réaction des intellectuels libéraux à la montée du totalitarisme et de l'intolérance. Lorsque fut créée la version grecque de cette expression, en pleine guerre civile, la notion de Lumières grecques modernes s'opposait également aux cadres idéologiques en conflit de la droite et de la gauche [...] C'est selon ce nouveau concept, pris comme outil d'analyse, que furent révisés les cadres d'interprétation plus anciens, qui avait décrit la période ottomane comme suite de l'ère post-byzantine, ou comme une histoire passive d'occupation ou encore un long prologue à la révolution de 1821. La période acquit sa propre valeur, et même plus, le concept des Lumières et le schéma historique qu'il impliquait annulait le cadre interprétatif instauré par le mouvement démotique [...] Le concept des Lumières marquait une rupture dans cette interprétation, qui instaura un changement de paradigme sur une vaste partie de l'histoire de la Grèce moderne, et contribua à instaurer une communauté d'érudits sur ce sujet. Avec la formation du concept des Lumières, la société grecque européanisée semble se doter de nobles ancêtres et se rattacher à un cadre de valeurs modernistes. L'histoire de la Grèce vit au rythme de la société européenne. Elle est incorporée (même en bordure) à l'un de ses grands moments[5].

Foundation, 2003) ; Loukia Droulia, *Philhellénisme. Répertoire bibliographique* (Athènes, EIE/KNE, 1974) ; Yannis Karas, *Oi thetikes epistimes sto elleniko chroro (15-19os)* [Les sciences positives dans l'espace grec 15-19e] (Athènes, Gutenberg, 1991).

4 Antonis Liakos, Christine Laferrière, « L'historiographie moderne (1974-2000). L'ère de la tradition, de la dictature à la démocratie », *Rue Descartes*, 51.1 (2006), 92-113.

5 Liakos et Laferrière, « L'historiographie moderne », pp. 96-97.

Dès les années 1990, et dans la lignée des travaux fondateurs de Dimaras, il semble ainsi acquis que la prétendue absence des Lumières en Grèce correspond donc avant tout, plus qu'à l'absence de ces courants en Grèce, à une réception ultérieure déficiente qui les aurait fait passer dans l'oubli. Paschalis Kitromilidis, historien grec ayant consacré son œuvre à élargir la recherche initiée par Dimaras à l'Europe du Sud-Est[6], parle à cet égard d'un véritable « ratage » ou de ce qu'il nomme « l'occasion manquée d'une réflexion critique[7] », qui aurait empêché non seulement « la consécration du cas grec dans les études des Lumières », mais également une véritable analyse du rôle joué par les Lumières dans la formation de l'identité grecque. « L'incapacité des Lumières à s'enraciner dans la pensée grecque » serait ainsi moins le fait, selon Kitromilidis, de leur absence initiale que la conséquence de leur oblitération ultérieure, l'historiographie établie n'ayant pas su estimer à sa juste mesure le phénomène, pourtant mis au jour par Dimaras à travers son histoire littéraire. Non seulement la période aurait été négligée et sous-estimée, mais la problématique des Lumières elle-même aurait été totalement oubliée. Même redécouverte tardivement par Dimaras, elle resterait chronologiquement limitée, comme le regrette Kitromilidis, au « Romantisme grec » et à la seule période couvrant le XIXe siècle.

En ne considérant pas les Lumières, ni leur philosophie, dans leur aspect culturel et historique, les historiens de la philosophie inspirés par Dimaras ont [ainsi] manqué l'occasion – que Dimaras lui-même avait saisie en étudiant l'histoire littéraire – de faire des Lumières, de leur originalité dans l'évolution de la pensée grecque, le point d'observation à partir duquel développer une perspective critique et une appréciation élargie de la vie intellectuelle dans son ensemble[8].

Une autre lecture des Lumières : Panagiotis Kondylis

Se démarquant explicitement de cette lecture et du courant inauguré par l'école de Dimaras, l'interprétation qu'en donne Panagiotis Kondylis au

---

6   Voir notamment Paschalis Kitromilidis, *I Galiki Epanastasi kai i Notioanatoliki Europi* (Athènes, Poreia 1990), trad. fr. *Aux origines des nationalismes balkaniques. La révolution française et le Sud-est de l'Europe* (Athènes, École française d'Athènes, 2021) ; *Neoellenikos diaphotismos. Oi politikes kai koinonikes idées* (Athènes, Fondation culturelle de la Banque nationale de Grèce, 2000), trad. fr. *Les Lumières néo-helléniques. Les idées politiques et sociales* (Athènes, 1996) ; *Adamantios Koraïs and the European Enlightenment*, éd. par Kitromilidis (Oxford, Oxford University Press, 2010) ; « The Enlightenment and the Greek Cultural Tradition » *History of European Ideas*, 36 (2010), 39-46 ; *Enlightenment and Revolution : The Making of Modern Greece* (Londres, Havard University Press, 2013).
7   Paschalis Kitromilidis, « L'étude philosophique des Lumières grecques : l'occasion manquée d'une réflexion critique » *Philosopher en Grèce aujourd'hui* (Paris, PUF, *Rue Descartes*, 51 (2006), 27.
8   Kitromilidis, « L'étude philosophique des Lumières grecques », p. 29.

début des années quatre-vingt nous intéresse en cela qu'elle contribue de manière spécifique à la réflexion critique, finalement tardive, sur les Lumières grecques, tout en s'inscrivant dans une autre filiation, nourrie quant à elle par la philosophie allemande. Né près d'Olympie en 1943, Panagiotis Kondylis, après des études de littérature classique à l'Université d'Athènes, s'installe en Allemagne, à Francfort, puis à Heidelberg, pour y mener des études d'histoire et de sciences politiques. Il y suit les séminaires des philosophes Karl Löwith et Hans-Georg Gadamer, mais également des historiens Reinhart Koselleck et Werner Conze qui enseignent alors à Heidelberg, ainsi que les séminaires privés de Carl Schmitt, qui le marqueront durablement. Il obtient son doctorat en 1977 avec une thèse sur *La naissance de la dialectique. Une analyse du développement spirituel de Hölderlin, Schelling et Hegel jusqu'en 1802*[9]. Plus connu en Allemagne où il jouit d'une certaine audience, notamment à travers ses publications régulières dans la presse, et n'ayant pas obtenu de poste universitaire, il s'illustre durant la décennie suivante et jusqu'à sa mort prématurée en 1998, en Grèce par un vaste travail dans le domaine de l'édition et de la traduction.

À cette question des Lumières, Kondylis consacre plusieurs ouvrages importants : son travail d'habilitation sur les Lumières européennes, plus particulièrement les pré-lumières françaises, à travers la filiation matérialiste sous le titre *Les Lumières dans le cadre du rationalisme moderne* (*Die Aufklärung im Rahmen des neuzeitlichen Rationalismus*[10], 1981), ouvrage qui sera traduit en grec sous le titre *O europaïkos diaphotismos* (*Les Lumières européennes*) publié en deux volumes[11]. Il publie également un ouvrage plus spécifiquement consacré aux Lumières grecques, sous le titre *Les Lumières néo-helléniques. Idées philosophiques* (*O neohellenikos Diaphotismos. Oi philosophikes idees*[12], 1988).

Si l'on se penche sur sa thèse d'habilitation, on constate d'emblée le caractère « politique » de son approche, largement inspirée de la lecture proposée par l'historien allemand Reinhart Koselleck dans *Kritik und Krise*[13] (1959), elle-même marquée par les thèses de Carl Schmitt dont Kondylis est lui aussi profondément nourri. Coïncidant avec la période d'émergence de la modernité, les Lumières proviendraient moins, selon lui, de la formation d'un nouvel « esprit » scientifique, conformément à la lecture qu'en donnaient notamment Ernst Cassirer ou encore Hans Blumenberg, que de la naissance d'un État souverain moderne ayant mis un terme aux guerres de religion et assuré l'émancipation progressive à l'égard de toute forme absolutiste. Partant des guerres de religion qui ont ravagé l'Europe au XVIᵉ siècle, Koselleck visait en

---

9 Panagiotis Kondylis, *Die Entstehung der Dialektik* (Stuttgart, Klett-Cotta, 1979).
10 Panagiotis Kondylis, *Die Aufklärung im Rahmen des neuzeitlichen Rationalismus* (Stuttgart, Klett-Cotta, 1981, rééd. Hamburg, Meiner, 2002).
11 Panagiotis Kondylis, *O europaïkos diaphotismos* (Athènes, Themelio, 1987).
12 Panagiotis Kondylis, *O neohellenikos Diaphotismos. Oi philosophikes idees* (Athènes, Themelio, 1988).
13 Reinhart Koselleck, *Kritik und Krise* (Francfort/Main, Suhrkamp, 1973).

effet à montrer que ce simili-état de « guerre civile mondiale » (*Weltbürgerkrieg*), sur lequel la modernité débouche, s'enracine dans une ambivalence propre à la conscience politique moderne et à ses contradictions. Preuve en serait l'ambivalence même que l'on retrouve au cœur de la critique opérée par les Lumières à l'encontre de l'État absolutiste, laquelle aurait ensuite engendré sans fin de nouvelles crises politiques, comme en témoignent les guerres civiles déclenchées suite aux événements révolutionnaires. Loin de toute idéalisation et désireux de montrer l'ambivalence de cette période, notamment l'hypocrisie qui accompagnerait l'utopie éclairée et révolutionnaire en réaction à l'absolutisme, cette lecture offrait ainsi un diagnostic sans concession de la modernité.

Dans la lignée de cette lecture, Kondylis se focalise lui-même moins sur l'envers « positif » du mouvement éclairé – rationalisme, esprit critique, cosmopolitisme – que sur les tensions, oppositions et conflits que cette nouvelle période génère. Fidèle en cela à la méthode conceptuelle koselleckienne, c'est notamment sur l'antagonisme esprit-matière (*Geist-Materie*) qu'il se focalise dans sa thèse d'habilitation. Prenant ainsi à revers une interprétation purement rationaliste ou intellectualiste du mouvement des Lumières, il fait la part belle au renouveau sensualiste et matérialiste qui se développe au XVIIIe siècle avec La Mettrie, Sade, Diderot, Helvétius ou encore d'Holbach. Comme il l'écrit dans *Les Lumières dans le cadre du rationalisme moderne* :

> Il a fallu que l'*Aufklärung* pose expressément cette question (de la sensibilité), parce que dans [sa] réhabilitation (de la sensibilité) se trouve l'une des armes les plus importantes pour lutter contre l'ontologie et la morale théologiques. C'est là en même temps que réside l'un des points névralgiques de la pensée moderne en général. Car la réhabilitation de la sensibilité pose d'énormes problèmes logiques, et il était d'autant plus urgent de la réhabiliter qu'elle s'imposait comme nécessaire et indispensable[14].

En considérant la réhabilitation de la sensibilité comme l'élément moteur du mouvement éclairé, Kondylis entend explicitement prendre à revers l'assimilation posée en son temps par Voltaire avec la critique idéologique pour repenser cette époque des Lumières dans « toute la diversité de leurs positions concurrentes[15] ». Cette lecture, que l'on pourrait qualifier ici de « polémologique » ou conflictuelle, lui permet ainsi de nuancer une lecture optimiste des Lumières pour se focaliser, non seulement sur les positions éclairées et émancipatrices, mais également sur les réactions « conservatrices » ou « restauratrices » qu'elles suscitent, pour ainsi dire leur envers réactionnaire. L'enjeu est ici de montrer qu'elles s'adossent finalement à la même logique, les forces de radicalisation se muant elles-mêmes en forces conservatrices à mesure que « l'ennemi » se déplace, en l'occurrence, ici, de la théologie au cartésianisme, du rationalisme au nihilisme.

---

14   Kondylis, *Die Aufklärung im Rahmen des neuzeitlichen Rationalismus*, p. 19.
15   Kondylis, *Die Aufklärung im Rahmen des neuzeitlichen Rationalismus*, p. 258.

L'influence de la pensée de Carl Schmitt et notamment de sa conception du politique, marquée au prisme du « combat et de l'opposition constante ami-ennemi[16] » apparaît ici en filigrane. Toute position, sur l'échiquier politique ou idéologique, implique toujours déjà une contre-position qu'elle conteste et à laquelle elle viendra se substituer, engendrant elle-même d'autres sources de contestation. Dans son ouvrage, Kondylis en donne notamment l'exemple à travers le conflit entre cartésianisme et anticartésianisme. Si le premier sert initialement à attaquer et détrôner la scolastique, celle-ci n'en deviendra pas moins elle-même une référence pour certains courants cléricaux, confrontés aux menaces bien plus grandes de l'empirisme anticartésien né sous sa critique[17]. Comme Kondylis le montre dans son analyse, s'il visait dans son mouvement premier à combattre la vision du monde théologique, le courant matérialiste né des Lumières (Diderot, La Mettrie, d'Holbach, etc.) déboucherait, quant à lui, une fois poussé jusqu'à ses conséquences dernières, sur une remise en cause radicale de ses propres principes. La source première est ici clairement hobbesienne, Hobbes ayant vu, comme le souligne Kondylis, « le premier, à l'œuvre dans la modernité cette incroyable agressivité potentielle du normatif, à savoir de la dimension morale, et compris que sa neutralisation serait le moyen le plus important pour assurer la paix[18] ».

Telle qu'elle est exposée dans ce premier travail d'habilitation, cette lecture des Lumières européennes va ainsi constituer une première matrice à partir de laquelle Kondylis va étendre ses analyses à la période contemporaine, mais également au contexte grec et au dit « Diaphotismos ». Dans *La Critique moderne de la métaphysique*, il étend son analyse au XXe siècle et décrit ce qu'il nommera ailleurs « le déclin de la pensée bourgeoise »[19]. Dans ces ouvrages, parus au début des années 1990, Kondylis se focalise sur les conséquences, les travers « nihilistes » ou « post-modernes », sur lesquelles déboucherait l'âge des Lumières à travers les différentes crises, politiques et intellectuelles qui ont marqué le XXe siècle. En valorisant la filiation matérialiste, sa démarche vise non seulement à prendre à revers l'interprétation rationaliste et idéalisée des Lumières, comme il le faisait déjà dans sa thèse, mais désormais à l'articuler à un diagnostic sans concession de la modernité. Née sur le socle d'un conflit des Lumières avec la théologie, qui était alors l'ennemi à combattre, la modernité se retrouverait, dans une structure inversée, mais quasi similaire, obligée de lutter à son tour contre le scepticisme et les conséquences nihilistes de cette émancipation. En reconnaissant ouvertement « que les normes des conventions humaines sont changeantes et de l'ordre de fictions subjectives dénuées de

---

16 Kondylis, *Die Aufklärung im Rahmen des neuzeitlichen Rationalismus*, p. 24.
17 Cf. Kondylis, *Die Aufklärung im Rahmen des neuzeitlichen Rationalismus*, p. 255 et sq.
18 Kondylis, *Die Aufklärung im Rahmen des neuzeitlichen Rationalismus*, p. 157.
19 Panagiotis Kondylis, *Der Niedergang der bürgerlichen Denk- und Lebensformen. Die liberale Moderne und die massendemokratische Postmoderne* [Le Déclin de la culture bourgeoise. Le libéralisme moderne et le post-modernisme de la démocratie de masse] (Berlin, De Gruyter, 1991).

toute validité objective », comme il les qualifie dans son habilitation[20], la modernité s'exposerait au vide laissé par l'abandon des normes qui étaient autrefois fondées sur la théologie, la morale et la métaphysique.

Désireux de cartographier l'échiquier idéologique qui constitue le contexte d'émergence des Lumières, on comprend alors que Kondylis ait attribué autant d'importance à la question du conservatisme. Il lui consacre en effet un certain nombre de textes, notamment les articles « réaction » et « restauration[21] » dans le *Dictionnaire des concepts historiques fondamentaux*, édité par Koselleck et Werner Conze, ou encore un ouvrage publié en allemand, *Conservatisme. Contenu historique et déclin* (*Konservativismus. Geschichtlicher Gehalt und Untergang*[22], 1986).

La lecture qu'il donne des « Lumières grecques », dans le volume d'essais *O ellenikos diaphotismos* (1988), reste à vrai dire elle-même dans le sillage de l'interprétation kosellekienne, visant à mettre au jour la tension et le déplacement inhérents aux différentes positions antagonistes, à travers ce que Koselleck nomme des « concepts de combat » (*Kampfbegriffe*). Comme Kondylis s'en explique en introduction de son ouvrage sur les Lumières grecques, son propos est ainsi de montrer la complexité du phénomène et, contre la relative unité et homogénéité de l'image véhiculée depuis Dimaras, son ambivalence intrinsèque.

> Le premier point est que les Lumières grecques ne peuvent se réduire à certaines conceptions philosophiques précises [...] Le second point est qu'elles n'ont pas adopté ni n'ont pu brandir contre leurs adversaires une position philosophique unifiée et cohérente, mais apparaissent sur le plan philosophique habitées par des courants divergents, qui ne sont pas eux-mêmes unifiés, et marqués par l'éclectisme de ceux qui les représentent [...] ce qui empêche toute unification en termes de courants ou d'écoles [...] ; enfin, troisième point, les Lumières grecques n'ont pas été créatrices d'idées originales, au sens où à partir de la seconde moitié du XVIIIe siècle, sur le territoire grécophone [...] ont émergé différentes tendances à partir et contre l'idéologie théologique dominante, qui empruntèrent leurs idées aux courants européens qui leur correspondaient[23].

En onze chapitres, Kondylis élargit ainsi considérablement le spectre, soucieux d'intégrer des courants qui se rapportent aussi bien au matérialisme (chap. III) qu'aux courants inspirés des Lumières européennes (chap. IX), afin de montrer les tensions inhérentes à l'échiquier idéologique et conceptuel en question.

---

20 Kondylis, *Die Aufklärung im Rahmen des neuzeitlichen Rationalismus*, p. 490.
21 Voir les articles rédigés par Kondylis, « réaction », « restauration » et « dignité », dans *Geschichtliche Grundbegriffe, Historisches Lexikon zur politisch-sozialen Sprache in Deutschland*, éd. par Otto Brunner, Werner Conze et Reinhart Koselleck (Stuttgart, Klett-Cotta, 1984).
22 Panagiotis Kondylis, *Konservativismus. Geschichtlicher Gehalt und Untergang* [Conservatisme. Contenu historique et déclin] (Stuttgart, Klett-Cotta, 1986).
23 Kondylis, *Neoellenikos diaphotismos*, p. 9.

C'est ce qui l'amène notamment à rabattre Koraïs du côté du conservatisme, ou encore à montrer comment se joue, dans la réappropriation même des sources antiques, l'opposition marquée entre aristotélisme et néoplatonisme, notamment à travers la figure de Benjamin de Lesbos (chap. X). Contre une lecture qui se focaliserait sur la seule réception des Lumières européennes en Grèce, Kondylis entend également rendre toute sa complexité au phénomène en l'analysant non plus sur le modèle de l'apport du centre vers une périphérie, mais bien à partir de son propre contexte.

Comme il le montre, en effet, la question des Lumières en Grèce n'est pas dissociable de la question identitaire, elle-même prise en étau entre des courants antagonistes, orthodoxes et nationalistes, d'un côté, et, de l'autre, européens et sécularisés. Dans le cas grec, l'affirmation identitaire reste pourtant indissociable de l'élément religieux, ce qui rend les courants dits « séculiers » pour le moins minoritaires. Comme en témoigne notamment le cas d'Eugenios Voulgaris, cette réception s'opère initialement et principalement à travers le prisme de l'orthodoxie et de l'Église grecque, en l'occurrence à travers le mouvement philocalique du Mont Athos. Si cela a contribué à remettre en cause le système d'éducation corydaléen d'obédience néo-aristotélicienne, alors dominant, cela n'a ébranlé ni les dogmes ni la foi orthodoxe, elle-même source de résistance et de maintien de l'identité grecque sous l'Empire ottoman. À cette époque, religion et nation demeuraient bien indissociables. Si tension il y a, elle provient d'une minorité ultra-conservatrice qui, se réclamant d'une reviviscence de « l'œcuménisme byzantin », s'oppose à la fondation d'un État national jugé perverti par l'influence occidentale, que ce soit à travers l'impact des idéaux révolutionnaires ou du fait de la mainmise des puissances étrangères garantie par la présence bavaroise. C'est précisément le schisme entre cet héritage et la tendance « nationaliste », mais non moins orthodoxe, qui débouche, dès 1833, sur l'indépendance de l'Église grecque. Le cas grec a donc ceci de paradoxal que l'orthodoxie constitue l'un des piliers du récit national dont les « Lumières grecques » seraient elles-mêmes partie prenante.

On a donc incontestablement affaire à un phénomène qui complexifie éminemment la question du rapport aux Lumières, d'un côté à travers le prisme du rapport à l'Antiquité, censé attester du lien à l'Occident et, de l'autre, par l'affirmation conjointe d'une identité spécifique, nourrie à l'orthodoxie. C'est cette tension que l'on retrouve à l'œuvre chez la plupart des représentants des Lumières grecques, tel Adamantios Koraïs, avec la coexistence, à première vue paradoxale, d'une référence constante au modèle universaliste, civilisateur, facteur de progrès et source de modernité, des Lumières à la française, et de l'affirmation d'une identité culturelle spécifique. La nationalisation, ou le transfert des Lumières, qui s'opère en Grèce est ainsi marqué par une profonde tension entre l'affirmation d'une identité nationale, en l'occurrence ici orthodoxe, et le message initialement universaliste des Lumières, tension qui vient contredire, ou prendre à revers, l'idée d'un universalisme éclairé, si l'on se réfère à la tradition française, qui vaut ici comme principale référence.

La réappropriation, même différée, des Lumières en Grèce est incontestablement nourrie par la nécessité pour l'État grec de définir et d'affirmer son identité à l'aune d'un Occident dont elle aurait été coupée. Faire valoir une spécificité des Lumières grecques, c'est donc revendiquer en retour sa spécificité face au grand récit occidental pour valoriser d'autres filiations, notamment Byzance. En ce sens, reconnaître cette spécificité et accepter de « nationaliser » les Lumières, et ainsi de les « pluraliser », c'est également renverser la perspective. « Nationaliser » les Lumières implique en effet non plus tant de s'intéresser à l'importation ou à l'influence d'idées à partir d'un centre vers une périphérie, mais de valoriser différents contextes nationaux en en montrant la spécificité, ainsi que la complexité des rapports de force impliqués. Comme on le voit à partir du cas grec, cela requiert de sortir d'un schéma d'importation binaire et d'une conception purement géographique, strictement localisée. Cela oblige à élargir la perspective de manière transnationale et à réfléchir en termes de transferts, qu'ils soient conceptuels, intellectuels ou plus largement culturels. C'est à cette condition qu'il devient possible d'enrichir, comme le souligne Paschalis Kitromilidis, le canon des Lumières occidentales en découvrant d'autres traditions, notamment liées à l'héritage orthodoxe et byzantin. Comme celui-ci l'écrivait alors, peut-être est-ce

> [...] ce en quoi les Lumières grecques sont importantes : à savoir non pas leur originalité, ni leur capacité à transformer l'univers intellectuel grec [mais] plutôt le sentiment de l'existence de possibilités et d'alternatives ; fondamentalement la promesse d'une libération intellectuelle. Tous ces éléments ont fait des Lumières la période de la critique *par excellence* dans l'histoire culturelle de la Grèce. Ce qui s'est perdu, suite à l'incapacité des Lumières à s'enraciner dans la pensée grecque, fut précisément cette promesse d'une libération intellectuelle[24].

Tout en reconnaissant lui-même que « dans une série d'essais pertinents qui font autorité, Panagiotis Kondylis a mis son immense savoir au service de l'aspect philosophique des Lumières néohelléniques », c'est peut-être là en fin de compte ce qu'il reproche lui-même le plus à sa lecture, à savoir d'avoir sous-estimé et minoré la tradition héritée de Byzance, et plus largement les penseurs liés à l'orthodoxie[25].

Éminemment critique à leur adresse, reste que l'interprétation que Kondylis donne des Lumières est plus nuancée et beaucoup plus complexe, car elle se positionne tout autant contre le récit nationaliste, qui prévaut depuis la

---

24 Kitromilidis, « L'étude philosophique des Lumières grecques », p. 29.
25 Kitromilidis, « L'étude philosophique des Lumières grecques », p. 28 : « L'ouvrage qui rassemble ces essais sur les idées philosophiques des Lumières grecques est certes devenu une référence classique pour ceux qui étudient la question. Cependant, bien qu'il fasse autorité, Kondylis adopte un ton condescendant lorsqu'il écrit sur ces 'pauvres diables' des Lumières grecques et ce manque de bienveillance (qui frise parfois le mépris) à l'égard de son sujet introduit un paradoxe dans cette œuvre érudite ».

fin du XIXe siècle, que contre le récit plus tardif, « européocentré », qui s'est imposé depuis Dimaras, en choisissant d'examiner les rapports de force, et les conflits qui en découlent, jusqu'au nihilisme contemporain. Néanmoins, cette attitude critique, et à vrai dire ouvertement conservatrice, n'empêche pas Kondylis de se présenter en « homme des Lumières » – « homme des lumières sans mission » (*Aufklärer ohne Mission*), pour reprendre le titre de l'anthologie éditée par Falk Horst[26] – et ce, en vertu d'un attachement inébranlable à l'esprit critique et gnoséologique du *Sapere aude*. En témoigne le fait qu'il ait lui-même consacré une partie de son œuvre au travail de traduction en grec d'auteurs aussi variés que James Burnham, Machiavel, Montesquieu, Marx, ou encore Carl Schmitt, traductions parues dans la collection qu'il dirige, la « Bibliothèque philosophique et politique », aux éditions *Gnosis*[27]. Nourrie par un travail titanesque accompli en quelques années, son intention était ainsi, selon ses propres dires, « de compléter et de poursuivre l'œuvre des Lumières [en] entrant en dialogue de manière critique avec autant de questions qui intéressent le dialogue en Grèce venant d'un homme des Lumières hérétique[28] », à savoir dans le contexte grec d'un homme détaché de l'orthodoxie.

---

26 (*Kondylis – Aufklärer ohne Mission : Aufsätze und Essays*, éd. par Falk Horst (Berlin, Akademie Verlag, 2007).

27 Traduits, introduits et édités par Kondylis, on peut citer les ouvrages de James Burnham, *He epanastase ton dieutheton* (*The Managerial Revolution*, 1941) ; deux volumes des œuvres de Machiavel ; *L'esprit des lois* de Montesquieu (*To pneuma ton nomon*, 2 volumes, 1994) ; Chamfort, *Œuvres choisies* (*Epiloge apo to ergo tou*, 1994) ; Rivarol, *Œuvres choisies* (*Epiloge apo to ergo tou*, 1994) ; Carl Schmitt, *Théologie politique* (*Politike theologia*, 1994). La collection compte au total près d'une soixantaine de titres.

28 G. Mertika, « Metaphrastiki kai ekdotiki drastiriotita tou P. Kondylis », *Augi*, 13.07.2008, repris in <https://kondylis.wordpress.com/2009/01/29/mertikas/>.

ATHÉNA SKOULARIKI

The 'Enlightenment Deficit'

Genealogy and Transformation of Cultural Explanations for the Greek 'Backwardness'

> If someone tried to identify the real causes of the crisis that the country is facing, he should start from a very long time ago, from the period of the enlightenment that Greece (due to the Turkish rule) in reality never experienced.[1]

In the years of the Greek debt crisis (2009-2018) the reasons for the financial collapse of the country were at the centre of a heated public debate. Along with other issues – mostly focusing on economy, public policies, and international finance – a less obvious topic of discussion concerned Modern Greek cultural specificity. More concretely, a number of intellectuals, followed by media commentators, journalists, and politicians of the centre and the neo-liberal right blamed the so-called 'populist' reactions against the bailout austerity policies for lack of rationality.[2] On the same grounds, they also criticized the chronic deficiencies of the state, the resistance towards the modernization of public institutions and the clientelist political system, which in combination had led to the crisis. All the above were attributed to a presumed historical Greek particularity: the hypothesis that Greece has not experienced the Enlightenment.

This aphorism, largely reproduced in the media, contrasted with a well-known concept of Greek historiography: the 'Modern-Greek Enlightenment', meaning the movement of Greek scholars who were influenced by the ideas of the European Enlightenment or developed a similar philosophy in favour of rationalism, science, and education, and against religious dogmatism, church authority, and political absolutism.

---

[1] Chryssanthos Stefanopoulos, « Ο Διαφωτισμός που δεν ζήσαμε » [The Enlightenment that we Missed], *protagon.gr*, 2 August 2014; online: <www.protagon.gr/apopseis/ideas/o-diafwtismos-pou-den-zisame-35687000000> (retrieved: 28.03.2019).
[2] For the political context, see: Maria Kousis and Kostas Kanellopoulos, 'Protest, Elections and Austerity Politics in Greece', in *Living under Austerity: Greek Society in Crisis*, ed. by Evodoxios Doxiadis and Aimée Placas (New York, Berghahn, 2018), pp. 90-112.

This chapter discusses how the idea that Greece suffered from an Enlightenment 'deficit' came about and how it was used in the context of the Greek crisis. While focusing on public discourse, a summary overview of academic writings on this topic seems necessary. Our hypothesis is that the recurrent stereotype, according to which '*We have not undergone the Enlightenment*', needs to be interpreted as the outcome of the vulgarization of scholarly views on the issue. The Greek case can contribute to the discussion regarding the legacy of the Enlightenment, as well as to the broader debate about rationalism and irrationality in contemporary Europe.

The Neo-Hellenic Enlightenment and the Greek 'Cultural Dualism'

The European Enlightenment was by no means foreign to Hellenism.[3] Not only did the reference to classical antiquity inspire the idea of historical continuity between Modern and Ancient Greeks but, more importantly, the *Lumières* and the French Revolution paved the way for the 'Greek Revolution' of 1821. Its ideals were embraced by many prominent eighteenth and early nineteenth century Greek scholars, namely Evgenios Voulgaris, Dimitrios Katartzis, Iosipos Misiodax, Adamantios Coraes, and Rigas Feraios. Greek historiography underlines the impact of the Enlightenment on the Greek national movement. The term 'Neo-Hellenic Enlightenment' (Νεοελληνικός Διαφωτισμός), as coined by K. Th. Dimaras,[4] became a hegemonic concept in Modern Greek history.

'The Greek Enlightenment was an audacious aspiration for freedom of all types', wrote Dimaras.[5] According to another major contributor to the history of Modern Greek Enlightenment, Paschalis Kitromilides, 'the gradual penetration of those [secular] ideas in the orthodox society of the East resulted in transformations of fundamental sectors of the intellectual, social, and ultimately of the political life as well', leading to the establishment of the modern Greek nation.[6]

---

3 The term 'Hellenism' is used here in its double meaning: it refers both to the Ancient Hellenic Culture and to the nineteenth century concept that sought to idealize what can be simply termed Greek nationalism. See: Nikos Sigalas, 'Hellénistes, hellénisme et idéologie nationale. De la formation du concept d'"hellénisme" en grec moderne', in Chryssanthi Avlami, ed., *L'antiquité grecque au xixème siècle. Un exemplum contesté?* (Paris, L'Harmattan, 2000), pp. 239-291; '"Ελληνισμός" και εξελληνισμός: ο σχηματισμός της νεοελληνικής έννοιας ελληνισμός', ['Hellenism' and Hellenization: The Formation of the Greek Concept of Hellenism] *Τα Ιστορικά / Historica*, 18 (34), June 2001, 3-70.
4 K, Th. Dimaras, *Νεοελληνικός Διαφωτισμός* [Neohellenic Enlightenment] (Athens, Ermis, 1989).
5 Dimaras, *Νεοελληνικός Διαφωτισμός*, p. 25.
6 Paschalis Kitromilidis, *Νεοελληνικός Διαφωτισμός. Οι πολιτικές και κοινωνικές ιδέες* [Neohellenic Enlightenment: The Political and Social Ideas] (Athens, National Bank of Greece Cultural Foundation, 1996).

Nonetheless, not all scholars and intellectuals agreed on its actual significance and influence. Philosopher Panagiotis Kondylis wrote a thorough essay on the philosophical ideas of the Neo-Hellenic Enlightenment,[7] stressing, however, that the primary purpose of Greek scholars at the time was the national 'awakening' of the Greek public. He argued that the Greek movement was very poor from the point of view of originality and spiritual content, that it was just an import of foreign ideas and that the influence it had on the social and political level was more important than the quality of its scholarly production. Referring to the eventual decline of the movement, Kondylis qualifies the Greek Enlightenment as 'provincial', 'atrophic' or 'feeble' (καχεκτικός).[8] From a different point of view, political scientist Nikiforos Diamandouros claimed that the so-called 'Greek Enlightenment', whose impact decreased after Greek Independence (1830), did not succeed in playing a significant part in the formation of the new nation-state's institutions and political culture, due to the predominance of conservative, authoritarian, and paternalistic social structures and existing elites, as well as the influence of the Orthodox Church.[9]

Despite the different positions on the issue, in the academic sphere the European Enlightenment was perceived in an absolutely positive light. The ideas of reason were associated with progress and modernity – if not with Western civilization itself – in an almost essentialist and deterministic understanding of cultural change and societal transformation.

In most cases, the essentialist and schematic dichotomy between East and West was not questioned. This world view had its roots in the centuries-old mistrust by the Orthodox Church of Catholic Europe. Yet, under the influence of the European Enlightenment's reproof of tyranny and of religious obscurantism, eventually the East became associated with Islam: since the seventeenth century, in the eyes of the Europeans the Ottoman Turks had become the absolute 'other', in an increasingly orientalist perception of the Muslim world. Consequently, post-Ottoman Greece could be seen at the same time as belonging to the East and to the West, or rather in-between, caught in a permanent state of imbalance, in a tug of war between two antagonistic representations of the world.

'While hellenism lay enslaved by an Asian conqueror, Europe held great appeal for all those who had been more or less freed from religious experience, who had overcome the inhibitions and conflicts created by the schism between East and West. Europe was for them the land of the development of letters and of freedom', explained Dimaras,[10] himself adopting the stereotypical perception of barbarous Asia as opposed to civilized Europe.

---

7 Panagiotis Kondylis, *Ο Νεοελληνικός Διαφωτισμός: Οι φιλοσοφικές ιδέες* [Neohellenic Enlightenment: The Philosophical Ideas] (Athens, Themelio, 2008).
8 Kondylis, *Ο Νεοελληνικός Διαφωτισμός*, pp. 9-13.
9 Nikiforos Diamandouros, *Οι απαρχές της συγκρότησης σύγχρονου κράτους στην Ελλάδα 1821-1828* [The Beginning of the Establishment of a Modern State in Greece 1821-1828] (Athens, National Bank of Greece Cultural Foundation, 2002).
10 Dimaras, *Νεοελληνικός Διαφωτισμός*, p. 54.

Thus, the discussion of the consequences of the Enlightenment's limited impact in Greece is related to a trend of cultural explanations of Greek 'specificity' vis-à-vis the (supposed) European norm. While in the early nineteenth century, Greece was seen as undoubtedly belonging to the 'civilised West', due to Christianity and to the idea of the ancient Greek origin of the modern nation, in the late nineteenth and the twentieth century this premise was questioned.

On one hand, there were those who defended the spiritual and cultural tradition of the Byzantine East, and even the multiethnic coexistence in the Byzantine and Ottoman empires. Some came to support the idea of a new Greek Ottoman or Greek Eastern multiethnic state, where the Greeks/Romioi could this time have the leading position – what Ion Dragoumis and Athanasios Souliotis-Nikolaidis named 'the oriental ideal' (*Το ανατολικό ιδανικό*).[11]

On the other hand, many more saw Greece as belonging to the margins of Europe, oscillating between the West and the East, between Western modernity and Eastern traditionalism. In 1982 anthropologist Michael Herzfeld wrote about the Greek cultural ambivalence between the Byzantine-oriental heritage and the attachment to the classical tradition embraced by the West.[12]

'It is frightening sometimes with what clarity the Greek can see the distance separating him both from the East and the West', wrote the poet George Seferis in 1953.[13] The opposition of the ethnonyms *Hellene* (referring to Greek antiquity) and *Rom[a]ios* (a term inherited by the Eastern Roman Empire, i.e. the Byzantine era) were often used to suggest what is perceived as a conflict of identities.

Eventually, the Cold War having added a political dimension to the divide between the West and the (communist, this time) East, PM Konstantinos Karamanlis' emblematic statement 'We belong to the West'[14] tried to answer once and for all the Greek existential dilemma in the eve of the accession of Greece to the European Community in 1981. But still not all Greeks cherished this identity choice. The communist and socialist left, in particular, defied the identification with the 'capitalist and imperialist West', and embraced internationalist ideals.

---

11   Athanasios Souliotis-Nikolaidis, *Οργάνωσις Κωνσταντινουπόλεως* [Organization of Constantinople] (Athens, Dodoni, 1984).
12   Introduction, in Michael Herzfeld, *Ours Once More. Folklore, Ideology, and the Making of Modern Greece* (Austin, University of Texas Press, 1982).
13   'Είναι τρομακτικό κάποτε με πόση καθαρότητα μπορεί να ιδή ο Ελλην την απόσταση που τον χωρίζει και από την Ανατολή και από τη Δύση'. Mentioned by Professor Yannis Dallas in the Conference 'Seferis between the East and the West', quoted in Mary Papayannidou, 'Η επιστροφή του Γιώργου Σεφέρη' [The Return of Giorgos Seferis], *Το Vima*, 24 November 2008.
14   Konstantinos Karamanlis (then PM and leader of the right-wing New Democracy party) speaking in Parliament in 1977.

The development of socialist thought in Greece had indeed shifted the focus from the West versus East divide to that of the capitalist West versus the communist East and the underdeveloped and exploited South. In the 1970s, socialist sociologists analysed the case of Greece as part of the underdeveloped 'periphery', as opposed to the developed capitalist 'centre'. In the work of Nicos Mouzelis, in particular, the Greek 'underdevelopment' was not defined only in economic terms, but in cultural ones as well: 'Thus, the large-scale adoption of Western institutions and civilisation during and after the revolution of 1821 unavoidably clashed with a pre-existing institutional setting characterised by a pre-capitalist, under-developed economy, a patrimonial structure of political controls, and the anti-enlightenment, anti-Western ideology of the Christian Orthodox Church'.[15]

In the same period, the New-Orthodox school of thought, often starting from a socialist critique of the capitalist West, turned again to the East (την Καθ'ημάς Ανατολή), idealizing the Byzantine paradigm in terms of Christian spirituality and cultural tradition, while supporting ideas of communitarianism, historic continuity, and national particularism.[16]

The historian Antonis Liakos commented that Dimaras' conceptualization of history 'created an underlying schema of continuity for the ideological conflicts of Greek society', which was based on 'a series of interrelated concepts: renewal, Europeanisation, Westernization, rationalization, modernization on one side; inertia, conservatism, anti-westernization on the other'.[17]

This was particularly the case with the binary model of political analysis proposed by Diamandouros[18] in the 1990s and early 2000s. It was based on the assumption of a persisting 'cultural dualism' in Greece, opposing a dynamic, progressive, Western-oriented and rational political culture, influenced by the ideas of the Enlightenment, to another reflecting a rather backward, conservative, 'underdog' identity, influenced by the Ottoman and Byzantine authoritarian traditions and the communitarian spirit of Orthodox Christianity. The model of Diamandouros had a strong influence upon the centrist/liberal political and intellectual elites.

---

15 Nicos Mouzelis, *Modern Greece. Facets of Underdevelopment* (London, Macmillan, 1978), p. 313.
16 Dimitris Aggelis, 'Η πρόσληψη των νεοορθοδόξων από τα περιοδικά λόγου και στοχασμού' ['The Perception of the Neo-orthodox by the Philological and Philosophical Journals' *European Society of Modern Greek Studies*, 2014, online: <www.eens.org/EENS_ congresses/2014/angelis_dimitris.pdf> (retrieved: 2 August 2020).
17 Antonis Liakos, 'Modern Greek Historiographty (1974-2000): The Era of Transition from Dictatorship to Democracy', in *(Re)Writing History. Historiography in Southeast Europe after Socialism*, ed. by Ulf Brunnbauer (Münster, LIT Verlag, 2004), pp. 351-378.
18 Nikiforos Diamandouros, 'Cultural Dualism and Political Change in Post-authoritarian Greece', Estudio / Working Paper 1994/50, Madrid, Instituto Juan March de Estudios e Investigaciones, 1994. In Greek: *Πολιτισμικός δυισμός και κοινωνική αλλαγή στην Ελλάδα της Μεταπολίτευσης* (Athens, Alexandreia, 2000).

The Greek Crisis and the Question of the Enlightenment

During the 2010s, this approach seems to have led to a more extreme conclusion. As the unconditional supporters of the European integration and (institutional) 'modernization' agenda lost their previous hegemonic position in the Greek public sphere, a new theme emerged in public discourse,[19] according to which the on-going economic and political crisis was explained by the fact that 'Greece has not gone through the Enlightenment'.

This phrase became a motto of the liberal or neo-liberal discourse on the Greek crisis, reproduced in a stereotypical way in hundreds of texts and comments in the media. The Enlightenment was used as a metonym of modernization, of rational thinking and of an unconditional pro-European/Western political orientation.

In one of the rare critical comments on this issue in the media, Professor of Philosophy Georgios Steiris observed that the assumption that 'Greece has not known the Enlightenment' had become 'a common place among part of the Greek intellectuals' and 'a buzzword' in the political debate.[20]

According to this narrative, the 2010s economic and political crisis was due to the specificity of Greek political culture, in particular the lack of discipline, organization, transparency, and meritocracy in the public sector, the fact that Greeks do not trust public institutions and 'cheat' their own state, and the fact that successive governments yielded to the demands of trade-unions, political parties and the voters, instead of pursuing the necessary reforms. All the above were seen as signs of a Greek political pathology, which was associated to the inherited oriental component of Greek historic experience.

In this context, the 'Enlightenment deficit' was used as an explanation for almost all the 'deficiencies' of the Greek political system, namely the resistance vis-a-vis structural reforms, the predominance of so-called clientelist politics, the popularity of radical ideologies, the rise of euro-scepticism, nationalism, and xenophobia, the emotional and supposedly 'irrational' reactions of the Greek people, and ultimately for all forms of populism.

The framing of the crisis in these terms draws from an essentialist and normative definition of Europe as the source of the alleged 'rationality' of Western culture (due to the Enlightenment), while it ignores the equally 'irrational' and populist trends in the EU and the USA.

---

19 On the cleavage of political discourse during the Greek crisis in the 2010s, see: Yannis Stavrakakis, Giorgos Katsambekis, Alexandros Kioupkiolis, Nikos Nikisianis, Thomas Siomos, 'Populsm, Anti-populism and Crisis', *Contemporary Political Theory*, 17.1 (2018), 4-27; Antonis Liakos (interview), 'Τα αφηγήματα της κρίσης είναι βασικά πολιτικά κλειδιά' [Narratives on the Crisis are Basic Political Political Keys] *Dromos tis Aristeras*, 27 February 2012.

20 Georgios Steiris, 'Δεν περάσαμε Διαφωτισμό' [We Have not Experienced the Englightenment] *Huffpost*, 9 August 2018; online: <www.huffingtonpost.gr/entry/den-perasame-diafotismo_gr_5b6bfd87e4b0530743c71a02" \t "_blank> (retrieved: 28.03.2019).

Having studied references to the issue in the media and public discourse from 2000 to 2018, I argue that the appearance and diffusion of the 'Enlightenment deficit' hermeneutical frame was due to specific scholars and public intellectuals, who launched this argument in the context of the Greek crisis, namely Nikos Dimou, Stelios Ramfos, and Hélène Ahrweiler.

The Role of Public Intellectuals

Although, as was mentioned earlier in this chapter, Greek national historiography and school textbooks highlight the Modern Greek Enlightenment, the question was not settled. Aside from the scholarly milieu, during the last decades the Greek Enlightenment's impact was relativized by intellectuals intervening in the public sphere.

Ramfos: The Defeated Greek Enlightenment

Among the first was the well-known writer and publicist Nikos Dimou, a militant liberal whose books and opinion articles held considerable sway with the centrist, pro-european, educated public. In 1975, a year after the fall of the Colonels' military regime and the restoration of parliamentary democracy, Dimou published a booklet with the provocative title *The Misery of Being Greek*. Addressing the topic of the ambivalent Greek identity, he wrote:

> In what extent are we European? Many things separate us from Europe, maybe more than what brings us close. Few echoes from the big cultural movements, which created the modern European civilisation, reached us (we don't refer to 'enlightened minorities'). Neither the Scholastic Middle Ages, nor the Renaissance, nor the Reform, nor the Enlightenment, nor the Industrial Revolution. Culturally, maybe we are closer to Orthodox Russia of the Slavophiles, than to Rationalist Europe. And what about the Oriental influences?[21]

The book was widely read; and it is not by chance that a new edition (the 30th) was published in the first year of the Greek crisis, in 2010.[22] Returning to this issue in 1985, in a book entitled *The Lost Class* (i.e. the bourgeoisie, which according to the author was a social class that had not managed to survive in Greece) Dimou argued that the Enlightenment did not last and its proponents were defeated: 'The brief Greek Enlightenment (of the eighteenth century)

---

21 Nikos Dimou, *Η δυστυχία του να είσαι Έλληνας* [The Misery of Being Greek] (Athens, Nefeli, 1975), p. 33.
22 Nikos Dimou, *Η δυστυχία του να είσαι Έλληνας* [The Misery of Being Greek] (Athens, Opera, 2010).

was repressed, censured and crushed', he wrote. 'These people wanted to bring to Greece the rational thought, the scientific knowledge, the new education. [...] Their effort was futile. Even the teachings of Coraes were distorted – the savants [λογιότατοι] imposed themselves'.[23]

Two decades later, in 2004, commenting on the role of the head of the Greek Orthodox Church, Archbishop Christodoulos, who was virulently attacking the Enlightenment,[24] Nikos Dimou reiterated his stance in an interview: 'We went through the Middle Ages, but we did not experience the Renaissance, or the Reformation. [...] We did not undergo the Enlightenment and the French Revolution. All these movements cleared the minds of people from myths and superstitions'. In 2013, an opinion article by Dimou, entitled 'Enlightenment' was published in a free-press Athens magazine.[25] 'I am dreaming of a free country – without dogmatisms and coercions', he wrote, defending the separation of the State from the Church, in line with the French principle of *laicité*. Most of the readers commenting on the article's website page, agreed with Dimou, one even noting that 'Indeed, the crisis can be attributed to a deficit of enlightenment and rationalism. This is what prevented us from organizing our society properly'.

Ramfos: The Missed Enlightenment

Another influential writer in the public sphere was Stelios Ramfos, a philosopher, originally one of the most prominent representatives of the New-Orthodox movement. Despite this, Ramfos had changed his stance in the course of the 1990s and started supporting the need for 'modernization' of the Greek state and society. After the Greek crisis in 2009, he became more and more vocal, becoming a public intellectual and an icon of the liberal centre.

Ramfos claims that the Greeks do not acknowledge their individuality, have no sense of civic responsibility, and remain immature citizens due to the influence of the Orthodox community-centred spirit, their attachment to family and local ties, and the highly protective paternalistic state. In 2010, Ramfos argued that the crisis is cultural rather than economic; 'The bankruptcy is moral and intellectual', he declared.[26] In February 2012, he gave a public lecture in front of a large audience at the Athens Concert Hall (Megaron), which was later published as a booklet. 'Our crisis is primarily spiritual and secondly financial', he maintained. 'It is the first time that the shadow of our cultural identity is projected so directly and intensely on state finances, as

---

23 Nikos Dimou, *Η χαμένη τάξη* [The Lost Class] (Athens, Nefeli, 1985), p, 42.
24 Cf. Yannis Stavrakakis, 'Religious Populism and Political Culture: The Greek Case', *South European Society and Politics*, 7.3 (September 2002), 29-52.
25 Nikos Dimou, 'Διαφωτισμός' [Enlightenment], *Lifo*, 18 September 2013; online: <www.lifo.gr/mag/columns/5892> (retrieved: 13 March 2019).
26 Interview in the Greek magazine *Psychologies*, June 2010, republished in Stelios Ramfos, *Η λογική της παράνοιας* [The Logic of Paranoia] (Athens, Armos, 2011), pp. 191, 196.

an incompatibility between the values of a traditional way of being and the relevant mentalities, on one hand, and the substance and function of the state, on the other'.[27] On another occasion he explained: 'Our problem [...] is one of values. We lived consuming foreign products. Only an oriental [ανατολίτης] when given money, knows only how to spend it, without using it in a productive way'.[28] Along with essentialist generalizations about the Greek people, the philosopher also reproduced orientalist stereotypes. In his discourse, the binary opposition between the East and the West, Greece and Europe is recurrent.

In 2014, Ramfos gave the opening speech at the congress of the newly founded centrist political party To Potami; his main argument was that even if the Greek public debt was erased, it would probably increase again if Greek mentality did not change. Echoing the idea of a cultural dualism in Greece, he noted: 'We should discuss the issue of the mentalities of a society that is permanently divided between the world as we know it, the modern, contemporary world, and [this society's] pre-modern origin, which it has not yet overcome'.[29]

Similarly, in his book *Το αδιανόητο τίποτα* (The Unconceivable Nothing, 2010), Ramfos stressed that because Greeks had not experienced the Enlightenment and the Renaissance, they have no identity, no system of values, no sense of their ego. Commenting on Muslim fundamentalism in an interview in 2015, Ramfos said: 'We have not gone through [the Enlightenment] either. We never had a Renaissance. And we are paying for it today [...] We are searching in the dark'.[30] Reflecting on the ideas of Ramfos, the leader of To Potami, Stavros Theodorakis, stated in an interview: 'Greece should live the Enlightenment that it missed. It should create its own Renaissance'.[31] Thus, the association between the alleged lack of an Enlightenment, populism and irrationality became a political slogan.

It is interesting to see how Ramfos justified his assumption about the Enlightenment deficit. 'I have a particular perception of the neo-hellenic

---

27 Stelios Ramfos, *Time Out. Η Ελληνική αίσθηση του χρόνου* [Time Out. The Greek Sense of Time] (Athens, Armos), p. 12.
28 'Δεν είναι αριθμολογικό το πρόβλημα της Ελλάδας, είναι αξιακό', λέει ο Στέλλιος Ράμφος' [The Problem of Greece Does not Have to Do with Numbers, but with Values] (interview of 2011), online: <https://sciencearchives.wordpress.com/2015/> (retrieved: 28.03.2019).
29 Ramfos' speech, 2 November 2014, published online: <www.youtube.com/watch?v=W6q3XDImZpA> (retrieved: 10.01.2023). In 2017, To Potami having lost its initial dynamic, Ramfos spoke at the congress of the right-wing New Democracy party; online: <https://nd.gr/deltia-tipou/omilia-toy-syggrafea-filosofoy-k-stelioy-ramfoy-sto-110-synedrio-tis-neas-dimokratias> (retrieved: 28.03.2019).
30 Ramfos, interview by Th. Mavridis, 18 November 2015; online: <www.liberal.gr/apopsi/anazitontas-tin-koini-logiki-me-ton-stelio-ramfo> (retrieved: 10.01.2023).
31 'Στ. Θεοδωράκης: Η Ελλάδα πρέπει να φτιάξει τη δική της Αναγέννηση' [St. Theodorakis: Greece Should Create its own Renaissance], *Ναυτεμπορική*, 27 June 2014.

enlightenment, which is based on its peculiarity', Ramfos explained in an interview in 2013.[32]

> The European enlightenment is basically a spiritual movement, which overthrows the religious mentality of that period and tempts to replace it with scientific facts and rationality. In Greece, the vast majority of the actors of the enlightenment belong to the clergy. How similar can a phenomenon be, when it is supported by totally different types of persons?

He concluded that 'while elements of the European enlightenment passed in the Greek society, its spirit did not'. Ramfos argued that Greek scholars were misled into thinking that the Greek Enlightenment was a product of the European one. He claimed that what Greek scholars of the time were actually undertaking was 'the third Byzantine Humanism'.[33] According to Ramfos, instead of the Enlightenment, Greeks experienced the continuation of an old spiritual movement, whose development was interrupted in the fourteenth century. Thus, the European influence is minimized into a mere 'form' that Greeks imitated, while the Ottoman period is not taken into account, as if four centuries were nothing but a parenthesis.

Ramfos's argument is not corroborated by other scholars. Kitromilides also considered that the precursor of the Greek Enlightenment, Methodios Anthrakitis, was influenced by Byzantine humanist thought. But he does not mention anything similar regarding the other representatives of the Greek Enlightenment – who were by no means mostly people of the clergy, as Ramfos claimed. Dimaras had asserted that, although previously scholars came mostly from the ranks of the clergy, 'in the years of the Enlightenment more and more are of secular origin'.[34] Moreover, Kitromilides highlighted the impact of the Greek Enlightenment movement on the establishment of a network of secular schools, which helped diffuse the idea of political emancipation and the classical Greek ideal that shaped Modern Greek national identity.[35]

Ahrweiler: Blaming the Church

A few years after the statements of Ramfos, another prominent Greek scholar, the Professor of Byzantine History Helene Glykatzi-Ahrweiler also regretted the Enlightenment deficit, but from a different point of view. 'The issue is that Greece has not known the Enlightenment', she said in an interview in 2016, adding: 'Who is to blame? I will say it: the Church'. She reminded that the Orthodox Church almost excommunicated Voltaire; '… the only representative of the Enlightenment was Rigas Feraios. When they killed him too … eh,

---

32 Ramfos, interview by Giorgos Karabelias, *Ardin*, n° 18, 2013.
33 Ramfos, interview by Giorgos Karabelias, *Ardin*, n° 18, 2013.
34 Cf. Dimaras, *Νεοελληνικός Διαφωτισμός*, p. 28.
35 Kitromilidis, *Νεοελληνικός Διαφωτισμός*, pp. 78-79.

I shouldn't say it, but the Church did not mourn for Rigas'.[36] In a recent interview, Ahrweiler described Rigas as 'the last of the Byzantines', because of his aspiration for a multi-ethnic state, in the tradition of Byzantium. The fact that the Ottoman Empire, in which Rigas was born, was also multi-ethnic was not taken into account, once more.

The statements of Ramfos and Ahrweiler regarding the Enlightenment were widely reproduced on the internet newsportals and social media. They were easily turned into slogans, given that these quotes were taken from interviews, and therefore they lacked the details and the analytical sophistication of academic writing. Ahrweiler's statement about the church, for example, was used as the title of the relevant interview, although it did not form a central part of it. It was given wide publicity because of her provocative position. In response, many theologians wrote commentaries in blogs and websites trying to discard the negative image she had drawn of the Orthodox Church.

The Enlightenment Deficit as a *topos* of Public Discourse

With the exception of a few reactions from the pro-Orthodox milieu, the argument that Greece had missed the Enlightenment became a widespread *topos* of the liberal and neo-liberal discourse in this time of crisis. In his study concerning the discursive constructions of the Enlightenment in the Greek public sphere, Yiannis Mylonas argues that the discourse according to which 'Greece is supposedly "lagging behind" the "Enlightened" Western Europe [...] plays an important public disciplinary function [...], connected to the crisis and austerity's biopolitical dimension'.[37]

Thus, the Greek economic and political crisis, instead of being interpreted in the context of the 2008 global financial crisis, was framed by the liberal elite as a cultural and identity issue. Starting from the assumption that Greek society was not in a position to follow the European Enlightenment in its own right, the representation of a Greek cultural specificity was constructed in two ways:
a) in regards to the past, by underscoring the supposed backwardness and spiritual poverty of the Greeks in the Ottoman era in absolute and orientalist terms;
b) in regards to the present, by presenting Greece as a case apart from the rest of Europe, suffering from the consequences of civic immaturity, irrationalism, and populism.

---

36 Ahrweiler, interview by Dimosthenis Gaveas, Huffington Post, 24 Mars 2016, online: <www.huffingtonpost.gr/2016/03/24/arveler-sinedeyxi-elliniki-taytotita-ahrweiler_n_9518210.html> (retrieved: 10.01.2023).
37 Yiannis Mylonas, 'Liberal Articulations of the "Enlightenment" in the Greek Public Sphere', *Journal of Language and Politics*, 16, n° 2 (2017), 195-218; online: <https://doi.org/10.1075/jlp.15022.myl>.

In fact, the cliché of the Enlightenment deficit is nothing but a re-actualization of the old stereotype about the '400 years of Turkish yoke', which supposedly explains Greek cultural and political 'delay' in comparison to the rest of Europe. It corresponds to an evolutionist understanding of history, where the 'stages' of European civilization are seen as a universal norm, i.e. a precondition to progress and modernity. It also reflects the interiorization of the Western orientalist, or rather 'Balkanist' (to use the term of Todorova[38]), discourse, which constructed the passion-driven, traditionalist, and undisciplined Balkan 'other' in the margins of the European continent.

The paradox that the advocates of this assumption were not willing to explain was that, in the same period, populist tendencies existed in most European countries, including in those where the Enlightenment emerged and flourished. In any case, the question was offering the opportunity to discuss the crisis in terms of identity (it is not by accident that the use of 'we' is predominant in the relevant texts), in order to solidify the pro-European/pro-bailout camp. The centrist and right-wing political parties, in particular, preferred to put the blame on the supposed cultural 'immaturity' of the Greek citizens who were protesting against austerity policies, instead of acknowledging their proper responsibility for the financial bankruptcy of the state.

To sum up, it is interesting and instructive to trace how a scholarly debate concerning the Greek Enlightenment prepared the ground for the public use of a simplified, schematic version of an argument promoted by public intellectuals – those people who function as a bridge between academia, public discourse, and the media – and how eventually this stereotype was instrumentalized in the political debate.

---

38 Maria Todorova, *Imagining the Balkans* (New York, Oxford University Press, 1997).

Postface / Afterword

JEAN-PIERRE SCHANDELER

Jeux de mémoires

Les Lumières à l'aune des présents

> L'oubli, et je dirai même l'erreur historique,
> sont un facteur essentiel de la création d'une nation,
> et c'est ainsi que le progrès des études historiques
> est souvent pour la nationalité un danger.
>
> *Ernest Renan*

> *Les prises de position sur le passé s'enracinent souvent [...]*
> dans des prises de position larvées sur le présent ou,
> plus précisément contre les adver-
> saires intellectuels du présent.
>
> *Pierre Bourdieu*[1]

L'ouvrage que l'on vient de lire frappe par la riche diversité de ses approches et par la complexité des phénomènes étudiés. Il serait vain de résumer son contenu sur lequel chaque lecteur aura déjà forgé ses propres réflexions critiques. Une chose est assurée par-delà les points de vue exprimés. Les études rassemblées sont l'éloge de la nuance historiographique, justifiant Lucien Febvre lorsqu'il écrivait à une époque où les menaces s'amoncelaient : « l'ennemi, c'est le simplisme[2] ». Sans prétendre formuler quelque conclusion que ce soit, on proposera une hypothèse, ou une perspective, en partant des vocables « identité » et « identité nationale » assez récurrents dans l'ensemble des chapitres et en gardant à l'esprit une question : « de quoi ces identités sont-elles le nom ? ».

Tout ici se manifeste selon des itinéraires sinueux, des lignes brisées et des entrelacements de mots et de concepts. Il n'est que de voir la pluralité des termes qui renvoient tour à tour à l'*Aufklärung*, à l'*Enlightenment* ou aux *Lumières*,

---

1 Ernest Renan, « Qu'est-ce qu'une nation ? Conférence faite en Sorbonne, le 11 mars 1882 », *Discours et conférences* (Paris, Calmann Lévy, 1887), pp. 277-310, cit. p. 285 ; Pierre Bourdieu, « Le mort saisit le vif », *Actes de la recherche en sciences sociales*, 32-33 (avril-juin 1980), 3-14, cit. p. 5.
2 Lucien Febvre, « Avant-propos » de l'*Encyclopédie française*, t. VII, p. 7, texte reproduit dans Maurice Halbwachs et Alfred Sauvy, *Le point de vue du nombre* [1936], éd. Marie Jaisson et Éric Brian (Paris, Institut national d'études démographiques, 2005), pp. 207-216, cit. p. 208.

avec des nuances toujours différentes. « *Diafotismos* », « *nur* », « *tenevvur* », « réveil national », sont-ils des variantes locales d'un mouvement plus général, ou bien s'intègrent-ils dans des réalités fondamentalement dissemblables ? Les périodes où ces termes apparaissent suffiraient-elles à suggérer une cohérence d'ensemble ? Le vocable « Lumières », quelle que soit la façon dont on le traduit, se réfère-t-il à un mouvement philosophique, à un *corpus* défini, à une période historique, ou à un processus de diffusion de la raison (« *tenevvur* » dans l'Empire ottoman) ? Et que dire du « réveil national » bulgare qui se substitue, conceptuellement et matériellement dans les livres, au concept de Lumières ? Des réflexions analogues pourraient s'attacher à « cosmopolitisme », d'origine grecque (Diogène de Sinope), qui, même s'il se charge d'un contenu politique au XVIIIe siècle, est absent chez les représentants des Lumières helléniques alors qu'eux-mêmes étaient issus du cosmopolitisme méditerranéen impulsé par le commerce de l'Empire ottoman. Le terme se heurte au « caractère national », au « patriote », autres mots clés, et entre dans une opposition lexicale et politique plus large, « patriotisme-peuple/cosmopolitisme-aristocratie ».

Ces réseaux de termes, ces oppositions de concepts ne sont pas sans racine matérielle. Ils plongent dans les conditions concrètes des pratiques intellectuelles au sein des aires géopolitiques considérées (existence de groupes d'intellectuels, fondations de revues, conditions d'enseignement, diffusion de l'écrit, entreprises de traductions, existence ou non d'ateliers d'imprimerie…). Ils s'arriment aussi aux débats successifs qui agitent les érudits et les philosophes qui sont aussi parfois des hommes d'État.

Sans prétendre proposer une approche unificatrice qui pourrait rendre raison des moindres aspects des objets analysés, il est cependant possible de mobiliser un cadre conceptuel qui permettrait de qualifier les phénomènes de constructions de *corpus* d'œuvres et d'auteurs, ou les phénomènes décrits comme des « filiations » ou des « appropriations » des Lumières. On peut en effet essayer d'éclairer certaines des thématiques récurrentes dans cet ouvrage à la lumière de la sociologie de la « mémoire collective » développée par Maurice Halbwachs dans la première moitié du XXe siècle. Il ne s'agit pas d'évoquer un quelconque « devoir de mémoire » si prégnant dans nos sociétés contemporaines, ni même des « lieux de mémoire » tel que l'entend Pierre Nora[3]. Dans un débat qui l'a opposé à Henri Bergson[4], Maurice Halbwachs

---

3 Pierre Nora, *Les Lieux de mémoire* (Paris, Gallimard, 3 vol., 1984, 1986, 1992). Il faut apporter une importante précision à propos de la notion de « lieux de mémoire » : « À strictement parler en effet, il n'y a de lieux de mémoire collective que légendaires. Or dans la légende, on le voit à propos des Lieux saints, c'est la dynamique de la mémoire qui importe. Par suite les lieux de mémoires ne sont pas des faits sociaux, mais seulement leurs effets » (Éric Brian, « Portée du lexique halbwachsien de la mémoire », dans Maurice Halbwachs, *La topographie légendaire des évangiles en Terre sainte. Étude de mémoire collective* [1941], éd. par Marie Jaisson (Paris, PUF, collec. Quadrige, 2008), p. 113*-146*, cit. p. 138).

4 Voir Marie Jaisson, « Mémoire collective et espace social », dans Halbwachs, *La topographie légendaire*, pp. 73-97.

(1877-1945) désigne avec ce concept la mémoire spécifique qu'entretiennent des communautés dans une société (celle des géomètres ou des musiciens, par exemple).

Considérées dans leur ensemble, les études précédentes témoignent que la réflexion sur les Lumières s'organise autour de groupes d'intellectuels dont la cohérence est structurée par des événements historiques, des *corpus* d'œuvres, des revues, des traductions, et à laquelle ils donnent parfois un sens politique. Les évolutions de la mémoire collective de ces groupes ne s'accomplissent pas nécessairement sur un mode irénique, ni au sein de la communauté ni avec l'extérieur. Cette mémoire ne peut donc être considérée sous l'angle d'un état de fait que l'on se limiterait à observer, mais selon l'hypothèse qu'elle est sans cesse l'objet de conflits de légitimité et qu'elle est toujours susceptible d'être restructurée[5].

Les analyses contenues dans ce volume font surgir des noms qui balisent des filiations savantes et philosophiques. Ce sont Buffon, Diderot, D'Holbach, Fénelon, Fontenelle, Franklin, Goethe, Hegel, Kant, Montesquieu, Rousseau, Voltaire et d'autres encore[6] qui nourrissent progressivement les mémoires collectives. Certaines des publications existent sur le mode de la traduction mais peuvent être de factures diverses : des biographies d'auteurs tenus pour fondamentaux, des œuvres intégrales, des morceaux choisis qui ne sont pas nécessairement ceux qui ont imprimé la marque la plus profonde auprès des lecteurs européens. L'enseignement joue son rôle et provoque même parfois le débat public, comme dans le cas des événements connus sous le nom de « Manouseia ». Même si tous les projets ne parviennent pas à leur terme, l'intention est bien de constituer un ensemble de références qui dessinent les contours d'une mémoire de communauté. L'inachèvement laisse lui aussi entrevoir le sens et l'orientation du dessein, à un moment précis et dans un pays donné. À la fin du XIXe siècles, les biographies qu'Ebüzziya Tevfik publie, comme celles qu'il projetait d'offrir au public, sont toutes orientées vers le même horizon philosophique et politique[7].

On perçoit bien avec les études de ce recueil comment se perpétue la mémoire collective de communautés intellectuelles lentement constituées. Ainsi Ebüzziya Tevfik, héritier de la mouvance des Jeunes Ottomans, est-il fortement influencé par la pensée de Rousseau que lui-même transmet et diffuse avec ses revues *Muharrir* et *Mecmua-i Ebüzziya* qui jouèrent un rôle

---

5 Ce dont voudrait rendre compte le titre de cette conclusion. Le terme « Jeux » devant être entendu dans son sens mécanique plutôt que ludique. Il désigne ici les frottements ou les divergences des différentes mémoires collectives entre les nations considérées dans les études.
6 Rappelons ce panthéon : Copernic, Kepler, Galilée, Newton, Bacon, Descartes, Bruno, Voltaire, auxquels s'ajoutent Lagrange, Laplace, Comte, Littré, Claude Bernard, Zola.
7 Rappelons qu'Ebüzziya Tevfik avait l'intention de publier quatre-vingt biographies, dont celles de Gutenberg, Avicenne, Diogène, Galilée, D'Alembert, Diderot, Condorcet, Newton, Voltaire, Napoléon, Ésope, Hasan Sabah, Yahya bin Hâlid bin Bermek et Haroun al-Rachid.

important dans la diffusion de l'œuvre du philosophe en turc ottoman. Mais ces mémoires sont susceptibles d'évolution et peuvent même être restructurées. Dire de Dimaras qu'il « redistribue les cartes » et qu'il « offre un nouveau schéma d'interprétation à l'histoire grecque moderne », revient à considérer qu'il propose un « remaniement » (tel est le terme précis par lequel Maurice Halbwachs définit le phénomène) de la mémoire collective des intellectuels grecs de l'entre-deux-guerres. La généalogie intellectuelle est, dans un premier temps, constituée de Spengler, Barrès, Maurras, Maritain, Brémond, Guénon, puis au sortir de la Seconde Guerre mondiale, par une tradition de gauche libérale qui construit l'« *Enlightenment* » comme un concept central de la science politique anglo-saxonne : Arendt, Dahl, Hofstadter, Lindblom, Polanyi … Ce remaniement théorique engendre la promotion d'un groupe « d'élèves[8] », ou d'une « école de Dimaras », qui vont à leur tour transmettre une mémoire savante, convaincus des enjeux idéologiques et politiques de leur enseignement pour la Grèce contemporaine et assurant, jusqu'à nos jours, la perpétuation de la mémoire qu'il entretient. Mais à la fin du XXe siècle, dans des conditions géopolitiques très différentes de celles qu'a connues Dimaras, et alors que l'espace intellectuel a été profondément modifié, les travaux de Panagiotis Kondylis introduisent dans cette mémoire collective des Lumières un conflit de légitimité : une nouvelle filiation est dessinée, nourrie par la philosophie allemande, par l'intermédiaire de Carl Schmitt et de Reinhart Koselleck.

La « nationalisation » des enjeux des Lumières est l'effet d'une transformation au moins partielle d'une mémoire collective en une mémoire sociale[9]. La nationalisation s'entend dans un double sens : la mémoire est partagée à l'échelle de la nation par les élites qui elles-mêmes parfois partagent plusieurs mémoires, à l'image des intellectuels ottomans Münif Bey, Yusuf Kamil Paşa, Ahmed Vefik Paşa qui sont à la fois des hommes d'État et des traducteurs de Buffon, Franklin, Voltaire, Fénelon, Lesage, Molière. Lorsque Beşir Fuad ou Namık Kemal considèrent la traduction d'œuvres occidentales des Lumières comme un « acte patriotique », ils conjuguent les conditions qui conduisent à la nationalisation des Lumières, cette fois entendue comme « identité nationale[10] ».

---

8 Philippos Iliou, Roxane Argyropoulou, Panagiotis Moulas, Alexis Aggelou, Alexis Politis, Loukia Droulia Yannis Karas, E. Nikolaidis. Les champs étudiés sont l'histoire du livre et des mentalités, l'histoire de la philosophie et de la littérature, du philhellénisme et de l'histoire intellectuelle.
9 Voir pour ce passage complexe Jaisson, « Mémoire collective et espace social », pp. 73-97, en particulier, pp. 85-91.
10 Il est intéressant aussi de se pencher sur les rubriques nécrologiques afin d'observer ce qui est retenu et qui fait sens encore aujourd'hui. Par exemple, celle qui est consacrée à Yannis Karas (1934-2018) (cité *supra*, note 8), émule de Dimaras. Dans la revue *Études balkaniques*, Yura Konstantinova et Georges Koutzakiotis publient un article « In Memoriam », dans lequel il est précisé que Karas était « un patriote fervent et un ami fidèle des Bulgares, un grand savant et un homme à l'esprit large » (*Études balkaniques*, 22 (2017), 11-12).

Quand Démètre Catardgi fixe, pour son époque, les contours d'une patrie grecque idéalisée, il transforme la mémoire intellectuelle en objectif politique dont la nation tout entière pourra s'emparer : « un territoire, avec les tombes des ancêtres, l'appartenance à une communauté politique, des lois, des intérêts communs, une langue nationale, une confession, le droit à la propriété et la participation à l'administration de l'Empire, des privilèges, des habitudes, des traditions communes, un passé collectif, et une filiation ». Il en va de même avec les intellectuels bulgares, dont le « réveil national », relayé par l'enseignement et les manuels scolaires, désigne aussi une « époque idéalisée » et autorise la mise en place de la « fabrique bulgare d'identité nationale » dont les contours sont là encore clairement définis : « un peuple au passé glorieux, 'renaissant' après cinq siècles de 'léthargie' due à un double 'joug', politique 'turc' et culturel 'grec' ; une langue ; une littérature en (re)construction en grande partie par 'l'épreuve de l'étranger' (la traduction de textes russes et occidentaux) ; une religion : l'orthodoxie ». La transformation de la mémoire collective en mémoire sociale « nationalisée » est poussée, dans les ouvrages historiques bulgares, jusqu'à la disqualification du mot « Lumières » auquel se substitue, vers la fin du XIXe siècle, celui de « Renaissance » (« réveil national »).

Quel est l'intérêt de mobiliser le cadre conceptuel d'une sociologie de la « mémoire collective » pour analyser les grandes tendances des modes de présences des Lumières dans les Balkans depuis le XVIIIe siècle ? En premier lieu, la notion déplace l'approche des phénomènes souvent exprimée en termes de « lectures », « interprétations » ou « réappropriations ». Ces expressions utilisées pour décrire des phénomènes importants semblent flotter dans un univers intellectuel indéterminé, sans fondement théorique ni matériel. La notion développée par M. Halbwachs apporte un soubassement concret à ces opérations : groupes identifiés, *corpus*, revues, traditions et filiations revendiquées et entretenues, époques, conflits de légitimité, restructurations…

Outre cela, qui ancre le mouvement des idées dans les pratiques matérielles, cette approche permet d'articuler de manière dialectique le rapport entre le passé des Lumières et le présent des époques successives qui réinvestissent ce champ historique. Lorsque les Lumières font l'objet d'une réévaluation au sein d'une communauté, elles se trouvent intégrées dans une reconstruction du passé qui estompe certains éléments au profit de nouvelles caractéristiques. Mais cette réévaluation participe aussi à la redéfinition du présent. En d'autres termes, les Lumières sont toujours potentiellement actives, non pas grâce à une transcendance qui leur serait propre, mais parce qu'une communauté concrète en porte toujours la mémoire et que, par de multiples manières, elle continue à la transmettre comme l'une des composantes légitimes de la mémoire nationale. C'est ainsi que, souvent, la nation passe de la question académique qui semble n'interroger que le passé, « qu'est-ce que les Lumières ? », à une question nouvelle que nous ne cessons de nous poser à nous-mêmes et qui interroge cette fois le présent de chaque époque : « que sont nos Lumières ? ».

Question par laquelle la mémoire de ce mouvement intellectuel n'est plus seulement une reconstitution du passé à partir du présent, mais aussi une construction du présent à partir d'éléments du passé[11].

Revenons à l'épigraphe d'Ernest Renan : l'ouvrage qu'on vient de lire la fait mentir. Probablement parce que Renan réduit l'histoire à un récit national nécessaire à la cohésion d'une société. Parfois en effet, l'oubli est une condition indispensable à la paix, et souvent la perpétuation de mémoires collectives antagoniques un danger :

> Prenez une ville comme Salonique ou Smyrne, vous y trouverez cinq ou six communautés dont chacune a ses souvenirs et qui n'ont entre elles presque rien en commun. Or l'essence d'une nation est que tous les individus aient beaucoup de choses en commun, et aussi que tous aient oublié bien des choses. Aucun citoyen français ne sait s'il est Burgonde, Alain, Taïfale, Wisigoth ; tout citoyen français doit avoir oublié la Saint-Barthélemy, les massacres du Midi au XIIIe siècle. Il n'y a pas en France dix familles qui puissent fournir la preuve d'une origine franque, et encore une telle preuve serait-elle essentiellement défectueuse, par suite de mille croisements inconnus qui peuvent déranger tous les systèmes des généalogistes[12].

Ce qui est vrai pour la France semble vrai pour toute nation ; et les parties oubliées dans les récits nationaux deviennent l'affaire des historiens. L'extrait de Renan fait écho à bien des questions qui sont à nouveau agitées de nos jours, et auxquelles les Lumières ont été et sont mêlées de près. On se prend alors à espérer avec Vefa Erginbas, que soit dépassée l'histoire écrite par et pour des États-nations. Parions qu'une historiographie des Lumières qui s'émanciperait des simplismes nationaux (Lucien Febvre encore !) et des impasses militantes constituerait un beau programme savant et politique. Ce livre pourrait en être l'ébauche.

---

11 Voir Bernard Lepetit, *Carnet de croquis. Sur la connaissance historique* (Paris, Albin Michel, 1999).

12 Renan, « Qu'est-ce qu'une nation ? », p. 286. Dans la préface des *Discours et conférences* où est publié ce texte, Renan écrit : « Le morceau de ce volume auquel j'attache le plus d'importance et sur lequel je me permets d'appeler l'attention du lecteur, est la conférence : *Qu'est-ce qu'une nation ?* J'en ai pesé chaque mot avec le plus grand soin ; c'est ma profession de foi en ce qui touche les choses humaines, et quand la civilisation moderne aura sombré par suite de l'équivoque funeste de ces mots : *nation, nationalité, race*, je désire qu'on se souvienne de ces vingt pages-là. [...] Ces façons de prendre les gens à la gorge et de leur dire : 'Tu parles la même langue que nous, donc tu nous appartiens', ces façons-là sont mauvaises ; la pauvre humanité, qu'on traite un peu trop comme un troupeau de moutons, finira par s'en lasser », pp. ii-iii.

Résumés / Abstracts

Chryssanthi Avlami
« À la manière des peuples éclairés » vertus, commerce et civilisation dans le *Mémoire sur l'état actuel de la civilisation en Grèce* d'Adamance Coray
Le *Mémoire* est un texte important à plusieurs égards : d'abord, parce qu'il a visiblement servi de base pour ce qui, rétrospectivement, a été identifié sous la catégorie de « Lumières néohelléniques » ; ensuite, parce qu'il réunit, du moins pour l'essentiel, l'argumentation « philhellénique » telle qu'elle allait se développer sous la Restauration (et contre elle) ; enfin, et surtout, parce qu'il porte témoignage à la fois des lectures révolutionnaires des Lumières et de la conjoncture dans laquelle il a été rédigé: le moment transitoire entre le Consulat et l'Empire, lorsque l'idée de « former une nation » devient un véritable programme d'action chez bon nombre d'écrivains qui décident de prendre la plume pour représenter leurs peuples.

De fait, le *Mémoire* est un texte hybride dont la simplicité n'est qu'apparente. C'est cette ambiguïté qui explique, du moins en partie, la multiplicité des interprétations de l'œuvre de Coray. Dans les études qui lui sont consacrées on peut trouver, en effet, le Coray épris de l'esprit antiquisant et, partant, défenseur du néo-classicisme, le Coray précurseur de l'*Altertumswissenschaft*, tout comme le portrait du prophète du nationalisme grec ou, au contraire, celui de l'auteur libéral, bien plus sensible à la défense de la liberté et des droits individuels qu'à la promotion d'une idéologie nationale.

Plutôt que de trancher le débat, il s'agira d'y répondre en analysant la manière dont Coray problématise la notion de civilisation pour concevoir l'intégration de la Grèce moderne dans la civilisation européenne.

Commerce, virtues, and the Question of Civilization in Coray's *Mémoire sur l'état actuel de la civilisation* (1803)
The *Mémoire* is an important text in several respects: Firstly because it has obviously served as a basis for what, in retrospect, has been identified as 'Neo-Hellenic Enlightenment'; secondly, because it brings together, at least for the most part, the 'philhellenic' argument as it was developed under (and against) the Restoration; lastly, and above all, because it bears witness both to the revolutionary readings of the Enlightenment and to the conjuncture of its drafting, that transitional moment between the Consulate and the Empire when the idea of 'forming a nation' took on a programmatic pace for many writers who decided to take up their pens to represent their people. In fact, the *Mémoire* is a hybrid text whose apparent simplicity is rather misleading. This chapter focuses on the way Coray, by

introducing the neologism *politismos* in modern Greek, describes the integration of the Neo-Hellenic society in the process of European civilization.

Etienne E. Charrière
Sœurs de Virginie : la sentimentalité des Lumières dans les Balkans et l'Empire ottoman
Publié à l'origine en annexe du troisième volume des *Études de la nature* (1784-1788) de Bernardin de Saint Pierre, *Paul et Virginie* constitue la première incursion de son auteur dans le genre de la littérature sentimentale. En dépit de la naïveté certaine de son sujet, l'éloge tout rousseauiste de l'état de nature à l'œuvre dans le roman assurera son succès international au cours de l'âge romantique et au-delà, comme l'atteste le très grand nombre de traductions, d'adaptations et de réimpressions publiées tout au long du dix-neuvième siècle. Comme l'on peut s'y attendre dans le cas d'une œuvre à la circulation globale aussi large, *Paul et Virginie* est traduit dans la plupart des principales langues littéraires de l'espace ottoman et des Balkans.

En se basant sur une comparaison des traductions du roman de Bernardin de Saint Pierre dans quatre de ces langues (turc ottoman, grec, arménien, et judéo-espagnol) ainsi que sur une analyse de leurs rapports avec les diverses mentions, échos, réinterprétations et reformulations du mythe de Paul et Virginie dans les traditions littéraires correspondantes, la présente communication étudie l'impact et la réception de la sentimentalité des Lumières dans les Balkans et dans l'Empire ottoman.

Sisters of Virginie: The Commodification of Enlightenment Sensibility in the Balkans and the Ottoman Empire
Originally published as an appendix to the third volume of Bernardin de Saint Pierre's *Études de la nature* (1784-1788), *Paul et Virginie* constituted the first foray of its author into the genre of sentimental fiction. For all the naïveté of its subject matter, the novel's Rousseauist celebration of uncorrupted life in nature ensured its enduring popularity through the Romantic age and beyond, as evidenced by the multitude of translations, adaptations, and reprints throughout the nineteenth century. Unsurprisingly for a work with such a broad international circulation in the late eighteenth and throughout the nineteenth century, Bernardin de Saint-Pierre's *Paul et Virginie* was translated in many of the major literary languages of the broader Ottoman space and of the Balkans.

Comparing some of the translations of Bernardin de Saint-Pierre's novel into several of these languages (namely Ottoman-Turkish, Greek, Armenian, and Judeo-Spanish) and analysing them in articulation with the various mentions, echoes, reinterpretations, and reformulations of Paul and Virginie in original texts from the corresponding literary traditions, this chapter examines the ways in which the creative reception, in the Balkans and in the Ottoman Empire of the nineteenth century, of the poetics and politics of sentimentality as they were originally codified in Western Europe during the previous century led to a profound reformulation of the very concept of Enlightenment.

Anne Karakatsouli
La guerre de l'indépendance grecque en tant que lutte anticoloniale : la pensée radicale de l'abbé Dominique de Pradt

Certaines idées des Lumières, comme la hiérarchie des peuples ou la mission civilisatrice de l'Occident, ont très souvent été mises au service des projets coloniaux. Nous proposons ici de nous pencher sur la pensée politique radicale d'un avocat ferme de la cause anticoloniale, l'abbé Dominique Dufour de Pradt (1759-1837). Député plutôt réactionnaire du clergé aux États Généraux de 1789, puis ambassadeur de Napoléon et évêque de Malignes, de Pradt s'est opposé sans relâche à « l'oppression coloniale ». Nous examinerons ses écrits sur les guerres d'indépendance des peuples ibéro-américains et sur celle de la Grèce ainsi que leur réception par les Grecs de la Diaspora qui suivent de près ses publications. Les deux cas sont mis explicitement en parallèle par de Pradt en tant que guerres contre la barbarie coloniale espagnole et ottomane et, par conséquent, dignes d'assistance de la part des puissances européennes. L'esprit original de cet abbé hors norme rejoint la pensée critique constitutive de la modernité selon Koselleck, en choisissant comme interlocuteur l'opinion publique qui assume ainsi un rôle politique. Il se situe par conséquent sans ambiguïté dans le domaine de la politique et ce, dans la tradition clairement militante des Lumières.

Dominique de Pradt's Radical Enlightenment: Anti-colonialism and the Greek War of Independence

Enlightenment thinkers have in most cases allowed their ideas to lend support to or underpin projects growing out of colonialism. In this chapter we propose to explore the anti-colonial strain in Enlightenment thought focusing on the writings of a singular contemporary analyst of international affairs, the French clergyman and ambassador Dominique Dufour de Pradt (1759-1837). Throughout his tumultuous career de Pradt emerges as a radical critique of colonialism. He wrote several books in support of the Latin-American revolutions as well as of the Greek War of Independence, recognized as an anticolonial struggle against Ottoman rule and as such, worthy of every assistance. We consider de Pradt's arguments in favour of Greek independence in contradistinction to the more common view among the foreign volunteers who fought in the Greek struggle that Modern Greeks were an indigenous, quasi-Asiatic people, whose ability to join the modern European nations was much doubted. He thus allows us to contemplate the emergence of modernity at the beginning of the nineteenth century and also the ambiguities and contradictions of Enlightenment in a non-western cultural environment.

Marilisa Mitsou
Le cosmopolite et le patriote dans les Lumières grecques du XIXe siècle

La notion de cosmopolitisme ne semble pas attirer les représentants des Lumières grecques, alors qu'ils étaient eux-mêmes issus du cosmopolitisme méditerranéen : de l'activité commerciale de l'Empire ottoman et de la société mouvante qui en a résulté. De même que les philosophes allemands (Herder, Schlosser, Fichte), les intellectuels grecs ont très vite inscrit les idéaux du cosmopolitisme et de l'universalisme moral dans la problématique de l'État-nation. Jugé superflu dans le contexte du nationalisme libéral, le cosmopolitisme disparaîtra ainsi du discours portant sur la patrie et son avenir. Si, dans l'œuvre de Rigas, le citoyen de la république hellénique se voulait aussi un citoyen de l'univers, dans son *Mémoire,* Adamance Coray accordait l' « affection cosmopolite » aux « hommes qui ne s'attachent à rien ». Un demi-siècle plus tard, un disciple de celui-ci, Stefanos Coumanoudis, signalait que le cosmopolitisme menait à l'indifférence, tandis que le patriotisme engageait la société vers un objectif commun et favorable à tous, tout en assumant l'ancienne fonction de la religion. Ainsi, du moment où l'idéal national reliait la morale individuelle à la morale collective, le cosmopolitisme n'avait plus de raison d'être dans un État-nation où les institutions étaient correctement établies.

The Cosmopolitan and the Patriot in the Greek Enlightenment of the Nineteenth Century

Although they were themselves born of Mediterranean cosmopolitanism – of the commercial activity of the Ottoman Empire and the mobile society that resulted from it –, the notion of cosmopolitanism did not attract the representatives of the Greek Enlightenment. As did the German philosophers (Herder, Schlosser, Fichte), Greek intellectuals soon included the ideals of cosmopolitanism and moral universalism in the problematic of the nation-state. Cosmopolitanism disappeared from the discourse on the homeland and its future, since it was deemed superfluous in the context of liberal nationalism. If in Rigas's work the citizen of the Hellenic republic was also a citizen of the universe, in his *Memoire Adamance Coray* he accorded 'cosmopolitan affection' to 'men who are attached to nothing'. Half a century later, Stefanos Coumanoudis, a disciple of Coray, pointed out that cosmopolitanism leads to indifference, whereas patriotism commits society to a common goal favourable to all, assuming at the same time the former function of religion. Thus, as long as the national ideal linked individual and collective morality, cosmopolitanism no longer had a *raison d'être* in a nation-state where institutions were properly established.

Pascale Pellerin
Namık Kemal, Ahmed Riza et Mustafa Kemal, lecteurs des philosophes des Lumières Des chercheurs ont souligné avec raison l'influence des écrivains français et de la culture française sur l'évolution de l'Empire ottoman. Cette influence est problématique car elle coïncide avec l'affaiblissement de l'empire avant sa disparition. Cette évolution trop francophile est remise en cause par des courants intellectuels et politiques qui s'inspirent des écrivains des Lumières, Montesquieu et Rousseau plus particulièrement, mais qui ne veulent pas de rupture avec l'Islam. Chronologiquement, il s'agit du courant des Jeunes Ottomans, autour de Namık Kemal, qui traduit Montesquieu dans

des journaux ottomans, puis des Jeunes Turcs, particulièrement d'Ahmed Riza. Les nationalistes turcs qui se rassemblent autour de Mustafa Kemal et proclament la république turque en 1923 rompent avec la culture islamique. Les références aux écrivains des Lumières sont constantes dans leurs écrits, souvent pour différentes raisons. De 1839 à 1923, les lectures des écrivains des Lumières sont ambivalentes. Si les élites et les administrateurs sont formés à l'occidentale et admirent la culture française, les visées impérialistes des États occidentaux poussent les intellectuels à la recherche d'une identité turco-musulmane qui rejette en partie la civilisation occidentale. L'histoire mouvementée de l'Empire ottoman explique partiellement l'évolution du regard des Turcs sur l'Occident. Comment transforme t-elle leur vision des écrivains des Lumières ?

The Ottoman Issue and the Writers of Enlightenment: Islam, Nationalism, and Modernity
Researchers underlined, with reason, the influence of French writers and French culture on the evolution of the Ottoman empire. This influence is problematic because it coincides with the weakening of the empire before its disappearance. This too-francophile evolution is questioned by intellectual currents and policies inspired by the writers of the Enlightenment, Montesquieu and Rousseau more particularly, but which does not want rupture with Islam. Chronologically, it is the current of the Young Ottomans, around Namık Kemal, which translates Montesquieu in ottoman newspapers, then Young Turks, Ahmed Riza particularly. The nationalists Turkish who gather around Mustafa Kemal and proclaim the republic in 1923 break with the Islamic culture. The references to the Enlightenment are constant in their writings, often for various reasons. From 1839 to 1923, the readings of the Enlightenment are ambivalent. If the elites and the administrators are trained by Western techniques and admire French culture, the imperialists aims of the Western states push the intellectuals in search of a Turko-Muslim identity which partially rejects Western civilization. The turbulent history of the Ottoman empire partly explains the evolution of the glance of the Turks to the Occident. How does it transform their vision of the Enlightenment?

Stephanos Pesmazoglou
***L'Histoire de l'Empire Ottoman* de Dimitrie Cantemir et les aspects de sa représentation au début des Lumières (Montesquieu, Voltaire, Gibbon)**
L'*Histoire de l'Empire ottoman* par Dimitrie Cantemir n'est pas la première tentative de présenter une histoire des Ottomans, mais elle paraît être le premier travail systématique influençant les modes de penser l'Orient ottoman jusqu'au milieu du XIXe siècle, c'est-à-dire jusqu'à la publication des dix volumes de l'Histoire de l'Empire ottoman par von Hammer-Purgstall. Cet article examinera d'abord Cantemir, l'un des premiers auteurs orientalistes critiques dans l'histoire des échanges entre la culture européenne et celle de l'Empire ottoman. Quelques aspects de l'influence de son Histoire seront examinés

sur les travaux emblématiques de ceux qui participent à ce qui aujourd'hui est défini comme le début des Lumières (notamment Montesquieu, Voltaire et Gibbon, entre autres). Dans un deuxième temps, l'article présentera des aspects du milieu phanariote de Cantemir, comme leurs études universitaires dans les centres majeurs de connaissance européens qui ont influencé l'esprit en termes de structure, de thématique et de perspective globale. Plus précisément, les modes de pensée sur la religion (musulmane et chrétienne), la culture (arabe, perse, grecque orthodoxe et principalement ottomane) vers les longues durées historiques – grecque antique, byzantine, ottomane-turque. Dans ce contexte, nous présentons quelques commentaires sur l'utilisation dans son Histoire des termes centraux récurrents : Rum, Romani, Europe. Enfin, nous proposons quelques éléments d'interprétation sur le manque d'intérêt dans son travail d'une bibliographie euro-centrique des Lumières et le décalage dans sa réception entre les historiographies Balkaniques et du Sud-Est européen, qui sera attribué aux représentations nationalistes, à l'identité strictement délimitée et aux processus divergents d'appropriation (ou d'indifférence, même de rejet) nationaliste de Dimitrie Cantemir. Le concept d'influence – débits et crédits – traverse le long processus des transmissions culturelles. En réalité, qui traduit qui et qui monitore qui, c'est-à-dire le facteur de l'impact et son orientation. Les récits contradictoires sont accentués ou sous-estimés, voire dissimulés, selon le rang de pouvoir et les affiliations religieuses et culturelles des acteurs qui participent au niveau discursif. Le cas de Cantemir peut donc être considéré dans l'histoire des idées par rapport à la façon dont les idéologies nationalistes concurrentes luttent pour s'approprier, ignorer ou même rejeter les acteurs, non seulement politiques, mais aussi intellectuels. Cet article souhaite seulement y apporter quelques indices d'éclaircissements.

Cantemir's *Growth and Decay of the Ottoman Empire* and Aspects of its Representations in Early Enlightenment (Montesquieu, Voltaire, Gibbon)
Dimitrius Cantemir's Ottoman History is not the first attempt to present a history of the Ottomans, but it seems to be the first systematic attempt, influencing modes of thinking in the Ottoman Orient up to the mid-nineteenth Century i.e. up to the publication of the ten-volume History of the Ottoman Empire by Hammer-Purgstall. This chapter will firstly examine Cantemir as an early, unique, and critical orientalist in the history of the European-Ottoman nexus of cultural exchanges. In this context some aspects of the influence of his History on major works of what we have come to define as the early Enlightenment linked mainly with Montesquieu, Voltaire, Gibbon. Secondly the chapter will present elements of the Phanariot environment and their University studies in European centres of knowledge that influenced Cantemir's mindset in terms of structure, thematics, and his overall viewpoint, i.e. the modes of thinking on Religions (Muslim and Christian), cultures (Arabic, Persian, Greek Orthodox, and mainly Ottoman) towards past Historical eras – Ancient Greek, Byzantine, Ottoman-Turkish. More specifically, in this

context, some remarks will be presented on the use of recurrent central terms like Rum, Romani, Europe. Some elements of interpretation will be proposed on the lack of serious interest in his work in the Eurocentric Enlightenment bibliography and the décalage in its reception between Balkan and more widely South-East European Historiographies which will be attributed to Identity, strictly bounded Nationalist representations, and diverging processes of Appropriation /Nationalization (or rejection) of Dimitri Cantemir. The concept of 'influence' – debits and credits – runs continuously throughout the long process of cultural transmissions. Who is really translating whom and who is influencine whom, i.e. the impact factor and its direction. Influences or conflicting narratives are emphasized or undervalued, if not concealed, according to the power ranking and the religious/cultural affiliations of those participating at the discursive level. The case of Cantemir can, thus, be viewed within the history of ideas on how competing nationalistic ideologies struggle to appropriate, ignore, or even reject not only political but also intellectual actors. Some clues of understanding may be offered in this chapter.

Ourania Polycandrioti
Échos des Lumières dans les manuels scolaires en Grèce (seconde moitié du XIXe – début XXe siècle)
Il s'agit d'une première étude de la présence des Lumières européennes et néohelléniques dans les manuels scolaires d'histoire et de lecture destinés aux écoles (primaires et secondaires) depuis la seconde moitié du XIXe jusqu'au début du XXe siècle. Les références en question peuvent être explicites ou implicites et concerner aussi bien les figures emblématiques et les événements majeurs ayant marqué les Lumières que les principes moraux, les concepts fondamentaux et les idées exprimées. L'étude du matériau suit de près les mouvements historiographiques de la période, tels qu'ils s'inscrivent dans ou sont absorbés par le discours officiel de l'État. L'approche proposée est fondée sur l'idée que divers aspects significatifs du discours pédagogique et moral, politique et ethnique, exprimé dans les manuels scolaires s'adressant à la jeunesse, font écho aux idées et activités d'Adamance Coray. Ils se situent dans la lignée d'une longue tradition ininterrompue, datant de la fin du XVIIIe jusqu'au début du XXe siècle, qui, tout en absorbant les principes du romantisme, adopte en même temps les principes des Lumières européennes et les place au service de l'identité nationale et culturelle.

Echoes of the Enlightenment in Greek Schoolbooks (Second Half of the 19th – Beginning of the 20th Century)
This is a preliminary study of the presence of European and Neohellenic Enlightenment in history and reading textbooks for primary and secondary schools from the second half of the nineteenth century until the beginning of the twentieth century. The references in question may be explicit or implicit and relate to both the emblematic figures and major events that have marked the Enlightenment as well as the moral principles, fundamental concepts, and

ideas expressed. The study of the material closely follows the historiographical tendencies of the period, as they are inscribed in or absorbed by the official discourse of the state. The proposed approach is based on the idea that various significant aspects of pedagogical and moral discourse, both political and ethnic, expressed in textbooks destined for young readers, echo the ideas and activities of Adamance Coray and are the lineage of a long uninterrupted tradition, dating from the end of the eighteenth to the beginning of the twentieth century, which, while absorbing the principles of Romanticism, adopts the principles of the European Enlightenment and places them at the service of national and cultural identity.

Gilles de Rapper
Pélasgisme et néo-pélasgisme : la quête des origines en Albanie, des Lumières nationales au postcommunisme
Marqué par le romantisme, le mouvement national albanais qui émerge au XIXe siècle et qui conduit à la déclaration d'indépendance de novembre 1912 ne plonge pas moins ses racines dans une conception de l'histoire portée par les idées des Lumières relayées à cette époque dans l'espace albanais. L'écriture d'une histoire nationale s'appuyant sur les progrès de la science historique fait partie du projet national albanais. Dans cette histoire, les Pélasges, population préhellénique mentionnée par les auteurs antiques mais peu ou pas documentée, ont joué le rôle d'ancêtres nationaux. L'esquisse historique proposée ici montre que les idées sur l'origine pélasgique des Albanais se sont transmises jusqu'au XXIe siècle, mais en changeant de statut : dominantes, mais concurrencées par d'autres hypothèses (illyrienne, thrace) jusqu'au milieu du XXe siècle, elles sont condamnées et abandonnées pendant la période communiste (1944-1991), avant de connaître un renouveau à partir des années 1990. Une telle histoire pose la question des relais permettant la transmission de ces idées et des significations changeantes qu'elles reçoivent selon les périodes et les milieux.

Pelasgianism and Neo-Pelasgianism: The Search for Origins in Albania, from National Enlightenment to Post-Communism
Marked by Romanticism, the Albanian national movement that emerged in the nineteenth century and led to the declaration of independence in November 1912 is no less rooted in a conception of history carried by the ideas of the Enlightenment relayed at that time in the Albanian space. The writing of a national history based on the progress of historical science is part of the Albanian national project. In this history, the Pelasgians, a pre-Hellenic population mentioned by ancient authors but little or not documented, played the role of national ancestors. The historical sketch proposed here shows that the ideas on the Pelasgian origin of the Albanians were transmitted until the twenty-first century, but with a change in their status: dominant but competing with other hypotheses (Illyrian, Thracian) until the middle of the twntieth century, they were condemned and abandoned during the communist period

(1944-1991), before experiencing a revival from the 1990s onwards. Such a history raises the question of the relays allowing the transmission of these ideas and of the changing meanings they receive according to periods and milieus.

Nikos Sigalas
De l'apologie du Moyen Âge au plaidoyer en faveur des Lumières : le parcours intellectuel de Constantin Dimaras et de la genèse du concept de Néohellinikos Diaphôtismos
Constantin Th. Dimaras introduisit, après la Seconde Guerre mondiale, le concept de Diaphôtismos néohellénique et créa le champ d'études correspondant. Ce chapitre examine sa trajectoire intellectuelle afin de comprendre le contexte dans lequel ce concept fut formé. Mon hypothèse est que le « *Diaphôtismos* néohellénique » procède de la transformation/réinterprétation, pendant et après la Seconde Guerre mondiale, d'un certain nombre de contentieux et clivages intellectuels formés dans l'entre-deux-guerres. Cette hypothèse ne se limite pas au seul cas grec ; elle concerne toute l'histoire contemporaine du concept *d'Aufklärung* et de ses différentes traductions, à commencer par le terme anglais *d'Enlightenment*, qui se trouve dans un état de fermentation après la guerre. Ce qui est particulièrement intéressant, chez Dimaras, est que la transformation des clivages intellectuels d'avant la guerre, qui mène à la production du nouveau concept de « Lumières » postérieure à la guerre, est incarnée par sa biographie. Ayant été un penseur antimoderniste – influencé indirectement par le courant spenglerien – avant la guerre, il se transforme en défenseur fervent des Lumières après la guerre. Malgré ce glissement majeur, Dimaras conserve un point de vue essentialiste ; il continue à concevoir le monde comme un conflit d'idées – ou de civilisations – qui s'affrontent les unes avec les autres sur la scène de l'histoire. De plus, son nouvel essentialisme est nationaliste, car son *Diaphôtismos* est profondément grec : une manifestation de l'« âme grecque », à la « psychologie » de laquelle Dimaras, inspiré par Maurice Barrès, a consacré ses meilleurs efforts.

From the Apology of the Middle Ages to the Advocacy of the Enlightenment: The Intellectual Trajectory of Constantin Dimaras and the Genesis of the Concept *Neohellinikos Diaphōtismos*
Constantin Th. Dimaras introduced, after WWII, the concept of *Neoellinikos Diaphōtismos* and the corresponding field of study. This chapter examines his intellectual trajectory in order to understand the context within which this concept was formed. My hypothesis is that *Neohellinikos Diaphōtismos* proceeds from the transformation/reinterpretation during and after WWI of intellectual divides and controversies of the inter-war years. This hypothesis is not limited to the Greek case; it concerns in my view the contemporary history of the very concept of *Aufklärung* and of its different translations, most particularly the English term 'Enlightenment', which was in a state of ferment after WWII. What is particularly interesting about Dimaras is that the transformation of the pre-war intellectual debates which led to the

production of a new, post-war, concept of Enlightenment is epitomized by his biography. Being an anti-modernist, somehow spenglerian, thinker before the war, he turns out to be a fervent advocate of Enlightenment after the war. Despite this tremendous shift, Dimaras maintains an essentialist viewpoint; he keeps on interpreting historical times as ideas fighting with one another on the stage of history. Moreover, his new essentialism is a nationalist one, for his *Diaphōtismos* is profoundly Greek, a manifestation of the 'Greek soul', to the 'psychology' of which Dimaras, inspired by Maurice Barrès, devoted so much of his intellectual efforts.

Sophia Matthaiou et Alexandra Sfoini
Le cosmopolitisme dans le contexte grec (XVIIIe-XIXe siècles) : l'impact des Lumières

Le XVIIIe siècle est considéré comme le siècle du cosmopolitisme, du moins pour l'élite de la République des lettres. Les érudits grecs du XVIIIe siècle pourraient être décrits comme des cosmopolites dans leur majorité, car ils élargissent leurs horizons spirituels par l'apprentissage des langues, les voyages, les traductions et les transferts culturels. Ils se tournent vers l'Europe des Lumières et de la Révolution – en particulier vers la France – afin d'enrichir leur éducation et leur culture au profit de leur nation. Combinant cosmopolitisme et patriotisme, et animés par l'idée de libération nationale, ils s'opposent fermement au despotisme ottoman. Dans le même temps, l'attachement aux traditions se traduit par la critique de l'acceptation massive des coutumes et traditions étrangères. La Révolution grecque amènera toute la nation à affronter l'ennemi commun ottoman et ses partisans dans l'Europe monarchique, en resserrant les liens avec les peuples de l'Europe et de l'Amérique, ainsi que les philhellènes, dans une sorte de patriotisme cosmopolite aspirant à une renaissance nationale.

Après la fondation de l'État grec, tandis que l'Europe reste le modèle, la préoccupation constante de définir l'identité nationale grecque conduit souvent à un renversement de ce mouvement. De nombreux érudits, dont certains appartenant au groupe des soi-disant libéraux, condamnent le cosmopolitisme en tant que concept et mode de vie. Stephanos A. Koumanoudis, par exemple, considéré comme l'un des « descendants des Lumières », condamne à plusieurs reprises le « cosmopolitisme ». Le même constat pourrait être avancé à propos de Nikolaos Saripolos qui introduisit le droit constitutionnel en Grèce.

Notre article examine dans quelle mesure les perceptions et les attitudes des érudits grecs à l'égard du cosmopolitisme au XVIIIe siècle sont confirmées, et dans quelle mesure elles se différencient au XIXe siècle.

Cosmopolitanism in the Greek Context (18th-19th centuries): The Impact of the Enlightenment

The eighteenth century is considered the century of cosmopolitanism, at least for the elite of the Republic of Letters. The Greek scholars of the eighteenth century could be described as cosmopolitans in their majority because they expand their spiritual horizons through language learning, travels, translations, and cultural transfers. They turn to Europe of the Enlightenment and the Revolution – particularly to France – in order to enrich their education and culture and to benefit their nation. Combining cosmopolitanism with patriotism and animated by the idea of national liberation, they strongly oppose the Ottoman despotism. At the same time, the attachment to traditions is also expressed by the criticism of massive acceptance of foreign customs and traditions. The Greek Revolution will bring the entire nation, confronted with the common Ottoman enemy and their supporters in monarchic Europe, tightening the bonds with European and American peoples and the philhellenes, into a kind of cosmopolitan patriotism aspiring to national rebirth.

After the founding of the Greek state, while Europe remains the model, the constant preoccupation of defining the Greek national identity often leads to reverse course. Many scholars, among them some who belong to the group of the so-called liberals, condemn cosmopolitanism as a concept as well as a lifestyle. Stephanos A. Koumanoudis, for example, who is considered as one of 'the descendants of the Enlightenment' repeatedly condemns 'cosmopolitanism'. The same observation could be argued for Nikolaos Saripolos, rapporteur of constitutional law in Greece.

Our chapter investigates the extent to which the perceptions and attitudes of Greek scholars toward cosmopolitanism in the eighteenth century are confirmed, as well as whether and to what extent they are differentiated in the nineteenth century.

Athéna Skoulariki
Le « manque des Lumières » : Généalogie et transformation des explications culturelles de « l'arriération » grecque
L'historiographie grecque souligne l'impact des Lumières sur le mouvement national grec. Les idéaux des « Lumières Grecques-Modernes », d'après le terme introduit par K. Th. Dimaras, ont été adoptés par de nombreux savants et révolutionnaires du XVIIIe et XIXe siècle. Cependant, l'ampleur et l'importance de ce mouvement sont relativisées par d'autres chercheurs, qui affirment que, après tout, les Lumières n'ont joué qu'un rôle marginal dans la formation des institutions et de la culture politique du nouvel État-nation grec, en raison de la prédominance des structures sociales conservatives et de l'influence de l'Église orthodoxe.

Or, plus récemment, un nouveau thème a émergé dans le discours public, selon lequel la crise économique et politique des années 2010 était due au fait que la Grèce « n'a pas connu les Lumières ». Cette phrase est devenue un cliché du discours (néo)libéral à propos de la crise grecque, reproduit dans des milliers de textes et de commentaires dans les médias. Elle a été utilisée pour expliquer toutes les « défaillances » du système politique grec, notamment la résistance face aux réformes structurelles, la politique clientéliste, la popularité des idéologies radicales de gauche ou d'extrême droite, l'influence accrue de l'euroscepticisme et du nationalisme, et enfin de toutes les formes de « populisme ». Le cadrage de la crise en ces termes est fondé sur une définition essentialiste de « l'Europe », et de la présumée « rationalité » de la culture « occidentale », tout en ignorant que des tendances similaires existent dans la plupart des pays européens et aux États-Unis. Cette étude propose une discussion des usages du stéréotype du « manque des Lumières » dans le discours public en Grèce, de son association avec « l'irrationalité », ainsi qu'une généalogie de l'apparition et de la diffusion de ce cadre d'interprétation dans le contexte de la crise grecque, par des penseurs et des intellectuels bien connus, tels que Stelios Ramfos, Hélène Ahrweiler et autres.

The 'Enlightenment Deficit': Genealogy and Transformation of Cultural Explanations for the Greek 'Backwardness'
Greek historiography underlines the impact of the Enlightenment on the Greek national movement. The ideals of the 'Modern-Greek Enlightenment', as coined by K. Th. Dimaras, were embraced by many prominent eighteenth and nineteenth century intellectuals and revolutionaries. However, its scope and importance is relativized by other scholars, who claimed that, in the long run, it played a marginal role in the formation of the new nation-state's institutions and political culture, due to the predominance of conservative and paternalistic social structures and to the influence of the Orthodox Church.

Recently, though, a new theme emerged in public discourse, according to which the on-going economic and political crisis is explained by the fact that Greece 'has not gone through the Enlightenment'. This phrase became a motto of the (neo)liberal discourse on the Greek crisis, reproduced in a stereotypical way in hundreds of texts and comments in the media. It is used as an explanation for almost all the 'deficiencies' of the Greek political system, namely the resistance vis-a-vis structural reforms, clientelist politics, the popularity of radical ideologies, the rise of euroscepticism, nationalism, and xenophobia, and ultimately for all forms of 'populism'. The framing of the crisis in these terms draws from an essentialist definition of 'Europe', and the alleged 'rationality' of the 'Western' culture, while ignoring similar trends in the EU and the USA.

This chapter proposes a discussion of the uses of the 'Enlightenment deficit' stereotype in Greek public discourse, its equation with 'irrationality', and a genealogy of the appearance and diffusion of this frame of interpretation by specific scholars and public intellectuals, in the context of the Greek crisis, such as Stelios Ramfos, Hélène Ahrweiler and others.

Elissavet Tsakanika
« Manouseia » : un débat sur le libértinage de la philosophie et de la recherche historique dans la presse de la période othonienne
« Manouseia » était un conflit caractéristique de l'ambivalence de la société grecque en 1848, entre les Lumières et le conservatisme orthodoxe. Le sujet de dispute était de savoir si Théodoros Manousis, un professeur « éclairé » d'Histoire générale à l'université d'Athènes, avait le droit de présenter à ses étudiants la correspondance irrévérencieuse entre Martin Luther et le roi d'Angleterre.

Le dilemme concernait les limites à poser à la recherche de la vérité : la vérité peut-elle être nuisible du point de vue national ou malsaine du point de vue religieux ? Et la philosophie doit-elle être indépendante de la théologie ? Les adversaires de Manousis, des conservateurs de l'Église orthodoxe, considéraient le professeur comme un érudit infernal, qui suivait l'exemple de Voltaire. Ses défenseurs, quant à eux, n'osaient pas le justifier comme s'il s'agissait d'un disciple de Voltaire. Ils préféraient le traiter comme un disciple de Leibniz, philosophe qui a essayé d'établir un compromis entre philosophie et religion. À leurs yeux, d'ailleurs, Manousis était innocent, seulement parce que sa recherche historique avait révélé la vérité crue sur le passé des nations hérétiques et non pas sur celui des orthodoxes. Ce qui les irrtait essentiellement était le fait que =l'université d'Athènes, un établissement très récemment inauguré qui représentait l'émancipation culturelle de la nation grecque, était mis en doute sans aucune raison valable. Quant à Manousis, on trouve dans ses lectures certains points qui suggèrent que ce professeur libéral évitait systématiquement de toucher aux sujets théologiques, et que chaque fois que la logique était en contraste avec la vérité apocalyptique, il se contentait de faire quelques insinuations suggestives de son mode de pensée scientifique. Plus qu'une bataille idéologique entre la religion et la logique, « Manouseia » était une dispute révélant deux approches différentes du rôle politique de la religion dans le royaume grec.

'Manouseia': A Debate on the Libertinage of Philosophy and Historical Research in the Press of the Othonian Period

'Manouseia' was a conflict that took place in 1848 Greece, revealing aspects of a society lingering between Enlightenment and Orthodox conservatism. The subject of controversy was whether Theodoros Manouses, an 'enlightened' professor of General History in the Othonian University of Athens, should or shouldn't present to his students the blasphemous correspondence between Martin Luther and the King of England. The actual dilemma was whether there should be boundaries in the quest of truth: can the truth be harmful in national or religious terms, and should philosophy be autonomous from theology? Manouses' rivals, conservatives of the Orthodox Church, considered the professor to be the very model of the 'harmful erudite' that Voltaire stood for and were fervently in favour of his dismissal. Although his supporters were very militant, they wouldn't go so far as to defend him as a disciple of Voltaire. They defended him as a disciple of Leibniz, who tried to establish a compromise between philosophy and religion. Besides, their own idea of liberalism, freedom of speech, free research, etc. did not include the revelation of truths that could have a negative impact on the identity and self-respect of the Greek nation. In their eyes, Manouses was innocent only to the extent that his historical research had revealed the ugly truth about the past of heretical nations. What actually made them furious in this case was the fact that the newly founded Othonian University, an institution that stood for the cultural emancipation of a recently politically emancipated nation, was being discredited for no good reason. As for the liberal Professor Manouses himself, there is enough evidence in his lectures to suggest that he tried to stay out of trouble by dodging the theological issues and by giving only hints of a scientific-positive train of thought, wherever logic was in contrast with the apocalyptic truth. More than a battle between religion and science, 'Manouseia' came down to two different approaches to the political role of religion in the Greek kingdom.

Özgür Türesay
Les Lumières à travers la biographie ? Notes sur les biographies de Rousseau, de Buffon et de Franklin en ottoman

Dans les années 1880, au tout début du règne autocratique du sultan Abdülhamid II, Ebüzziya Tevfik (1849-1913), écrivain polyvalent et éditeur renommé, consacre trois volumes de sa collection de livres de poche bestseller « Les hommes illustres » aux biographies de trois grandes figures des Lumières, Jean-Jacques Rousseau, Georges-Louis Leclerc de Buffon et Benjamin Franklin. Ces livres connaissent rapidement des rééditions. En inscrivant ces trois biographies dans le contexte intellectuel ainsi que dans le champ éditorial de l'époque, nous nous interrogerons sur les contours de l'image des Lumières qui y apparaissent en filigrane.

Enlightenment through Biography? Notes on the Biographies of Rousseau, Buffon, and Franklin in Ottoman

In the 1880s, at the very beginning of the autocratic reign of Sultan Abdülhamid II, Ebüzziya Tevfik (1849-1913), a versatile writer and renowned publisher, devoted three volumes of his collection of bestselling paperbacks 'Illustrious Men' to the biographies of three great figures of the Enlightenment, Jean-Jacques Rousseau, Georges-Louis Leclerc de Buffon, and Benjamin Franklin. These books soon had new editions. By placing these three biographies in the intellectual context as well as in the editorial history of the time, we will question the image of the Enlightenment that appears there.

Marie Vrinat-Nikolov
Comment penser le XIXe siècle bulgare ? « Renaissance », « Lumières », « Tanzimat » ? Histoire national(ist)e vs histoires croisées (Entangled Histories)

Rien de plus évident, à première vue, que le terme de *Възраждане*, « Renaissance », qui s'est imposé dans l'historiographie bulgare depuis la fin du XIXe siècle. Époque idéalisée où se met en place la « fabrique bulgare » d'identité nationale avant la libération en 1878 des territoires bulgares, province ottomane depuis 1396. Identité qui repose sur l'équation : un peuple « renaissant » après cinq siècles de « léthargie », une langue, une littérature en construction en grande partie par « l'épreuve de l'étranger », une religion, l'orthodoxie.

Le terme est consolidé par l'historiographie communiste qui voyait dans la « Renaissance » bulgare un condensé des idées et courants occidentaux, de la « Renaissance » aux Lumières, par un mouvement de « développement accéléré » motivé par le constat de « retard » et le désir de « rattrapage ». Ce même terme est mis en question par les historiens depuis le début du XXIᵉ siècle, mais pas encore par l'historiographie littéraire : faut-il parler d'époque des Lumières ou d'époque des *Tanzimat* ? La question est importante : peut-on continuer à penser cette époque dans un cadre « national » et « identitaire » ? Doit-on la replacer dans un contexte transnational et ottoman ? Quels sont les enjeux et significations de ces deux perspectives ? C'est ce que je me propose d'explorer en m'appuyant notamment sur l'histoire de l'instruction, de l'imprimerie, de la lecture et des textes traduits dans un contexte ottoman et pas seulement bulgare.

How to Think the Bulgarian 19th Century? 'Renaissance', 'Enlightenment', 'Tanzimat era'? National(ist) Histories vs. Entangled Histories

At first glance, nothing is more obvious than the term 'Renaissance', which has been established in Bulgarian historiography since the end of the nineteenth century. An idealized epoch in which the Bulgarian 'factory of national identity' was set up before the liberation in 1878 of the Bulgarian territories, an Ottoman province since 1396. An identity which is based on the equation: a people 'reborn' after five centuries of 'lethargy', a language, a literature under construction largely by the 'test of the stranger', a religion, Orthodoxy.

Consolidated by communist historiography, which saw in the Bulgarian 'rebirth' a condensation of Western ideas and trends from the Renaissance to the Enlightenment through a movement of 'accelerated development' motivated by the observation of a 'delay' and the desire to 'catch up', this term has been questioned by historians since the beginning of the twenty-first century, but not yet by literary historiography: do we have to speak of the Age of the Enlightenment or of the Time of the Tanzimat? The question is important: can we continue to think of this era in a 'national' and 'identity' framework? Should we put it in a transnational and Ottoman context? What are the issues and meanings of these two perspectives?

This is what I intend to explore, relying in particular on the history of education, printing, reading, and translated texts in an Ottoman context, not only in a Bulgarian one.

Ayşe Yuva
Beşir Fuad et Voltaire : une tradition de combat pour la vérité en terre d'islam

Beşir Fuad (1852-1887) écrit souvent que « le dix-huitième siècle est le siècle de Voltaire ». Pourtant, les lumières ne se limitent pour lui ni à une période ni aux frontières de l'Europe. Il s'intéresse plutôt à un processus de propagation des connaissances et de la science dont l'étendue historique et géographique doit être discutée : initié selon Beşir Fuad durant la Renaissance, il tire en réalité ses origines de l'arrivée des Arabes et de leur héritage grec en Espagne. De même, la critique par Voltaire des religions établies et de l'Église est réinterprétée comme une critique du christianisme, et la figure d'un Voltaire ami de l'islam est construite afin de permettre son acclimatation dans un Empire ottoman où cette religion domine. Ainsi, cette tradition promue par Beşir Fuad d'un combat pour la vérité et la science, d'une littérature au service de ce combat, reconduit et brouille à la fois les frontières entre Orient et Occident, entre une littérature qui souhaite, dans une visée patriotique, renouveler la littérature turque par un détour par l'étranger, et changer l'opinion publique sans attaquer la religion dominante. Cette contribution a pour but de montrer comment la vie et l'œuvre de Voltaire ont pu être utilisées à cette fin.

Beşir Fuad and Voltaire: A Tradition of Fighting for the Truth in the Islamic World
Beşir Fuad (1852-1887) often writes that 'the eighteenth century is the century of Voltaire'. However, for him, the Enlightenment was not limited to a period or to the borders of Europe. Rather, he is interested in a process of the propagation of knowledge and science whose historical and geographical scope must be discussed: initiated according to Beşir Fuad during the Renaissance, it actually originated from the arrival of the Arabs and their Greek heritage in Spain. Similarly, Voltaire's criticism of established religions and the Church is reinterpreted as a criticism of Christianity, and the figure of a Voltaire as a friend of Islam is constructed to allow him to acclimatize to an Ottoman Empire where this religion dominates. Thus, this tradition promoted by Beşir Fuad of a struggle for truth and science, of a literature in the service of this struggle, renews and blurs both the borders between East and West, between a literature that wishes, with a patriotic aim, to renew Turkish-Ottoman literature by a detour abroad, and change public opinion without attacking the dominant religion. The purpose of this contribution is to show how Voltaire's life and work could be used for this aim.

Servanne Jollivet
L'enjeu d'une réinterprétation des Lumières grecques. Deux lectures, de Dimaras à Kondylis
Tour à tour remis en cause ou revalorisé au nom d'une spécificité néohellénique, emblématique d'un héritage éclairé élargi à l'Europe du Sud-Est, les « Lumières grecques » (*Diaphotismos*) font l'objet d'une réception éminemment controversée. S'il a souvent été fait état d'un « ratage », source d'un certain retard politique et culturel, il semble pourtant que l'absence de Lumières en Grèce soit directement liée à une réception déficiente, si l'on se réfère aux travaux de Paschalis Kitromilidis. Visant à élargir le champ ouvert par Dimaras dans le domaine de l'histoire littéraire, il s'agissait alors de revaloriser cet héritage pour inscrire le « cas grec » au sein des études sur les Lumières, mais également pour apprécier le rôle du *Diaphotismos* dans la formation de l'identité grecque. Partant de ce constat, notre propos sera néanmoins ici de valoriser une autre filiation, celle proposée par Panagiotis Kondylis, pour essayer de reposer différemment la question de cette réception. Avec les deux écrits que Kondylis consacre aux Lumières européennes (1981) et au *Diaphotismos* grec (1988), c'est une autre lecture qui se dessine, plus complexe et « polémologique », qui permet de nuancer cette lecture en prenant en compte les rapports de force politiques et idéologiques qui sous-tendent cette réception.

Receptions of the Greek Enlightenment (Diaphotismos). Two Interpretations, from Dimaras to Kondylis

Whether contested or celebrated for its Neo-Hellenic character, landmark of a great intellectual legacy extending to South-Eastern Europe, the Greek Enlightenment (Diaphotismos) is the subject of a highly controversial reception. While it testifies to a 'failure', which has caused a political and cultural delay, it seems that the absence of Enlightenment in Greece is directly linked to its lack of reception, if we refer to the work of Pascalis Kitromilidis. Widening the field opened by Dimaras in the field of literary history, his aim was to enhance this heritage in order to include the 'Greek case' in studies on the Enlightenment, but also to appreciate the role of the 'diaphotismos' in the formation of the Greek identity. Upon this observation, however, our aim will be to value another lineage, the one proposed by Panagiotis Kondylis to try to discuss the issues of this reception differently. Following Kondylis' two writings on the European Enlightenment (1981) and on the Greek Diaphotismos (1988), it seems that another more complex and 'polemological' interpretation could emerge, which makes it possible to nuance this first critic in the light of the political and ideological power relations underlying this reception.

Jean-Pierre Schandeler
Postface. Jeux de mémoires. Les Lumières à l'aune des présents

Il est possible d'éclairer les thématiques récurrentes dans cet ouvrage à la lumière de la sociologie de la mémoire collective telle que l'a pensée Maurice Halbwachs. Les études proposées dans ce volume témoignent que la réflexion sur les Lumières s'organise autour de groupes d'intellectuels dont la cohérence est structurée par des événements historiques, des *corpus* d'œuvres, des revues, des traductions, et à laquelle ils donnent parfois un sens politique. Les évolutions de la mémoire collective de ces groupes ne s'accomplissent pas nécessairement sur un mode irénique, ni au sein de la communauté ni avec l'extérieur. Cette mémoire ne peut donc être considérée sous l'angle d'un état de fait que l'on se limiterait à observer, mais selon l'hypothèse qu'elle est sans cesse l'objet de conflits de légitimité et qu'elle est toujours susceptible d'être restructurée.

Afterword. Memory Games. The Enlightenment in the Light of the Present

The recurring themes in this book can be illuminated in the light of the sociology of collective memory as thought by Maurice Halbwachs. The studies proposed in this volume show that reflection on the Enlightenment is organized around groups of intellectuals whose coherence is structured by historical events, bodies of work, reviews, translations, and to which they sometimes give a political meaning. The evolution of the collective memory of these groups does not necessarily take place in an irenic mode, either within the community or with the outside world. This memory cannot therefore be considered from the point of view of a state of affairs that one would limit oneself to observing, but according to the hypothesis that it is constantly the object of conflicts of legitimacy and that it is always susceptible to being restructured.

Les auteurs / The authors

Chryssanthi Avlami est Professeure Assistante d'Histoire des idées à l'Université Panteion des Sciences Sociales et Politiques (Athènes) et membre associée du Centre de recherches ANHIMA (Paris). En détachement depuis 2021, elle enseigne à Sorbonne Université et à l'ICP (Paris). Elle a occupé des postes d'enseignement et de recherche en France et à l'étranger [allocataire de recherche au Centre Louis Gernet, CNRS/EHESS (1991-1994), lectrice de grec à l'Université de Tours (1996-1998), chercheuse post-doctorale à l'Université de Princeton (1999-2000), Research Fellow à l'Université d'Oxford (Classics Center, 2001-2005), à l'Institute for Advanced Studies de Budapest (2006), au Centre ANHIMA (2006-2008)]. Ses travaux portent sur la réception du monde gréco-romain dans l'Europe (XVIIIe-XXe siècles). Elle dirige le projet européen *Bibliotheca Academica Translationum* (Centre ANHIMA/Ecole française d'Athènes) : <https://bat.huma-num.fr/en>.

Choix de publications: *L'Antiquité grecque à la française. Modes d'appropriation de la Grèce au XIXe siècle* (PUL, 2000) ; *L'Antiquité grecque au XIXe siècle : un exemplum contesté ?* (Paris, L'Harmattan, 2000, collectif) ; « Libertà liberale contro libertà antica. Francia e Inghilterra, 1752-1856», *I Greci. Storia, Cultura, Arte, Società* (Turin, Einaudi, 2002) ; *Civilisations. Retour sur les mots et les idées* (avec O. Remaud), numéro thématique de la *Revue de Synthèse*, 2008 ; *Historiographie de l'Antiquité et transferts culturels : les histoires anciennes dans l'Europe des XVIIIe et XIXe siècles* (avec J. Alvar et M. Romero, Amsterdam, Rodopi Series, 2010) ; *Les Antiquités multiples de la Modernité grecque (XIXe-XXIe siècles)*, Ch. Avlami, M.Konaris (éds), à paraître.

Étienne E. Charrière received his PhD in Comparative Literature from the University of Michigan with a dissertation on the rise of novel writing in four of the main communities of late-Ottoman Istanbul (Turks, Greeks, Armenians, and Sephardic Jews). He is the co-editor of *Ottoman Culture and the Project of Modernity: Reform and Translation in the Tanzimat Novel* (IB Tauris, 2020). Between 2017 and 2021, he served as Assistant Professor in the Department of Turkish Literature at Bilkent University in Ankara. In 2021, he joined the Directorate for Innovation, Strategy and Research at the *Agence française de développement* (French Development Agency) in Paris.

Servanne Jollivet, agrégée et docteur en philosophie (Paris IV/Humboldt), ancienne membre de l'École française d'Athènes, est chargée de recherche au CNRS (UMR 8547, Transferts Culturels). Ses travaux portent sur la philosophie allemande, principalement la phénoménologie et la philosophie de la culture, ainsi que sur la philosophie néohellénique au XXe siècle. Elle a publié *Heidegger 1912-1929. Sens et histoire* (PUF, 2009) ; *L'historisme en question. Généalogie, débats et réceptions* (Champion, 2013) et co-dirigé *Heidegger en dialogue. Affinités, rencontres, confrontations* (Vrin, 2009), *Destins d'exilés. Trois philosophes grecs à Paris (Axelos, Castoriadis, Papaioannou)* (Manuscrit, 2011), *L'exil est la patrie de la pensée* (Éditions Rue d'Ulm, 2015), *Mataroa 1945. Du mythe à l'histoire* (Asini, 2018).

Anna Karakatsouli is Professor at the Theatre Studies Department of the National and Kapodistrian University of Athens and Director of the NKUA Book History Lab. She studied European History and Culture in Athens, Strasbourg, and Paris. She has been an Expert Associate in the project of the new edition of the History of Humankind by UNESCO (Paris) and Vice-director at the Alexander S. Onassis Foundation (Athens). Her research interests include Intellectual History, History of Colonialism, History of the Book, and Far-Right Politics. Her most recent publication is a transnational approach of the Philhellenes who took part as freedom fighters in the Greek War of Independence within the wider context of the global revolutionary wave of the 1820s (*'Freedom Fighters' and 1821: A Transnational Approach to the Greek War of Independence*, Athens, Pedio Publishers, 2016, in Greek). She has also published a study on Greek book history (*In the Land of Books: The Publishing History of Hestia Publishers and Booksellers, 1885-2010*, Athens, The Colleagues' Publications, 2011, in Greek). She has edited and translated several scholarly books and has been member of the Administrative Committee of the National Scholarships Foundation (IKY) and of the Committee for the State Literary Awards.

Sophia Matthaiou is Associate Researcher in the Institute of Historical Research (Section of Neoehellenic Research) of the National Hellenic Research Foundation. Since 2005 she has been a tutor of *Greek History* at the Hellenic Open University. Her research focuses on the study of the contribution of nineteenth century intellectuals in the formation of the institutions and ideology of the newly founded Greek state. Her ongoing research concerns the establishment of the discipline of Classical Philology in the Greek context. She has published the monographs *Stephanos A. Koumanoudis (1818-1899). A Biography* (Library of the Archaeological Society at Athens, Athens 1999, 303 pp. / (ed. with Pantelis Carelos), *Stephanos A. Koumanoudis' unpublished writings 1837-1845. The diary 1837-1845 – An incomplete treatise against Fallmerayer*, Institute for Neohellenic Research / NHRF, Athens 2010, 318 pp. / (ed. with Athina Chatzidimitriou), *'Expatriated' Greek Antiquities: Departures and trajectories*, Institute for Neohellenic Research / NHRF-125, Athens 2012), and a number of articles and contributions in collective volumes and International Conference proceedings on Greek scholars of nineteenth century, as well as on the discipline of Classical Philology in the Greek context.

Marilisa Mitsou est directrice d'études émérite de l'EHESS (Paris) et ancienne professeure de langue, littérature et civilisation grecques modernes à l'Université de Munich (LMU, 1997-2019). Co-directrice du projet de recherche « Cultures and Remembrances – Virtual time travels to the encounters of people from the 13th to 20th centuries. The Cretan experience » (CURE, <https://explore.cure-project.gr/>), des revues d'études grecques modernes *Molybdocondylopélékitis* (1993-2000) et *Condyloforos* (2002-), de la collection « Münchener Schriften zur Neogräzistik » (Munich) et de la collection « Griechenland in Europa. Kultur – Geschichte – Literatur » (Cologne, avec Chryssoula Kambas). Thèmes de recherche : Histoire culturelle de la Grèce (XVIIIe-XXIe siècles), Transferts culturels, Histoire de la lecture et de la traduction, identités grecques, mémoire et histoire.

Publications récentes : *La Biographie revisitée. Études de cas et questions méthodologiques*, L'Atelier du Centre de recherches historiques, 21 (2019) (co-direction avec Maria Christina Chatziioannou, <https://journals.openedition.org/acrh/9680>) ; « Orientalisme et philhellénisme sous le Second Empire. Les Grecs imaginaires du Comte de Marcellus », dans Tassos Anastassiadis et Ourania Polycandrioti (dir.), *De 1821 à 1922. La France en Grèce - La Grèce en France. Rives Méditerranéennes* (63/2022) 15-26, <https://journals.openedition.org/rives/8689> ; « Les études de grec moderne en Allemagne et la revue *Byzantinische Zeitschrift* (1892-1909) », dans Georgia Gotsi et Despina Provata (dir.), *Languages, Identities and Cultural Transfers. Modern Greeks in the European Press (1850-1900)*, Amsterdam 2021, pp. 215-240.

Pascale Pellerin, chargée de recherche au CNRS, membre du laboratoire IHRIM, est spécialiste de la réception et de la construction des Lumières ; elle travaille sur la place des écrivains des Lumières dans la conquête et la colonisation de l'Algérie.

Principales publications : *Les philosophes des Lumières dans la France des années noires : Montesquieu, Voltaire, Diderot et Rousseau. 1940-1944*. L'Harmattan, coll Historiques, 2009 ; *Rousseau, les Lumières et le monde arabo-musulman, du XVIIIe siècle aux printemps arabes* (sous la direction de P. Pellerin), Classiques Garnier, collection Rencontres, 2017 ; « L'image et la place des juifs chez les philosophes des Lumières », revue *Lumières*, n° 26, 2016, Presses universitaires de Bordeaux, 41-60 ; « La presse anticoloniale durant la guerre d'Algérie », dans *La lutte anticoloniale, entre discours, représentation et réception*, revue *Africa and the West*, Laboratoire de langues, Littérature et Civilisation/Histoire en Afrique, Université d'Oran 2, n° 12, 2016, pp. 148-160.

Stephanos Pesmazoglou is Professor Emeritus of Panteion University (Department of Political Science and History). His research, writing, and teaching have focused on political, ideological, and educational aspects of postwar South European societies (including the Balkan South East). His current main interest is in the history and theory of the Nation and Nationalism including the transformations of the relevant concepts since the

Enlightenment. He has been Visiting Research Fellow at Princeton University in 1999 and Visiting Professor in the 'École des Hautes Études en Sciences Sociales' (EHESS) in 2005, Research fellow at the European University Institute (Florence, 2008) and Honorary Research Fellow at Birkbeck College (Institute of Humanities, 2009). He is co-editor of the social sciences review *Synchrona Themata* (Athens).

Ourania Polycandrioti est Directrice de recherches à l'Institut de Recherches Historiques (Section de Recherches néohelléniques) de la Fondation Nationale de la Recherche Scientifique de Grèce, et responsable scientifique du projet de recherche « Lettres grecques modernes et Histoire des idées, 15e-20e siècles ». Elle fut présidente du CS de l'IRH/FNRS (2018-2020) et du CS de l'ÉfA (2017-2020). Ses intérêts de recherche et ses publications portent sur l'histoire littéraire et l'histoire culturelle (XVIIIe-Xe s.), les transferts culturels, l'histoire des idées. Aussi, sur la représentation de l'espace en littérature, sur des questions de mémoire et d'identité culturelle, sur les genres du discours personnel et autobiographique. Publications (liste indicative) : *Η διάπλαση των Ελλήνων. Αριστοτέλης Π. Κουρτίδης (1858-1928)* [*La formation des Grecs. Aristote P. Kourtidis (1858-1928)*], IRN/FNRS-123, Archives Historiques de la Jeunesse Grecque-48, Athènes 2011, 430 p. – *Figures d'intellectuels en Méditerranée, 18e-20e siècles*, Coordination du dossier, revue *Rives méditerranéennes*, 50 (2015), 154 p. – « Anciens et modernes. Approches théoriques du roman grec (XIXe-XXe siècles) », *The Historical Review / La Revue Historique*, 9 (2012), pp. 161-198. – « Lectures pour enfants. Productions originales et traductions au XIXe siècle en Grèce », *The Historical Review/La Revue Historique*, 12 (2015), pp. 101-124.

Gilles de Rapper est anthropologue et directeur de recherche au CNRS en détachement auprès de l'École française d'Athènes où il occupe le poste de directeur des études modernes et contemporaines. Il est titulaire d'un doctorat en ethnologie et sociologie comparative de l'Université de Paris X Nanterre (1998) et d'une habilitation à diriger des recherches en anthropologie de l'Université de Toulouse Jean Jaurès (2019). Depuis 1994, il a mené de nombreuses enquêtes de terrain en Albanie et dans les Balkans. Ses travaux ont porté sur la coexistence des chrétiens et des musulmans en Albanie du Sud, sur les relations transfrontalières entre la Grèce et l'Albanie et sur les effets de la migration albanaise vers la Grèce. Plus récemment, il s'est intéressé au devenir des photographies produites pendant la période communiste en Albanie et à leur rôle dans la perception actuelle du passé communiste. Il s'agit à la fois d'une enquête d'histoire orale qui s'intéresse à l'appropriation de la photographie dans ce contexte particulier et qui vise à mieux comprendre, à travers cet objet, le fonctionnement de l'État communiste, et d'une réflexion sur la photographie comme objet de recherche anthropologique qui, au delà du cas albanais, s'intéresse à l'observation des relations entre les gens et les photographies dans la perspective d'une ethnographie de la photographie. Il s'intéresse enfin à l'histoire des théories sur l'origine des Albanais à travers la revitalisation, depuis les années 1990, des anciennes thèses faisant des Pélasges les ancêtres des Albanais modernes.

Franck Salaün est professeur de littérature française à l'université Paul-Valéry (Montpellier) et membre de l'Institut de recherche sur la Renaissance, l'âge Classique et les Lumières (UMR 5186 du CNRS). Il dirige la revue *Recherches sur Diderot et sur l*'Encyclopédie. Il a notamment publié : *Les Lumières. Une introduction*, Paris, PUF, 2011 ; *L'Affreuse doctrine. Matérialisme et crise des mœurs au temps de Diderot*, Paris Kimé, 2014 ; (direction) *Le Langage politique de Diderot*, Paris, Hermann, 2014 ; (co-direction avec J.-P. Schandeler), *Enquête sur la construction des Lumières*, Ferney-Voltaire, C18, 2018.

Jean-Pierre Schandeler est historien, chargé de recherche HDR au CNRS, membre de l'Institut de recherche sur la Renaissance, l'âge Classique et les Lumières (UMR 5186 du CNRS). Il a soutenu son Habilitation à diriger des recherches à l'École des Hautes Études en Sciences Sociales (EHESS, Paris, section Histoire et civilisations). Il a codirigé l'édition critique du *Tableau historique* de Condorcet (INED, 2004). Ses orientations scientifiques portent : 1/ sur la formation des sciences sociales au XVIIIe siècle et sur les processus de disciplinarisation de 1700 à 1850 ; 2/ sur la pensée politique et philosophique de Condorcet et sur les traductions et les interprétations de son œuvre du XVIIIe au XXIe siècle ; 3/ sur la mémoire des Lumières dans le monde contemporain (XXe-XXIe siècles). Il est membre du comité de rédaction de la *Revue de synthèse* (Fondation « Pour la science » - Centre international de synthèse) et il dirige la publication des *Écrits philosophiques, historiques et littéraires* (11 vol.) dans le cadre des *Œuvres complètes* de D'Alembert (CNRS-Éditions). Il a récemment publié plusieurs ouvrages collectifs : *Enquête sur la construction des Lumières* (avec Franck Salaün), Centre international d'étude du XVIIIe siècle, Ferney-Voltaire, 2018 ; *Les Lumières dans les pays de l'Est, Revue de synthèse*, Brill, t. 140, n° 3-4, 2019 ; *D'Alembert. Itinéraires d'un savant du siècle*, Classiques-Garnier, Paris, 2023.

Alexandra Sfoini is currently Senior Researcher at the Institute for Historical Research, Section for Neohellenic Research, of the National Hellenic Research Foundation. Her research interests are focused on social and cultural history, history of ideologies and mentalities, history of acculturation and cultural transfers from East and West in Greek lands in modern times. She is in charge of the research project 'Translations, concepts, symbols 15th-19th centuries'. She has published (in Greek) *Foreign Authors Translated into Modern Greek, 15th-17th centuries* (Athens, N.H.R.F., 2003), *History of Concepts. Itineraries of European Historiography* (Athens, EMNE-Mnemon, 2006), and *Foreign Authors Translated into Modern Greek, 1700-1832* (Athens, N.H.R.F., 2019).

Nikos Sigalas est historien, spécialiste de l'Empire ottoman, de la Turquie et de la Grèce contemporaine. Il a publié des études sur la formation de l'État, le nationalisme, l'histoire de la violence, l'histoire des religions et l'historiographie. Il est membre associé au CETOBaC (Centre d'Études Turquies Ottomans Balkaniques et Centrasiatiques, UMR 8032). Publications Récentes : « La *Teşkilat-i Mahsusa* sur le front du Caucase août 1914-mars 1915. De la politique du front vers la politique de l'arrière-front : Prélude au Génocide » dans Hamit Bozarslan (éd.), *Marges et pouvoir dans l'espace (post) ottoman, XIXe-XXe siècles*, Éditions Meydan, 2018 ; « Le passé-présent du *tekke* d'Abdal Musa : une enquête sur les survivances du passé ottoman, l'autorité religieuse et la communauté dans un village bektachi de l'Ouest-anatolien », *Turcica*, vol. 48, 2017, pp. 381-448 ; « Par-delà l'antagonisme et l'accord. Essai de théorie de la violence extrême », *Rue Descartes*, vol. 2, n° 85-86, 2015, pp. 59-87. URL : <www.ruedescartes.org/articles/2015-2012-par-dela-l-antagonisme-et-l-accord-essai-de-theorie-de-la-violence-extreme/1/> ; « Nationalisme », dans F. Georgeon, N. Vatin et G. Veinstein (éd.), *Dictionnaire de l'Empire ottoman*, Fayard, 2015, pp. 855-888 ; « Des histoires des sultans à l'histoire de l'État. Une enquête sur le temps du pouvoir ottoman (XVIe-XVIIIe siècles) », dans François Georgeon et Frédéric Hitzel (éd.), *Les Ottomans et le temps*, Brill, Leiden-Boston, 2012, pp. 99-128.

Athéna Skoulariki est sociologue de la communication, spécialisée en analyse de discours, en études du nationalisme, des minorités et des politiques identitaires dans les Balkans. Elle est titulaire d'un doctorat de l'université Paris 2 (2005), pour la thèse : « *Au nom de la nation*. Le discours public en Grèce sur la question macédonienne et le rôle des médias (1991-1995) ». Depuis 2014, elle est Maître de Conférences au Département de Sociologie de l'université de Crète.

Publications (sélection) : Miltos Pavlou, Athéna Skoulariki (éd. et introduction), *Μετανάστες και μειονότητες : Λόγος και πολιτικές* [Migrants et minorités : Discours et politiques], Athènes, Vivliorama, 2009 ; « Conspiracy theories before and after the Greek crisis : Discursive patterns and political use of the 'enemy' theme », *Επιστήμη και Κοινωνία*, 2018, n° 37, 2018, pp. 73-108 ; « 'Είδαμε τα Σκόπια σαν σε όνειρο…' Η μνημειακή αναπαράσταση της εθνικής αφήγησης : ηγεμονικός λόγος και πολιτική αντιπαράθεση για το σχέδιο 'Σκόπια 2014' », *Σύγχρονα Θέματα*, n° 136, 2017, pp. 32-46 ; « Ο δημόσιος λόγος για το έθνος με αφορμή το Μακεδονικό (1991-1995) : πλαίσιο, αναπαραστάσεις και ΜΜΕ » [Le discours public sur la nation à l'occasion de la crise macédonienne (1991-1995) : cadrage, représentations et médias], in M. Kontochristou (éd.), *Ταυτότητα και Μέσα Μαζικής Επικοινωνίας στη σύγχρονη Ελλάδα*, Athènes, Papazisis, 2007, pp. 61-103.

Marie Vrinat-Nikolov, ancienne élève de l'ENS de Sèvres et agrégée de Lettres classiques, professeur des universités en langue et littérature bulgares et en théorie de la traduction littéraire à l'INALCO, responsable du master de traduction littéraire de l'INALCO, est l'auteur de manuels de bulgare, ainsi que de nombreux articles et ouvrages sur l'histoire de la littérature bulgare, l'histoire de la traduction en Bulgarie et la pensée de la traduction littéraire, dont *Miroir de l'altérité : la traduction*, ELLUG, 2006 ; *Shakespeare a mal aux dents : que traduit-on quand on traduit* (avec Patrick Maurus), Presses de l'INACO, 2018. Elle a dirigé des ouvrages collectifs, tels que *Littératures de l'Europe médiane : après le choc de 1989* (avec Maria Delaperrière), IES, 2011 ; *L'extralittéraire* (avec Ivan Mladenov et Andrey Tashev), Boyan Penev/ Paradigma, 2012 ; *Traduire la pluralité du texte littéraire* (avec Patrick Maurus et Mourad Yelles), L'Improviste, 2015, *Histoire de la traduction littéraire en Europe médiane* (avec Antoine Chalvin, Jean-Léon Muller et Katre Talviste), Presses universitaires de Rennes, 2019. Elle est membre du CREE (Centre de recherches Europe-Russie-Eurasie) /INALCO et associée au CETOBaC.

Elle a traduit en français plusieurs écrivains bulgares (une quarantaine de livres) auxquels elle consacre le site Écrivains de Bulgarie : <http://litbg.eu>.

Elissavet Tsakanika graduated from the department of Sociology at Panteion University of Social and Political Sciences. She received her Master's degree in Modern/Contemporary History from the department of Political Sciences and History, Panteion University. The subject of her thesis was: 'Depictions of the Phanariots in the Press of the Othonian Period'. She obtained her PhD in Sociology from Panteion University. The title of her dissertation was 'Discourse on the "Agonistes" (veterans of the Greek war of independence) in the Press of the Othonian Period'. In 2022 she concluded her post-doctoral research: 'The Golden Youth and the Anti-Dynastic Generation (1858-1865): Attributes, Background and Political Development', in the department of Political Science and History of Panteion University. Her thesis was published in 2019 by Asini publications. She has also published two novels. Selected articles: 'Fighters of the Greek War of Independence within the Greek State: Traditional Men of Arms in a Modern Frame of Reference', in *The Greek War of Independence and the Making of the Greek State. Contemporary Interpretations* (Sofia Iliadou Tahou, Panagiotis Kimourtzis) (Athens, Asini, 2022), 'Letters from Queen Amalia of Greece to her Father, The Grand Duke of Oldenburg (1836-1853): The Conceptualization of Monarchy in 19th Century Greece', Online-Compendium der deutsch-griechischen Verflechtungen) (ComDeG), 06.05.2022, 'Bavarians and Newcomers: Perceptions of the "Foreigner" and Veterans of the Greek War of Independence in King Otto's Greece', Online-Compendium der deutsch-griechischen Verflechtungen (ComDeG), 17.12.2020, 'Ioannis Kapodistrias (1776-1831): Friends and Enemies – From ΑΠΟΛΛΩΝ (11.3.1831-1830.9.1831) to ΑΙΩΝ(1838-1888)', *Diogenes*, 8, Birmingham, 2019, 'The Essay on the Fanariots by Markos Filippos Zalonis (1824) and its impact on Greek society during the reign of King Otto.' *Dokimes, Review of Social Studies*, 21-22 (2019), 'Europeanisation and Greekness: Seeking National Identity in the Press and Literature of the Othonian Period', *Mnimon*, 35 (2016).

Özgür Türesay received his PhD at the Institut National des Langues et Civilisations Orientales (INALCO, Paris) in 2008 with a thesis on Ebüzziya

Tevfik (1849-1913), a renowned Ottoman intellectual of the second half of the nineteenth century. He taught for fourteen years at Galatasaray University in Istanbul. Since 2016, he has been an associate professor at École Pratique des Hautes Études (EPHE) in Paris. He has published several articles on late Ottoman intellectual and political history in scholarly journals such as *Turcica, European Journal of Turkish Studies, Études Balkaniques, Cahiers Pierre Belon, Anthropology of the Middle East, Revue d'histoire moderne et contemporaine, Tarih ve Toplum Yeni Yaklaşımlar, Müteferrika, Kebikeç*, and *Toplumsal Tarih*. He is currently working on the Ottoman official newspaper's political discourse in the 1830s.

Ayşe Yuva est maîtresse de conférences en philosophie à l'université Paris 1 Panthéon-Sorbonne; elle travaille sur les philosophies françaises, allemandes et turques de la fin du xviiie siècle jusqu'au début du xxe siècle, et particulièrement sur le rôle attribué à certaines théories plutôt qu'à d'autres (notamment la « philosophie des Lumières » et le « matérialisme ») dans le changement politique et social. Bibliographie sélective : *Transformer le monde ? L'efficace de la philosophie en temps de révolution (France-Allemagne, 1794-1815)*, Paris, Éditions de la Maison des Sciences de l'homme, 2016 ; Co-direction d'ouvrage (avec A. Baillot) : *France-Allemagne : figures de l'intellectuel entre révolution et réaction*, Villeneuve d'Ascq, Presses Universitaires du Septentrion, 2014 ; « Comment éclairer le peuple souverain ? Sabahattin Eyuboğlu ou les réflexions d'un intellectuel kémaliste » in P. Pellerin, J. Domenech (éd.) : *La place des Lumières dans les pays arabo-musulmans xviiie-xxie siècles. Nationalisme, indépendances et printemps arabes*, Paris, Classiques Garnier, collection « Rencontres – Le dix-huitième siècle », pp. 159-176 ; « Rousseau ou le rôle politique de l'écrivain étranger » in *Littera edebiyat yazıları*, Ankara, n° 30, 2013, pp. 53-65 ; « Mme de Staël, Benjamin Constant et les 'philosophes du xviiie siècle' : un héritage contrarié », in *Philonsorbonne*, 2009-2010, Paris, Publications de la Sorbonne, pp. 85-107.

Index

Abbattista, Guido : 99
Abbot, George : 50
Abdülmecid Ier : 65, 67
Abdülhamid II : 37, 68-69, 71, 79, 230, 246
Adorno, Theodor : 14, 26, 144, 148, 164
Agésilas : 184
Aggelis, Dimitris : 265
Aggelou, Alexis : 251, 278
Ahmad, Feroz : 71
Ahmed III : 47, 53, 67
Ahmed Atâ : 79
Ahmed Lütfi Efendi : 233
Ahmed Rıza : 37, 65-75
Ahmed Vefik Paşa : 278
Ahrweiler, Hélène : 267, 271
Albinus, Lars : 156
Albrecht, Andrea : 183
Alexander the Great : 44, 221, 222
Al-Farabi : 239
Al-Mas'udî : 232
Alincourt, abbé (de) : 195
Ali Suavi : 68
Alivizatos, Nikos : 156, 163, 164, 178
Alkan, Mehmet Öznur : 234
Alliston, April : 77-78
Álvaro de Araújo, Antunes : 12
Amandos, Constantin : 176, 177
Ambelas, Timoleon : 224
Anastassiadis, Anastassios : 152
Angell, Christopher : 49
Angély Robert d' : 137
Anghelou, Alkis : 186
Anonyme le Grec : 95, 105-106
Anthrakites, Méthodios : 217, 270
Apostolopoulos, Dimitris G. : 175, 184, 185

Aprilov, Vassil : 117, 122
Arendt, Hannah : 150, 278
Aretov, Nikolaï : 116
Argyropoulou, Roxani : 187, 251, 278
Aristide : 187
Aristote : 186
Arndt, Ernst Moritz : 192
Asdrachas, Spyros : 53
Asopios, Konstantinos : 221, 223
Athini, Stessi : 108
Audegean, Philippe : 20
Audoin, Elisabeth : 82
Austen, Jane : 77
Averroès : 239
Avicenne : 232, 239, 277
Avlami, Chryssanthi : 30, 96, 99, 101, 103, 151, 171, 262

Bacon : 73, 240, 277
Bacqué, Jean-Louis : 74
Bădărău, Dan : 61
Baker Holroyd, John : 188
Balanos, Dimitrios : 153
Balzac : 78
Bardakjian, Kevork : 80
Barnett, S. J. : 213
Barquin, Amelia : 80, 86, 88
Barrès, Maurice : 143, 166, 278
Barrett, William : 149, 150
Barron, John Penrose : 50
Barry, Brian : 191
Barthélémy (Abbé) : 94
Basch, Sophie : 31
Bashford, Alison : 78
Basile le Bulgarochtone : 184
Battail, Jean-François : 21
Battail, Marianne : 21

Bayle, Pierre : 17
Beaton, Roderick : 59
Beaujour, Félix : 93
Beaumarchais : 241
Beccaria, Cesare : 20, 27, 31
Bélisaire : 184
Bénassy-Berling, Marie-Cécile : 196
Ben-Guiat, Alexandre : 80, 86, 88-90
Bénot, Yves : 197
Benseler, Gustav : 188
Bentham, Jeremy : 100
Berdayev, Nicolas : 144
Bergson, Henri : 167, 276
Berlin, Isaiah : 57, 150, 212
Bernard, Claude : 244, 277
Bernardin de Saint-Pierre : 38, 77-90
Beron, Peter : 117
Bichat, Xavier : 73
Bikélas ou Vikélas, Dimitrios : 191
Binoche, Bertrand : 16, 29, 32, 95, 100, 104
Bîrsan, Cristina : 59
Bitraku, Apostol : 133
Blackstone, Bernard : 59
Blumenberg, Hans : 254
Bogorov, Ivan : 117
Bolivar : 201
Bolsonaro, Jair : 24
Bonaparte, Napoléon : 195, 229, 232, 277
Bora, Tanıl : 234
Borkenau, Franz : 171, 174
Borovaya, Olga : 86
Bossuet, Jacques-Bénigne : 229
Bots, Hans : 23
Bouchard, Jacques : 50, 216
Bouddha : 145
Bourdieu, Pierre : 275
Bourgeois, Bernard : 139
Bouse, Michael : 204
Bouse, Vana : 204
Bozveli, Neofit : 117
Bratsiotis, Panayotis : 152
Brémond, Henri : 158, 278
Brian, Éric : 275, 276

Briquel, Dominique : 128
Brokaj, Sabit : 135
Brontë, Emily : 77
Brown, Hillary : 78
Bruno, Giordano : 240, 277
Bubani, Gjergji : 134
Büchner, Ludwig : 237
Buchon, Jean Alexandre : 46
Buda, Aleks : 125, 132, 133
Budak, Ali : 229
Buffon : 37, 111, 201, 227, 229, 230, 233, 234, 236, 277, 278
Buijnsters, Piet : 23
Burke, Edmund : 58
Burnham, James : 260
Byron : 59

Cabanes, Pierre : 131
Cacavelas, Jeremias : 50, 51
Caesar : 211
Camariano-Cioran, Ariadna : 48, 50
Cândea, Virgil : 43, 48, 54, 56, 61
Cantemir, Dimitrius : 36, 42-63
Carey, Daniel : 14
Carras, Yannis : 45
Cassirer, Ernst : 25-26, 147-148, 254
Catardgi, Démètre ou Katartzis Dimitrios : 52, 168, 173, 184, 185, 216, 262, 279
Catherine II de Russie : 216
Cavafy : 171
Chambers, Ross : 77
Chamfort, Sébastien-Roch Nicolas de : 233
Champfort, Edme-Martin Bourdois de : 111
Chaplin, Joyce : 78
Chardon de la Rochette, 218
Charles XII : 47, 57
Charrière, Étienne : 38
Chateaubriand : 200
Châtellier, Louis : 229
Chavarochette Carine : 128
Christodoulos Archbishop : 268, 270

Christopoulos, Dimitris : 169
Ciccia, Marie-Noëlle : 12
Cicéron : 187, 218
Clark, Jonathan : 12
Clayer, Nathalie : 128, 231
Cléro, Jean-Pierre : 100
Cloots, Anacharsis : 215
Çobanoğlu, Özdemir : 60
Cohen, Margaret : 77
Coignard, Tristan : 183, 185, 187, 189, 192
Coleman, Patrick : 22
Commager, Henry Steele : 22
Comte, Auguste : 67, 70, 73, 224, 240, 244, 277
Comte, Charles : 220
Condillac : 94, 148
Condorcet : 29, 37, 72, 73, 232, 237, 238, 240, 241, 242, 245, 246, 247, 248, 277
Conrad, Sebastian : 11
Constant, Benjamin : 100, 101
Constantas, Grégoire : 112, 217
Conti, Christopher : 78
Conze, Werner : 254, 257
Copernic, Nicolas : 240, 277
Coray, Adamance ou Koraïs (Korais), Adamantios : 23, 30, 31-32, 34, 80, 91-106, 112-114, 153, 157, 166, 167, 168, 173, 174, 176, 177, 185, 186, 188, 191, 204, 205, 210, 217, 218, 219, 258, 220, 221, 223, 251, 262
Corneille : 242
Corydalévs, Théophile : 51
Coulmas, Peter : 183
Coumanoudis, Stefanos : 186, 188, 189, 191
Coumas, Constantin : 112
Cousin, Charles-Yves dit Charles-Yves *Cousin* d'Avallon : 194
Cousin, Victor : 244
Crispi, Giuseppe : 128

Dahl, Robert : 150, 278
Dakhli, Leila : 229

D'Alembert : 13, 15, 60, 110, 232, 244, 246, 277
Daniel-Rops (Petiot, Henry) : 159
Danova, Nadia : 117
Dantcheva, Donka : 116
Darbo-Peschanski, Catherine : 101
Darnton, Robert : 11
Darvaris, Georgios Pentadis : 222
Daskalov, Rumen : 115, 122, 123, 165
Daudet, Léon : 166
Delia, Luigi : 20
Deligiannis, Konstantinos : 223, 224
Delon, Michel : 215
Délopoulos, Kyriakos : 109
De Lusinge, René : 43
Demiraj, Shaban : 131, 134
De Pradt, Dominique : 36
De Rada, Girolamo : 128
Derow, Peter : 128
Dertilis, Georges : 190, 191
Descartes : 73, 217, 240, 277
Desné, Roland : 198, 201
Detrez, Raymond : 118, 119
Dever, Carolyn : 77
De Vet, Jan : 23
Diamandouros, Nikiforos : 263, 265
Diderot : 14, 15, 16, 19, 60, 66, 72, 73, 110, 198, 207, 232, 244, 246, 255, 256, 277
Dimakis, Ioannis : 205, 221
Dimaras, Konstantinos ou Constantin : 23, 34, 107, 139-179, 184, 204, 210, 216, 218, 221, 225, 228, 249, 250, 252, 253, 260, 262, 263, 265, 270, 278
Dimitrakakis, Yannis : 142, 158, 159, 163
Dimitrieis brothers : 217
Dimou, Nikos : 267, 268
Dinekov, Peter : 121
Diogène de Sinope : 183, 232, 276, 277
Diomidis-Kyriakos, Anastasios : 107
Dion, Nicolas : 216
Ditsa, Marianna : 191

Dobrovski, Ivan : 117
Doğan, Atila : 234
Don Juan of Austria : 45
Doohwan, Ahn : 231
Dorigny, Marcel : 197
Dorsa, Vincenzo : 128
Dositheos II : 48
Doukas, Néophyte : 112
Doxiadis, Evdoxios : 261
Dow, Gillian : 78
Drinov, Marin : 122
Drosinis, Georgios : 112
Droulia, Loukia : 220, 251, 252, 278
Droysen, Gustav : 175, 223
Ducheyne, Steffen : 202
Dunyach, Jean-François : 22
Duroc : 195
Dussel, Enrique : 25

Ebüzziya Tevfik : 37, 230, 231, 232, 233, 234, 235, 236, 277
Ehrard, Jean : 197
Eliot, T. S. : 144, 150
Eldem, Edhem : 229
Embirikos, Andréas : 171
Embirikos, Leonidas : 129
Empress Theodora : 212
Engelmann, Mauro : 156
Erginbaş, Vefa : 37, 120, 121, 123, 227, 228, 280
Es'ad Efendi : 49, 233
Ésope : 232, 233, 277
Etensel, Arzu : 70
Evola, Julius : 144

Falierou, Anastasia : 234
Farmakidis, Théoklitos : 112, 205, 206
Fauchat, Nicolas : 201
Fazıl Paşa : 68
Febvre, Lucien : 275, 280
Fénelon : 94, 120, 229, 231, 277, 278
Féraios ou Féréos, R(h)igas ou Vélestinlis, R(h)igas : 27, 33, 105, 112, 165, 185, 261

Ferguson, Adam : 99
Ferrari, Jean : 13
Ferrone, Vincenzo : 17, 19, 140, 192
Ferry, Luc : 189
Festa, Lynn : 14
Fichte, Johann Gottlieb : 188, 189, 224, 244
Filippidis, Daniel : 185
Findley, Carter : 65
Fink, Gonthier Louis : 215
Fischer, Bernd Jurgen : 129
Fitzgerald, Scott : 144
Flaubert : 77, 81, 82
Fœssel, Michaël : 219
Fontenelle : 120, 229, 277
Fotinov, Konstantin : 117
Fougeret de Monbron : 187, 215
Francillon, Roger : 22
Frangiskos, Emmanuel : 220
Frängsmyr, Tore : 21
Franklin, Benjamin : 37, 227, 229, 230, 233, 234, 278
Frazee, Charles : 203, 204
Frearitis, Konstantinos : 222, 223
Frederick II : 13, 17, 57, 235
Frijhoff, Willem : 192
Fuad Beşir : 37-38, 237, 238, 239, 240, 241, 242, 244, 245, 246, 248, 278
Fulda, Daniel : 12

Gadamer, Hans-Georg : 254
Gadoin, Isabelle : 98
Gaillard Françoise : 82
Galib Paşa : 68
Galilée : 211, 232, 240, 277
García – Alonso, Maria : 18
Garitsis, Konstantinos : 49
Gatchev, Gueorgui : 116
Gautier, Claude : 99
Gaveas, Dimosthenis : 271
Gay, Peter : 201
Gazi, Efi : 152
Geary, Patrick : 122
Gecser, Ottó : 103
Gedeon, Emmanuel : 52

Gelard, Matthieu : 216
Gellner, Ernst : 123
Gémiste, Georges : 157
Genlis, Félicité (de) : 111
Gentili, Antoine : 30
Georgeon, François : 31, 37, 67, 69, 70, 119, 120
Ghosh, Amitav : 78
Gibbon, Edward : 54, 58, 60, 188
Gide, André : 171
Gil, Linda : 241
Gilbert, Felix : 99
Glykatzi-Ahrweiler, Helene : *voir* Ahrweiler, Helene
Goethe : 145, 277
Gourley, James : 78
Gousiou, Eleni : 111
Grange, Juliette : 65, 74
Grijzenhout, Frans : 24
Grivaud, Gilles : 31, 152
Grosrichard, Alain : 98
Guénon, René : 142, 143, 144, 158-164, 167, 170, 278
Guentchev, Nikolaï : 116
Guizot, François : 30, 101
Gürpınar, Hüseyin Rahmi : 80
Gusejnova, Dina : 148
Gutenberg : 232, 277

Habermas, Jürgen : 95
Hahn, Georg (von) : 129
Halbwachs, Maurice : 275, 276, 278, 279
Hammer-Purgstall, Josef (von) : 53
Hanioğlu, Şükrü : 74-75
Haroun al-Rachid : 232, 277
Harpaz, Ephraim : 101
Hastings, Warren : 58
Hauterive, Alexandre d' : 200
Haykuni, Armenak (Armenak Chizmejean) : 80-81, 83-85, 88, 90
Hazard, Paul : 61, 187
Hegel : 14, 16, 139, 224, 241, 244, 277
Heidegger, Martin : 144, 147-150
Helladios, Alexandros : 49

Helvétius : 255
Henri VIII, roi d'Angleterre : 32, 204
Herder, Johann Gottfried : 188
Herf, Jeffrey : 140
Hering, Gunnar : 47, 51
Herman, Arthur : 22
Herzfeld, Michael : 264
Herzog, Christoph : 239
Heuvel, Gert (van den) : 215
Heyberger, Bernard : 229
Heydt-Stevenson, Jillian : 77
Hilendarski, Païssiy (de) : 121, 122
Hobbes, Thomas : 256
Hofmann, Anne : 22
Hofstadter, Richard : 150, 278
Hoïda, Kondylia : 110
Holbach (d') : 37, 66, 72, 73, 74, 255, 256, 277
Horkheimer, Max : 14, 26, 144, 148, 164
Horrocks, Geoffrey : 168
Horst, Falk : 260
Houssaye, Arsène : 233
Hoxha, Enver : 135, 136
Hranova, Albena : 116
Hugo, Victor : 59, 229, 242, 243, 246
Hume, David : 73, 78, 93, 148,
Hunt, Lynn : 202
Hürmüz, Kevork : 79
Hürmüz, Yetvart : 79
Hus, Auguste : 195
Hysa, Armanda : 132

Ibn Abbas : 247
Ibn-i Asâkir : 232
Ibn-i Kadis : 233
Ibn Khallikan : 232
Ibn Sina : *voir* Avicenne
İbrahim Müteferrika : 120, 121, 227
İbrahim Paşa : 67
Igov, Svetlozar : 117
Iliou, Philippos : 154, 217, 251, 278
Ionescu, Dan : 45, 46
Iorga, Nicolae : 45
Irmscher, Johannes : 54

Israel, Jonathan : 17, 23, 24, 202
Ivanovich, Basil : 46

Jacob, Margaret : 17, 23
Jaisson, Marie : 275, 276, 278
Jalal, Muhammad Uthman : 79
James, Henry : 84-85
Jaucourt, Louis (de) : 187, 188,
Jeffs, Rory : 147
Jenyns, Soame : 218
Jésus Christ : 209, 211
Jollivet, Servanne : 34
Jones, William : 54, 60
Jouvenel, Bertrand (de) : 202

Kaires ou Kairis, Theofilos : 205, 209
Kalamaris, Nikolaos : 171
Kalvos, Andreas : 79
Kanellopoulos, Kostas : 261
Kant : 13, 73, 188, 203, 208, 213, 215, 219, 224, 244, 277
Kantakouzenos family : 45, 48
Karabıçak, Yusuf Ziya : 228
Karafoulidou, Viky : 205
Karageorgos, Vasilios : 106
Karakatsouli, Anne : 36, 193-202
Karamanlis, Konstantinos : 264
Karamanolakis, Vangelis : 140, 212
Karas, Yannis : 251, 252, 278
Karathanassis, Athanassios : 49
Karavelov, Liouben : 122
Karousos, Theodoros : 223
Karp, Sergey : 14
Kasdonis, Georgios : 112
Kaskabas, John : 218
Kastorchis, Euthymios : 222
Kastrati, Jup : 128, 130
Katartzis, Demetrios ou Catardgi, Démètre : 52, 168, 173, 184, 185, 216, 262, 279
Katsambekis, Giorgos : 266
Katznelson, Ira : 150
Kaynar, Erdal : 66, 69-70, 72-73, 231
Kazazis, Neoklis : 224
Keith, George : 235

Kemâlpaşazâde Said Bey : 232
Kepler, Johannes : 240, 277
Keynes, John Maynard : 144, 156
Khosrokhavar, Farad : 25
Kia, Rukiye Akkaya : 235
Kioupkiolis, Alexandros : 266
Kirkley, Laura : 78
Kitromilidis, Paschalis ou Kitromilides, Pascal : 23, 27, 53, 103, 113, 114, 184, 185, 217, 219, 228, 253, 262, 259, 270
Klaniczay, Gábor : 103
Kodrikas, Panagiotis : 216
Kokalari, Mexhit : 130
Kokkinos, Georgios : 224
Köksal, Duygu : 234
Kolokotsas, Dionysios : 112
Komninos Ypsilantis, Athanasios : 52
Konda, Spiro : 133, 134, 135, 136
Kondylis, Panayotis : 34, 217, 249, 250, 253, 254, 255, 256, 257, 258, 259, 260, 263, 278
Konev, Ilia : 116
König-Pralong, Catherine : 239
Konstantas, Grégoire : 185
Konstantinova, Yura : 278
Kontogianni, Vassiliki : 158, 159
Koraïs (Korais), Adamantios : voir Coray, Adamance
Koraltürk, Murat : 234
Koselleck, Reinhart : 202, 254, 257, 278
Kostis, Kostas : 31
Koulouri, Christina : 108
Koumanoudis, Stéphanos : 107, 221, 222, 225
Koumarianou, Aikaterini : 185, 217, 218
Koumas, Konstantinos : 219
Koumpourlis, Giannis : 211, 212
Kourtovik, Demosthenis : 51
Kousis, Maria : 261
Koutzakiotis, Georges : 278
Krug, Wilhelm Traugott : 219

Küçük, Harun : 37, 49, 52, 228
Kyrou, Adonis : 165

Labio, Catherine : 82-83
Laërce Diogène : 101
Laferrière, Christine : 252
Lafitte, Pierre : 70
La Fontaine : 233
Lagrange, Joseph-Louis : 277
Laiou, Sophia : 217
Lamartine : 77, 89
La Mettrie : 13, 17, 244, 255, 256
Langlois, Claude : 229
Laplace, Pierre-Simon : 277
Laplantine, François : 123
Lappas, Kostas : 210, 221
La Rochefoucauld, Dominique de : 195
Larrère, Catherine : 96
Lastic Fournel, Dominique (de) : 195
Laurant, Jean-Pierre : 159
Lavaert, Sonja : 14
Lawrence, D. H. : 144
Lazarou Anastassios : 109
Lazic, Boris : 35
Le Clézio : 78
Legrand, Emile : 50, 57
Leibnitz : 73, 211, 217
Lehner, Ulrich : 24
Lejeune, Claire : 195
Lemny, Stefan : 51, 58-59
Lepetit, Bernard : 280
Leprêtre, Elisabeth : 82
Leprince de Beaumont Jeanne-Marie : 109
Lesage, Alain-René : 278
Lesvios, Benjamin : 112, 218, 251, 258
Lévy-Aksu, Noémi : 67
Lewis, Bernard : 65, 70
Liakos, Antonis : 156, 252, 265
Lilti Antoine : 14, 17
Lindblom, Charles : 150, 278
Littré, Émile : 240, 244, 277
Locke, John : 17, 110

Loubet Del Bayle, Jean-Louis : 142, 158
Louis XIV : 16
Loukaris, Kyrillos : 46, 47, 48, 50-51
Lourme, Louis : 183
Löwith, Karl : 254
Loyola, Ignace de : 239
Lucian : 206, 212
Lussier, Mark : 77
Luther, Martin : 32, 204
Lycurgue : 187

Mably, Gabriel Bonnot (de) : 218
Macé, Jean : 237
Machiavelli : 102, 224, 260
Magoulas, Charalambos : 205
Mahmud II : 65, 67
Mahmud Nedim : 68
Malcolm, Noel : 129
Malesherbes : 14, 235
Malte-Brun, Conrad : 128
Malthus, Daniel : 78
Malraux, André : 144
Maniatis, Ilias : 112
Mann, Thomas : 144
Manouses, Theodoros : 203-213
Mantran, Robert : 120
Mapel, David : 191
Marchangy, Louis-Antoine-François (de) : 111
Marcus Aurelius : 220
Marcuse, Herbert : 144
Mardin, Şerif : 65, 67-69
Marinis, Agis : 205
Marinov, Tchavdar : 35, 116, 118, 123, 165
Maritain, Jacques : 158, 171, 278
Marivaux : 104
Markov, Gueorgui : 117
Marx : 96, 208, 260
Masci, Angelo : 128
Massis, Henri : 162
Matalas, Paraskevas : 204
Matei, Ion : 50
Mathaiou, Sophia : 33, 188, 221

Matsunaga Bruce : 77
Matthaios, Anghelos : 189
Matthey, Christine : 197
Mauprat, H. [Henri Chardon] : 200
Maurras, Charles : 143, 162, 166, 167, 278
Mavrocordatos, Alexandros : 50
Mavrokordatos, Ioannis : 94
Mavrokordatos, Nikolaos : 216
Mayani, Zacharie : 134, 135
Mazower, Marc : 28
Mehmed Ali Paşa : 229
Mehmed the Conqueror : 59
Meinecke, Friedrich : 183
Melon, Jean-François : 93
Menemenlizade Tahir Beyefendi : 246
Meral, Arzu : 230, 234
Metaxas, Ioannis : 168, 169, 171, 172
Meunier, E.-Martin : 152
Michelet, Jules : 245
Midhat, Ahmed : 241, 243
Mijnhardt, Wijnand : 23, 24
Mill, John Stuart : 224
Millar, John : 99
Millerand, Alexandre : 70
Miltiade : 184, 187,
Minuti, Rolando : 99
Mishkova, Diana : 116, 123
Misiodax, Iosipos : 168, 261
Mistriotis, Georgios : 224
Mitsopoulos, Konstantinos : 223
Mitsou, Marilisa : 33, 153, 154, 157, 221
Molière : 278
Montaigne : 102
Montesquieu : 27, 29, 56, 60, 65, 66, 69, 71, 73, 75, 93-95, 102, 110, 111, 148, 183, 245, 260, 277
Morellet, André : 20
Moschonas, Gérasimos : 30
Moses : 208, 209
Mottaghi, Mohsen : 25
Moulas, Panagiotis : 163, 251, 278
Mouzelis, Nicos : 265
Müldür, Lale : 78
Müneccimbaşı Ahmed Efendi : 232

Münif Bey : 120, 229, 278
Murphey, Rhoads : 99
Musitelli, Pierre : 20
Mustafa Kemal : 65-75
Mylonas, Yiannis : 271
Myrogiannis, Stratos : 205

Nafsios, Anastasios Michail : 49
Naîmâ : 233
Namık Kemal : 37, 65-75, 120, 237, 248, 278
Napoléon Ier : 195, 229, 232, 277
Napoléon III : 246
Nardin, Terry : 191
Nerval, Gérard (de) : 91
Newton : 73, 232, 240, 242, 277
Nicol, Donald : 45
Nicolas Ier : 119
Nikisianis, Nikos : 266
Nikolaidis, Apostolos : 152
Nikolaidis, Dimitri : 30
Nikolaidis, Efthymios : 251, 278
Nikoloudi, Stella : 184, 217
Nodier, Charles : 111
Nora, Pierre : 276
Notaras, Chrysanthos : 46, 48-49
Nouss, Alexis : 123
Noutsos, Panagiotis : 220, 224
Nussbaum, Martha : 183
Nuzzo, Giovanni : 30

Obradovic, Dositej : 119
Œconomos, Constantin ou Oikonomos, Konstantinos : 112, 221
Okay, Orhan : 237, 243, 244, 247
Öktem, Niyazi : 74
Önuçar, Mehmet : 235
Orwell George : 144
Osman Senai : 79
Othon Ier (roi de Grèce) : 204
Otto, Emil : 237
Öztürk, Nurettin : 230

Paisios, Ioanitis : 204
Palaeologus, Constantine : 46

Palaeologus, Thomas : 46
Palmier-Chatelain, Marie-Élise : 98
Pamblekis, Christodoulos : 205, 209
Pantazis, Dimitrios : 109
Papaderos, Alexandros : 92
Papamarkos, Charisios : 223
Paparrigopoulos, Konstantinos ou Constantin : 175-177, 179, 209, 212, 225
Pape, Wilhelm : 188
Parios, Athanasios : 112
Parker, Robert : 128
Parménide : 163
Pascal : 164
Pauk, Barbara : 78
Peña, Javier : 18
Pentazou, Ioulia : 206
Périclès : 184
Persat, Maurice : 201
Pesmazoglou, Stéphanos : 36, 47, 163, 164, 178
Peter the Great : 44, 57
Peters, Rudolph : 37, 227
Petmezas, Socrate : 152
Petropoulou, Ioanna : 163
Petrou, Stamatis : 217
Petsini, Pinélopi : 169
Peyssonnel, Claude-Charles : 72
Philippidis, Daniil (ou Daniel) : 217
Phillipson, Nicholas : 22
Photiadis, Lambros : 112
Pierre l'Ermite : 239
Pigas, Meletios : 47
Pikkolos, Nikoalos : 79
Pilika, Dhimitër : 135, 136
Pippidi, Andrei : 44
Pissis, Nikolas : 52
Plaças, Aimée : 261
Planude, Maxime : 233
Platon : 218
Plongeron, Bernard : 196
Plumyène, Jean : 129
Plutarque : 104, 222, 223
Polanyi, Karl : 150, 278
Polémi, Popi : 154

Politis, Alexis : 221, 223, 251, 278
Polycandrioti, Ourania : 34, 108
Polychroniadis, Constantinos : 201
Porter, Roy : 21, 22, 23
Postel, Guillaume : 42
Potter, Julian : 147, 148
Poyraz, Serdar : 247
Pradt, Dominique Frédéric Dufour de : 193-202
Prasad, Pratima : 77
Prévost, Antoine-François : 42, 89
Proïos, Dorothéos : 112
Protopsaltis, Emmanuel : 201
Psalidas, Athanasios : 219
Psarrou, Kalliopi : 215
Psichari, Jean : 168
Puchner, Walter : 53

Qosja, Rexhep : 125, 126
Quijano, Aníbal : 25

Rader, Daniel : 196
Rakovski, Gueorgui : 122
Ramfos, Stelios : 267, 268, 269, 270, 271
Rapper, Gilles de : 36, 128, 136
Rasîh Bey : 233
Ravi, Srilata : 78
Raybaud, Maxime : 193
Raynal (Abbé de) : 91, 196
Réau, Louis : 13
Refik Bey : 68
Remaud, Olivier : 99, 100
Renan, Ernest : 275, 280
Renieris, Markos : 51
Reynolds, Jack : 147
R(h)igas Féraios (Féréos) ou Vélestinlis R(h)igas : 27, 33, 105, 112, 219, 271
Ricuperati Giuseppe : 13, 23, 33
Riem, Andreas : 206
Robertson, William : 99
Roche, Daniel : 192
Rochefort : 67
Rollin, Charles : 94, 110

Roper, Geoffrey : 121, 231
Rosanvallon, Pierre : 30
Rothhaupt, Josef G. F. : 156
Rouet, Dominique : 82
Rousseau : 14, 27, 37, 65-66, 69, 74-75, 78, 100, 103, 107, 110, 120, 145, 148, 153, 186, 187, 188, 213, 215, 227, 229, 230, 232, 233, 234, 235, 236, 241, 277
Ruffini, Mario : 79
Rycaut, Paul : 42, 55, 60

Sabah, Hasan : 232, 277
Sade (marquis de) : 255
Sadgrove, Philip : 231
Sadoğlu, Hüseyin : 234
Saïd, Edward : 54, 177
Sainte-Beuve : 233
Sakellariou, Michalis : 47
Salaün, Franck : 12, 14, 17, 33, 139
Sand, George : 77
Saripolos, Nikolaos : 222
Sariyannis, Marinos : 37
Sathas, Konstantinos : 49, 52
Saunders, Dero : 59
Sauvy, Alfred : 275
Schama, Simon : 22, 23
Schandeler, Jean-Pierre : 33, 139
Scharpe, Matthew : 147
Schlosser, Johann Georg : 188, 191
Schmidt, James : 13, 14, 139, 149, 151
Schmitt, Carl : 254, 256, 260, 278
Schmitt-Maaß, Christoph : 231
Scholarios, Gennadeios : 47
Schröder, Winfried : 14
Schulze, Reinhard : 227
Schwandner-Sievers, Stephanie : 129
Scrivener, Michael : 188
Sedgwick, Mark :
Seery, Aidan : 156
Séféris, George : 151, 264
Sélim III : 67
Shelley : 59
Sfoini, Alexandra : 33, 217, 219
Siaflékis, Zacharias : 108

Siddik, Emin : 79
Sieyès (Abbé) : 72
Sigalas, Nikos : 23, 30, 31, 34, 128, 129, 262
Siman-Tob Sara : 80
Şinasi : 68, 120
Siniosoglou, Nikitas : 205, 209
Sinnerbrink, Robert : 147
Siomos, Thomas : 266
Sklavenitis, Triantafyllos : 153, 175
Skopetea, Elli : 31, 205, 221, 223
Skoulariki, Athéna : 25, 33
Slaveïkov, Petko : 122
Smith, Adam : 99-100, 102
Soboul, Albert : 215
Socrate : 145, 207, 218
Sofianopoulos, Panagiotis : 205, 209
Soliman le Magnifique : 66
Solimano, Stefano : 30
Solomos : 168
Solon : 187
Soobramanien, Natasha : 78
Soromenho-Marques, Viriato : 17
Souliotis-Nikolaidis, Athanasios : 264
Sourvinou-Inwood, Christiane : 128
Soutsou, Aikaterini : 218
Spencer, Herbert : 224, 239
Spengler, Oswald : 140, 142-147, 155-158, 162, 278
Spinoza : 14, 17, 24
Springborg, Patricia : 98
Srebro, Milivoj : 35
Stamatopoulos, Dimitris : 35
Starobinski, Jean : 99
Stathis, Penelope : 46, 48-49
Stavrakakis, Yannis : 266, 268
Stefanopoulos, Chryssanthos : 25, 261
Steiris, Georgios : 266
Sternhell, Zeev : 21
Stockhorst, Stefanie : 231
Strabon : 101
Strauss, Johann : 52
Suratteau, Jean-René : 215
Swift, Jonathan : 89

Taglia, Stefano : 70
Talleyrand : 195, 197, 200
Tarantino, Elisabetta : 140
Teich, Mikuláš : 21
Thalassinos, Theodoros : 80
Thémistocle : 184, 187
Theodorakis, Stavros : 269
Théodoridis, Charalambos : 109
Theodosios (emperor) : 184, 209
Théotokas, George : 151, 155-157, 162, 174
Théotokis, Nicéphore ou Nikiphoros : 112, 217
Théotokopoulos, Dominikos ou El Greco : 165
Therianos, Dioynisios : 223
Thiesse, Anne-Marie : 126
Thomson, Ann : 18, 22, 98-99
Tindall, Nicolas : 56, 62
Todd, David : 197, 200
Todorova, Maria : 272
Toland : 17
Tolstoy, Leo : 46
Tolstoy, Pierre : 46
Toprak, Zafer : 69
Torquemada, Tomás de : 239
Toynbee, Arnold : 144
Trevor-Roper, Hugh : 56
Tricoire, Damien : 197
Tsagris, Georgios : 112
Tsakanika, Elissavet : 32
Tsapogas, Michalis : 156
Tsolias, Panagiotis : 205, 209
Tsourkas, Cléobule : 52
Tunaya, Tarik Zafer : 71
Türesay, Özgür : 37, 230, 231, 234
Tzimiskès, Jean Ier : 184

Ulrich, Nicolaus : 188

Vachatoris, Dimitrios : 94
Vaissière, Joseph : 200
Vakalopoulos, Apostolos : 53
Valaoritis, Nanos : 174
Valetas, Georges : 106

Van Tuyl, Jocelyn : 171
Vasardanis, Vassiliki : 217
Vasileiou, Alexandros : 101
Vatin, Nicolas : 31
Vatova, Ivelina : 123
Vauvenargues (marquis de) : 111
Vehbiu, Ardian : 135, 136
Veinstein, Gilles : 31
Vélestinlis, R(h)igas : *voir* R(h)igas Féraios (Féréos)
Vellenga, Berman Carolyn : 78
Veneline, Youri : 122
Venturino, Diego : 13
Vernardakis, Dimitrios : 107, 140
Verri, Pietro : 20
Vezenkov, Alexander : 35, 116, 118, 119, 120, 123, 165
Villalta, Luiz Carlos : 12
Vincent, Hubert : 219
Vitti, Mario : 79
Vogli, Elpida : 220, 221
Volney : 72, 200, 229
Voltaire : 37, 56-58, 60, 65-66, 68, 71-72, 94, 107, 110-111, 120, 148, 153, 184, 185, 188, 206, 209, 211, 213, 215, 218, 229, 232, 235, 238, 239, 240, 241, 242, 243, 244, 245, 246, 247, 248, 255, 277, 278
Voulgaris, Eugenios ou Eugène : 112, 185, 191, 216, 217, 218, 219, 262, 258
Vranoussi, Era : 52
Vratchanski, Sofroni : 117
Vratsa, Sophroni de : 122
Vrinat-Nikolov, Marie : 35, 115-123
Vyzantios, Scarlatos : 52

Wallace, Jennifer : 59
Weigand, Gustav : 131
Werner, Michael : 34, 103
Wieland, Martin : 183
Willaine, Jean-Paul : 229
Williams, Helen Maria : 78
Winckelmann, Johann Joachim : 54, 60
Wittgenstein, Ludwig : 144

Yahya bin Hâlid bin Bermek : 232, 277
Yannakopoulou, Hélène : 31
Yourcenar, Margueritte : 171
Yusuf Kamil Paşa : 229, 231, 278
Yuva, Gül Mete : 238, 248

Zachariadou, Elizabeth : 47, 57
Zadès, Georges : 110

Zambélios, Spyridon : 175-177, 211
Zarcone, Thierry : 69, 74
Zeqo, Moikom : 135, 136
Zimmerman, Michael : 147
Zimmermann, Bénédicte : 34
Ziya Paşa : 68, 120
Znepolska, Albena : 123
Zola, Émile : 244, 277
Zurbruchen, Simone : 22

Medieval and Early Modern Europe and the World

All volumes in this series are evaluated by an Editorial Board, strictly on academic grounds, based on reports prepared by referees who have been commissioned by virtue of their specialism in the appropriate field. The Board ensures that the screening is done independently and without conflicts of interest. The definitive texts supplied by authors are also subject to review by the Board before being approved for publication. Further, the volumes are copyedited to conform to the publisher's stylebook and to the best international academic standards in the field.

Titles in Series

Images in the Borderlands: The Mediterranean between Christian and Muslim Worlds in the Early Modern Period, ed. by Ivanna Čapeta Rakić and Giuseppe Capriotti (2022)

Davide Baldi Bellini, *Ipnosi turca: Un medico viaggiatore in terra ottomana (1681–1717)* (2022)

Gabriella Bernardi, with a contribution by Spyros Koulouris and preface by Massimo Bernabò, *Bernard Berenson and Byzantine Art: Correspondence, 1920–1957* (2023)